Wilfried Fiedler/Stefan Turner

Bibliographie zum Recht des Internationalen Kulturgüterschutzes

Bibliography on the Law of the International Protection of Cultural Property

Schriften zum Kulturgüterschutz
Cultural Property Studies

Schriften zum Kulturgüterschutz
Cultural Property Studies

Herausgegeben von
Edited by

Professor Dr. Wilfried Fiedler, Saarbrücken
Professor Dr. Dr. h.c. Erik Jayme, Heidelberg
Professor Dr. Kurt Siehr, Hamburg

Wilfried Fiedler / Stefan Turner

Bibliographie zum Recht des Internationalen Kulturgüterschutzes

Bibliography on the Law of the International Protection of Cultural Property

Mit CD-ROM

W DE G RECHT

De Gruyter Recht · Berlin 2003

Forschungsstelle Internationaler Kulturgüterschutz
(Universität des Saarlandes)/
Research Institute on the International Protection of Cultural
Property (University of the Saarland)

Gedruckt mit Unterstützung der Deutschen Forschungsgemeinschaft

ISBN 3-89949-037-1

∞ Gedruckt auf säurefreiem Papier,
das die US-ANSI-Norm über Haltbarkeit erfüllt.

Bibliografische Information Der Deutschen Bibliothek

Die Deutsche Bibliothek verzeichnet diese Publikation in der Deutschen
Nationalbibliografie; detaillierte bibliografische Daten sind im Internet
über <http://dnb.ddb.de> abrufbar

Printed in Germany
Einbandgestaltung: +malsy kommunikation und gestaltung, Bremen
Datenkonvertierung: Werksatz Schmidt & Schulz GmbH, Gräfenhainichen

Inhaltsverzeichnis

Contents

Einleitung

Es existiert kaum ein Bereich des Rechts, der eine vergleichbare Entwicklung erlebt hat wie das Recht des internationalen Kulturgüterschutzes. Trotz dieser in jeder Hinsicht bemerkenswerten Entwicklung boten sich der erfolgreichen Bewältigung praktischer wie wissenschaftlicher Fragen des internationalen Kulturgüterschutzes zahlreiche Hindernisse. Diese beruhten vor allem auf der unübersehbaren Zersplitterung der vorhandenen Literatur in viele Sprachen und Systeme, auf der Vielgestaltigkeit der Rechtsprechung, auf der Zerstreuung wichtiger Dokumente sowie auf der Uneinigkeit über Grundfragen und Definitionen. Diesen Mängeln will die vorgelegte Bibliographie in wesentlichen Teilen begegnen. Erst in neuerer Zeit wurde bewußt, daß der Bereich der Kultur zu den zentralen Elementen des Staates zählt, die in besonderer Weise von Vernichtung, Wegnahme und Zerstreuung bedroht sind. Dabei geht es nicht nur um sakrale Gegenstände, die auf besondere Weise dem Bereich der Religion zuzuordnen sind, sondern im allgemeineren Sinne um die Kultur eines Staates, eines Volkes oder Teilen von ihnen, die schützenswerte Kulturgüter produzieren konnten.

Die Gefährdungen resultieren weniger aus dem Umstand, daß in der Vergangenheit der Diebstahl von Kulturgütern oft mit großen Namen verbunden war, wofür etwa Napoleon I. steht. Aber gerade er markiert den Beginn einer Entwicklung des modernen Rechts, das zu Beginn des 20. Jahrhunderts bereits die Kulturgüter im Kriege unter einen besonderen Schutz stellte. Artikel 56 der Haager Landkriegsordnung von 1907 bringt dies auf eindrucksvolle Weise zum Ausdruck und schließt damit eine spezifische Rechtsentwicklung des 19. Jahrhunderts ab. Damit schied der Krieg als Quelle umfangreicher Raubzüge für die Legitimierung entsprechender Maßnahmen aus. Verstöße gegen die Haager Landkriegsordnung im Zweiten Weltkrieg verbinden sich zwar mit bekannten Namen, wie *Hitler* und *Stalin*, aber sie finden in der Gegenwart trotz aller Verstöße keine entsprechende Rechtfertigung mehr.

Gefährdungen ergeben sich heute allerdings auch aus anderen Umständen. Zu nennen ist nicht zuletzt der Handel mit Kulturgütern und entsprechende Wegnahmen einzelner Gegenstände, die auf ungeklärte Weise in den Handel gelangen. Gefährdungen ergeben sich auch durch alle Bereiche einer zunehmenden Globalisierung, die in der Gegenwart nicht zu leugnen ist. Auch die Zunahme jeder Form dieser Globalisierung rechtfertigt in keiner Weise die Wegnahme von Kulturgütern, die die Wissenschaft auf unterschiedliche Weise in der Vergangenheit beschäftigt haben.

Zu den Eigenarten dieser Situation zählt der Umstand, daß der Krieg im 20. Jahrhundert sein Gesicht veränderte und überkommene Normen daher entsprechend angepaßt werden mußten. Die Haager Landkriegsordnung kalkulierte diese Veränderungen zwar ein, aber dennoch erstaunte das Ausmaß der im Zweiten Weltkrieg und in seinem Zusammenhang unternommenen Wegführung von Kulturgütern durch alle Beteiligte. Zwar wurden zahlreiche Kulturgüter in den vergangenen Jahrzehnten zurückerstattet, doch harren noch viele von ihnen einer entsprechenden Rückführung in Museen und Archive ihres Herkunftsstaates. Nicht wenige Wegnahmen resultieren aus Raubzügen während und nach dem Zweiten Weltkrieg. Die eindeutige Beurteilung nationalsozialistischer Aktivitäten in den Nürnberger Prozessen hat ebensowenig einen dauerhaften Erfolg mit sich gebracht wie spätere Maßnahmen einzelner universeller oder regionaler Internationaler Organisationen, wie der UNESCO oder des Europarates. Diesen gelang es zwar, manche Probleme zu lösen und das Bewußtsein für die Notwendigkeit eines wirkungsvollen internationalen Kulturgüterschutzes zu verbessern, doch wurde damit nicht die Gesamtheit der Gefährdungen beseitigt. Zu ihnen zählt nicht zuletzt die erwähnte Zersplitterung der spezifischen Literatur zum internationalen Kulturgüterschutz.

Ursprünglich war vorgesehen, eine Anzahl von Fallgruppen nach Einzelthemen selektiv herauszugreifen. Nunmehr ist dieses Konzept zugunsten einer systematischen und breiteren Ausrichtung aufgegeben worden. Mit Hilfe des ausführlichen Stichwortverzeichnisses ist es ohne besondere Mühe möglich, einzelne Werke zu der gewünschten Thematik zu finden. Auf diese Weise war es auch möglich, unklare Grenzbereiche zu erschließen und neueren Entwicklungen gerecht zu werden. Das gilt etwa für die notwendige Einbeziehung des Denkmalschutzes oder für den Zusammenhang von Völkerrecht und Internationalem Privatrecht. Nicht berücksichtigt werden konnte die Rechtsprechung, sofern sie sich nicht in Einzeluntersuchungen niederschlug. Die Literatur zum nationalen Kulturgüterschutz war nur in begrenztem Umfang heranzuziehen. Einzelne innerstaatliche Bereiche konnten gleichwohl exemplarisch berücksichtigt werden.

Das Recht des Internationalen Kulturgüterschutzes muß stärker als zuvor erkennen, daß es nicht nur um Rückerstattung geraubter Objekte, sondern um die Erhaltung in der Gegenwart geht. Insofern ist die technische Entwicklung in der Gegenwart stets mitzuberücksichtigen. Gleichzeitig wird deutlich, daß der kulturelle Bereich zu den Grundelementen des Staates, der Nationen und des einzelnen Menschen zählt. Entsprechend umstritten müssen die jeweiligen Zuordnungen bleiben. Ungeklärt sind nach wie vor die Folgen ethnischer Massenvertreibungen.

Die Arbeit entstand in einem erheblichen Ausmaße an meinem Lehrstuhl, und ich habe daher einer Vielzahl von Helfern zu danken. Schon 1995 begann Frau Assessorin *Antje Rech*, geb. *Schwall*, mit einer ersten Sichtung der Literatur. Diese Arbeit wurde von den Gerichtsreferendarinnen *Kerstin Albert* und *Sabrina Baur* auch in schwierigen Examenszeiten fortgesetzt, bevor einzelne Redaktionsgruppen tätig wurden. Eine erste Arbeitsgruppe wurde unter Frau *Baur* tätig. Ihr gehörten auch Herr Rechtsreferendar *Robert Muharremi*, Herr Assessor *Alexander Schupp*, Frau *Dorothee Untersteller* und Herr Mestre *Augusto do Amaral Dergint* an. Die Schlußredaktion und die Leitung der entsprechenden Arbeitsgruppe lag bei Herrn *Dr. Stefan Turner*. Für wertvolle Hilfe danke ich auch Frau Assessorin *Dr. Elke Günther-Nicolay* und Herrn Assessor *Malte Hansen* sowie *Frau Vanessa Gabriel*. Besonderen Dank schulde ich den Damen des Sekretariats, insbesondere Frau *Anne Dummin*, Frau *Johanna Gassen (Frahs)* und Frau *Margret Stragand-Dörrenbächer*.

An dieser Stelle möchte ich Herrn Dr. Turner meinen besonderen Dank abstatten. Er leitete nicht nur die Schlußredaktion der Bibliografie, sondern brachte auch seinen außergewöhnlichen Sachverstand ein. Er war stets um die Aktualisierung und Vervollständigung der Arbeit bemüht. Ohne seine aufopferungsvolle Tätigkeit wäre diese Bibliografie nicht entstanden.

Die Arbeit entstand im Rahmen der „Forschungsstelle Internationaler Kulturgüterschutz" an der Universität des Saarlandes. Herzlich danken möchte ich der Deutschen Forschungsgemeinschaft (DFG) für die gewährte Hilfe, ebenso der Universität des Saarlandes für die Ermöglichung der Fernleihe und mehrerer Reisen zum Max-Planck-Institut für ausländisches öffentliches Recht und Völkerrecht in Heidelberg.

Wilfried Fiedler

Introduction

Hardly any part of law has undergone a development similar to the law of international protection of Cultural Property. In spite of this remarkable development in all respects, the successful solution of practical and academic questions concerning the international protection of Cultural Property found numerous obstacles. Those are based primarily on the fragmentation of the existing literature within many languages and legal systems, the multi-faceted case law, the scattering of important documents and the disagreement on fundamental questions and definitions. This bibliography shall endeavour to overcome those obstacles in essential parts.

We have only just begun to realize that culture is one of those defining elements of statehood which are especially threatened by annihilation, plunder and dispersion. This threat includes not only objects of a sacral nature, which are related to religious practices, but in a more general sense also the cultural achievements of a state, of a people, or of any part of them, which were able to produce Cultural Property worthy of international protection. Threats result less from the circumstance that in former times the theft of Cultural Property has often been connected with such famous names as *Napoleon I.* But especially *Napoleon I.* marks the beginning of a development of the modern law, which already at the beginning of the century awarded Cultural Property special protection in times of war. Article 56 of the Hague Regulations Respecting the Laws and Customs of War on Land expresses this in an impressive way and ends a specific development of 19th century international public law. Forthwith war did no longer legitimize extensive raids. Offences against the 1907 Hague Regulations during World War II are connected with the infamous names of *Hitler* and *Stalin*, but notwithstanding the multitude of offences they can find no more justification today.

Current dangers result from different settings. Not least to be mentioned is the international trade in Cultural Property and the corresponding removal of single objects that reach the market via obscure channels. Dangers result also from all aspects of an increasing globalisation which cannot be denied any longer. Globalisation and liberalisation of the markets can in no conceivable way justify the removal of those cultural objects which have been subjected to different forms of scientific interest in the past.

One of the characteristics of this situation is the fact that war changed its face in the 20th century and traditional norms had to be adapted. Although the 1907 Hague Regulations had in some way already taken into account those changes, the full extent of the removal of Cultural Property by all the parties was still surprising. Though many cultural objects were returned in the last decades, many of those objects still wait for their return to the museums and archives of their State of origin. More than a few of those removals result from looting during or after World War II. The unanimous legal evaluation of corresponding nazi-activities in the Nuremberg Trials has achieved just as little permanent success as the activities of single universal or regional international organisations such as UNESCO or the Council of Europe in later times. Those were able to solve some of the problems and to raise the consciousness for a more effective international protection of Cultural Property, but this did not remove the whole of the dangers. Those comprise not least the aforementioned scattering of the specific literature on the subject of the international protection of Cultural Property.

Originally it was planned to select a number of characteristic single issues. This concept has been discarded in favour of a more systematic and global outlook. The detailed alphabetical index facilitates the finding of single works on a specific subject. This concept also allows to research shady and so far ill-defined areas of the law and to cope with new developments, such as the necessary inclusion of the protection of monuments or the relationship between international public law and international private law. Case law could only be taken into account as far as it is collected or reproduced in individual publications. Publications concerning purely national problems of the protection of Cultural Property could only be included to a certain extent, nevertheless some specific areas of national concern were exemplarily considered.

The law of the international protection of Cultural Property more than before has to realize that its main concern should not be the return of stolen objects but the preservation of the present. To that extent it must take into account the technological development of the present. At the same time it becomes evident that culture belongs to the fundamental elements of Statehood, of Nations and of individual human beings. It is therefore not amazing that the allocation of cultural objects to those entities will remain disputed. Still unresolved are the consequences of "ethnic cleansing" and mass deportations.

Most of this publication was written with the help of my staff at the University of the Saarland at Saarbrücken and I have to thank a number of assistants. Frau Assessorin *Antje Rech*, neé *Schwall*, started in 1995 with a first survey of the available literature. This was continued by the Gerichtsreferendarinnen *Kerstin Albert* und *Sabrina Baur* even during difficult times of examinations before different teams could work on the aquisition and catalogization of the literature. The first team was headed by Frau *Baur* and further included Herrn Rechtsreferendar *Robert Muharremi*, Herrn Assessor *Alexander Schupp*, Frau Gerichtsreferendarin *Dorothee Untersteller* and Herrn Mestre *Augusto do Amaral Dergint*. Herr *Dr. Stefan Turner* took charge of the completion of the work and managed the final efforts of the team. Special acknowledgement must also be made for the help of Frau Assessorin *Dr. Elke Günther-Nicolay* and Herrn Assessor *Malte Hansen* as well as Frau *Vanessa Gabriel*. I am particularly grateful for the assistance of my secretarial staff, especially Frau *Anne Dummin*, Frau *Johanna Gassen (Frahs)* and Frau *Margret Stragand-Dörrenbächer*.

I would like to express my appreciation and gratitude to Dr. Stefan Turner. He edited this bibliography, kept it current and complete. Without his dedicated diligence and his outstanding expertise in this complicated area of international law this work could not have been completed.

This publication was conceived in connection with the activities of the Research Institute on the International Protection of Cultural Property at the University of the Saarland. I extend my gratitude to the Deutsche Forschungsgemeinschaft (DFG) for the funding as well as to the University for supporting the acquisition of literature through inter-library loans and the funding of several working visits at the Max-Planck-Institut für ausländisches öffentliches Recht at Heidelberg.

Wilfried Fiedler

Hinweise für den Benutzer

In der vorliegenden Bibliographie wird versucht, die Literatur zum Recht des internationalen Kulturgüterschutzes zu erfassen. Unter Kulturgütern werden hier materielle Objekte von historischer und ästhetischer Bedeutung verstanden, Sachen und Sachgesamtheiten im weitesten Sinn bis hin zur Kulturlandschaft, nicht dagegen die Elemente der intangible cultural heritage wie kulturelle Traditionen, Riten, Zeremonien oder künstlerische Fertigkeiten sowie sonstige Aspekte des allgemeinen Begriffs der Kultur wie Presse, Schulwesen, Theater, Musik etc. Kulturgüterschutz im hier zugrundegelegten Verständnis bedeutet einen im spezifischen Allgemeininteresse erfolgenden Schutz, der sich auf Erhaltung von Kontext und Substanz der Objekte bezieht und der auf der Grundlage ihrer Zuordnung an staatliche oder private Eigentümer im Rahmen der jeweiligen Eigentumsordnung und ihrer öffentlich-rechtlichen Regulierung bewerkstelligt wird. Damit sind die Regeln, die auf den Schutz von Zuordnung, Erhaltung und Zugang (Nutzung) von Sammlungsobjekten oder Denkmälern bis hin zur Kulturlandschaft zielen, angesprochen.

Aus der Beschränkung auf materielle Objekte folgt, daß die Literatur zum Schutze der intangible cultural heritage nicht erfaßt wird. Auch werden Fragen der intellectual property und des Urheberrechts, droit de suite usw. hier nicht berücksichtigt.

Nicht erfaßt wird auch alles Sonderprivatrecht für Kulturgüter, das nicht dem Schutz von Erhaltung und Zuordnung der Objekte im Allgemeininteresse dient, wie z. B. Regeln über Rechtsmängel und Echtheit, Gewährleistung bei Versteigerungen, sowie öffentliches Recht, das nicht dem oben definierten Schutzzweck dient, wie Regelungen der Mehrwertsteuer oder der Erbschaftssteuer (dation en payment), Regeln gegen Geldwäsche durch Investition in Kunst etc.

Das Recht des Kulturgüterschutzes ist somit auch vom Kunstrecht (art law) zu unterscheiden, das zu einem großen Teil mit den künstlerischen Schöpfungen nichtgegenständlicher Art befaßt ist bzw. anderen Aspekten der Kulturlebens neben den bereits genannten gewidmet ist wie z.B. Rechtsfragen des Sponsoring und Mäzenatentums, Museumsrecht, Versicherungsrecht oder Stiftungsrecht.

Eine weitere und erhebliche Abgrenzungsproblematik entsteht durch die Begrenzung auf das Recht des *Internationalen* Kulturgüterschutzes. Dies bedeutet eine Beschränkung auf Beiträge, die die rechtliche Regelung internationaler Sachverhalt behandeln. Berücksichtigt wird sowohl das internationale Recht ieS, also das Völkerrecht, als auch das nationale Recht mit Bezug zu internationalen Sachverhalten.

Das Völkerrecht enthält Regeln zum Kulturgüterschutz im Krieg, im Bereich des internationalen Handels, im Seerecht und im Recht der Staatensukzession, Regeln zu Substanz- und Kontexterhaltung im Frieden sowie zu den Rechten von Minderheiten und Eingeborenen. Auch der vielfach durch Konkordate geregelte Schutz kirchlicher Kulturgüter ist hier zu nennen.

Ein Abgrenzungsproblem liegt vor allem in der Bestimmung des nationalen Rechts mit Bezug zu internationalen Sachverhalten. Die internationalen Auswirkungen mancher nationalen Regelungen erfordern unter Umständen ein Eingehen auf innerstaatliches Recht, gleich ob es sich um Privatrecht, Verwaltungsrecht, Strafrecht, Internationales Privatrecht oder Internationales Öffentliches Recht handelt. In anderen Bereichen wird die völkerrechtliche Problematik überhaupt erst durch die Berücksichtigung der innerstaatlichen Umsetzung greifbar. Dies gilt z. B. für das Recht der Minderheiten und der kirchlichen Kulturgüter, für den internationalen Handel und das Seerecht. Das Recht des Denkmalschutzes in den nationalen Rechtsordnungen wird dagegen nicht erfaßt.

Ein weiteres schwieriges Abgrenzungsprobleme bleibt zu erörtern. Das Recht des Kulturgüterschutzes im innerstaatlichen Recht wie im Völkerrecht ist kein eigenständig abgrenzbares Rechtsgebiet. Kulturgüter werden grundsätzlich wie andere Sachen auch behandelt. Die kulturgüterrechtlichen Regeln stellen somit Sonderregeln zu den allgemeinen Regeln des jeweiligen Rechtsgebiets dar, in dem sie auftreten. In dieser Bibliographie wird grundsätzlich nur die Literatur zu spezifisch kulturgüterrechtlichen Aspekten aufgeführt, nicht dagegen die allgemeine Literatur. Es werden z. B. keine Werke zum Beuterecht im Krieg im allgemeinen aufgenommen, sondern nur solche, die spezifisch das Beuteverbot an Kulturgütern behandeln.

Schließlich beschränkt sich die Bibliographie auf Literatur zu rechtlichen und rechtsbezogenen Fragestellungen. Nicht berücksichtigt werden daher technische Fragen des Denkmalschutzes und der Restaurierung, die Literatur zum cultural ressources management, wirtschaftswissenschaftliche Texte zum internationalen Kunsthandel oder Literatur zu den ideologischen Hintergründen und Zielsetzungen des Kulturgüterschutzes etwa im Bereich der „Identitätsbildung".

Zur Illustration der Staatenpraxis und zum besseren Verständnis der den Regelungen zugrundliegenden Sachprobleme erscheint aber auch das Faktische als wichtig und wurde daher in der Bibliographie berücksichtigt. Dazu zählt die Literatur zu historischen Fällen oder konkreten Ereignissen oder zu den Problemen der Bekämpfung des illegalen Handels. Grundsätzlich wird versucht, bei der juristischen Literatur im engeren Sinne vollständig zu sein, im Bereich des Faktischen aber war Vollständigkeit weder erwünscht noch schien sie erreichbar. Die rechtswissenschaftlichen Zeitschriften wurden entsprechend dieser Zielsetzung möglichst vollständig ausgewertet, bei Kunstzeitschriften und sonstigen fachbezogenen Zeitschriften ist dies nicht angestrebt worden.

Versucht wird, die Literatur bis zum Jahr 2000 zu erfassen, aber auch später erschienene Literatur wurde, soweit erreichbar, aufgenommen. Berücksichtigt werden Werke in deutscher, englischer, französischer und italienischer, teilweise auch niederländischer, spanischer und portugiesischer Sprache. Nicht aufgenommen wurden Rezensionen, Tagungsberichte und Artikel in Tageszeitungen sowie i. d. R. unveröffentlichte Seminar-, Magister oder Doktorarbeiten. Urteilsbesprechungen wurden dagegen berücksichtigt. Materialien Internationaler Organisationen sind nur aufgenommen, wenn sie von eigenständiger wissenschaftlicher Bedeutung sind. Die Bibliographie zielt in erster Linie auf Werke, die sich speziell mit kulturgüterrechtlichen Fragestellungen befassen, Abschnitte über kulturgüterrechtliche Fragen in Lehrbüchern, Gesamtdarstellungen einer Rechtsordnung oder Monographien zu sonstigen Sachthemen mit Ausführungen über kulturgüterrechtliche Fragen wurden dagegen nicht systematisch aufgenommen.

Grundsätzlich wurden die verzeichneten Arbeiten in Augenschein genommen und erst dann erfaßt, teilweise mußte jedoch auf Angaben in sonstigen Werken oder auf Angaben in Internetbibliographien zurückgegriffen werden, die aber in jedem Fall einer Überprüfung unterzogen wurden. Grundsätzlich verzeichnet die Bibliographie bei Sammelwerken auch die einzelnen Aufsätze, wenn das Werk jedoch nicht einsehbar war, mußte darauf natürlich verzichtet werden

In der Bibliographie wird versucht, die einzelnen Problembereiche des internationalen Kulturgüterschutzes mit einer weitmaschigen Gliederung systematisch zu erfassen. Grundlage dieser Gliederung war die Sachproblematik von einem internationalen Standpunkt aus gesehen, nicht dagegen die Systematik des innerstaatlichen Rechts. Entscheidend für die Einordnung war der Schwerpunkt des einzelnen Beitrags, bei mehreren Schwerpunkten wurde das Werk mehrfach aufgeführt. Der tatsächlich behandelte Inhalt kann dabei vom Titel abweichen. Daneben werden die einzelnen Sachthemen natürlich auch in den unter „Allgemeines" verzeichneten Werken behandelt.

Bei der Aufnahme wurde zwischen Autoren-, Urheber- und Sachtitelwerken unterschieden. Nachzuschlagen ist also nicht unter dem Herausgeber eines Sammelwerkes, sondern unter dessen Titel, wobei die Reihenfolge strikt alphabetisch ist, d. h. auch Artikel usw. werden bei der alphabetischen Aufzählung berücksichtigt. Zwischen Monographien und Aufsätzen wird bei der Aufnahme nicht unterschieden. Bei Titeln aus Sammelwerken wird mit Kurztitel und Angabe des Abschnitts der Bibliographie, wo es solches aufgeführt ist, auf das Grundwerk verwiesen.

Das Personenregister ist ein kombiniertes Personen-, Urheber- und Sachtitelregister, das ebenfalls einer strikt alphabetischen Ordnung folgt. Verwiesen wird auf den oder die Abschnitte der Bibliographie, in denen der Autor zu finden ist. Hier ist auch der Herausgeber aufgeführt, wobei auf den Sachtitel verwiesen wird. Hat das Werk mehrere Autoren, wird bei dem oder den auf den ersten Autor folgenden Autoren wiederum auf diesen und den entsprechenden Bereich der Bibliographie verwiesen.

Das ebenfalls strikt alphabetische Sachregister enthält grundsätzlich zwei verschiedene Arten von Einträgen. Zum einen bringt es eine weitere Unterteilung der Gliederung der Bibliographie, insbesondere nach Ländern und Regionen, aber auch Sachbegriffen. Zum andern enthält es Einträge zu einzelnen bekannten Objekten oder einzelnen Entscheidungen bzw. Streitfällen, die entweder unter einem Schlagwort oder unter der offiziellen Bezeichnung zu finden sind, sowie zu sonstigen Sachbegriffen, die in der Bibliographie nicht als Gliederungspunkte erscheinen.

Stefan Turner

Notes for the User

The present bibliography is an attempt to register the literature on the law of the international protection of cultural heritage. The notion of cultural heritage as understood here refers to material objects of historical and aesthetic significance, covering things and complexes of things in the widest sense, and even cultural landscapes, but not to the elements of the intangible cultural heritage, such as cultural traditions, rites, ceremonies, artistic skills, or to other aspects of the general notion of culture as the press, education, theatre, music etc. Protection of cultural heritage means a protection motivated by specific general interests directed at the protection of substance, context and use of the objects which is based on their attribution to private or public owners. Consequently, the rules aimed at the protection of substance, context and access with regard to objects of collection and monuments form the subject of the bibliography.

As a result of restricting ourselves to material objects, the literature on the protection of the intangible cultural heritage is excluded, nor are problems of intellectual property and copyright considered.

Also beyond the scope of this bibliography is all special private law concerning cultural property, which is not aimed at the protection of substance and attribution of the objects for specific public interests, as for example rules of contract law, sale by auction, copyright law, droit de suite, just as is public law not aimed at protection in the sense defined, as for example tax law on value added tax or death duties (dation en payment), rules against money laundering by investment in art objects etc.

Cultural heritage law is therefore also to be distinguished from art law, which to a great extent is concerned with questions of intellectual property or covers other aspects of the life of the arts besides the areas already mentioned, such as sponsoring, rules for museums, insurance law, or the law of foundations.

A further and considerable problem of delimitation is created by the confinement to rules of the *international* protection of cultural heritage. This means that only works treating the legal solutions for international states of affairs are taken into account, regardless of whether these solutions belong to public international law or to municipal law.

Public international law has regulations for the protection of cultural property in war, in the field of international trade, in the law of the see and in state succession, rules about the preservation of substance and context of cultural objects in peace time and about the rights of minorities and indigenous peoples. The protection of the ecclesiastical cultural heritage between the church, the state and regional entities is also partly regulated by public international law instruments.

A problem of delimitation is posed by determining the municipal law that is important for international affairs. The effects of municipal law provisions at an international level necessitate consideration of municipal law with reference to international states of affairs, be it private law, public law, penal law, international private law or international public law. In other areas of law, public international law only becomes understandable by taking the national law into account. This applies to the law concerning the cultural heritage of minorities and ecclesiastical heritage, to rules in the field of international trade and the protection of underwater cultural heritage. On the contrary, the internal rules of protection of monuments are not taken into account.

Another difficult point of delimitation is still to be discussed. Cultural heritage law is an autonomous and independent area of law in neither municipal law nor in public international law. Rules on cultural property are either the same as for other objects or are special rules which modify the general rules of a specific area of law according to the requirements of this specific category of objects. In this bibliography only the literature concerning specifically cultural property is included, but not the general literature. For example, works treating the regulation of property in war are excluded, whereas works about the prohibition of seizure of cultural property by the occupying power are included.

Finally, the bibliography is confined to literature treating legal or law related questions. Works on technical questions of the protection of monuments and of restoration, the literature about cultural resources management, texts treating the international trade in art under economic aspects, or works discussing the ideological backgrounds and targets of the protection of cultural objects are excluded.

In order to give an impression of the practice of States and to improve the understanding of the purely legal aspects, questions of fact are not completely neglected in the bibliography. The literature about historic cases or concrete events and also the vast literature treating the combat against the illegal art trade is therefore partly considered. Of course, completeness is not aimed at in this regard and would be almost impossible. Law journals are accordingly scrutinized as completely as possible, in the case of art journals und other journals specifically designated to other subjects than law this could not be achieved.

An attempt was made to consider the literature until the year 2000, but works which appeared later are also included. Taken into account are works in German, English, French, Italian and partly also Dutch, Spanish and Portuguese. Reviews, conference reports and articles in newspapers are excluded as well as non-published dissertations. Case notes, however, are considered. Materials of International Organizations are only included if they are of genuine scientific interest. The bibliography is primarily aimed at works dealing specifically with problems of international protection of cultural heritage. Sections in text books, comprehensive works or monographs treating other topics are not considered systematically.

In principle, the works recorded were judged by appearance before being taken into account, but the statements of other works or of Internet bibliographies also had to be used to a certain extent. Whatever, we tried to verify every entry. In principle, the bibliography also lists the single articles in collective works. This was of course only possible where the title was available to us.

The different topics of the international protection of cultural heritage are ordered in the bibliography in a broad systematic way. The main focus of the title was decisive for the classification of entries. When necessary, a title which emphazises more than one topic is to be found under different headings. Of course, it is possible that the different subjects listed under a special heading are also treated in the works listed under general headings.

The bibliography differentiates between works of authors, of originators as institutions or organizations, and works to be cited under their title. A collective work is therefore to be found not under the name of the editor, but under its title. Order is strictly alphabetical, that means that also articles etc count. There is no difference made between monographs and articles. In the case of titles from collective works, reference is made to the work and its place in the bibliography.

The register of persons lists authors, originators and subject titles together, and is also strictly alphabetically ordered. The register refers to the heading or headings of the bibliography where the author is to be found. Here, the editor is also listed by reference to the title of the work edited. In the case of a plurality of authors, the author or authors following the first are listed referring to the first author and his place in the bibliography.

The subject register, which is also strictly alphabetic, basically contains two different kinds of entries. On the one hand, it gives a further structuring of the headings of the bibliography, mainly as to countries and events, but also with the help of general notions. On the other hand, it contains entries for singular objects or cases or for general notions not used as headings in the bibliography.

Stefan Turner

A. Allgemeines/General

A 1. Gesamtdarstellungen/Comprehensive Studies

Alexandrov, Emil: La protection du patrimoine culturel en droit international public. Sofia : Sofia-Press, 1978. 188 S.
Engl. Fassung u.d.T.: International legal protection of cultural property. Sofia : Sofia Press, 1979. 164 S.

Berndt, Joachim: Internationaler Kulturgüterschutz : Abwanderungsschutz, Regelungen im innerstaatlichen Recht, im Europa- und Völkerrecht. Köln [u.a.] : Heymanns, 1998. XIV, 195 S. Zugl.: Münster (Westfalen), Univ., Diss., 1996. (Völkerrecht – Europarecht – Staatsrecht ; 22)

Bogouslavski, Marc M.: L'Union Soviétique et la protection internationale des biens culturels. Moscou : Edition du Progrès, 1983. 223 S.

Casanovas y La Rosa, Oriol: La protección internacional del patrimonio cultural : [Instituto Hispano-Luso-Americano de Derecho Internacional, 16. congreso, 18–23 marzo 1991, Merida (Venezuela), 4. comisión, Anteproyecto de ponencia]. Madrid : Secretaria General, 1991. 36 S.

Frigo, Manlio: La protezione dei beni culturali nel diritto internazionale. Milano : Giuffrè, 1986. VII, 435 S.

Hollander, Barnett: The International Law of Art for Lawyers, Collectors and Artists. London : Bowes & Bowes, 1959. 387 S.

Houdek, Frank G.: Protection of Cultural Property and Archaeological Resources : A Comprehensive Bibliography of Law Related Materials. New York : Oceana Publications, 1988. VII, 122 S.

Jote, Kifle: International Legal Protection of Cultural Heritage. Stockholm : Juristförlaget, 1994. 346 S. Zugl.: Stockholm, Univ., Diss., 1994.

Merryman, John Henry ; Albert E. Elsen: Law, Ethics and the Visual Arts. 3. ed. London ; The Hague ; Boston : Kluwer Law International, 1998. XXXII, 1032 S.

Prott, Lyndel V. ; Patrick J. O'Keefe: Law and the Cultural Heritage.
Bd. 1: Discovery and Excavation. Abingdon : Professional Books, 1984. XXVII, 434 S.
Bd. 3: Movement. London ; Edinburgh : Butterworths, 1989. XLIX, 1049 S. [Alles Erschienene]

Schorlemer, Sabine von: Internationaler Kulturgüterschutz : Ansätze zur Prävention im Frieden sowie im bewaffneten Konflikt. Berlin : Duncker und Humblot, 1992. 682 S. Zugl.: Hamburg, Univ., Diss., 1991. (Schriften zum Völkerrecht ; 102)

Streinz, Rudolf: Internationaler Schutz von Museumsgut. Opladen : Leske + Budrich, 1998. 415 S. (Berliner Schriften zur Museumskunde : Handbuch des Museumsrechts ; 4)

Williams, Sharon A.: The International and National Protection of Movable Cultural Property : A Comparative Study. Dobbs Ferry, NY : Oceana Publications, 1978. XVII, 302 S.

Wyss, Martin Philipp: Kultur als eine Dimension der Völkerrechtsordnung : Vom Kulturgüterschutz zur internationalen kulturellen Kooperation. Zürich : Schulthess, 1992. XLII, 353 S. (Schweizer Studien zum Internationalen Recht ; 79)

A 2. Sammelwerke/Collections of Articles

Archaeological Ethics / Karen D. Vitelli (Hrsg.). Walnut Creek, Cal. ; London ; New Dehli : AltaMira Press, 1996. 272 S.

Archaeological Heritage : Current Trends in Its Legal Protection : International Conference ; Athens, 26–27 November 1992. Athens : Sakkoulas, 1995. 235 S. (Institute of Hellenic Constitutional History and Constitutional Law <Athenai>: Studies ; 5)

Dall'incuria all'illegalità : i beni culturali alla prova della coscienza collettiva / Mario Aldo Toscano (Hrsg.). Santa Croce sull'Arno (Pisa) : Circolo Il Grandevetro ; Milano : Jaca book, 1999. 165 S.

Das kulturelle Erbe im Risiko der Modernität : Salzburger Symposium 1992 / Hrsg. von Gerhard Sladek im Auftrag des Vorstandes der Österreichischen Gesellschaft für Kulturgüterschutz. Wien : Österreichische Gesellschaft für Kulturgüterschutz, 1993. 219 S. (Sicherheit & Demokratie)

Das Museum und die Dritte Welt : Bericht über ein internationales Symposium, veranstaltet von den ICOM-Nationalkomitees der Bundesrepublik Deutschland, Österreichs und der Schweiz vom 7. bis 10. Mai 1979 am Bodensee / Herrmann Auer (Hrsg.). München [u.a.] : K. G. Saur, 1981. 357 S.

Die grenzüberschreitende Verantwortung des Kulturgüterschutzes : Bregenzer Symposium 1996 / [Österreichische Gesellschaft für Kulturgüterschutz] Karl Redl ; Gerhard Sladek (Hrsg.). Wien : Österreichische Gesellschaft für Kulturgüterschutz, 1996. 113 S. (Schriftenreihe der Österreichischen Gesellschaft für Kulturgüterschutz ; 3)

I beni culturali : esigenze unitarie di tutela e pluralità di ordinamenti / Luca Mezzetti (Hrsg.). Padova : CEDAM, 1995. XVIII, 418 S.

Interdependence of Archives : Proceedings of the Twenty-Nineth, Thirtieth and Thirty First International Conferences of the Round Table on Archives : XXIX Mexico 1993, XXX Thessaloniki 1994, XXXI Washington 1995 = L'interdépendance des archives : actes de la vingt-neuvième, trentième et trente et unième Conférences internationales de la table ronde des archives : XXIX Mexico 1993, XXX Thessaloniki 1994, XXXI Washington 1995 / Conseil international des archives. Dordrecht ; Washington (D.C.) : [s.n.], 1998. 275, 265 S. [Engl. und franz. Ausg. in Wendeband]. (Conférence internationale de la table ronde des archives ; 29–31) (Janus ; Special Issue).

International Legal Protection of Cultural Property : Proceedings of the 13. Colloquy on European Law, Delphi, 20–22 Sept. 1983. Strasbourg : Council of Europe, Publications Section, 1984. 151 S. (Legal affairs)
Franz. Ausg. u.d.T.: La protection juridique internationale des biens culturels : actes du 13. Colloque de Droit Européen, Delphes, 20–22 sept. 1983. Strasbourg : Council of Europe, Publications Section, 1984. 160 S. (Affaires juridiques)

Internationaler Kulturgüterschutz : Wiener Symposion 18./ 19. Oktober 1990 / Gerte Reichelt (Hrsg.). Wien : Manz, 1992. VI, 166 S.

Internationaler Kulturgüterschutz und deutsche Frage : Völkerrechtliche Probleme der Auslagerung, Zerstreuung und Rückführung deutscher Kulturgüter nach dem Zweiten Weltkrieg / Wilfried Fiedler (Hrsg.). Berlin : Gebr. Mann Verlag, 1991. 332 S. (Forschungsergebnisse der Studiengruppe für Politik und Völkerrecht / Kulturstiftung der Deutschen Vertriebenen ; 7)

Kulturgüterschutz : Ein Aufruf zu transnationaler Aktion ; Private Initiativen zwischen Interessen und Verantwortung / Hrsg. im Auftrag des Vorstandes der Österreichische Gesellschaft für Kulturgüterschutz. Wien : Österreichische Gesellschaft für Kulturgüterschutz, 1995. 133 S. (Schriftenreihe der Österreichischen Gesellschaft für Kulturgüterschutz ; 2)

La cultura e i suoi beni giuridici : atti del convegno di studi indetto dalla Scuola di specializzazione in Diritto ed Economia delle Comunità europee ; Bari, Castello normanno-svevo, 29–30 maggio 1997 / Vincenzo Caputi Jambrenghi (Hrsg.). Milano : Giuffrè, 1999. XXI, 757 S. (Collana Carla Romanelli Grimaldi / Università degli studi di Bari, Istituto di diritto pubblico della Facoltà di economia ; 7).

La gestione del patrimonio culturale : atti del I° colloquio internazionale ; „Lo stato dell'arte" ; Pitigliano/Acquapendente/Orvieto, 6/8 dicembre 1996 = Cultural Heritage Management : Proceedings of the 1st International Meeting / Maurizio Quagliuolo (Hrsg.). [Roma] : DRI, 1997. 255 S.

La gestione del patrimonio culturale : atti del II° colloquio internazionale ; Sistemi di beni culturali e ambientali ; Viterbo, 5/8 dicembre 1997 = Cultural

Heritage Management : Proceedings of the 2nd International Meeting / Maurizio Quagliuolo (Hrsg.). [Roma] : DRI, 1998. 319 S.

La protection des biens culturels : (Journées polonaises). Paris : Economica, 1991. XV, 584 S. (Travaux de l'Association Henri Capitant des Amis de la Culture Juridique Française ; 40 = 1989)

La protezione internazionale dei beni culturali : atti del Convegno celebrativo del 30° anniversario della Convenzione dell'Aja sulla protezione dei beni culturali nei conflitti armati (Firenze, 22.–24. Nov. 1984) = The International Protection of Cultural Property = La Protection Internationale des Biens Culturels / Istituto Internazionale di Diritto Umanitario. Rom : Fondazione Europea Dragan, 1986. 246 S.

La protezione internazionale e la circolazione comunitaria dei beni culturali mobili / Pasquale Paone (Hrsg.). Napoli : Ed. Scientifica, 1998. IX, 327 S. (Studi e documenti di diritto internazionale e comunitario ; 16)

La tutela penale delle opere d'arte : atti del Convegno, Siracusa 22–26 marzo 1992 = The Penal Protection of Works of Art / Istituto Superiore Internazionale di Scienze Criminali, Siracusa ; Università di Catania, Facoltà di lettere e filosofia. Siracusa : Istituto Superiore Internazionale di Scienze Criminali, 1994. 430 S.

Le patrimoine en mouvement : migration de l'écrit au fil des siècles ; actes du colloque Roanne, 1–2 octobre 1996 / organisé par la Ville de Roanne [u. a.] [la publ. des actes a été coord. par Hélène Dubois]. Paris : Fédération française de coopération entre bibliothèques ; Roanne : Agence Rhône-Alpes pour le livre et la documentation : Bibliothèque municipale, 1997. 176 S. (Mois du patrimoine écrit)

Le patrimoine mobilier : Quelle politique européenne? / Hervé Coutau-Bégarie ; Jean-Marie Schmitt (Hrsg.). Paris : Economica, 1990. 312 S.

Neues Recht zum Schutz von Kulturgut : Internationaler Kulturgüterschutz ; EG-Richtlinie, UNIDROIT-Konvention und Folgerecht / Gerte Reichelt (Hrsg.). Wien : Manz, 1997. VIII, 174 S. (Schriftenreihe des Ludwig-Boltzmann-Institutes für Europarecht ; 1)

Prinzipien des Kulturgüterschutzes : Ansätze im deutschen, europäischen und internationalen Recht / Frank Fechner ; Thomas Oppermann ; Lyndel V. Prott (Hrsg.). Berlin : Duncker und Humblot, 1996. 307 S. (Tübinger Schriften zum internationalen und europäischen Recht ; 37)

Protezione internazionale del patrimonio culturale : interessi nazionali e difesa del patrimonio comune della cultura / Francesco Francioni ; Angela Del Vecchio ; Paolo De Caterini (Hrsg.). Milano : Giuffrè, 2000. 209 S.

Rechtsfragen des Internationalen Kulturgüterschutzes : Symposium vom 22./23. Juni 1990 im Internationalen Wissenschaftsforum Heidelberg / Rudolf Dolzer ; Erik Jayme ; Reinhard Mußgnug (Hrsg.). Heidelberg : C.F. Müller, 1994. X, 235 S. (Heidelberger Forum ; 87)

International Expert Meeting on the Return of Cultural Property and the Fight against its Illicit Trafficking, 30 September – 3 October 2002, Seoul, Korea / Korean National Commission for Unesco ; Cultural Properties Administration of Korea ; Unesco. Seoul : 2002. 259 S.

The Challenge to Our Cultural Heritage : Why Preserve the Past? ; Proceedings of a Conference on Cultural Preservation, Washington, D.C., 8–10 April 1984 / Yudhishthir Raj Isar (Hrsg.). Paris : Unesco ; Washington, D.C. : Smithsonian Institution Press, 1986. 252 S.

The Law of Cultural Property and Natural Heritage : Protection, Transfer, and Access / Marylin Phelan (Hrsg.). Evanston, Illinois : Kalos Kapp Press, 1998. [21 chapters – page numbers only for chapters]

The Penal Protection of Works of Art : [Proceedings of the International Conference, Syracuse, April 3–7, 1982] / Istituto Superiore Internazionale di Scienze Criminali, Siracusa. Siracusa : Istituto Superiore Internazionale di Scienze Criminali, 1983. 447 S. (Quaderni di Scienze Criminali)

Who Owns Culture? : Cultural Property and Patrimony Disputes in an Age Without Borders / M. Janeway ; A. Szanto (Hrsg.). New York : National Arts Journalism Program, Columbia University, 2001. 165 S.

A 3. Gesetzes- und Vertragssammlungen / Collections of Treaties and Statutes

A Selection of Codes of Ethics. In: International Journal of Cultural Property 7 (1998) 190–241.

Beni culturali e mercato europeo : Norme sull'esportazione nei paesi della Comunità / Adelaide Maresca Compagna ; Pietro Petraroia (Hrsg.). Roma : Istituto Poligrafico e Zecca dello Stato, 1991. 646 S. (Quaderni / Ministero per i Beni Culturali e Ambientali, Ufficio Studi)

Burnham, Bonnie: The Protection of Cultural Property : Handbook of National Legislations / compiled by Bonnie Burnham. Paris : The International Council of Museums, 1974. 203 S.

Condemi, Simonella: La salvaguardia dei beni culturali : lineamenti di storia della tutela ; con una introduzione di Antonio Palucci. 2. ed. ampliata a cura di Lucia Torrigiani. Firenze : Istituto per l'Arte e il Restauro „Palazzo Spinelli", 1997. 161 S.

Cultural Heritage and the CSCE Process : (Selected Documents) / Halina Ognik ; Adam Daniel Rotfeld (Hrsg.). Warschau : Polish Institute of International Affairs, 1991. XIII, 162 S.

Cultural Heritage Statutes / Ruth Redmond-Cooper ; Norman E. Palmer (Hrsg.). Leicester : Institute of Art and Law, 1999. V, 306 S.

European cultural heritage. Volume I. Intergovernmental co-operation : collected texts. Strasbourg : Council of Europe Publishing, 2002. 450 S.
Frz. Ausg. u.d.T.: Patrimoine culturel européen. Volume I. Coopération intergouvernementale : recueil de textes. 480 S. [Volume II s. *Pickard* C3]

Italia, Salvatore: I beni culturali in Italia e in Europa. Udine : Del Bianco, 1999. 606 S.
Frühere Aufl. in 2 Bd. u.d.T.: L'amministrazione dei beni culturali. Udine : Del Bianco, 1988. 380 S. (Collana dell'Istituto di Storia dell'Università di Udine ; 15); La tutela dei beni culturali nell'ambito internazionale. Udine : Del Bianco, 1988. 206 S. (Serie monografica di storia moderna e contemporanea / Istituto di Storia dell'Università di Udine ; 16)

Konopka, Jean A.: La protection des biens culturels en temps de guerre et de paix d'après les conventions internationales (multilatérales) : recueil de textes. Genève : Impr. de Versoix, 1997. XX, 163 S.

Reference Dossier in Archival Claims = Dossier de reference sur les Contentieux Archivistiques / Hervé Bastien (Hrsg.) ; [International Council of Archives / Legal Matters Committee]. In: Interdependence of Archives, 1998: 209–268. [A2]

The Council of Europe and cultural heritage 1954–2000 : Intergovernmental work: basic texts / [director of the publication: José Maria Ballester]. Strasbourg : Council of Europe Publishing, 2001. 362 S.
Franz. Ausg. u.d.T.: Le Conseil de l'Europe et le patrimoine culturel 1954–2000.

The Protection of Movable Cultural Property : Compendium of Legislative Texts / [prepared by Hanna Saba with the assistance of Nabil G. Salamé] ; Unesco. 1. Aufl., Paris : Unesco, 1979. 362 S. 2. Aufl., Paris : Unesco, 1984. 2 Bände, 392 u. 334 S.

Unesco: Conventions and Recommendations of Unesco concerning the protection of the cultural heritage. Paris : Unesco 1983. 239 S.
Franz. Ausg. u.d.T.: Conventions et recommendations de l'Unesco relatives à la protection du patrimoine culturel. Paris : Unesco 1983. 248 S.

A 4. Überblicksaufsätze/Survey Articles

Alpert, Harry: The Role of Unesco in the Protection of Artistic National Patrimony against Pillage and Theft. In: Art Law : Domestic and International, 1975: 269–271. [D3]

Bernecker, Roland: UNESCO : Der internationale Schutz von Kulturgütern. In: Kunstrecht und Urheberrecht 1 (1999) 1–3.

Bertram, Wilhelm: Museumsbezogene Völkerrechtsinstrumente der UN und der UNESCO. In: Das Museum und die Dritte Welt, 1981: 125–143. [A2]

Bolla, Gerard: Keynote Address. In: New York University Journal of International Law and Politics 15 (1982/83) 765–770.

Bothmer, Bernard V.: Problems in the Preservation of Old World Antiquities. In: Art Research News 1 (1981) 2: 5–7.

Bouffard, Pierre: L'importance du patrimoine culturel : Les efforts faits et à faire pour sa conservation. In: La protection des biens culturels en cas de conflit armé, 1968: 1–10. [G1]

Cassese, Sabino: I Beni Culturali : Sviluppi Recenti. In: Beni Culturali e Comunità Europea, 1994: 341–349. [D7]

Châtelain, Jean: Rapport de synthése. In: La protection des biens culturels : (journées polonaises), 1991: 1–12. [A2]

Chellani, Manju (Virmani): A Survey of International Law and Current Issues relating to Protection of Cultural Property. In: Delhi Law Review 20 (1998) 157–174.

Cogo, Giampaolo: I beni culturali ed ambientali tra ordinamenti ed istituzioni. In: I beni culturali : Esigenze unitarie di tutela e pluralità di ordinamenti, 1995: 27–40. [A2]

Daifuku, Hiroshi: Museums and Monuments : UNESCO's Pioneering Role. In: Museum International <Paris> / Engl. Ausg. 50 (1998) 1=197: 9–19.

Deliyannis, Jean: Les biens culturels et le droit : (présentation des journées) ; [3e Journées juridiques franco-helléniques]. In: Journées de la Société de Législation et de Droit Comparé (1986) = Revue Internationale de Droit Comparé / Numéro Spécial 8: 243–245.

Dicke, Detlev Christian: The Instruments and the Agencies of the International Protection of Cultural Property. In: International Legal Protection of Cultural Property, 1984: 17–43. [A2]

Dolzer, Rudolf: Kulturgüter im Friedensvölkerrecht. In: Rechtsfragen des Internationalen Kulturgüterschutzes, 1994: 149–159. [A2]

Eagen, Sarah: Preserving cultural property : our public duty ; a look at how and why we must create international laws that support international action. In: Pace International Law Review 13 (2001) 407–448.

Edwards, Joseph F.: Major Global Treaties for the Protection and Enjoyment of Art and Cultural Objects. In: The University of Toledo Law Review 22 (1991) 919–953

Fechner, Frank: Prinzipien des Kulturgüterschutzes : Eine Einführung. In: Prinzipien des Kulturgüterschutzes, 1996: 11–46. [A2]

Fechner, Frank: The Fundamental Aims of Cultural Property Law. In: International Journal of Cultural Property 7 (1998) 376–394.

Fiedler, Wilfried: Rückführung und Schutz von Kulturgütern im geltenden Völkerrecht. In: Politik und Kultur 14 (1987) 19–38.

Fiedler, Wilfried: Neue völkerrechtliche Ansätze des Kulturgüterschutzes. In: Internationaler Kulturgüterschutz : Wiener Symposion, 1992: 69–80. [A2]

Foundoukidis, Euripide: La coopération intellectuelle dans le domaine des arts, de l'archéologie et de l'ethnologie au cours de l'année 1937. In: Mouseion <Paris> 39–40 (1937) 245–286.

Foundoukidis, Euripide: La coopération intellectuelle dans le domaine des arts, de l'archéologie et de l'ethnologie au cours de l'année 1938. In: Mouseion <Paris> 44–48 (1938) 285–306.

Foundoukidis, Euripide: L'organisation des relations internationales en matière d'art et d'archéologie. In: Art et Archéologie : Recueil de législation comparée et de droit international 1 (1939) 9–18.

Foundoukidis, Euripide: La coopération intellectuelle dans le domaine des arts, de l'archéologie et de l'ethnologie au cours de l'année 1939. In: Mouseion <Paris> 49–50 (1940) 215–229.

Francioni, Francesco: Principi e criteri ispiratori per la protezione internazionale del patrimonio culturale. In: Protezione internazionale del patrimonio culturale, 2000: 11–19. [A2]

Galenskaya, Liudmila: International Co-Operation in Cultural Affairs. In: Recueil des Cours / Académie de Droit International de le Haye 198 (1986) 3: 265–331.

Gonzáles-Ubeda Rico, Gloria: Aspectos jurídicos de la protección del patrimonio histórico-artístico y cultural. Madrid : Ministerio de cultura ; Secretaría General Técnica. 209 S.

Graham, Gael M.: Protection and Reversion of Cultural Property : Issues of Definition and Justification. In: The International Lawyer 21 (1987) 755–793.

Greco, Maurizio: Le principali convenzioni internazionali in materia di protezione dei beni culturali. In: I Beni Culturali : Profili di diritto comparato ed internazionale / Giovanni Cofrancesco (Hrsg.). 1999. Roma : Istituto Poligrafico e Zecca dello Stato, Libreria dello Stato, 1999: 287–300.

Jacobucci, Michelangelo: L'azione italiana in sede Unesco per la protezione del patrimonio mondiale culturale e naturale. In: Bollettino di informazioni [Commissione nazionale italiana per l'Unesco] (1992) 1–3: 7–16.

Koumantos, Georges: International Legal Protection of Cultural Property : Introductory Report. In: International Legal Protection of Cultural Property, 1984: 12–16. [A2]

Lesnodorski, Boguslaw: L'héritage historique et sa protection juridique. In: Studia Juridica 7 (1985) 11–28.

Leyendecker, Roberto Socini: Une organisation internationale pour la sauvegarde et la récupération des œuvres d'art. In: Annuaire de l'A.A.A. 44 (1974) 89–95.

Marchisotto, Alan: The Protection of Art in Transnational Law. In: Vanderbilt Journal of Transnational Law 7 (1973/74) 689–724.

Molajoli, Bruno: La protezione internazionale del patrimonio archeologico ed artistico : discorso pronunciato a Roma, il 22 marzo 1972, nella sede del Banco di Roma, sotto gli auspici del Centro italiano di studi per la conciliazione internazionale. Roma : A cura del Banco di Roma, 1972. 43 S.

Monaco, Riccardo: La protezione internazionale dei beni culturali. In: Beni culturali e mercato europeo, 1991: 9–24. [A3]

Mußgnug, Reinhard: Das Kunstwerk im internationalen Recht. In: Kunst und Recht / mit Beitr. von Johann-Tönjes Cassens u.a. (Schriften der Deutschen Richterakademie ; 2). Heidelberg : C. F. Müller, 1985: 15–42.

Nafziger, James A. R.: Heritage Law Creation : First Report. In: International Law Association : Report of the Sixty-Seventh Conference held at Helsinki, Finland, 12 to 17 August 1996. London : International Law Association, 1996: 327–332.

Nafziger, James A. R.: Heritage Law Creation : Second Report. In: International Law Association : Report of the Sixty-Eigthth Conference held at Taipei, Taiwan, Republic of China, 24–30 May 1998. London : International Law Association, 1998: 217–234.

Nafziger, James A. R.: A Blueprint for the Development of Cultural Heritage Law : First Report. In: International Law Association : Report of the Sixty-Ninth Conference held in London, 25–29th July 2000. London : International Law Association, 2000: 511–528.

Nahlik, Stanisław Edward: Les bases juridiques de la protection internationale des monuments d'art et d'histoire. In: Relations internationales de la protection des biens culturels, 1965: 55–67. [C1]

O'Keefe, Patrick J.: Activities of International Organizations in the Protection of Cultural Objects. In: Revue de droit uniforme = Uniform Law Review N.S. 1 (1996) 88–95.

O'Keefe, Patrick J.: International Organizations. In: Media & Arts Law Review 4 (1999) 253–257.

O'Keefe, Patrick J.: EU and International Arts Law. In: Media & Arts Law Review 5 (2000) 121–125.

O'Keefe, Patrick J.: Recent Developments in International Arts Law. In: Media & Arts Law Review 5 (2000) 267–269.

O'Keefe, Patrick J.: International Arts Law Update. In: Media & Arts Law Review 6 (2001) 139–143.

O'Keefe, Patrick J. ; Lyndel V. Prott: Cultural Property. In: Encyclopedia of Public International Law 1 (A–D), Amsterdam [u.a.] : North – Holland, 1992: 890–892.
Auch in Instalment 9 (1986): International Relations and Legal Cooperation in General – Diplomacy and Consular Relations: 62–64.

Papademetriou, Theresa: International Aspects of Cultural Property : An Overview of Basic Instruments and Issues. In: International Journal of Legal Information 24 (1996) 270–301.

Pecoraro, Maria Luisa: L'ordinamento internazionale e la protezione dei beni culturali : questioni concettuali e profili della tutela. In: La protezione internazionale e la circolazione comunitaria dei beni culturali mobili, 1998: 21–40. [A2]

Peletan, Sandrine: La protection juridique internationale des biens culturels. In: Revue de la Recherche Juridique – Droit Prospectif 23 (1998) 245–300.

Phelan, Marilyn: Cultural Property. In: The International Lawyer 32 (1998) 447–451.

Phelan, Marilyn: Cultural Property. In: The International Lawyer 33 (1999) 443–448.

Phelan, Marilyn: Cultural Property. In: The International Lawyer 34 (2000) 697–705.

Prieto, María Gemma: Derecho Internacional y Bienes Culturales. In: Patrimonio cultural y derecho 2 (1998) 9–20.

Prott, Lyndel V.: Current World Trends in Protection : A Summary of Legislative Action. In: Protection or Plunder? : Safeguarding the Future of our Cultural Heritage, 1989: 92–100.

Prott, Lyndel V.: From admonition to action : UNESCO's role in the protection of cultural heritage. In: Nature & Resources 28 (1992) 4–11.

Prott, Lyndel V.: The Protection of the Cultural Heritage. In: Rapports généraux : XIIIe Congrès international, Montréal 1990 = General reports : XIIIth International Congress, Montreal 1990 / Académie international de droit comparé = International Academy of Comparative Law ; Association québecoise de droit comparé, Centre de recherche en droit privé et comparé du Québec =

Quebec Research Centre of Private & Comparative Law. Cowansville, Québec : Éditions Y. Blais, 1992: 751–774.

Prott, Lyndel V.: The International Legal Protection of the Cultural Heritage. In: Prinzipien des Kulturgüterschutzes, 1996: 295–307. [A2]

Prott, Lyndel V.: Macht und Ohnmacht der UNESCO bei der Durchsetzung von Kulturgüterschutzanliegen. In: Die grenzüberschreitende Verantwortung des Kulturgüterschutzes, 1996: 59–74. [A2]

Prott, Lyndel V.: The Development of Legal Concepts Connected with the Protection of the Cultural Heritage. In: Law in Motion : Recent Developments in Civil Procedure, Constitutional, Contract, Criminal, Environmental, Family & Succession, Intellectual Property, Labour, Medical, Social Security, Transport Law / Roger Blanpain (Hrsg.). The Hague : Kluwer Law, 1997: 599–620.

Prott, Lyndel V.: Cultural Heritage Law : The Perspective of the Source Nations. In: Art, Antiquity and Law 5 (2000) 333–342.

Ptasnik, Mieczyslaw: Le but de la protection internationale des monuments historiques. In: Relations internationales de la protection des biens culturels, 1965: 21–28. [C1]

Ritter, Waldemar: Der Schutz kulturellen Erbes in Deutschland und Europa. In: Deutschland-Archiv 29 (1996) 770–772.

Roellecke, Gerd: Warum schützen wir Kulturgüter? In: Aktuelle Fragen des Kulturgüterschutzes, 1998: 31–49. [D3]

Rudolf, Walter: Über den internationalen Schutz von Kulturgütern. In: Staat und Völkerrechtsordnung : Festschrift für Karl Doehring / Kay Hailbronner ; Georg Ress ; Torsten Stein (Hrsg.). (Beiträge zum ausländischen öffentlichen Recht und Völkerrecht ; 98). Berlin [u.a.] : Springer, 1989: 853–871.

Smola, Franz: Kulturgüterschutz im Wandel der Zeiten. In: Kulturgüterschutz : Ein Aufruf zu transnationaler Aktion, 1995: 15–28. [A2]

Steiner, Peter ; Karl-Reinhart Trauner: „... Achtung vor der Kultur ...“ : Ein Kulturgüterschutzoffizier und ein Kirchenhistoriker über Kulturgüterschutz als Identitätsschutz. Wien : Österreichische Gesellschaft für Kulturgüterschutz, 2000. 97 S. (Schriften der Österreichischen Gesellschaft für Kulturgüterschutz ; 6).

Strebel, Helmut: Kulturgüterschutz. In: Wörterbuch des Völkerrechts. Bd. II / Karl Strupp ; Hans-Jürgen Schlochauer (Hrsg.). Berlin : de Gruyter, 1961: 381–383.

Struell, F. D.: Cultural Property. In: The International Lawyer 31 (1997) 691–694.

The Developing World : Preservation, Export and Looting / Patty Gerstenblith [u.a.]. In: Who Owns Culture?, 2001: 111–121. [A2]

Visscher, Charles de: La protection internationale des objets d'art et des monuments historiques. In: Revue de droit international et de législation comparée 16 (1935) 32–74 (Première partie : la conservation du patrimoine artistique et historique en temps de paix) u. 246–288 (Deuxième partie : les monuments historiques et les œuvres d'art en temps de guerre et dans les traités de paix). Revidierte Fassung des 1. Teils u.d.T.: La protection des patrimoines artistiques et historiques nationaux : Nécessité d'une réglementation internationale. In: Art et Archéologie : Recueil de législation comparée et de droit international 1 (1939) 19–46.
Revidierte Fassung des 2. Teils u.d.T.: Les monuments historiques et les œuvres d'art en temps de guerre et dans les traités de paix. In: Art et Archéologie : Recueil de législation comparée et de droit international 2 (1940) 9–44.
Revidierte Fassung des 2. Teils auch in: La Protection des monuments et œuvres d'art en temps de guerre, 1939: 129–164. [G1]
Engl. Übers. der revidierten Fassung (1. und. 2. Teil) u.d.T.: International Protection of Works of Art and Historic Monuments / Ardelia Ripley Hall (Hrsg.). In: Documents and State Papers 1 (1948/49), No. 15: 821–859. Washington D.C. : U.S. Government Printing Office, June 1949. (Publication 3525)
Reprinted in: Department of State Publications 3590 / Division of Publications, Office of Public Affairs. Washington D.C. : U.S. Government Printing Office, 1949. (International Information and Cultural Series ; 8)

Waart, Paul J. I. M. de: Handel in kunst : volkenrechtelijke aspecten ; Internationale bescherming van cultuurgoed als natuurlijke hulpbron. In: Kunsthandel (inclusief antiquiteiten) en de bescherming van nationaal cultureel erfgoed, 1994: 9–44. [D3]

Wyss, Martin Philipp: Der völkerrechtliche Schutz von Kulturgütern : Neue Impulse innerhalb der UNESCO. In: Humanitäres Völkerrecht 1 (1994) 12–21.

A 5. Internationaler Kulturgüterschutz und nationale Rechtsordnungen / International Protection of Cultural Heritage and National Legal Orders

Antoniou, Theodora: Is There Any Discord between Constitutional and International Law Protection of Archaeological Heritage? In: Archaeological Heritage : Current Trends in Its Legal Protection, 1995: 87–103. [A2]

Antoniou, Theodora: Völkerrechtlicher und verfassungsrechtlicher Kulturgüterschutz : insbesondere die Frage der Rückkehr des Parthenon-Fries (sic!). In:

Griechenland in Europa / Gilbert Gornig ; Theo Schiller ; Wolfgang Wesemann (Hrsg.). (Interdisziplinäre Europa-Studien ; 1). Frankfurt a.M. [u.a.] : Lang, 2000: 97–117.

Bogouslavski, Marc M.: L'Union Soviétique et la protection internationale des biens culturels. Moscou : Edition du Progrès, 1983. 223 S.

Burdeau, Geneviève: Droit international public : Rapport français. In: La protection des biens culturels : (journées polonaises), 1991: 59–70. [A2]

Chiti, Mario P.: The Protection of Cultural Property. In: International Congress of Comparative Law <13, 1990, Montréal>: Rapports nationaux italiens au XIIIe Congrès International de Droit Comparé, Montréal 1990 = Italian National Reports to the XIIIth International Congress of Comparative Law. Mailand : Giuffrè, 1990: 493–517.

Corral, C.: Incidencia de la legislación internacional en la Ley de Patrimonio histórico español (13/1985, de 25 de junio). In: Revista general de Legislación y Jurisprudencia XC (1985) 771–810.

De Vergottini, G.: La tutela e la valorizzazione del patrimonio storico-artistico fra Unione europea, Stato e Regioni. In: Rivista guiridica di urbanistica (1998) 243–257.

Elia, Ricardo J.: US Cultural Resource Management and the ICAHM Charter. In: Antiquity <Oxford> 67 (1993) 426–439.

Gautier, Philippe: Droit international public : Rapport belge. In: La protection des biens culturels : (journées polonaises), 1991: 34–58. [A2]

Gerstenblith, Patty: Identity and Cultural Property : The Protection of Cultural Property in the United States. In: Boston University Law Review 75 (1995) 559–668.

Goy, Raymond: International Protection of Cultural Property and Domestic Public Law. In: International Legal Protection of Cultural Property, 1984: 44–71. [A2]

Häberle, Peter: National-verfassungsstaatlicher und universeller Kulturgüterschutz : ein Textstufenvergleich. In: Prinzipien des Kulturgüterschutzes, 1996: 91–112. [A2]

Hänni, Peter ; Judith Lischer: Die Schweiz und der internationale Kulturgüterschutz. In: Schweizerisches Zentralblatt für Staats- und Verwaltungsrecht 100 (1999) 345–371.

Hofmann, Rainer: The Protection of the Cultural Heritage in the Federal Republic of Germany. In: International Congress of Comparative Law <13, 1990, Montréal>: Reports on German Public Law : XIIIth International Congress of Comparative Law, Montréal 1990 / Rudolf Bernhardt ; Ulrich Beyerlin (Hrsg.). Heidelberg : C. F. Müller, 1990: 189–209.

I beni culturali : esigenze unitarie di tutela e pluralità di ordinamenti / Luca Mezzetti (Hrsg.). Padova : CEDAM, 1995. XVIII, 418 S.

Irsheid, Christine: The Protection of Cultural Property in the Arab World. In: International Journal of Cultural Property 6 (1997) 11–46.

Kowalski, Wojciech ; Halina Niec ; Anna Przyborowska-Klimczak: Droit international public : Rapport polonais. In: La protection des biens culturels : (journées polonaises), 1991: 71–81. [A2]

Leighfield, Sarah: Of Ships and Sealing Wax : Planning the Preservation of Movable Cultural Heritage within Australia. In: Environmental and Planning Law Journal 17 (2000) 214–230.

Lenoci, Liana Bertoldi: I beni culturali : patrimonio nazionale ; legiferato e vissuto. In: La gestione del patrimonio culturale I, 1997: 98–105. [A2]

McManamon, Francis P.: Cultural Resources and Protection under United States Law. In: Connecticut Journal of International Law 16 (2001) 247–282.

Nafziger, James A. R.: The Underlying Constitutionalism of the Law Governing Archaeological and Other Cultural Heritage. In: Willamette Law Review 30 (1994) 581–608.

Nafziger, James A. R.: Protection of the Archaeological Heritage under the United States Constitution. In: Archaeological Heritage : Current Trends in Its Legal Protection, 1995: 27–54. [A2]

Nahlik, Stanisław Edward: Droit international public : Rapport général. In: La protection des biens culturels : (journées polonaises), 1991: 15–34. [A2]

Ney, Wolfgang: Die Umsetzung und Anwendung international vereinbarter Grundsätze zum Schutz und zur Sicherung des Kulturgutes in der Gesetzgebung der DDR. In: Wissenschaftliche Zeitschrift der Humboldt-Universität zu Berlin, Gesellschaftswissenschaftliche Reihe 35 (1986) 304–307.

O'Keefe, Patrick J.: The Protection of Cultural Heritage. In: Australian law and legal thinking between the decades : a collection of 33 Australian reports to the 13th International Congress of Comparative Law presented in McGill University Montreal on 18–24 august 1990 / Alice Erh-Soon Tay (Hrsg.). Sydney, Australia : Faculty of Law, The University of Sydney, 1990: 345–364.

O'Keefe, Patrick J.: Developments in Cultural Heritage Law : What is Australia's Role? In: Australian International Law Journal 1 (1996) 36–59.

Paone, Pasquale: Introduzione : il genere „internazionale" de diritto in rapporto ai generi „nazionale" e „universale". In: La protezione internazionale e la circolazione comunitaria dei beni culturali mobili, 1998: 1–19. [A2]

Passalacqua, John L. A. de: Droit international public : Rapport portoricain. In: La protection des biens culturels : (journées polonaises), 1991: 83–91. [A2]

Paterson, Robert K.: The Protection of Cultural Property in Internal Law. In: International Journal of Cultural Property 6 (1997) 267–277.

Phelan, Marilyn: Synopsis of the Laws Protecting our Cultural Heritage. In: New England Law Review 28 (1993) 63–108.

Potenza, Raffaele: Gli strumenti giuridici di tutela e gestione. In: La gestione del patrimonio culturale I, 1997: 114–121. [A2]

Rogers, Kristine Olson: Visigoths Revisited : The Prosecution of Archaeological Resource Thieves, Traffickers and Vandals. In: Environmental Law and Litigation <Eugene, Or.> 2 (1987) 47–105.

Roucounas, Emmanuel J.: International Regulations and Internal Measures of Protection of the Archaeological Heritage. In: Archaeological Heritage : Current Trends in Its Legal Protection, 1995: 117–130. [A2]

Sanguini, Armando: Il ruolo dell'Italia nella tutela e valorizzazione del patrimonio culturale. In: Protezione internazionale del patrimonio culturale, 2000: 35–39. [A2]

Schroeder Cordero, Francisco Arturo: El artículo 133 de la Constitución y los tratados internacionales para la protección de los bienes culturales : La legislación mexicana relativa ; La realidad y las autoridades. In: Congreso Iberoamericano de Derecho Constitucional <5, 1998, México>: V Congreso iberoamericano de derecho constitucional 1998. (Instituto de Investigaciónes Jurídicas : Serie G : Estudios doctrinales ; 193). México : Universidad Nacional Autónoma de México, 1998: 883–891.

Shearing, Susan: Protecting Movable Cultural Heritage. In: Environmental and Planning Law Journal 13 (1996) 477–486.

Shyllon, Folarin: International Standards for Cultural Heritage : An African Perspective. In: Art, Antiquity and Law 5 (2000) 159–175.

Williams, Sharon A.: Droit international public : Rapport canadien. In: La protection des biens culturels : (journées polonaises), 1991: 49–58. [A2]

B. Grundprobleme des Internationalen Kulturgüterschutzes/ Basic Problems of the International Protection of Cultural Heritage

B 1. Kulturgüter als Erbe der Menschheit/ Cultural Heritage as Common Heritage of Humankind

Clément, Etienne: Le concept de responsabilité collective de la communauté internationale pour la protection des biens culturels dans les conventions et recommendations de l'UNESCO. In: Revue belge de droit international 26 (1993) 534–551.

Dolzer, Rudolf: Die Deklaration des Kulturguts zum „common heritage of mankind". In: Rechtsfragen des Internationalen Kulturgüterschutzes, 1994: 13–26. [A2]

Genius-Devime, Barbara: Bedeutung und Grenzen des Erbes der Menschheit im völkerrechtlichen Kulturgüterschutz. Baden-Baden : Nomos-Verl.-Ges., 1996. 491 S. Zugl.: Saarbrücken, Univ., Diss., 1996. (Saarbrücker Studien zum Internationalen Recht ; 3)

Guruswamy, Lakshman Rao ; Jason C. Roberts ; Catina Drywater: Protecting the Cultural and Natural Heritage : Finding Common Ground. In: Tulsa Law Journal 34 (1999) 713–744.

Häberle, Peter: National-verfassungsstaatlicher und universeller Kulturgüterschutz : ein Textstufenvergleich. In: Prinzipien des Kulturgüterschutzes, 1996: 91–112. [A2]

Marte, Hans: Das Weltkulturerbe : Symbol einer globalen Identität ; Festvortrag anläßlich der Generalversammlung der Österreichischen Gesellschaft für Kulturgüterschutz am 13. November 1996. Wien : Österreichische Gesellschaft für Kulturgüterschutz, 1997. 21 S. (Schriften der Österreichischen Gesellschaft für Kulturgüterschutz ; 4)

Merryman, John Henry: International Art Law : From Cultural Nationalism to a Common Cultural Heritage. In: New York University Journal of International Law and Politics 15 (1982/83) 757–763.

Merryman, John Henry: Two Ways of Thinking about Cultural Property. In: American Journal of International Law 80 (1986) 831–853.
Auch in: UFITA : Archiv für Urheber- und Medienrecht 107 (1988) 55–82.

Monden, Anneliese ; Geert Wils: Art Objects as Common Heritage of Mankind. In: Revue belge de droit international 19 (1986) 327–338.

Müller, Markus M.: Kulturgüterschutz : Mittel nationaler Repräsentation oder Wahrung des Gemeinsamen Erbes der Menschheit. In: Prinzipien des Kulturgüterschutzes, 1996: 257–275. [A2]

Nahlik, Stanisław Edward: L'intérêt de l'humanité à protéger son patrimoine culturel. In: Annuaire de l'A.A.A. 37/38 (1967/68) 156–165.

Phelan, Marylin E.: The Concept of a Cultural Heritage of Mankind. In: The Law of Cultural Property and Natural Heritage, 1998. 34 S. [A2]

Przyborowska-Klimczak, Anna: Les notions des „biens culturels" et du „patrimoine culturel mondial" dans le droit international. In: The Polish Yearbook of International Law 18.1989/90 (1992) 47–72.

Raber, Hans Georg: Das kulturelle Erbe der Menschheit : Bestandsaufnahme und Perspektiven des internationalen Kulturgüterschutzes. Köln, Univ., Diss., 1994. XXVII, 122 S.

Sljivic, Ana: Why Do You Think It's Yours? : An Exposition of the Jurisprudence Underlying the Debate Between Cultural Nationalism and Cultural Internationalism. In: The George Washington Journal of International Law and Economics 31 (1997/1998) 393–438.

Strati, Anastasia: Deep Seabed Cultural Property and the Common Heritage of Mankind. In: International and Comparative Law Quarterly 40 (1991) 859–894.

Strati, Anastasia: The Implication of Common Heritage Concepts on the Quest for Cultural Objects and the Dialogue between North and South. In: Proceedings of the Annual Meeting of the American Society of International Law 89 (1995) 439–443.

Turner, Stefan: Cultural Property as national heritage and common human heritage : The problem of reconciling common and individual interests. In: La tutela penale delle opere d'arte = The penal protection of works of art, 1994: 227–232. [A2]

Vernon, M. Catherine: Common Cultural Property : The Search for Rights of Protective Intervention. In: Case Western Reserve Journal of International Law 26 (1994) 435–479.

B 2. Rückführung von Kulturgütern / Restitution and Return of Cultural Objects

A brief history of the creation by Unesco of an Intergovernmental Committee for Promoting the Return of Cultural Property to its Countries of Origin or its Restitution in Case of Illicit Appropriation. In: Museum <Paris> / Engl. Ausg. 31 (1979) 59–61.

Agorsah, E. K.: Restitution of Cultural Material to Africa. In: Afrika-Spectrum 12 (1977) 305–308.

Aniakor, Chike C.: Cultural Objects as History and National Patrimony : A Moral Challenge. In: Proceedings of the Annual Meeting of the American Society of International Law 89 (1995) 434–438.

Baer, Gerhard: Überlegungen zur Frage der Rückgabe von Museumsgut an die Ursprungsländer. In: Das Museum und die Dritte Welt, 1981: 158–165. [A2]

Becher, Karl: On the Obligation of Subjects of International Law to Return Cultural Property to Its Permanent Place. In: Annuaire de l'A.A.A. 44 (1974) 96–99.

Bleiker, Roland: The Politics and Ethics of Relocated Arts. In: Australian Journal of International Affairs 53 (1999) 311–326.

Borath, Ros: Protection of the Cultural Heritage of Cambodia. In: Shelters from the Storm : Developments in International Humanitarian Law / William Maley (Hrsg.). Canberra : Australian Defence Studies Centre, 1995: 281–284.

Brewka, Miriam: UNESCO's Action for the Return and Restitution of Cultural Property. In: Estonian – Russian Co-operation in Museology, 2001: 22–33. [H5]

Capstick, B.: The Return and Restitution of Cultural Material : A Report. In: The Museums Journal <London> 79 (1979) 67–71.

Coulée, Frédérique: Quelques remarques sur la restitution interétatique des biens culturels sous l'angle du droit international public. In: Revue Générale de Droit International Public 104 (2000) 359–392.

DeJager, Koen: Claims to Cultural Property under International Law. In: Leiden Journal of International Law 1 (1988) 183–197.

DiBaldassarre, Vincenzo: La definizione dello Stato d'origine nella problematica della restituzione dei beni culturali. In: La protezione internazionale e la circolazione comunitaria dei beni culturali mobili, 1998: 199–215. [A2]

Engstler, Ludwig: Die territoriale Bindung von Kulturgütern im Rahmen des Völkerrechts. Köln [u.a.] : Carl Heymanns Verlag, 1964. 301 S. (Annales Universitatis Saraviensis / Rechts- und Wirtschaftswissenschaftliche Abteilung ; 8)

Eyo, Ekpo Okpo: Nigeria. In: Museum <Paris> / Engl. Ausg. 31 (1979) 18–21.

Fedoruk, Alexander: The Restitution of Cultural Treasures to the Ukraine and the Impact of Restitution on Cultural Revival. In: Estonian – Russian Co-operation in Museology, 2001: 75–85. [H5]

Fradier, Georges: Kulturgüter im Exil : Ganze Regionen sind ihrer kulturellen Vergangenheit beraubt worden. In: UNESCO-Kurier 19 (1978) 7: 6–11, 33.

Freytag, Christiane: „Cultural Heritage“: Rückgabeansprüche von Ursprungsländern auf „ihr“ Kulturgut? In: Prinzipien des Kulturgüterschutzes, 1996: 175–200. [A2]

Ganslmayr, Herbert: Federal Republic of Germany. In: Museum <Paris> / Engl. Ausg. 31 (1979) 12–14.

Ganslmayr, Herbert: Wem gehört die Benin-Maske? : Die Forderung nach Rückgabe von Kulturgütern an die Ursprungsländer. In: Vereinte Nationen 28 (1980) 88–92.

Ganslmayr, Herbert: Rückgabe von Kulturgut : Konkrete Schritte ; Ausbildung von Museumspersonal in der Hauptstadt Nigers ; Stand der Konvention von 1970. In: Vereinte Nationen 32 (1984) 139–140.

Gathercole, Peter: British University Museums and the Problems Relating to Restitution. In: Lost Heritage : The Question of the Return of Cultural Property, 1981: 11–14. [B2]

Gathercole, Peter: Recording Ethnographic Collections : The Debate on the Return of Cultural Property. In: Museum <Paris> / Engl. Ausg. 38 (1986) 187–192.

Gazi, Andromache: Museums and National Cultural Property : I ; The Question of Restitution. In: Museum Management and Curatorship 9 (1990) 121–135.

Geluwe, Huguette van: Belgium’s contribution to the Zairian cultural heritage. In: Museum <Paris> / Engl. Ausg. 31 (1979) 32–37.

Gerstenblith, Patty: The Public Interest in the Restitution of Cultural Objects. In: Connecticut Journal of International Law 16 (2001) 197–246.

Gill, David ; Christopher Chippindale: The Trade in Looted Antiquities and the Return of Cultural Property : A British Parliamentary Inquiry. In: International Journal of Cultural Property 11 (2002) 50–64.

Goepfert, Karen: The Decapitation of Rameses II. In: Boston University International Law Journal 13 (1995) 503–526.

Goy, Raymond: Le retour et la restitution des biens culturels à leur pays d’origine en cas d’appropriation illégale. In: Revue Générale de Droit International Public 83 (1979) 962–985.

Greenawalt, Kent: Thinking in Terms of Law and Morality. In: International Journal of Cultural Property 7 (1998) 7–20.

Greenfield, Jeanette: The Return of Cultural Property. In: Antiquity <Oxford> 60 (1986) 29–35.

Greenfield, Jeanette: The Return of Cultural Treasures. 2. Aufl., Cambridge : Cambridge University Press, 1996. XIX, 351 S.

Gulik, Willem R. van: Holding or Losing : The Return of Cultural Property. In: Generators of Culture : The Museum as a Stage / Rob van Zoest (Hrsg). Amsterdam : AHA Books, 1989: 49–53.

Guzzo, Pier Giovanni: Restituzione di beni culturali. In: Antichità senza provenienza II, 1997: 119–120. [D1]

Haberland, Eike: Überlegungen zum Problem der Restitution von Kulturgütern an die Dritte Welt aus der Sicht des Ethnologen. In: Das Museum und die Dritte Welt, 1981: 144–153. [D3]

Harms, Volker: Ethnographische Kunstobjekte als Beute des europäischen Kolonialismus. In: Kritische Berichte 23 (1995) 2: 15–31.

International Council of Museums / Ad-Hoc-Committee: Study on the Principles, Conditions and Means for the Restitution or Return of Cultural Property in view of Reconstituting Dispersed Heritages. In: Museum <Paris> / Engl. Ausg. 31 (1979) 62–66.

Jayme, Erik: Kunstwerk und Nation : Zuordnungsprobleme im internationalen Kulturgüterschutz. Heidelberg : Carl Winter, 1991. 34 S. (Sitzungsberichte der Heidelberger Akademie der Wissenschaften, Philosophisch-historische Klasse : Bericht ; 1991, 3).

Jayme, Erik: Antonio Canova, la Repubblica delle arti ed il diritto internazionale. In: Rivista di diritto internazionale LXXV (1992) 889–902.

Jayme, Erik: La Repubblica delle arti ed il suo impatto sul diritto internazionale : note sul pensiero di Antonio Canova. In: Oltre il diritto / Maria Costanza (Hrsg.). Padova : CEDAM, 1994: 113–135.
Auch in: Nationales Kunstwerk und Internationales Privatrecht / Erik Jayme, 1999: 38–53. [D4]

Jayme, Erik: Antonio Canova und die Nationalisierung der Kunst. In: Private Law in the International Arena : From National Conflict Rules Towards Harmonization and Unification ; Liber Amicorum Kurt Siehr / Jürgen Basedow [u.a.] (Hrsg.). The Hague : T.M.C. Asser Press, 2000: 281–288.

Kaiku, R.: Restoration of National Cultural Property : The Case of Papua New Guinea. In: Preserving Indigenous Cultures : a New Role for Museums / Robert Edwards ; Jenny Stewart (Hrsg.). Canberra : Australian Government Publishing Service, 1980: 175–183.

Kamenova, Tsvetana: Legal Aspects of the Recovery of Cultural Property by Bulgaria. In: Legal Aspects of International Trade in Art (International Sales of Works of Art ; 5), 1996: 213–216. [D3]

Klicker, Jochen R.: Was macht Nofretete in Charlottenburg? : Über den dubiosen Umgang mit Kunst der Dritten Welt. In: Westermanns Monatshefte 124 (1983) 21–26.

Larsson, Karl Erik: Restitution of Cultural Objects. Stockholm : Swedish National Commission for UNESCO, 1976. 21 S.

Leggett, Jane: Restitution and Repatriation : Guidelines for Good Practice. London : Museums and Galleries Commission, 2000. 46 S.

Lewis, Geoffrey: Lost Heritage : Some Historical & Professional Considerations. In: Lost Heritage : The Question of the Return of Cultural Property, 1981: 4–7. [B2]

Lewis, Geoffrey: The Return of Cultural Property. In: The Journal of the Royal Society for the Encouragement of Arts, Manufactures and Commerce 129 (1981) 435–443.

Lost Heritage : The Question of the Return of Cultural Property ; Report of the Symposium on the Return of Cultural Property held at Africa Centre, London, 21. Mai 1981. London : London Commonwealth Arts Association and the Africa Centre, 1981. 20 S.

M'Bow, Amadou-Mahtar: A plea for the return of an irreplaceable cultural heritage to those who created it. In: Museum <Paris> / Engl. Ausg. 31 (1979) 58. Deutsche Fassung u.d.T.: Aufruf zur Rückgabe von Kulturgütern an die Ursprungsländer. In: UNESCO-Kurier 19 (1978) 7: 4–5.

McGuire, Teresa: African Antiquities Removed During Colonialism : Restoring a Stolen Cultural Legacy. In: Detroit College of Law Revue (1990) 31–69.

Monreal, Luis: Problems and Possibilities in Recovering Dispersed Cultural Heritages. In: Museum <Paris> / Engl. Ausg. 31 (1979) 49–57.

Moulefera, Tayeb: Algeria. In: Museum <Paris> / Engl. Ausg. 31 (1979) 10–11.

Müller-Katzenburg, Astrid: Besitz- und Eigentumssituation bei gestohlenen und sonst abhanden gekommenen Kunstwerken. In: Neue Juristische Wochenschrift 52 (1999) 2551–2558.

Myles, Kwasi: The Needs and Problems of a Particular Country : Ghana. In: Lost Heritage : The Question of the Return of Cultural Property, 1981: 15–16. [B2]

Nafziger, James A.R.: Remarks [zum Panel "When the Quest for Cultural Objects Divides North from South"]. In: Proceedings of the Annual Meeting of the American Society of International Law 89 (1995) 433–434.

Nafziger, James A.R.: The New International Legal Framework for the Return, Restitution or Forfeiture of Cultural Property. In: New York University Journal of International Law and Politics 15 (1982/83) 789–812.

Neich, Roger: The Restitution and Return of Cultural Property : a New Zealand Viewpoint. In: AGMANZ News 10 (1979) 4: 5–10.

Okere, Obinna: International Regulations of the Return and Restitution of Cultural Property. In: Revue Hellénique de Droit International 40/ 41 (1987/ 88) 141–156.

Osman, Dalia N.: Occupiers' Title to Cultural Property : Nineteenth-Century Removal of Egyptian Artifacts. In: Columbia Journal of Transnational Law 37 (1999) 969–1002.

Pallares Zaldumbide, Rodrigo: Cases for Restitution. In: Museum <Paris> / Engl. Ausg. 34 (1982) 132–134.

Palmer, Norman E.: Sending Them Home : Some Observations on the Relocation of Cultural Objects from UK Museum Collections. In: Art, Antiquity and Law 5 (2000) 343–354.

Pankhurst, Richard: The Case for Ethiopia. In: Museum <Paris> / Engl. Ausg. 38 (1986) 58–60.

Pentz, Peter: UTIMUT-Return : The return of more than 35000 items to Greenland. In: International Expert Meeting on the Return of Cultural Property and the Fight against its Illicit Trafficking, 2002: 83–85. [B2]

Peyer, Richard de: A Wellcome Case of Return. In: Museum <Paris> / Engl. Ausg. 34 (1982) 197–200.

Philippaki, Barbara: Greece. In: Museum <Paris> / Engl. Ausg. 31 (1979) 15–17.

Pott, Peter H. ; M. Amir Sutaarga: Arrangements concluded or in progress for the return of objects : The Netherlands-Indonesia. In: Museum <Paris> / Engl. Ausg. 31 (1979) 38–42.

Prott, Lyndel V.: Legal and moral grounds for return of cultural property. In: International Expert Meeting on the Return of Cultural Property and the Fight against its Illicit Trafficking, 2002: 47–53. [B2]

Prott, Lyndel V.: Repatriation of Cultural Property. In: University of British Columbia Law Review (Special Issue 1995) 229–240.

Prott, Lyndel V.: Restitutionspolitik der UNESCO in Zusammenarbeit mit Museen. In: Internationaler Kulturgüterschutz : Wiener Symposion, 1992: 157–162. [A2]

Prott, Lyndel V.: The Experience of UNESCO with the Return of Cultural Objects. In: Proceedings of the Annual Meeting of the American Society of International Law 89 (1995) 443–447.

Prott, Lyndel V.: The success of diplomatic efforts for the return from West to East. In: International Expert Meeting on the Return of Cultural Property and the Fight against its Illicit Trafficking, 2002: 109–114. [B2]

Rhee, Boa: Conceptual framework for the restitution of cultural properties from the anthropological and museological perspectives. In: International Expert

Meeting on the Return of Cultural Property and the Fight against its Illicit Trafficking, 2002: 153–159. [B2]

Rollet-Andriane, Louis-Jacques: Precedents. In: Museum <Paris> / Engl. Ausg. 31 (1979) 4–7.

Schädler, Karl-Ferdinand: Fremdes Kulturgut : Ein Beitrag zur Frage der Rückführung von Kulturgütern. In: Kunst und Antiquitäten (1990) 5: 16–20.

Schauerte, Günther: Restitution von Kulturgut als Problem bei europäischen Kooperationen. In: Museumskunde 62 (1997) 123–130.

Schmidt-Herwig, Angelika: Rückgabe von Kulturgut : zur Funktion ethischer Normen internationaler Organisationen im Entscheidungsprozeß ; eine Fallstudie über die Rückgabe von altmexikanischer Wandmalerei aus der Sammlung Wagner, San Francisco (Calif., USA) unter Berücksichtigung der mexikanischen Museumspolitik. Frankfurt a.M. : Brandes und Apsel, 1999. 383 S. Zugl.: Frankfurt (Main), Univ., Diss., 1997. (Wissen und Praxis ; 85)

Schulze, Dorothee: Die Restitution von Kunstwerken : Zur völkerrechtlichen Dimension der Restitutionsresolutionen der Generalversammlung der Vereinten Nationen. Bremen : Selbstverlag des Museums, 1983. 229 S. (Veröffentlichungen aus dem Übersee-Museum Bremen ; D/12)

Seidl-Hohenveldern, Ignaz: Ausfuhr und Rückführung von Kunstwerken. In: Im Dienst an der Gemeinschaft : Festschrift für Dietrich Schindler zum 65. Geburtstag / Walter Haller (Hrsg.). Basel ; Frankfurt a.M. : Helbing und Lichtenhahn, 1989: 137–145.

Seidl-Hohenveldern, Ignaz: Artefacts as National Cultural Heritage and as Common Heritage to Mankind. In: Essays in Honour of Judge Taslim Olawale Elias / Emmanuel G. Bello ; Bola A. Ajibolo (Hrsg.). Dordrecht : Nijhoff, 1992: 163–168.

Seidl-Hohenveldern, Ignaz: La protection internationale du patrimoine culturel national. In: Revue Générale de Droit International Public 97 (1993) 395–409.

Seidl-Hohenveldern, Ignaz: Kulturgut, Rückführung von. In: Ergänzbares Lexikon des Rechts. Losebl.-Ausg. Neuwied : Luchterhand. Gruppe 4/645, Stand April 1998: 1–2.

Seligman, Thomas K.: The Murals of Teotihuacán : A Case Study of Negotiated Restitution. In: The Ethics of Collecting Cultural Property, 1989: 73–84. [D2]

Shapiro, Daniel: Repatriation : A Modest Proposal. In: New York University Journal of International Law and Politics 31 (1998) 95–108.

Shaw, Thurstan: Whose heritage? In: Museum <Paris> / Engl. Ausg. 38 (1986) 46–48.

Shyllon, Folarin: Negotiations for the return of the Nok sculptures from France to Nigeria : an unrighteous conclusion. In: International Expert Meeting on the Return of Cultural Property and the Fight against its Illicit Trafficking, 2002: 115–123. [B2]

Silva, P. H. D. H. de: Sri Laka. In: Museum <Paris> / Engl. Ausg. 31 (1979) 22–25.

Specht, Jim: The Australian Museum and the Return of Artefacts to Pacific Island Countries. In: Museum <Paris> / Engl. Ausg. 31 (1979) 28–31.

Stétié, Salah: The Intergovernmental Committee : Mechanisms for a New Dialogue. In: Museum <Paris> / Engl. Ausg. 33 (1981) 116–117.

Stétié, Salah: The View of UNESCO's Intergovernmental Committee. In: Lost Heritage : The Question of the Return of Cultural Property, 1981: 8–10. [B2]

Stétié, Salah: Le retour et la restitution des biens culturels : une ouverture sur plus de justice internationale. In: Cultures 33 (1983) 50–63.

Strati, Anastasia: The Implication of Common Heritage Concepts on the Quest for Cultural Objects and the Dialogue between North and South. In: Proceedings of the Annual Meeting of the American Society of International Law 89 (1995) 439–443.

Syatauw, J. J. G.: The Protection of Cultural Heritage : A Heritage of Colonial Expansion. In: Annuaire de l'A.A.A. 44 (1974) 34–44.

Sykes, Katherine: Recovery of Stolen and Looted Works of Art. In: Art, Antiquity and Law 4 (1999) 81–83.

Thomason, Douglas: Rolling Back History : The United Nations General Assembly and the Right to Cultural Property. In: Case Western Reserve Journal of International Law 22 (1990) 47–96.

Toward a National and International Framework / M. Williams [u.a.]. In: Who Owns Culture?, 2001: 135–145. [A2]

Tshiluila, Shaje: Inventorying Movable Cultural Property : National Museum Institute of Zaire. In: Museum <Paris> / Engl. Ausg. 39 (1987) 50–51.

Walter, Bernhard: Rückführung von Kulturgut im internationalen Recht. Bremen : Übersee-Museum Bremen, 1988. XXXII, 244 S. (Veröffentlichung aus dem Übersee-Museum Bremen ; D/14)

Wardwell, Allen: Repatriation of Artworks : An Old Problem Resurfaces. In: Art in America 68 (1980) Sept.: 13–17.

Williams, Sharon A.: Recent Developments in Restitution and Return of Cultural Property. In: The International Journal of Museum Management and Curatorship 3 (1984) 117–129.
Auch in: La protezione internazionale dei beni culturali, 1986: 139–158. [A2]

Wilson, David: Return and restitution : a museum perspective. In: Who owns the past? : Papers from the Annual Symposium of the Australian Academy of the Humanities / Isabel McBryde (Hrsg.). Melbourne : Oxford University Press, 1985: 99–106.

Zschiedrich, Klaus ; Eva Hoffmann: Völkerrechtlicher Schutz der Kulturgüter vor Wegnahme und illegaler Verbringung ins Ausland. In: Neue Justiz 38 (1984) 86–88.

Zwernemann, Jürgen: Gedanken zur Rückforderung von Kulturgut. In: Afrika-Spectrum 12 (1977) 297–304.

B 3. Rückführung von Kulturgütern am Beispiel der Elgin Marbles / Return of Cultural Objects: the Case of the Elgin Marbles

Antoniou, Theodora: Völkerrechtlicher und verfassungsrechtlicher Kulturgüterschutz : insbesondere die Frage der Rückkehr des Parthenon-Fries (sic!). In: Griechenland in Europa / Gilbert Gornig ; Theo Schiller ; Wolfgang Wesemann (Hrsg.). (Interdisziplinäre Europa-Studien ; 1). Frankfurt a.M. [u.a.] : Lang, 2000: 97–117.

Atkinson, David: Wohin gehören alte Kunstwerke? In: Forum des Europarats (1983) 4: 2–3.

Boardman, John: The Elgin Marbles : Matters of Fact and Opinion. In: International Journal of Cultural Property 9 (2000) 233–262.

Browning, Robert: The Case for the Return of the Parthenon Marbles. In: Museum <Paris> / Engl. Ausg. 36 (1984) 38–41.

Browning, Robert: Lord Elgins Geschäfte und die Plünderung nationaler Schätze. In: Freibeuter. Vierteljahreszeitschrift für Kultur und Politik 30 (1986) 91–99.

Browning, Robert: The Parthenon in History. In: *Hitchens*, 1987: 13–26. [B3]

Brysac, Shareen Blair: The Parthenon Marbles Custody Case : Did British Restorers Mutilate the Famous Sculptures? In: Archaeology <New York, N.Y.> 52 (1999) 3: 74–77.

Cook, Brian F.: Lord Elgin and the Acquisition and Display of the Parthenon Sculptures in the British Museum. In: Parthenon-Kongreß Basel : Referate und Berichte ; 4. bis 8. April 1982 / Ernst Berger (Hrsg.). Mainz : Zabern, 1984, Band I: 326–328.

Cook, Brian F.: The Elgin Marbles. London : British Museum Press, 1997. 96 S.

Frank, Rainer: Der Anspruch Griechenlands auf die „Elgin Marbles“ im Britischen Museum in London. In: Recht und Kunst : Symposium aus Anlaß des 80. Geburtstages von Wolfram Müller-Freienfels / Rainer Frank (Hrsg.). (Freiburger Rechts- und Staatswissenschaftliche Abhandlungen ; 61). Heidelberg : C. F. Müller, 1996: 1–17.

Gazi, Andromache: Museums and National Cultural Property : II ; The Parthenon Marbles. In: International Journal of Museum Management and Curatorship 9 (1990) 241–255.

Ginger, Stephanie: Mercurial Melina's Marbles. In: Contemporary Review 243 (1983) 311–313.

Gornig, Gilbert: Wem gehört der Pergamon-Altar? : Völkerrechtliche Diskussion der Forderungen Griechenlands auf Rückgabe von Kulturgütern. In: Griechenland in Europa / Gilbert Gornig ; Theo Schiller ; Wolfgang Wesemann (Hrsg.). (Interdisziplinäre Europa-Studien ; 1). Frankfurt a.M. [u.a.] : Lang, 2000: 61–95.

Gould, John: Lord Elgin's „Acquisitions“. In: History Today <London> 34 (1984) 26–32.

Hitchens, Christopher: The Elgin Marbles : Should they be Returned to Greece? ; With essays by Robert Browning and Graham Binns. London : Chatto & Windus, 1987. 137 S.

Reprinted: Athens : Nea Synora, 1988. 269 S. [engl./griech.] ; London ; New York : Verso, 1998. XIII, 138 S.

Hugger, Heiner: Rückführung nationaler Kulturgüter und internationales Recht am Beispiel der Elgin Marbles. In: Juristische Schulung (1992) 997–1004.

Jackson, Donald: How Lord Elgin First Won – and Lost – His Marbles. In: Smithsonian 23 (1992) 135–146.

Jenkins, Ian: The Elgin Marbles : Questions of Accuracy and Liability. In: International Journal of Cultural Property 8 (1999) 55–69.

Kazazis, André: Diebstahl, Schenkung oder Verkauf? In: Forum Europarat (1983) 4: 3–4.

Merryman, John Henry: Thinking about the Elgin Marbles. In: Michigan Law Review 83 (1985) 1881–1923.

Merryman, John Henry: Who Owns the Elgin Marbles? In: Art News 85 (1986) Sept.: 100–109.

Quatremère de Quincy, Antoine Chrysostôme: Lettres écrites de Londres à Rome et adressées à M. Canova ; sur les Marbre d'Elgin ou les Sculptures du temple de Minerve à Athènes. Roma, 1818. 160 S.

Quatremère de Quincy, Antoine Chrysostôme: Restitution des deux frontons du temple de Minerve à Athenes. Paris, 1825.

Reppas, Michael J.: The Deflowering of the Parthenon : A Legal and Moral Analysis on Why the Elgin Marbles Must Be Returned to Greece. In: Fordham Intellectual Property, Media and Entertainment Law Journal 9 (1999) 911–980.

Rothenberg, Jacob: "Descensus ad Terram" : The Acquisition and Reception of the Elgin Marbles. New York [u.a.] : Garland, 1977. Zugl.: Diss., Columbia University, 1967. XII, 468 S.

Rothenberg, Jacob: The Acquisition of the Elgin Marbles, the years 1799–1806– [1967]. In: The Parthenon / Vincent J. Bruno (Hrsg.). (A Norton critical study in art history). New York : Norton, 1974: 128–170.

Sèfèriadès, S.: La question du rapatriement des „Marbres d' Elgin" considérée plus spécialement au point de vue du Droit des Gens. In: Revue de Droit International 10 (1932) 52–81.

Smith, Arthur H.: Lord Elgin and his Collection. In: The Journal of Hellenic Studies 36 (1916) 163–370.

St. Clair, William: Lord Elgin and the Marbles. London ; New York ; Toronto : Oxford University Press, 1967. VIII, 309 S.
Neue Aufl. u.d.T.: Lord Elgin and the Marbles : The Controversial History of the Parthenon Sculptures. Oxford ; New York : Oxford University Press 1998. XIV, 419 S.

St. Clair, William: The Elgin Marbles : Questions of Stewardship and Accountability. In: International Journal of Cultural Property 8 (1999) 391–521.

Stewart, William G.: The Marbles : Elgin or Parthenon? In: Art, Antiquity and Law 6 (2001) 37–59.

Vrettos, Theodore: A Shadow of Magnitude : The Acquisition of the Elgin Marbles. New York : G. P. Putnam's Sons, 1974. 250 S.
Neue Aufl. u.d.T.: The Elgin Affair : The Abduction of Antiquity's Greatest Treasures and the Passions It Aroused. New York : Arcade, 1997. XVI, 238 S.

Whitlam, Edward G.: Pericles, Pheidias and the Parthenon. In: Art, Antiquity and Law 5 (2000) 355–362.

B 4. Rechte eingeborener Völker an Kulturgütern / Rights of Indigenous Peoples to Cultural Objects

Ackerman, Douglas W.: Kennewick Man : The Meaning of "Cultural Affiliation" and "Major Scientific Benefit" in the Native American Graves Protection and Repatriation Act. In: Tulsa Law Journal 33 (1997) 359–383.

Adams, E. Charles: Archeology and the Native American : A Case at Hopi. In: Ethics and Values in Archaeology / Ernestene L. Green (Hrsg.). New York : Free Press ; London : Collier Macmillan Publ., 1984: 236–242.

Afrasiabi, Peter R.: Property Rights in Ancient Human Skeletal Remains. In: Southern California Law Review 70 (1997) 805–839.

Allen, Jim: Aborigines and Archaeologists in Tasmania, 1983. In: Australian Archaeology 16 (1983) 7–10.

Anderson, Christopher: Repatriation of Cultural Property : A Social Process. In: Museum <Paris> / Engl. Ausg. 42 (1990) 54–55.

Anderson, Duane: Reburial : Is it Reasonable? In: Archaeological Ethics, 1996: 200–208. [A2]

Ayau, E. H.: Native Burials : Human Rights and Sacred Bones. In: Cultural Survival Quarterly 24 (2000) Spring: 34–37.

Barsh, Russel Lawrence: How Do You Patent a Landscape? : The Perils of Dichotomizing Cultural and Intellectual Property. In: International Journal of Cultural Property 8 (1999) 14–47.

Bell, Catharine: Aboriginal Claims to Cultural Property in Canada : A Comparative Analysis of the Repatriation Debate. In: American Indian Law Review 17 (1992) 457–521.

Bell, Catherine: Limitations, Legislation and Domestic Repatriation. In: University of British Columbia Law Review (Special Issue 1995) 149–163.

Bell, Catherine ; Robert K. Paterson: Aboriginal Rights to Cultural Property in Canada. In: International Journal of Cultural Property 8 (1999) 167–211.

Bell, Catherine: Protecting Indigenous Heritage Resources in Canada : A Comment on Kitkala v. British Columbia. In: International Journal of Cultural Property 10 (2001) 246–263.

Bender, Paul: 1990 Arizona Repatriation Legislation. In: Arizona State Law Journal 24 (1992) 391–418.

Bieder, Robert E.: A Brief Historical Survey of the Expropriation of American Indian Remains. Boulder, Co. : Native American Rights Fund, 1990. 73 S.

Bieder, Robert E.: The Collecting of Bones for Anthropological Narratives. In: American Indian Culture and Research Journal 16 (1992) 21–36.

Bieder, Robert E.: The Representations of Indian Bodies in Nineteenth-Century American Anthropolgy. In: American Indian Quarterly 20 (1996) 165–178.

Blair, Bowen: American Indians vs. American Museums : A Matter of Religious Freedom ; To Preserve Relics and Destroy Culture? In: American Indian Journal (1979) May: 13–21; Part Two: (1979) June: 2–6.

Blair, Brown: Indian Rights : Native Americans Versus American Museums ; A Battle for Artifact. In: American Indian Law Review 7 (1980) 125–154.

Boer, Ben: Aboriginal Heritage in Victoria. In: Environmental and Planning Law Journal 2 (1985) 94–97.

Boer, Ben: Aboriginal and Torres Strait Islander Heritage (Interim Protection) Amendment Act 1986. In: Environmental and Planning Law Journal 4 (1987) 66–67.

Bowman, Margaret B.: The Reburial of Native American Skeletal Remains : Approaches to the Resolution of a Conflict. In: Harvard Environmental Law Review 13 (1989) 147–208.

Boyd, Thomas H.: Disputes Regarding the Possession of Native American Religious and Cultural Objects and Human Remains : A Discussion of the Applicable Law and Proposed Legislation. In: Missouri Law Review 55 (1990) 883–936.

Boyd, Thomas H.: The Native American Graves Protection and Repatriation Act : Reinstatement of Human Remains and Funerary Objects to Their Former State of Repose. In: Gonzaga Law Review 27 (1992) 423–445.

Boyd, Thomas H. ; Jonathan H. Haas: The Native American Graves Protection and Repatriation Act : Prospects for New Partnerships between Museums and Native American Groups. In: Arizona State Law Journal 24 (1992) 253–282.

Bray, Tamara L.: Repatriation, Power Relations and the Politics of the Past. In: Antiquity 79 (1996) 440–444.

Bray, Tamara L. ; Lauryn Guttenplan Grant: The Concept of Cultural Affiliation and its Legal Significance in the Larsen Bay Repatriation. In: Reckoning with the Dead, 1994: 153–157. [B4]

Brenneman, Elizabeth ; Raymond Cross: Devils Tower at the crossroads : the National Park Service and the preservation of Native American cultural resources in the 21st century. In: Public Land & Resources Law Review 18 (1997) 5–45.

Brothers, Lynda L.: Preserving Indian Archaeological Sites through the California Environmental Quality Act. In: Golden Gate University Law Review 6 (1975) 1–21.

Bruning, S.B.: Native American Art and Antiquities : A Legal Primer for Collectors. In: IFAR Journal 1 (1998) 17–19.

Bushbaum, Michael J.: Beyond ARPA : Filling the Gaps in Federal and State Cultural Resource Protection Laws. In: Environmental Law <Portland, Or.> 23 (1993) 1353–1374.

Butler, Carol Roetzel: Sensitivities and Practical Considerations in the Return of Human Remains. In: Reckoning with the Dead, 1994: 163–165. [B4]

Byrne, Christopher S.: "Chilkat Indian Tribe v. Johnson" and NAGPRA : Have We Finally Recognized Communal Property Rights in Cultural Objects ? In: Journal of Environmental Law and Litigation 8 (1993) 109–131.

Carter, Nancy Carol: Native American Grave Protection and Repatriation Act : Law, Analysis and Context. In: International Journal of Cultural Property 8 (1999) 285–306.

Cheek, Annetta L. ; Bennie C. Keel: Value Conflicts in Osteo-Archaeology. In: Ethics and Values in Archaeology / Ernestene L. Green (Hrsg.). New York : Free Press ; London : Collier Macmillan Publ., 1984: 194–207.

Clements, R.: Misconceptions of Culture : Native Peoples and Cultural Property under Canadian Law. In: University of Toronto Faculty of Law Review 49 (1991) 1–26.

Coombe, Rosemary J.: The Properties of Culture and the Politics of Possessing Identity : Native Claims in the Culture Appropriation Controversy. In: The Canadian Journal of Law and Jurisprudence 6 (1993) 249–285.

Cooper, Robert: Constitutional Law : Preserving Native American Cultural and Archaeological Artifacts. In: American Indian Review 4 (1976) 99–103.

Coulter, R. T.: Commentary on the Draft Declaration on the Rights of Indigenous Peoples. In: Cultural Survival Quarterly 18 (1994) Spring: 37–41.

Couvalis, G. ; H. MacDonald: Cultural Heritage, Property, and the Position of Australian Aboriginals. In: Law in Context <Melbourne> 14 (1996) 2: Special Issue : Law and Cultural Heritage: 141–161.

Cuk, Natalie: "Carrying the battle into the form:" repatriating First Nations' cultural artifacts. In: Dalhousie Journal of Legal Studies 6 (1997) 157–186.

Cultural Property in the United States : Part 2: Current Cultural Claims / K. H. Conwill [u.a.]. In: Who Owns Culture?, 2001: 101–110. [A2]

Daes, Erica-Irene: Protection of the Heritage of Indigenous People. New York ; Genf : United Nations, 1997. VI, 30 S. (Human Rights Study Series ; 10)

Davidson, I.: Notes for a Code of Ethics for Australian Archaeologists Working with Aboriginal and Torres Strait Islander Heritage. In: Australian Archaeology 32 (1991) 61–64.

Davidson, M. J.: Native American Cultural Protection Issues in Government Contracts. In: Public Contract Law Journal 28 (1999) 189–202.

Deloria, Vine: Indians, Archaeologists and the Future. In: American Antiquity 57 (1992) 595–598.

DeMeo, Antonia M.: More Effective Protection for Native American Cultural Property through Regulation of Export. In: American Indian Law Review 19 (1994) 1–72.

Dongoske, K.E.: The Native American Graves Protection and Repatriation Act : A New Beginning, Not the End, for Osteological Analysis ; A Hopi Perspective. In: American Indian Quarterly 20 (1996) 287–296.

Downey, Roger: Riddle of the Bones : Politics, Science, Race, and the Story of Kennewick Man. New York, N.Y. : Copernicus, 2000. XI, 202 S.

Echo-Hawk, Roger C. ; Walter R. Echo-Hawk: Battlefields and burial grounds : the indian struggle to protect ancestral graves in the United States. Minneapolis : Lerner Publications Company, 1994. 80 S.

Echo-Hawk, Walter R.: Museum Rights v. Indian Rights : Guidelines for Assessing Competing Legal Interests in Native Cultural Resources. In: New York University Review of Law and Social Change 14 (1986) 437–453.

Emerson, T. E. ; P. G. Cross: The Sociopolitics of the Living and the Dead : The Treatment of Historic and Prehistoric Remains in Contemporary Midwest America. In: Death Studies 14 (1990) 555–576.

Evans, William L.: Who Owns the Contents of Ohio's Ancient Graves? In: Capital University Law Review 22 (1993) 711–747.

Evatt, Elizabeth: Enforcing Indigenous Cultural Rights : Australia as a Case-Study. In: Cultural Rights and Wrongs : A Collection of Essays in Commemoration of the 50th Anniversary of the Universal Declaration of Human Rights / Halina Niec (Hrsg.). Paris : Unesco Publ. ; Leicester : Institute of Art and Law, 1998: 57–80.

Ferguson, T. J. ; Roger Anyon ; E. J. Ladd: Repatriation at the Pueblo of Zuni : Diverse Solutions to Complex Problems. In: American Indian Quarterly 20 (1996) 251–273.

Fiedler, Wilfried: Die Kulturgüter der Sudetendeutschen als Rechtsproblem. In: Jahrbuch für sudetendeutsche Museen und Archive 1993–1994 (1994) 11–29.

Fiedler, Wilfried: Der internationale Schutz der Kulturgüter autochthoner Bevölkerungsgruppen. In: Pazifik-Forum 5 (1995) 217–232. (Schriftenreihe der Arbeitsgemeinschaft für pazifische Studien : Aachen)

Fitschen, Thomas: Protecting Indigenous Peoples and Communities in the Philippines : The Indigenous Peoples Rights Act of 1997. In: International Journal of Cultural Property 7 (1998) 526–537.

Fox, Michael J.: Repatriation : Mutual Benefits for Everyone. In: Arizona State Law Journal 24 (1992) 7–9.

Franklin, Jonathan Adlai: Respecting Ancestors, Archaeologists, and the World Art Community : Enacting a Post-Excavation Cultural Preservation Policy. In: International Journal of Cultural Property 3 (1994) 37–60.

Fred, Morris A.: Law and Identity : Negotiating Meaning in the Native American Graves Protection and Repatriation Act. In: International Journal of Cultural Property 6 (1997) 199–229.

gii-dahl-guud-sliiaay: Cultural Perpetuation : Repatriation of First Nations Cultural Heritage. In: University of British Columbia Law Review (Special Issue 1995) 183–201.

Glasgow City Council: Minutes of Evidence : Memorandum (submitted to the Select Committee on Culture, Media and Sport). In: Art, Antiquity and Law 5 (2000) 371–382.

Goldman, Dawn Elyse: The Native American Graves Protection and Repatriation Act : A Benefit and a Burden ; Refining NAGPRA's Cultural Patrimony Definition. In: International Journal of Cultural Property 8 (1999) 229–244.

Goldstein, Lynn: Relationships, Affiliations, Recriminations, and Lessons Learned : Comments on the Larsen Bay Repatriation Case. In: Reckoning with the Dead, 1994: 175–179. [B4]

Goldstein, Lynn ; Keith Kintigh: Ethics and the Reburial Controversy. In: American Antiquity 55 (1990) 585–591.

Grimm, Lydia T.: Sacred Lands and the Establishment Clause : Indian Religious Practices on Federal Lands. In: Natural Resources & Environment <Chicago, Ill.> 12 (1997) 19–24, 78.

Guruswamy, Lakshman Rao ; Jason C. Roberts ; Catina Drywater: Protecting the Cultural and Natural Heritage : Finding Common Ground. In: Tulsa Law Journal 34 (1999) 713–744.

Halealoha Ayau, Edward: Restoring the Ancestral Foundation of Native Hawaiians : Implementation of the Native American Graves Protection and Repatriation Act. In: Arizona State Law Journal 24 (1992) 193–216.

Harding, Sarah: Justifying Repatriation of Native American Cultural Property. In: Indiana Law Journal 72 (1997) 723–774.

Harjo, Suzan Shown: Native Peoples' Cultural and Human Rights : An Unfinished Agenda. In: Arizona State Law Journal 24 (1992) 321–328.

Harrington, Spencer P. M.: The Looting of Arkansas : How One State Copes with the Erosion of Its Cultural Heritage. In: Archaeology 44 (1991) May/June: 22–39.

Harrington, Spencer P. M.: Bones and Bureaucrats : New York's Great Cemetery Imbroglio. In: Archaeological Ethics, 1996: 221–235. [A2]

Harris, David J.: Respect for the Living and Respect for the Dead : Return of Indian and Other Native American Burial Remains. In: Washington University Journal of Urban and Contemporary Law 39 (1991) 195–224.

Henry, Diana: Back from the Brink : Canada's First Nations' Right to Preserve Canadian Heritage. In: University of British Columbia Law Review (Special Issue 1995) 5–11.

Herz, R.: Legal Protection for Indigenous Cultures : Sacred Sites and Communal Rights. In: Virginia Law Review 79 (1993) 691–716.

Hibbert, Michelle: Galileos or Grave Robbers? : Science, the Native American Graves Protection and Repatriation Act, and the First Amendment. In: American Indian Law Review 23 (1998–1999) 425–458.

Higginbotham, C. Dean: Native Americans versus Archaeologists : The Legal Issues. In: American Indian Law Review 10 (1982) 91–115.

Hill, Rick: Repatriation Must Heal Old Wounds. In: Reckoning with the Dead, 1994: 184–186. [B4]

Hitchcock, Robert K.: Removals, Politics, and Human Rights. In: Cultural Survival Quarterly 26 (2002) 25–26

Holt, H. Barry: Archaeological Preservation on Indian Lands : Conflicts and Dilemmas in Applying the National Historic Preservation Act. In: Environmental Law <Portland, Or.> 15 (1985) 413–453.

Hubert, Jane: Dry Bones or Living Ancestors? : Conflicting Perceptions of Life, Death and the Universe. In: International Journal of Cultural Property 1 (1992) 105–127.

Hutt, Sherry: Illegal Trafficking in Native American Human Remains and Cultural Items : A New Protection Tool. In: Arizona State Law Journal 24 (1992) 135–150.

Hutt, Sherry ; Caroline M. Blanco ; Ole Varmer: Heritage Resources Law : Protecting the Archaeological and Cultural Environment. New York, N.Y. ; Weinheim : Wiley, 1999. XV, 591 S. [Chapter Four: Native American Heritage Resources: 291–392.]

Hutt, Sherry ; *C. Timothy McKeown:* Control of Cultural Property as Human Rights Law. In: Arizona State Law Journal 31 (1999) 363–389.

Implementing the Native American Graves Protection and Repatriation Act / Roxana Adams (series editor). [Washington, D.C.] : American Association of Museums Technical Information Service, 2001. XIII, 218 S. (Professional practice series).

Inouye, Daniel K.: Repatriation : Forging New Relationships. In: Arizona State Law Journal 24 (1992) 1–3.

Jacknis, I.: Repatriation as Social Drama : The Kwakiutl Indians of British Columbia, 1922–1980. In: American Indian Quarterly 20 (1996) 274–286.

Johnson, Ralph W. ; Sharon I. Haensly: Fifth Amendment Takings Implications of the 1990 Native American Graves Protection and Repatriation Act. In: Arizona State Law Journal 24 (1992) 151–173.

Kelly, Stephen P.: Potshards and sun calendars : BLM management of cultural resources on the Colorado plateau. In: Public Land & Resources Law Review 18 (1997) 87–142.

Killion, Thomas W. ; Tamara L. Bray: Looking toward Larsen Bay : Evolving Attitudes at the Smithsonian Institution. In: Reckoning with the Dead, 1994: 3–9. [B4]

Kintigh, Keith: A Perspective on Reburial and Repatriation. In: Society for American Archaeology Bulletin 8 (1990) 2: 6–7.

Klesert, Anthony L. ; Michael J. Andrews: The Treatment of Human Remains on Navajo Lands. In: American Antiquity 53 (1988) 310–320.

Klesert, Anthony ; Shirley Powell: A Perspective on Ethics and the Reburial Controversy. In: American Antiquity 58 (1993) 348–354

Landau, P. M. ; D. G. Steele: Why Anthropologists Study Human Remains. In: American Indian Quarterly 20 (1996) 209–228.

Lannan, Robert W.: Anthropology and Restless Spirits : The Native American Graves Protection and Repatriation Act, and the Unresolved Issues of Prehistoric Human Remains. In: Harvard Environmental Law Review 22 (1998) 369–439.

Linge, George: Ensuring the Full Freedom of Religion on Public Lands : Devils Tower and the Protection of Indian Sacred Sites. In: Boston College Environmental Affairs Law Review 27 (2000) 307–339.

Livesay, Thomas A.: The Impact of the Federal Repatriation Act on State-Operated Museums. In: Arizona State Law Journal 24 (1992) 293–301.

Lobo, S.: The Fabric of Life : Repatriating the Sacred Coroma Textiles. In: Cultural Survival Quarterly 15 (1991) Summer: 40–46.

Mallouf, R. J.: The Unraveling Rope : The Looting of America's Past. In: American Indian Quarterly 20 (1996) 197–208.

Marsh, Gene A.: Walking the Spirit Trail : Repatriation and Protection of Native American Remains and Sacred Cultural Items. In: Arizona State Law Journal 24 (1992) 79–133.

Mason, Anthony: First Nations Heritage : Land Rights and Cultural Integrity. In: Art, Antiquity and Law 2 (1997) 293–303.

McBryde, Isabel: Dream the Impossible Dream? : Shared Heritage, Shared Values, or Shared Understanding of Disparate Values. In: Historic Environment 11 (1995) 2&3: 8–14.

McCain, John: Repatriation : Balancing Interests. In: Arizona State Law Journal 24 (1992) 5–6.

McGuire, Randall H.: The Sanctity of the Grave : White Concepts and American Indian Burials. In: Conflict in the Archaeology of Living Traditions / Rober Layton (Hrsg.). London : Unwin, 1989: 16–184.

McGuire, Randall H.: Archaeology and the First Americans. In: American Anthropologist 94 (1992) 816–836.

McGuire, Randall H.: Do the Right Thing. In: Reckoning with the Dead, 1994: 180–183. [B4]

McGuire, Randall H.: Why Have Archaeologists Thought the Real Indians Were Dead and What Can We Do about It? In: Indians and Anthropologists : Vine Deloria, Jr., and the Critique of Anthropology / Thomas Biolsi ; Larry J. Zimmerman (Hrsg.). Tucson : The University of Arizona Press, 1997: 63–92.

McLaughlin, Robert H.: The Native American Graves Protection and Reparation Act : Unresolved Issues Between Material Culture and Legal Definitions. In: University of Chicago Law School Roundtable 3 (1996) 2: 767ff.

McLaughlin, Robert H.: The American Archaeological Record : Authority to Dig, Power to Interpret. In: International Journal of Cultural Property 7 (1998) 342–375.

McManamon, Francis P. ; Larry V. Nordby: Implementing the Native American Graves Protection and Repatriation Act. In: Arizona State Law Journal 24 (1992) 217–252.

Mead, H. M.: The Mataatua Declaration and the Case of the Carved Meeting House Mataatua. In: University of British Columbia Law Review (Special Issue 1995) 69–75.

Meighan, Clement W.: Archaeology : Science or Sacrilege? In: Ethics and Values in Archaeology / Ernestene L. Green (Hrsg.). New York : Free Press ; London : Collier Macmillan Publ., 1984: 208–223.

Meighan, Clement W.: Burying American Archaeology. In: Archaeological Ethics, 1996: 209–213. [A2]

Mending the Circle : A Native American Repatriation Guide ; Understanding and Implementing NAGPRA and the Official Smithsonian and Other Repatriation Policies / Barbara Meister (Hrsg.). New York : American Indian Ritual Object Repatriation Foundation, 1996. 167 S.

Merenstein, Adele: The Zuni Quest for Repatriation of the War Gods : An Alternative Basis for Claim. In: American Indian Law Review 17 (1992) 589–637.

Mihesuah, D. A.: American Indians, Anthropologists, Pothunters, and Repatriation : Ethical, Religious, and Political Differences. In: American Indian Quarterly 20 (1996) 229–237.

Mihesuah, D. A.: Introduction to Repatriation : An Interdisciplinary Dialogue. In: American Indian Quarterly 20 (1996) 153–164.

Molesworth, Simon: Aboriginal Cultural Heritage Bill (Victoria). In: Environmental and Planning Law Journal 4 (1987) 71.

Molesworth, Simon: Aboriginal Land (Lake Condah) Bill (Victoria). In: Environmental and Planning Law Journal 4 (1987) 71–72.

Montejo, Victor D.: The Year Bearer's People : Repatriation of Ethnographic and Sacred Knowledge to the Jakaltek Maya of Guatemala. In: International Journal of Cultural Property 8 (1999) 151–166.

Murray, Tim: Coming to Terms With the Living : Some Aspects of Repatriation for the Archaeologist. In: Antiquity <Oxford> 70 (1996) 217–220.

Murray, Tim ; Jim Allen: The Forced Repatriation of Cultural Properties to Tasmania. In: Antiquity <Oxford> 69 (1995) 871–874.

Nafziger, James A.R.: The New Fiduciary Duty of United States Museums to Repatriate Cultural Heritage : The Oregon Experience. In: University of British Columbia Law Review (Special Issue 1995) 37–44.

Nafziger, James A. R. ; Rebecca J. Dobkins: The Native American Graves Protection and Repatriation Act in Its First Decade. In: International Journal of Cultural Property 8 (1999) 77–107.

Nichols, Deborah L. ; Anthony L. Klesert ; Roger Anyon: Ancestral Sites, Shrines, and Graves : Native American Perspectives on the Ethics of Collecting Cultural Properties. In: The Ethics of Collecting Cultural Property, 1989: 27–38. [D2]

Nicks, Trudy: The Task Force on Museums and First Peoples. In: University of British Columbia Law Review (Special Issue 1995) 143–147.

O'Keefe, Patrick J.: Maoris Claim Head. In: International Journal of Cultural Property 1 (1992) 393–394.

O'Keefe, Patrick J.: Archaeology and Human Rights. In: Public Archaeology 1 (2000) 181–194.

Ortner, Donald J.: Scientific Policy and Public Interest : Perspectives on the Larsen Bay Repatriation Case. In: Reckoning with the Dead, 1994: 10–14. [B4]

Pace, Julie A.: Enforcement of Tribal Law in Federal Court : Affirmation of Indian Sovereignty or a Step Backward Towards Assimilation? In: Arizona State Law Journal 24 (1992) 435–470.

Palmer, Norman E.: The Body as Property. In: Art, Antiquity and Law 1 (1996) 414–416.

Paterson, Robert K.: Protecting *Taonga* : The Cultural Heritage of the New Zealand Maori. In: International Journal of Cultural Property 8 (1999) 108–132.

Peregoy, Robert M.: Nebraska's Landmark Repatriation Law : A Study of Cross-Cultural Conflict and Resolution. In: American Indian Culture and Research Journal 16 (1992) 139–196.

Peregoy, Robert M.: The Legal Basis, Legislative History, and Implementation of Nebraska's Landmark Reburial Legislation. In: Arizona State Law Journal 24 (1992) 329–389.

Peterson, John E. : A Conflict of Values : Legal and Ethical Treatment of American Indian Remains. In: Death Studies 14 (1990) 519–554.

Peterson, John E.: Dance of the Dead : A Legal Tango for Control of Native American Skeletal Remains. In: American Indian Law Review 15 (1990) 115–137.

Pinkerton, Linda F.: The Native American Graves Protection and Repatriation Act. In: International Journal of Cultural Property 1 (1992) 297–305.

Posey, Darrell A.: Traditional Resource Rights : International Instruments for Protection and Compensation for Indigenous Peoples and Local Communities. Gland ; Cambridge : IUCN-The World Conservation Union, 1996. 221 S. [Chapter 6 : Heritage and Property Rights.]

Powell S. ; C. Elnora Garza ; A. Hendricks: Ethics and Ownership of the Past : The Reburial and Repatriation Controversy. In: Archaeological Methods and Theory Vol. 5 / M.B. Schiffer (Hrsg). Tucson : University of Arizona Press, 1993: 1–42.

Price, H. Marcus: Disputing the Dead : U.S. Law on Aboriginal Remains and Grave Goods. Columbia : University of Missouri Press, 1991. 152 S.

Prott, Lyndel V.: Cultural Rights as Peoples's Rights in International Law. In: The Rights of Peoples / James Crawford (Hrsg.). Oxford : Clarendon, 1988: 93–106. [Repr. Oxford : Clarendon Pr., 1992.]
Auch in: Bulletin of the Australian Society of Legal Philosophy 10 (1986) 4–19.

Prott, Lyndel V.: Repatriation of Cultural Property. In: University of British Columbia Law Review (Special Issue 1995) 229–240.

Prott, Lyndel V.: Understanding One Another on Cultural Rights. In: Art, Antiquity and Law 4 (1999) 229–241.

Protzman, F.: Justice Delayed? In: Art News 97 (1998) Dec.: 134–138.

Pullar, Gordon L.: The Qikertarmiut and the Scientist : Fifty Years of Clashing World Views. In: Reckoning with the Dead, 1994: 15–25. [B4]
Auch in: University of British Columbia Law Review (Special Issue 1995) 119–135.

Quentin-Baxter, A.: The UN Draft Declaration on the Rights of Indigenous Peoples : The International and Constitutional Law Contexts. In: Victoria University of Wellington Law Review 29 (1999) 85–110.

Raines, June Camille Bush: One Is Missing : Native American Graves Protection and Repatriation Act ; An Overview and Analysis. In: American Indian Law Review 17 (1992) 639–664.

Ravesloot, John: On the Treatment and Reburial of Human Remains. In: American Indian Quarterly 14 (1990) 35–51.

Reckoning with the Dead : The Larsen Bay Repatriation and the Smithsonian Institution / Tamara L. Bray ; Thomas W. Killion (Hrsg.). Washington : Smithsonian Institution Press, 1994. XIV, 194 S.

Repatriation of American Indian Remains : American Indian Culture and Research Journal 16 (1992) 2: Special Edition / Walter R. Echo-Hawk (Hrsg.). Los Angeles : American Indian Studies Center, UCLA, 1992.

Riding In, James: Six Pawnee Crania : Historical and Contemporary Issues Associated with the Massacre and Decapitation of Pawnee Indians in 1869. In: American Indian Culture and Research Journal 16 (1992) 101–119.

Riding In, James: Without Ethics and Morality : A Historical Overview of Imperial Archaeology and American Indians. In: Arizona State Law Journal 24 (1992) 11–34.

Riding In, James: Repatriation : A Pawnee's Perspective. In: American Indian Quarterly 20 (1996) 238–249.

Roberts, Jason C.: The Protection of Indigenous Populations' Cultural Property in Peru, Mexico and The United States. In: Tulsa Journal of Comparative and International Law 4 (1996) 327–360.

Rose, Jerome C. ; Thomas J. Green ; Victoria D. Green: NAGRPA is Forever : Osteology and the Repatriation of Skeletons. In: Annual Review of Anthropology 25 (1996) 81–103.

Rosen, Lawrence: The Excavation of American Indian Burial Sites : A Problem in Law and Professional Responsibility. In: American Anthropologist 82 (1980) 5–27.

Russell, Scott: Dealing with Human Remains : An Approach form Northern Marianas. In: Cultural Resource Management 24 (2001) 1: 23–24.

Russell, Steve: The Legacy of Ethnic Cleansing : Implementation of NAGPRA in Texas. In: American Indian Culture and Research Journal 19 (1995) 193–211.

Sackler, Elizabeth A.: The Ethics of Collecting. In: International Journal of Cultural Property 7 (1998) 132–140.

Sanders, Douglas E.: Indigenous Peoples : Issues of Definition. In: International Journal of Cultural Property 8 (1999) 4–13.

Schmidt, Peter R.: The Human Right to a Cultural Heritage : African Applications. In: Plundering Africa's Past, 1996: 18–28. [D1]

Scott, Stuart: St. Lawrence : Archeology of a Bering Sea Island. In: Archaeological Ethics, 1996: 152–162. [A2]

Shek, Tristan: Can Dust Remain Dust : English Law and Indigenous Human Remains. In: Art, Antiquity and Law 5 (2000) 265–293.

Shyllon, Folarin: The Right to a Cultural Past : African Viewpoints. In: Cultural Rights and Wrongs : A Collection of Essays in Commemoration of the 50th Anniversary of the Universal Declaration of Human Rights / Halina Niec (Hrsg.). Paris : Unesco Publ. ; Leicester : Institute of Art and Law, 1998: 103–119.

Simpson, Theresa: Claims of Indigenous Peoples to Cultural Property in Canada, Australia, and New Zealand. In: Hastings International and Comparative Law Review 18 (1994) 195–221.

Sjouke, Paulus Stephanus: Het behoud van cultuurgoederen : twee werelden, twee visies. Nijmegen : Ars Aequi Libri, 1999. X, 355 S. Zugl.: Rotterdam, Univ., Diss., 1999.

Smith, L.: The Last Archaeologist? : Material Culture and Contested Identities. In: Australian Aboriginal Studies 2 (1999) 25–34.

Smith, L.: A History of Aboriginal Heritage Legislation in South-eastern Australia. In: Australian Archaeology 50 (2000) 109–118.

Sockbeson, Henry J.: The Larsen Bay Repatriation Case and Common Errors of Anthropologists. In: Reckoning with the Dead, 1994: 158–162. [B4]

Solomon, M. ; L. Watson: The Waitangi Tribunal and the Maori Claim to Their Cultural and Intellectual Heritage Rights Property. In: Cultural Survival Quarterly 24 (2001) Winter: 46–50.

Southworth, Edmund: A Special Concern. In: The Museums Journal 94 (1994) Jul.: 23–25.

Stern, Walter E. ; Lynn H. Slade: Effects of Historical and Cultural Resources and Indian Religious Freedom on Public Land Developments : A Practical Primer. In: Natural Resources Journal 35 (1995) 133–183.

Strickland, Rennard: Implementing the National Policy of Understanding, Preserving, and Safeguarding the Heritage of Indian Peoples and Native Hawaiians : Human Rights, Sacred Objects, and Cultural Patrimony. In: Arizona State Law Journal 24 (1992) 175–191.

Strickland, Rennard ; Kathy Supernaw: Back to the Future : A Proposed Model Tribal Act to Protect Native Cultural Heritage. In: Arkansas Law Review 46 (1993) 161–201.

Strickland, Rennard ; Maria Protti: The Dilemma of Preserving Tribal Culture and Promoting Resource Development : A Bibliographic Essay. In: Natural Resources & Environment <Chicago, Ill.> 7 (1993) 4: 34–37, 63–64.

Stumpf, Gary D.: A Federal Land Management Perspective on Repatriation. In: Arizona State Law Journal 24 (1992) 303–320.

Suagee, Dean B.: American Indian Religious Freedom and Cultural Resources Management : Protecting Mother Earth's Caretakers. In: American Indian Law Review 10 (1982) 1–58.

Suagee, Dean B.: Tribal Voices in Historic Preservation : Sacred Landscapes, Cross-Cultural Bridges, and Common Ground. In: Vermont Law Review 21 (1996) 145–224.

Suagee, Dean B.: Human Rights of Indigenous Peoples : Will the United States Rise to the Occasion? In: American Indian Law Review 21 (1997) 365–390.

Suagee, Dean B.: Human Rights and the Cultural Heritage of Indian Tribes in the United States. In: International Journal of Cultural Property 8 (1999) 48–76.

Suagee, Dean B.: The Cultural Heritage of American Indian Tribes and the Preservation of Biological Diversity. In: Arizona State Law Journal 31 (1999) 483–538.

Sullivan, Martin: A Museum Perspective on Repatriation : Issues and Opportunities. In: Arizona State Law Journal 24 (1992) 283–291.

Sykes, Katherine: Who Controls the Dead? : A Discussion of Issues Concerning the Repatriation of Human Remains. In: Art, Antiquity and Law 3 (1998) 105–107

Talbot, Steve: Desecretion and American Indian Freedom. In: Journal of Ethnic Studies 12 (1985) 1–18.

Tehan, Maureen: Customary Title, Heritage Protection, and Property Rights in Australia : Emerging Patterns of Land Use in the Post-Mabo Era. In: Pacific Rim Law & Policy Journal 7 (1998) 765–802.

Tehan, Maureen: To Be or Not To Be (Property) : Anglo-Australian Law and the Search for Protection of Indigenous Cultural Heritage. In: University of Tasmania Law Review 15 (1996) 267–305.

Thomas, David Hurst: Skull Wars : Kennewick Man, Archaeology, and the Battle for Native American Identity. New York : Basic Books, 2000. XXXIX, 326 S.

Thomas, Diana Dee: Indian Burial Rights Issues : Preservation or Desecration. In: The University of Missouri at Kansas City Law Review 59 (1991) 737–767.

Thomson, K. W.: Retrieving Cultural Property : The Role of the New Zealand Government. In: Preserving Indigenous Cultures : a New Role for Museums / Robert Edwards ; Jenny Stewart (Hrsg.). Canberra : Australian Government Publishing Service, 1980: 168–174.

Tolhurst, Gregory J.: A Comment on the Return of Indigenous Artefacts. In: Art, Antiquity and Law 3 (1998) 15–26.

Trope, Jack F. ; Walter R. Echo-Hawk: The Native American Graves Protection and Repatriation Act : Background and Legislative History. In: Arizona State Law Journal 24 (1992) 35–77.

Tsosie, Rebecca: Privileging Claims to the Past : Ancient Human Remains and Contemporary Cultural Values. In: Arizona State Law Journal 31 (1999) 583–677.

Turner, Christy G.: What is Lost with Skeletal Reburial? In: Quarterly Review of Archaeology 7 (1986) 1–2.

Tymchuk, Michael: Museums, Anthropology and Skeletal Remains. In: The International Journal of Museum Management and Curatorship 4 (1985) 189–194.

Vizenor, Gerald: Bone Courts : The Rights and Narrative Representation of Tribal Bones. In: American Indian Quarterly 10 (1986) 319–331.
Auch in: Contemporary archaeology in theory / Robert W. Preucel ; Ian Hodder (Hrsg.). Oxford [u.a.] : Blackwell, 1996: 652–663.

Walker, Patrick ; Clarine Ostrove: The Aboriginal Right to Cultural Property. In: University of British Columbia Law Review (Special Issue 1995) 13–28.

Ward, Robert Charles: The Spirits Will Leave : Preventing the Desecration and Destruction of Native American Sacred Sites on Federal Land. In: Ecology Law Quarterly 19 (1992) 795–846.

Washburn, Wilcomb E.: Museums and Repatriation of Objects in Their Collections. In: The Hall of the North American Indian : Change and Continuity / Barbara Isaac (Hrsg.). Cambridge, MA : Peabody Museum Press, 1990: 15–18.
Auch u.d.T.: Should Museums Return “Sacred” Objects from Their Collections? In: *Wilcomb E. Washburn:* against the anthropological grain. New Brunswick, NJ ; London : Transaction Publ., 1998: 133–139.

Watt, Robin J.: Museums Can Never Own the Remains of Other People but They Can Care for Them. In: University of British Columbia Law Review (Special Issue 1995) 77–89.

Webb, S.: Reburying Australian Skeletons. In: Antiquity <Oxford> 61 (1987) 292–296.

Webster, Gloria Cranmer: The Potlatch Collection Repatriation. In: University of British Columbia Law Review (Special Issue 1995) 137–141.

Welsh, Peter H.: Repatriation and Cultural Preservation : Potent Objects, Potent Pasts. In: University of Michigan Journal of Law Reform 25 (1992) 837–865.

Wiessner, Siegfried: The Proposed American Declaration on the Rights of Indigenous Peoples. In: International Journal of Cultural Property 6 (1997) 356–363.

Wilson, Paul E. ; Elaine Oser Zingg: What is America's Heritage? : Historic Preservation and American Indian Culture. In: Kansas Law Review 22 (1974) 413–453.

Winter, Barbara: New Futures for the Past : Cooperation Between First Nations and Museums in Canada. In: University of British Columbia Law Review (Special Issue 1995) 29–36.

Winter, Joseph C.: Indian Heritage Preservation and Archaeologists. In: American Antiquity 45 (1980) 121–131.

Wright, Shelley E.: Aboriginal Cultural Heritage in Australia. In: University of British Columbia Law Review (Special Issue 1995) 45–68.

Yalung, Catherine Bergin ; Laurel I. Wala: Survey of State Repatriation and Burial Protection Statutes. In: Arizona State Law Journal 24 (1992) 419–433.

Yellowman, Connie Hart: "Naevahoo'Ohtseme" – We are Going Back Home : The Cheyenne Repatriation of Human Remains ; A Woman's Perspective. In: St. Thomas Law Review 9 (1996) 103–116.

Zeder, Melinda A.: Repatriation at the National Museum of Natural History. In: Reckoning with the Dead, 1994: 166–171. [B4]

Zimmerman, Larry J.: Webb on Reburial : A North American Perspective. In: Antiquity <Oxford> 61 (1987) 462–463.

Zimmerman, Larry J.: Human Bones as Symbols of Power : Aboriginal American Belief Systems toward Bones and "Grave Robbing". In: Conflict in the Archaeology of Living Traditions / Rober Layton (Hrsg.). London : Unwin, 1989: 211–216.

Zimmerman, Larry J.: Made Radical by My Own : An Archaeologist Learns to Accept Reburial. In: Conflict in the Archaeology of Living Traditions / Rober Layton (Hrsg.). London : Unwin, 1989: 60–67.

Zimmerman, Larry J.: Reflections on the Issues : Implications for the Scholarly Disciplines. In: Death Studies 14 (1990) 629–639.

Zimmerman, Larry J.: Archaeology, Reburial, and the Tactics of a Discipline's Self-Delusion. In: American Indian Culture and Research Journal 16 (1992) 37–56.

Zimmerman, Larry J.: Epilogue : A New and Different Archaeology? In: American Indian Quarterly 20 (1996) 297–307.

Zimmerman, Larry J.: Sharing Control of the Past. In: Archaeological Ethics, 1996: 213–218. [A2]

Zimmerman, Larry J.: Anthropology and Responses to the Reburial Issue. In: Indians and Anthropologists : Vine Deloria, Jr., and the Critique of Anthropology / Thomas Biolsi ; Larry J. Zimmerman (Hrsg.). Tucson : The University of Arizona Press, 1997: 92–112.

Zimmerman, Larry J.: When Data Become People : Archaeological Ethics, Reburial and the Past as Public Heritage. In: International Journal of Cultural Property 7 (1998) 69–86.

Zimmerman, Larry J. ; L. R. Bruguier: Indigenous Peoples and the World Archaeological Congress Code of Ethics. In: Public Archaeology Review 2 (1994) 5–8.

Zimmerman, Larry J. ; Robert N. Clinton: Man and Native American Graves Protection and Repatriation Act Woes. In: International Journal of Cultural Property 8 (1999) 212–228.

B 5. Der Schutz kirchlicher Kulturgüter / The Protection of the Ecclesiastical Cultural Heritage

Albrecht, Alfred: Kirchliche Denkmalpflege. In: Handbuch der Staatskirchenrechts der Bundesrepublik Deutschland / Hrsg. von Ernst Friesenhahn und Ulrich Scheuner ; in Verbindung mit Joseph Listl. Band 2. Berlin : Duncker und Humblot, 1975: 205–225.

Aldanondo, Isabel: Las Comunidades Autónomas, el Estado y los bienes culturales eclesiásticos. In: Ius Canonicum XXIV (1984) 295–355.

Aldanondo, Isabel: Balance actual del desarrollo y ejecución de los Acuerdos entre la Iglesia católica y las Comunidades Autónomas sobre patrimonio histórico. In: Revista Española de Derecho Canónico 46 (1989) 649–666.

Aldanondo, Isabel: Consideraciones en torno a los proyectos de acuerdo entre la Conferencia Episcopal y el Ministerio de Cultura sobre el inventario general de bienes muebles y el plan nacional de catedrales. In: XV Jornadas de la

Asociación Española de Canonistas en el XXV aniversario de su fundación : Madrid, 19–21 de abril de 1995. Salamanca : U. Pontificia de Salamanca, 1997: 267ff.

Álvarez Álvarez, José Luis: El patrimonio histórico-artístico de la Iglesia en el ordenamiento europeo. In: La Iglesia española y la integración de España en la Comunidad Europea : cuestiones selectas de derecho comparado ; V jornadas de estudio, 15–17 de abril de 1986 de la Fac. de Derecho Canón. de la Univ. Pontif. Comillas de Madrid / C. Corral ; J. Ma. Urteaga (Hrsg.). (Publicaciones de la Universidad Pontificia Comillas, Madrid : Serie 1, Estudios ; 38). Madrid : Universidad Pontificia Comillas de Madrid, 1986: 87–108.
Auch in: Estudios Eclesiásticos 61(1986) 335–356.

Álvarez Cortina, Andrés Corsino: Función práctica de los Acuerdos Iglesia-Comunidades Autónomas en materia de patrimonio histórico-artístico. In: Anuario de Derecho Eclesiástico del Estado IV (1988) 265–285.

Astorri, Romeo: I beni culturali di interesse religioso in Italia : tra legislazione canonica e intese con le regioni. In: Panorami : Riflessioni, discussioni e proposte sul diritto e l'amministrazione 2 (1994) 33–60.

Aznar Gil, Federico R.: Los Acuerdos entre las Comunidades Autónomas y la Iglesia católica sobre el patrimonio cultural de la Iglesia. In: Estudis Baleàrics 33 (1989) 19–32.
Auch in: Cuadernos de la Facultad de Derecho de la Universidad de Mallorca 17 (1991) 107–129.

Aznar Gil, Federico R.: Consideraciónes canónicas acerca del segundo convenio entre la Diputación General de Aragón y la Iglesia Católica en Aragón sobre el Patrimonio Cultural de la Iglesia. In: Aragonia Sacra 6 (1991) 267–290.

Bellini, Piero: I beni culturali di proprietà ecclesiastica nel nuovo concordato. In: Il diritto ecclesiastico 105 (1984) 266–275.

Beni culturali di interesse religioso : legislazione dello stato ed esigenze di carattere confessionale / Giorgio Feliciani (Hrsg.). Bologna : Mulino, 1995. 297 S. (Religione e società ; 21)

Beni culturali e interessi religiosi : atti del convegno di studi, Napoli 26/28 novembre 1981 / Scuola di Perfezionamento in Diritto Canonico ed Ecclesiastico, Fac. di Giurisprudenza, Univ. di Napoli. Consociato internationalis studio juris canonici promovendo. Napoli : Jovene, 1983. VIII, 337 S.

Bertolino, Rinaldo: Nuova legislazione canonica e beni culturali ecclesiali. In: Il diritto ecclesiastico 103 (1982) 250–308.

Bordonali, Salvatore: La disciplina regionale dei beni culturali, librari e archivistici di interesse religioso. In: Il diritto ecclesiastico 104 (1993) 834–861.

Bordonali, Salvatore: I beni culturali di interesse religioso dopo il D.Lgs. 112/98. In: Il diritto ecclesiastico 111 (2000) 3–26.

Camassa Aurea, Erminia: I beni culturali di interesse religioso : norme statali, norme pattizie e norme confessionali. In: I beni culturali : Esigenze unitarie di tutela e pluralità di ordinamenti, 1995: 163–210. [A2]

Casuscelli, Giuseppe: Calamità naturali, opere pubbliche ed edifici di culto. In: Il diritto ecclesiastico 99 (1978) 368–381.

Casuscelli, Giuseppe: Tutela del patrimonio artistico ecclesiastico e ordinamenti regionali (note di legislazione). In: Il diritto ecclesiastico 99 (1978) 564–482.

Combalia, Zoila: Plan Nacional de catedrales : comentario al Acuerdo de colaboración entre el Ministerio de Educación y cultura y la Iglesia Católica de 25 de febrero de 1997. In: Ius Canonicum XXXVII (1997) 685–699.

Coppola, Raffaele: La valorizzazione dei beni culturali d'interesse religioso con speciale riguardo alle modificazioni consensuali del concordato lateranense ed all'intesa fra il Governo e la CEI. In: La cultura e i suoi beni giuridici, 1999: 11–20. [A2]

Corral, C.: Del Acuerdo España-Santa Sede (9.I.1979) a los Convenios y Acuerdos Gobierno central y autonómico-Iglesia española (1980–1989) sobre el Patrimonio histórico artístico de la Iglesia. In: Revista General de Legislación y Jurisprudencia XCIV (1989) 111.
Auch in: Patrimonio Cultural. Documentación-Información 13–14 (1991) 44–53.

Corral, C.: Patrimonium historicum artisticum Ecclesiae a conventione Hispanial-Sanctae Sedis ad XVII conventiones Ecclesiarium particularicum-communitatum in Hispaniae autonomarum. In: Periodica 79 (1990) 605–623.

Denkmalpflege und Denkmalschutz an den Sakralbauten in der Bundesrepublik Deutschland und in Frankreich = Protection et conservation du patrimoine culturel réligieux en France et en République Fédérale d'Allemagne / [7. Strassburger Kolloquium, 7–8 Sept. 1984] ; Jean Châtelain [u.a.] (Hrsg.). Kehl am Rhein ; Strassburg : N. P. Engel, 1987. 117 S. (Deutsch-französische Kolloquien Kirche, Staat, Gesellschaft = Colloque Franco-Allemand Église, État, Société ; 7)

Ducoli, Maffeo: L'intesa per la conservazione e valorizzazione del patrimonio artistico e storico degli enti ecclesiastici veneti tra Regione del Veneto e Provincia Ecclesiastica Veneta. In: Valorizzazione dei beni culturali ecclesiastici e autonomie regionali, 1999: 41–47. [B5]

Eberl, Wolfgang: Mitwirkung der Kirchen und Gemeinden beim Schutz von Baudenkmälern. In: Die öffentliche Verwaltung (1983) 455–460.

Feliciani, Giorgio: Normativa della Conferenza episcopale italiana e beni culturali di interesse religioso. In: Beni culturali di interesse religioso, 1995: 129–145. [B5]

Feliciani, Giorgio: I beni culturali ecclesiastici : Dall'Accordo di revisione del Concordato lateranense alla recente Intesa. In: Vita e pensiero 80 (1997) 493–507.

Feliciani, Giorgio: I beni culturali ecclesiastici nell'Accordo Italia-Santa Sede del 1984 : e nelle sue norme di attuazione. In: Winfried Schulz in memoriam : Schriften aus Kanonistik und Staatskirchenrecht / Cesare Mirabelli [u.a.] (Hrsg.). Frankfurt a.M. [u.a.] : Lang. (Adnotationes in ius canonicum ; 8). Band 1. (1999) 225–247.

Fernández Catón, José Maria: El patrimonio cultural de la Iglesia en Espana y los acuerdos entre el Estado espanol y la Santa Sede. León : Centro de Estudios e Investigación „San Isidoro", 1980. 81 S.

Finocchiaro, Francesco: I beni culturali d'interesse religioso : tra formalismo giuridico e sistema delle fonti. In: Il diritto ecclesiastico 105 (1994) 427–445.

Fontana, Loris Annibale: Ricupero e catalogazione dei beni architettonici. In: Valorizzazione dei beni culturali ecclesiastici e autonomie regionali, 1999: 76–79. [B5]

Fucillo, Antonio: La circolazione dei beni culturali d'interesse religioso. In: Il diritto ecclesiastico 104 (1993) 603–649.

Fuccillo, Antonio: I beni culturali di interesse religioso : verso una tutela dinamica? ; (Considerazione a margine del libro bianco del Touring club italiano su „I beni culturali ecclesiastici : punti critici, responsabilità, proposte"). In: Il diritto ecclesiastico 109 (1998) 837–846.

Giovetti, Giovanna: Il regime giuridico dei beni culturali ecclesiastici. In: Il diritto ecclesiastico 102 (1991) 512–515.

Giovetti, Giovanna: Brevi osservazioni circa il nuovo statuto giuridico dei beni culturali di interesse religioso. In: Il diritto ecclesiastico 110 (1999) 990–1110.

Golfarelli, Francesca: La disciplina dei beni artistici di appartenenza di enti ecclesiastici e il nuovo accordo del 1984 tra Italia e S. Sede. In: La tutela penale delle opere d'arte = The penal protection of works of art, 1994: 241–250. [A2]

Goti Ordeñana, Juan: Acuerdo de colaboración para la confección del Inventario y del Plan Nacional de Catedrales. In: Revista Española de Derecho Canónico 55 (1998) 177–209.

Goti Ordeñana, Juan: Acuerdo de colaboración entre la autonomía de Castilla y León y la Iglesia Católica, y normativa sobre el patrimonio documental y bibliográfico. In: Revista Española de Derecho Canónico 56 (1999) 631–657.

Goti Ordeñana, J.: Orientaciones de la Comunidad Europea sobre el patrimonio cultural religioso. In: Anuario de Derecho Eclesiástico del Estado XV (1999) 253–283.

Heckel, Martin: Der Denkmalschutz an den Sakralbauten der Bundesrepublik Deutschland : Kulturschutz und Kirchenfreiheit im säkularen Verfassungssystem. In: Denkmalpflege und Denkmalschutz an den Sakralbauten in der Bundesrepublik Deutschland und in Frankreich, 1987: 85–106.
Auch in: Martin Heckel: Gesammelte Schriften : Staat Kirche Recht Geschichte / Klaus Schlaich (Hrsg.). Band 2. Mohr : Tübingen, 1997: 1075–1098.

Heckel, Martin: Staat, Kirche, Kunst : Rechtsfragen kirchlicher Kulturdenkmäler. Tübingen : Mohr, 1968. XX, 277 S. (Tübinger rechtswissenschaftliche Abhandlungen ; 22)

Jacobitti, Giammarco: Il controllo della circolazione dei beni culturali nello Stato pontifico. In: La cultura e i suoi beni giuridici, 1999: 191–197. [A2]

Jordán Villacampa, María Luisa: Patrimonio eclesiástico y poder de disposición. In: Anuario de Derecho Eclesiástico del Estado XIV (1998) 335–345.

Kremer, Bernd Mathias: Denkmalschutz und Denkmalpflege im Bereich der Kirchen. In: Handbuch des Staatskirchenrechts der Bundesrepublik Deutschland / Joseph Listl ; Dietrich Pirson (Hrsg.). 2. A. Band 2. Berlin : Duncker und Humblot, 1995: 77–103.

Lacroce, Luigi: I beni culturali d'interesse religioso e l'Intesa sull'Art. 12 dell'Accordo del 1984. In: Il diritto ecclesiastico 109 (1998) 483–537.

Lacroce, Luigi: Brevi considerazioni sui beni culturali d'interesse religioso. In: Il diritto ecclesiastico 110 (1999) 1011–1014.

Long, G.: Tutela e valorizzazione del patrimonio culturale nelle intese con le confessioni diverse dalla cattolica. In: Beni culturali di interesse religioso, 1995: 89–97. [B5]

Loschelder, Wolfgang: Staatliche und kirchliche Kulturverantwortung auf dem Gebiet des Denkmalschutzes. In: Staat, Kirche, Wissenschaft in einer pluralistischen Gesellschaft : Festschrift zum 65. Geburtstag von Paul Mikat / Dieter Schwab [u.a.] (Hrsg.). Berlin : Duncker und Humblot, 1989: 611 ff.

Marchisano, F.: Azione della Commissione per i beni culturali della Chiesa. In: Beni culturali di interesse religioso, 1995: 277–292. [B5]

Martínez Blanco, Antonio: Estatuto civil y concordado del patrimonio artístico y documental de la Iglesia. In: Anales de la Universidad de Murcia. Derecho 30 (1971–1972) 221–254.

Martínez Blanco, Antonio: Patrimonio cultural de la Iglesia y Comunidades autónomas. In: El derecho patrimonial canónico en España : XIX Semana

Española de Derecho Canónico celebrada en Salamanca del 17 al 21 de sept. de 1984. (Bibliotheca Salmanticensis / Estudios ; 75). Salamanca : Univ. Pontif., 1985: 231-280.

Martínez Blanco, Antonio: Naturaleza de los bienes del patrimonio cultural eclesiástico. In: Carthaginensia XIII (1997) 393–409.

Maurer, Hartmut: Denkmalschutz im kirchlichen Bereich. In: Autonomie der Kirche : Symposium für Armin Füllkrug ; veranstaltet von der Evangelischen Kirche von Kurhessen-Waldeck sowie der Evangelischen Akademie Hofgeismar am 4. und 5. Juli 1979 in Hofgeismar / Hans-Gernot Jung [u.a.] (Hrsg.). Unter Mitarb. von Ulrich Scheuner. Neuwied [u.a.] : Luchterhand, 1979: 82ff.

Mauro, T.: Beni culturali di interesse religioso e Archivi ecclesiastici nell'Art. 12 dell'Accordo di Villa Madama. In: Bollettino dell'Associazione Archivistica Ecclesiastica XXVIII–XXIX (1985–1986) 37–72.

Merusi, Fabio: Beni culturali, esigenze religiose e art. 9 della Costituzione. In: Beni culturali di interesse religioso, 1995: 21–28. [B5]

Mingardi, Massimo: Due convenzioni stipulante nella Regione Emilia-Romagna. In: Valorizzazione dei beni culturali ecclesiastici e autonomie regionali, 1999: 55–61. [B5]

Molina, Maurizio: Catalogazione e valorizzazione dei beni storico artistici : la strada delle intese. In: Valorizzazione dei beni culturali ecclesiastici e autonomie regionali, 1999: 80–84. [B5]

Musoles Cubedo, María Cruz: El patrimonio histórico. In: Acuerdos del estado español con los judíos, musulmanes y protestantes / Jaime Bonet [u.a.]. (Bibliotheca Salmanticensis / Estudios ; 162). Salamanca : Publ. Univ. Pontificia [u.a.], 1994: 255–258.

Panzram, Bernhard: Kann der Staat den Kirchen das Recht, die Denkmalpflege selbst wahrzunehmen, entziehen, ohne gegen das Grundgesetz und die Kirchenverträge zu verstoßen? In: Österreichisches Archiv für Kirchenrecht 17 (1966) 438–443.

Pastori, Giorgio: L'art. 12 dell'Accordo 12 febbraio 1984. In: Beni culturali di interesse religioso, 1995: 29–40. [B5]

Petroncelli Huebler, Flavia: Il tema di tutela degli archivi storici delle confessioni religiose. In: Il diritto ecclesiastico 106 (1995) 473–483.

Petroncelli Huebler, Flavia: Legislazione regionale e tutela dei beni culturali. In: Il diritto ecclesiastico 106 (1995) 135–142.

Petschen, Santiago: El patrimonio histórico cultural español y el patrimonio histórico cultural de la Iglesia ante el mercado interior comunitario establecido por el Acta Unica Europea. In: Patrimonio Cultural. Documentación-Información / Secretariado Nacional de la Comisión Episcopal para el Patrimonio Cultural 15–16 (1992) 27–33.

Petschen, Santiago: Los principios y normas europeas relativos al patrimonio cultural de la Iglesia. In: Estudios Eclesiásticos 71 (1996) 537–556.

Posocco, Franco: Tutela del Sacro nel territorio veneto. In: Valorizzazione dei beni culturali ecclesiastici e autonomie regionali, 1999: 70–75. [B5]

Presas Barrosa, Concepción: Legislación relativa al Patrimonio cultural de Galicia y la Iglesia Católica. In: Anuario de Derecho Eclesiástico del Estado XIII (1997) 247–267.

Reali, Gino: L'intesa fra la Regione dell'Umbria e la Conferenza Episcopale Umbra per la salvaguardia e la valorizzazione dei beni e servizi culturali ecclesiastici. In: Valorizzazione dei beni culturali ecclesiastici e autonomie regionali, 1999: 31–40. [B5]

Roccella, Alberto: Regioni e beni culturali ecclesiastici. In: Il diritto ecclesiastico 112 (2001) Fasc. 3.

Ruppi, Cosimo Francesco: Protocollo d'intesa tra la Provincia di Lecce e le Diocesi di Lecce, Otranto, Nardò-Gallipoli e Ugento – S.M. Di Leuca. In: Valorizzazione dei beni culturali ecclesiastici e autonomie regionali, 1999: 49–53. [B5]

Sacerdoti, Giorgio: Il patrimonio culturale delle minoranze religiose. In: Beni culturali e interessi religiosi, 1983: 211–228. [B5]

Salido López, M.: Acercamiento al estudio de un precedente de los acuerdos autonómicos sobre patrimonio histórico-artístico de la Iglesia católica. In: Estudios jurídicos en homenaje al profesor Vidal Guitarte / Sara Acuña [u.a.] (Hrsg.). Valencia : Servicio de Publicaciones, Diputación de Castellón, 1999: 829–837.

Sancho Campo, Ángel: Catedrales : los acuerdos de colaboración y los convenios marcos de colaboración respectivos en vigor. In: Estudios Eclesiásticos 71 (1996) 507–535.

Santi, Giancarlo: Le intese attuative dell'art. 12 degli accordi 18.02.1984. In: Valorizzazione dei beni culturali ecclesiastici e autonomie regionali, 1999: 25–30. [B5]

Scalera, Lucia: Beni culturali e „nuovo concordato". Milano : Giuffrè, 1990. 110 S. (Università di Modena / Dipartimento di Scienze Giuridiche: Pubblicazioni della Facoltà di Giurisprudenza / Nuova serie ; 15)

Scalera, Lucia: Alcune riflessioni in tema di beni culturali delle confessioni acattoliche. In: Il diritto ecclesiastico 107 (1996) 249–259.

Seco Caro, C. ; J. Borrero: La Comisión mixta Junta de Andalucía-Obispos de la Iglesia Católica de Andalucía para el patrimonio cultural. In: Anuario de Derecho Eclesiástico del Estado III (1987) 451–457.

Talamanca, Anna: I beni culturali ecclesiastici tra legislazione statale e normativa bilaterale. In: Il diritto ecclesiastico 106 (1985) 3–36.

Tedeschi, D.: Tutela e valorizzazione del patrimonio culturale dell'ebraismo italiano. In: Beni culturali di interesse religioso, 1995: 77–88. [B5]

Valorizzazione dei beni culturali ecclesiastici e autonomie regionali nell'attuazione dell'art. 12 del Concordato 1984 : atti del Convegno, Padova, Abbazia di Praglia (Teolo), 9 novembre 1996 / Consulta per i beni culturali ecclesiastici delle Tre Venezie ; Giunta Regionale del Veneto. [Venezia] : Giunta Regionale del Veneto ; Padova : Il Poligrafo, 1999. 94 S.

Vecchi, Fabio: La tutela del patrimonio storico architettonico ed edilizio della Chiesa in Catalogna : dagli „usatges" barcellonesi agli accordi concordatari, ai recenti „micro-convenios" locali. In: Il diritto ecclesiastico (1999) 57–644.

Vecchi, Fabio: La legislazione regionale e l'attività pattizia con l'episcopato della Valle d'Aosta in materia di beni culturali di „interesse religioso" d'ambito locale. In: Il diritto ecclesiastico 112 (2001) Fasc. 2.

Villar Pérez, Andrés: Legislación sobre el Patrimonio histórico artístico y su aplicación a la diócesis de Burgos. In: Anuario de Derecho Eclesiástico del Estado XIII (1997) 269–303.

B 6. Einzelfragen / Specific Problems

Anguita Villanueva, Luis A.: El derecho de propiedad privada en los bienes de interés cultural. Madrid : Dykinson, 2001. 374 S.

Bassiouni, M. Cherif: Reflections on Criminal Jurisdiction in International Protection of Cultural Property. In: Syracuse Journal of International Law and Commerce 10 (1983) 281–321.

Bassiouni, M. Cherif ; James A.R. Nafziger: Protection of Cultural Property. In: International Criminal Law : Volume I ; Crimes / M. Cherif Bassiouni (Hrsg.). 2nd ed. Ardsley, N.Y. : Transnational, 1999: 949–982.

Blake, Janet: On Defining the Cultural Heritage. In: The International and Comparative Law Quarterly 49 (2000) 61–85.

Bodkin, Thomas: Dismembered Masterpieces : a Plea for their Reconstruction by International Action. London : Collins, 1945. 47 S.

Boguslavskij, Mark M.: Der Begriff des Kulturguts und seine rechtliche Relevanz. In: Rechtsfragen des Internationalen Kulturgüterschutzes, 1994: 3–12. [A2]

Caputi Jambrenghi, Vincenzo: I beni culturali : gnoseologia e nuove „disposizioni". In: Convivenza nella libertà : scritti in onore di Giuseppe Abbamonte. Vol. I. Napoli : Jovene, 1999: 247–270.

Carson, Cindy Alberts: Raiders of the Lost Scrolls : The Right of Scholarly Access to the Content of Historic Documents. In: Michigan Journal of International Law 16 (1995) 299–348.

Cavallo, Bruno: La nozione di bene culturale tra mito e realtà : rilettura critica della prima dichiarazione della Commissione Franceschini. In: Scritti in onore di Massimo Severo Giannini. Bd. 2. Milano : Giuffré, 1988: 113–135.

Colin, Jean-Pierre ; Jack Lang: La culture entre les peuples et les Etats : vers un nouveau droit international. In: Le droit des peuples à disposer d'eux-mêmes : méthodes d'analyse du droit international ; mélanges offerts à Charles Chaumont / [comité d'organisation: Jean Charpentier [u. a.]]. Paris : Pedone, 1984: 179–206.

Cornu, Marie: Le droit culturel des biens : l'intérêt culturel juridiquement protégé. Brüssel : Bruylant, 1996. 621 S. Zugl.: Paris, Univ., Diss., 1994.

Cornu, Marie: Patrimoine d'origine et patrimoine d'adoption, la conception du droit français (Heritage of origin and heritage of adoption, the conception of French law). In: International Expert Meeting on the Return of Cultural Property and the Fight against its Illicit Trafficking, 2002: 135–146. [B2]

Crewdson, Richard: Cultural Property : A Fourth Estate? In: The Law Society's Gazette (1984) 126–129.

Dicke, Christian Detlev: Ricerca archeologica e protezione dei beni culturali. In: Il regime giuridico internazionale del Mare Mediterraneo: 355–357. [E1]

Dieng, Adama: Reflexions sur la protection de l'homme et du patrimoine culturel. In: La protezione internazionale dei beni culturali, 1986: 69–75. [A2]

Domicelj, J.: Cultural Heritage at Risk : Finding the Expertise. In: Risk Preparedness for Cultural Properties, 1999: 243–249. [B6]

Elia, Ricardo J.: ICOMOS Adopts Archaeological Heritage Charter : Text and Commentary. In: Journal of Field Archaeology 10 (1993) 97–104.

Fechner, Frank: Rechtlicher Schutz archäologischen Kulturguts : Regelungen im innerstaatlichen Recht, im Europa- und Völkerrecht sowie Möglichkeiten zu ihrer Verbesserung. Berlin : Duncker und Humblot, 1991. 131 S. (Tübinger Schriften zum internationalen und europäischen Recht ; 25)

Fechner, Frank: Neue Entwicklungen des rechtlichen Schutzes archäologischer Kulturgüter. In: Archäologisches Nachrichtenblatt 5 (2000) 373–384.

Ghose, S.: Protection against Natural and Man-made Disasters. In: Risk Preparedness for Cultural Properties, 1999: 153–168. [B6]

Harding, Sarah: Value, Obligation and Cultural Heritage. In: Arizona State Law Journal 31 (1999) 291–354.

Heilmeyer, Wolf-Dieter: Schutz archäologischer Kulturgüter aus der Sicht der Archäologie. In: Zeitschrift für vergleichende Rechtswissenschaft 95 (1996) 117–126.
Engl. Fassung u.d.T.: The Protection of Archaeological Cultural Property from an Archaeological Perspective. In: Law and State 56 (1997) 96–105.

Hirayama, I.: Japan's International Contribution through the Spirit of the Cultural Property Red Cross. In: Risk Preparedness for Cultural Properties, 1999: 55–63. [B6]

Jayme, Erik: Rechtsbegriffe und Kunstgeschichte. In: Neues Recht zum Schutz von Kulturgut, 1997: 11–27. [A2]
Auch in: Wiener Vorträge : Internationales Privat- und Verfahrensrecht, Rechtsvergleichung, Kunst- und Kulturrecht / Erik Jayme. (Schriftenreihe des Ludwig-Boltzmann-Institutes für Europarecht ; 8). Wien : Manz, 2001: 224–240.

Jayme, Erik: Antonio Canova und das nationale Kunstwerk : Zur Ideengeschichte des europäischen Kulturgüterschutzes. In: Nationales Kunstwerk und Internationales Privatrecht / Erik Jayme, 1999: 1–15. [D4]
Auch in: Wiener Vorträge : Internationales Privat- und Verfahrensrecht, Rechtsvergleichung, Kunst- und Kulturrecht / Erik Jayme. (Schriftenreihe des Ludwig-Boltzmann-Institutes für Europarecht ; 8). Wien : Manz, 2001: 171–186.

Jokilehto, Jukka: International Collaboration and ICCROM's Role in Risk Preparedness. In: Risk Preparedness for Cultural Properties, 1999: 75–85. [B6]

Knopp, Werner: Museumspolitik als Kulturgüterschutz. In: Aktuelle Fragen des Kulturgüterschutzes, 1998: 1–10. [D3]

Kowalski, Wojciech: Protecting the Integrity of a Complex Heritage Object. In: Art, Antiquity and Law 3 (1998) 243–252.

Krinzinger, Friedrich: Schutz von archäologischem Kulturgut : Betrachtungen zur Kontextarchäologie. In: Neues Recht zum Schutz von Kulturgut, 1997: 45–54. [A2]

Leonhard, Joachim-Felix: Kulturelles Erbe und Gedächtnisbildung : Betrachtungen zur Vergangenheit ; In der Gegenwart für die Zukunft. In: Lernziel Weltoffenheit : Fünfzig Jahre deutsche Mitarbeit in der UNESCO / Deutsche UNESCO-Kommission. Bonn : Dt. UNESCO-Komm., 2001: 118–133.

Mason, R. ; M. de la Torre: Heritage Conservation and Values in a Globalizing Society. In: World Culture Report 2000 : Cultural Diversity, Conflict and Pluralism. Paris : UNESCO Publishing, 2000: 164–179.

McLennan, Amanda Maree: A Struggle between Owners? : What is the Legal Status of an Interest in Cultural Property? In: Environmental and Planning Law Journal 15 (1998) 241–245.

Merryman, John Henry: The Public Interest in Cultural Property. In: California Law Review 77 (1989) 339–364.

Moustakas, John: Group Rights in Cultural Property : Justifying Strict Inalienability. In: Cornell Law Review 74 (1988/ 89) 1179–1227.

Müller, Markus M.: Cultural Heritage Protection : Legitimacy, Property, and Functionalism. In: International Journal of Cultural Property 7 (1998) 395–409.

Nafziger, James A.R.: Comments on the Relevance of Law and Culture to Cultural Property Law. In: Syracuse Journal of International Law and Commerce 10 (1983) 323–332.

Nafziger, James A. R.: International Penal Aspects of Protecting Cultural Property. In: The International Lawyer 19 (1985) 835–852.
Auch u.d.T.: International Penal Aspects of Crimes against Cultural Property and the Protection of Cultural Property. In: International Criminal Law : Crimes : Vol 1 / M. Cherif Bassiouni (Hrsg.). New York : Transnational Publishers Inc., 1986: 525–539.

Nafziger, James A. R.: Towards a More Collaborative Regime of Transnational Cultural Property Law. In: Private Law in the International Arena : From National Conflict Rules Towards Harmonization and Unification ; Liber Amicorum Kurt Siehr / Jürgen Basedow [u.a.] (Hrsg.). The Hague : T.M.C. Asser Press, 2000: 497–510.

Nickel, James W.: Intrinsic Value and Cultural Preservation. In: Arizona State Law Journal 31 (1999) 291–354.

Niećiówna, Halina: Sovereign Rights to Cultural Property. In: The Polish Yearbook of International Law 4.1971 (1973) 239–253.

Noguchi, H.: Save the World Cultural Heritage from Man-made and Natural Disasters. In: Risk Preparedness for Cultural Properties, 1999: 139–151. [B6]

O'Keefe, Patrick J.: The Heritage Value of a Private Collection. In: La libre circulation des collections d'objets d'art, 1993: 179–192. [D3]

O'Keefe, Patrick: Penal Protection of Cultural Property : The Role of Unesco. In: La tutela penale delle opere d'arte = The penal protection of works of art, 1994: 9–15. [A2]

O'Keefe, Patrick J.: Historical Complexes and Their Movable Heritage : Council of Europe Guidelines. In: Legal Aspects of International Trade in Art (International Sales of Works of Art ; 5), 1996: 241–255. [D3]

O'Keefe, Patrick J.: Incidental Collections : Protection Against Dispersal. In: Art, Antiquity and Law 3 (1998) 165–177.

Palmer, Norman E. ; Anthony Hudson: Fixtures and Historic Buildings. In: Art, Antiquity and Law 5 (2000) 37–46.

Palumbo, Filiberto: Note sulla tutela penale dei beni culturali. In: La cultura e i suoi beni giuridici, 1999: 355–377. [A2]

Pedrazzi, Cesare: Droit pénal : Rapport général. In: La protection des biens culturels, 1991: 485–493. [A2]

Pinelli, Antonio: Storia dell'arte e cultura della tutela : Le „Lettres à Miranda" di Quatremère de Quincy. In: Ricerche di Storia dell'Arte (1979) 43–62.

Prott, Lyndel V.: International Penal Aspects of Cultural Protection. In: Criminal Law Journal (Australia) 7 (1983) 207–219.

Prott, Lyndel V. ; Patrick J. O'Keefe: "Cultural Heritage" or "Cultural Property"? In: International Journal of Cultural Property 1 (1992) 307–320.

Prott, Lyndel V.: Private Initiativen im Dienste des kulturellen Erbes : Anmerkungen aus der Sicht der UNESCO. In: Kulturgüterschutz : Ein Aufruf zu transnationaler Aktion, 1995: 65–68. [A2]

Prott, Lyndel V.: The Definition of the Archaeological Heritage. In : Archaeological Heritage : Current Trends in Its Legal Protection, 1995: 9–26. [A2]

Risk Preparedness for Cultural Properties : Development of Guidelines for Emergency Response : 1997 Kobe/Tokyo International Symposium / Saito Hidetoshi (Hrsg.). Tokyo : Chuo-koron Bijutsu Shuppan, 1999. 499 S.

Roberts, B. O.: Risk Preparedness for Cultural Property : An International Perspective. In: Risk Preparedness for Cultural Properties, 1999: 47–52. [B6]

Rottenberg, Barbara L.: Using Information to Protect Cultural Property : The Bibliographic Database on Heritage Law and Other Resources. In: University of British Columbia Law Review (Special Issue 1995) 315–317.

Roucounas, Emmanuel J.: International Regulations and Internal Measures of Protection of the Archaeological Heritage. In: Archaeological Heritage : Current Trends in Its Legal Protection, 1995: 117–130. [A2]

Sakurai, Dorna Sachiko: Animal, Mineral, or Cultural Antiquity? : The Management and Protection of Paleontological Resources. In: Loyola of Los Angeles International and Comparative Law Review 17 (1994) 197–243.

Schutter, Bart de: The protection of cultural property : interstate cooperation of European perspective. In: The Penal Protection of Works of Art, 1983: 189–219. [A2]

Schutter, Bart de: The Harmonisation of Criminal Law and International Criminal Co-operation as Instruments of Protection. In: International Legal Protection of Cultural Property, 1984: 72–98. [A2]

Scott, Jeremy Le M.: Classification of Fixtures under English Law : An Inspector's Whim? In: Art, Antiquity and Law 5 (2000) 319–332.

Seipel, Wilfried: Museen und Kulturgüterschutz : Pragmatische Bemerkungen zu einem im Wandel begriffenen Beziehungsverhältnis. In: Internationaler Kulturgüterschutz : Wiener Symposion, 1992: 133–140. [A2]

Stovel, Herb: Two Current Initiatives to Improve Risk Preparedness for Cultural Heritage at National and International Levels. In: Risk Preparedness for Cultural Properties, 1999: 217–228. [B6]

Turner, Stefan: Die Zuordnung beweglicher Kulturgüter im Völkerrecht : Das Recht der Kulturgüter in den Fällen von Bevölkerungsaustausch und Vertreibung. In: Internationaler Kulturgüterschutz und deutsche Frage, 1991: 102–108. [A2]

Van Nispen, L.: "The Blue Shield" : A Programme for Preparedness, First Aid and Advocacy. In: Risk Preparedness for Cultural Properties, 1999: 65–73. [B6]

What is Cultural Property? : An Overview / Stephen K. Urice [u.a.]. In: Who Owns Culture, 2001: 19–31. [A2]

Williams, Sharon A.: Protecting the Archaeological Heritage : Can the "New World Order" Protect the Old? In: Archaeological Heritage : Current Trends in Its Legal Protection, 1995: 131–141. [A2]

Wylie, Alison: Ethical dilemmas in archaeological practice : looting, repatriation, stewardship, and the (trans)formation of disciplinary identity. In: Perspectives on Science 4 (1996) 4: 154–194.

C. Schutz und Erhaltung von Kulturgütern im Frieden/ Protection and Preservation of Cultural Property in Time of Peace

C 1. Allgemeines und Einzelprobleme/ General and Specific Problems

Abid, Abdelaziz: "Memory of the World" : preserving our documentary heritage. In: Museum International <Paris> / Engl. Ausg. 49 (1997)1=193: 40–45.

Bamiyan : Challenge to World Heritage / K. Warikoo (Hrsg.). New Dehi : Bhavana Books, 2002. XXII, 313 S.

Bell, Jonathan: Forum UNESCO : University and Heritage. In: Museum International <Paris> / Engl. Ausg. 52 (2000) 3 = 207: 45–48.

Bose, Amalendu: Protection of Cultural and Natural Heritage at the International Level. In: Museums and Cultural Exchange : Papers from the 11th General Conference of ICOM, Moskau 23–29 Mai 1977 / The International Council of Museums. Paris : ICOM 1979: 101–113.

Bouchenaki, Mounir: An Outline of UNESCO's Actions in Heritage Conservation and Rehabilitation. In: World Culture Report 2000 : Cultural Diversity, Conflict and Pluralism. Paris : UNESCO Publishing, 2000: 146–152.

Boylan, Patrick: ICOM at Fifty. In: Museum International <Paris> / Engl. Ausg. 48 (1996) 3 = 191: 47–50.

Burnham, Bonnie: Planning and Managing the Conservation of Historic Properties. In: Legal Aspects of International Trade in Art (International Sales of Works of Art ; 5), 1996: 285–288. [D3]

Canino, Germana: Il ruolo svolto dall'UNESCO nella tutela del patrimonio mondiale culturale e naturale. In: La protezione del patrimonio mondiale culturale e naturale, 1997: 1–107. [C1]

Castelli, Maria Erminda E.: Protección jurídica del patrimonio cultural de la humanidad. Buenos Aires : Bias Ed., 1987. 203 S.

Ciciriello, Maria Clelia: L'ICCROM, l'ICOMOS e l'IUCN e la salvaguardia del patrimonio mondiale culturale e naturale. In: La protezione del patrimonio mondiale culturale e naturale, 1997: 109–142. [C1]

Corriente Córdoba, José Antonio: El Camino de Santiago y la protección internacional de bienes culturales. In: Anuario Argentino de Derecho Internacional 9 (1993) 41 ff.

Cotter, Ellen Marie: Air Pollution and Our Cultural Heritage. In: Georgetown International Environmental Law Review 3 (1990) 359–393.

Daifuku, Hiroshi: International Assistance for the Conservation of Cultural Property. In: The Challenge to Our Cultural Heritage, 1986: 53–65. [A2]

Denkmal – Ensemble – Kulturlandschaft am Beispiel Wachau : Beiträge ; Internationales Symposion vom 12. bis 15. Oktober 1998 in Dürnstein (Österreich) = Monument – Site – Cultural Landscape, Exemplified by the Wachau / Géza Hajós (Hrsg.). Horn : Berger, 2000. 260 S.

Denkmalschutz : Internationale Probleme, nationale Projekte / Hans Maier (Hrsg.). Zürich : Ed. Interfrom, 1976. 139 S. (Texte und Thesen ; 69)

Dixit, R. K.: Slaughtering of cultural heritage in Bamiyan : call for action. In: The Indian Journal of International Law 41 (2001) 287–292.

Erder, Cevat: ICCROM : An International Clearinghouse and Training Centre. In: The Challenge to Our Cultural Heritage, 1986: 131–139. [A2]

Etchepareborda, Roberto: The Common Heritage of the Americas : Regional Cooperation. In: The Challenge to Our Cultural Heritage, 1986: 155–161. [A2]

Fowler, P.: Cultural Landscape : Archaeology, Ancestors and Archive. In: Denkmal – Ensemble – Kulturlandschaft am Beispiel Wachau, 2000: 56–63. [C1]

Galla, Amareswar: The Tshwane Declaration : setting standards for heritage tourism in South Africa. In: Museum International <Paris> / Engl. Ausg. 50 (1998) 4 = 200: 38–42.

Gazzola, Piero: Le Conseil International des Monuments et des Sites : ICOMOS. In: Relations internationales de la protection des biens culturels, 1965: 5–19. [C1]

Gibson, Michael: Afghanistan : Les Bouddhas détruits ; le défi des Taliban. In: Connaissance des Arts (2001) 583: 82–87.

Hondius, Frits: The Foundation : Time-Honoured Model for Heritage Conservation. In: Legal Aspects of International Trade in Art (International Sales of Works of Art ; 5), 1996: 257–266. [D3]

Jeschke, H. P.: Entwurf der Struktur eines Pflegewerks für Cultural Heritage Landscapes (UNESCO-Schutzkategorie „fortbestehende Kulturlandschaft“) in föderalistisch organisierten Staaten in Europa. In: Denkmal – Ensemble – Kulturlandschaft am Beispiel Wachau, 2000: 116–146. [C1]

La protezione del patrimonio mondiale culturale e naturale a venticinque anni dalla convenzione dell'UNESCO del 1972 / Maria Clelia Ciciriello (Hrsg.). Napoli : Editoriale Scientifica, 1997. XVIII, 1466 S. (Studi e documenti di diritto internazionale e comunitario ; 14)

Lemaire, R.M.: La doctrine contemporaine de sauvegarde du patrimoine monumental. In: Rivista di Studi Politici Internazionali 196 (1982) 587–600.

Lorentz, Stanislaw: L'attitude de la Pologne envers les campagnes internationales de protection des biens culturels. In: Relations internationales de la protection des biens culturels, 1965: 29–38. [C1]

Lustacz, Leon: L'héritage culturel et l'environnement de l'homme. In: Studia Juridica 7 (1985) 29–36.

Marte, Hans: Das Weltkulturerbe : Symbol einer globalen Identität ; Festvortrag anläßlich der Generalversammlung der Österreichischen Gesellschaft für Kulturgüterschutz am 13. November 1996. Wien : Österreichische Gesellschaft für Kulturgüterschutz, 1997. 21 S. (Schriften der Österreichischen Gesellschaft für Kulturgüterschutz ; 4)

Mayor, Frederico: Appeal for the Safeguarding of the International Cinematic Heritage, Memory of the Twentieth Century. In: Museum International <Paris> / Engl. Ausg. 46 (1994) 4 = 184: 4.

Meinel, Hans: Die museumsbezogenen Aktivitäten der UNESCO für die Dritte Welt. In: Das Museum und die Dritte Welt, 1981: 109–124. [D3]

Monroe, John W.: Angkor Wat : A Case Study in the Legal Problems of International Cultural Resource Management. In: The Journal of Arts Management, Law and Society 24 (1995) 4: 277–286.

Morton, W. Brown: Saving Indonesia's Borobodur : A High-Tech Triumph in International Cooperation. In: The Challenge to Our Cultural Heritage, 1986: 113–121. [A2]

Mucci, Federica: La valorizzazione del patrimonio mondiale culturale e naturale : significato e strumento di una „tutela sostenibile". In: La protezione del patrimonio mondiale culturale e naturale, 1997: 169–290. [C1]

Negm-el-Din, Mohamed: Victory in Nubia : Unesco and the world community in the greatest archaeological rescue campaign of all time ; II. Sudan. In: The Unesco Courier 33 (1980) Febr./March: 16–19.

Nonnenmacher, G. G.: De la protection internationale du patrimoine culturel. In: Annuaire de l'A.A.A. 44 (1974) 142–148.

O'Keefe, Patrick J.: Legislation and Cultural Landscapes. In: Denkmal – Ensemble – Kulturlandschaft am Beispiel Wachau, 2000: 39–42. [C1]

Pawlowski, Krzysztof: Vers une charte des droits du patrimoine. In: Restauro : Quaderni di restauro dei monumenti e di urbanistica dei centri antichi 24 (1995) 131–132: 189–197.

Pecoraro, Maria Luisa: Considerazioni sulle ‚campagne' internazionali di salvaguardia di beni culturali promosse dall'Unesco. In: Diritto comunitario e degli scambi internazionali 25 (1986) 191–207.

Pepe, Vincenzo: UNESCO : il patrimonio mondiale dell'umanità per lo sviluppo sostenibile. In: Rivista giuridica dell'ambiente 12 (1997) 349–357.

Relations internationales de la protection des biens culturels : Volume publié à l'occasion de la première Assemblée Générale de l'ICOMOS, 20–27 juin 1965. Varsovie : Centre de documentation des monuments historiques, 1965. 92 S. (Bibliothèque des Musées et de la Protection des Monuments, Série B ; 10)

Román, András: Changements dans la protection des monuments historiques dans le monde depuis la charte de Venise. In: Restauro : Quaderni di restauro dei monumenti e di urbanistica dei centri antichi 24 (1995) 131–132: 167–176.

Saaby, Lisbeth: Protective Legislation in an International Perspective. In: Legal and Financial Aspects of Architectural Conservation : The Smolenice Castle Conference, Central Europe / Marc Denhez ; Stephen Neal Dennis (Hrsg.). Toronto ; Headington ; Buffalo, NY : Dundurn Press, 1997: 21–31.

Salmon, Jean J. A.: De certains aspects juridiques et financiers de la campagne internationale pour la sauvegarde des monuments de Nubie. In: Annuaire Français de Droit International 9 (1963) 639–669.

Schorlemer, Sabine von: Der internationale Schutz von Kulturgütern gegen Umwelteinflüsse : Vom kurativen zum präventiven Kulturgüterschutz. In: Prinzipien des Kulturgüterschutzes, 1996: 225–256. [A2]

Shehata, Adam Mohamed: Victory in Nubia : Unesco and the world community in the greatest archaeological rescue campaign of all time ; I. Egypt. In: The Unesco Courier 33 (1980) Febr./March: 5–15.

Trintignant, Hélène: La protection internationale des biens culturels en temps de paix. [S. l.] : [s. n.]. 455f. Th. doct. : dr. public : Montpellier 1 : 1974.

Wainwright, G. J.: The management of change : archaeology and planning. In: Antiquity 67 <Oxford> (1993) 416–421.

Zachwatowicz, Jan: Les buts et les postulats de la protection internationale des monuments. In: Relations internationales de la protection des biens culturels, 1965: 39–53. [C1]

C 2. Die UNESCO Konvention zum Schutze des Kultur- und Naturerbes der Welt von 1972 / The UNESCO Convention concerning the Protection of the World Cultural and Natural Heritage of 1972

Atherton, Trudie-Ann ; Trevor C. Atherton: The Power and the Glory : National Sovereignty and the World Heritage Convention. In: The Australian Law Journal 69 (1995) 631–649.

Barwick, Garfield: The External Affairs Power of the Commonwealth and the Protection of World Heritage. In: Western Australia Law Review 25 (1995) 233–237.

Bates, Gerry: The Tasmanian Dam Case and Its Significance in Environmental Law. In: Environmental and Planning Law Journal 1 (1984) 325–345.

Batisse, Michel: The Struggle to Save Our World Heritage. In: Environment 34 (1992) 12–20, 28–32.

Batisse, Michel: The World Heritage Convention : 20 Years Later. In: Unesco Sources 39 (1992) July–August: 7–8.

Blanc Altemir, Antonio: El patrimonio común de la humanidad : hacia un régimen jurídico internacional para su gestión. Barcelona : Bosch, 1992. 280 S.

Boer, Ben: World Heritage Disputes in Australia. In: Journal of Environmental Law and Litigation 7 (1992) 247–279.

Brguljan, Vladimir: Protection of Universal Cultural and Natural Property in Yugoslavia. In: Review of International Affairs <Belgrad> 37 (1986) 25–28.

Burnham, Bonnie: Architectural Heritage : The Paradox of Its Current State of Risk. In: International Journal of Cultural Property 7 (1998) 149–165.

Burritt, R. ; K. Gibson: Who Controls World Heritage Listed Assets? In: Environmental and Planning Law Journal (1993) 278–290.

Byrnes, A. C.: The Implementation of Treaties in Australia after the Tasmanian Dams Case : The External Affairs Power and the Influence of Federalism. In: Boston College International and Comparative Law Review 8 (1985) 275–339.

Cameron, Christina: The Strengths and Weaknesses of the World Heritage Convention. In: Nature & Resources 28 (1992) 3: 18–21.

Cameron, Christina: Growing Pains : 25 Years of Safeguarding World Heritage. In: UNESCO Sources 95 (1997) Nov.: 7–8.

Caspary, Hans: 20 Jahre UNESCO-Konvention zum Schutz des Kultur- und Naturerbes der Welt. In: Deutsche Kunst und Denkmalpflege 50 (1992) 2–9.

Cleere, Henry: Cultural Landscapes and the World Heritage List : Development, Definitions, and Problems. In: Denkmal – Ensemble – Kulturlandschaft am Beispiel Wachau, 2000: 17–24. [C1]

Cleere, Henry: The underwater heritage and the World Heritage Convention. In: Bulletin of the Australian Institute for Maritime Archaeology 17 (1993) 25–26.

Cleere, Henry: The Evaluation of Authenticity in the Context of the World Heritage Convention. In: Nara Conference on Authenticity in Relation to the World Heritage Convention, 1995: 57–66. [C2]

Cleere, Henry: The Evaluation of Cultural Landscapes : The Role of ICOMOS. In: Cultural Landscapes of Universal Value, 1995: 50–59. [C2]

Cleere, Henry: The Expanding Concept of World Heritage. In: Restauro : Quaderni di restauro dei monumenti e di urbanistica dei centri antichi 24 (1995) 131–132: 177–188.

Cleere, Henry: The Venice Charter and the World Heritage Convention. In: Restauro : Quaderni di restauro dei monumenti e di urbanistica dei centri antichi 24 (1995) 133–134: 105–111.

Cleere, Henry: The Concept of "Outstanding Universal Value" in the World Heritage Convention. In: Conservation and Management of Archaeological Sites 1 (1996) 227–233.

Cultural Landscapes of Universal Value : Components of a Global Strategy / Bernd von Droste zu Hülshoff ; Harald Plachter ; Mechthild Rössler (Hrsg.). Jena ; Stuttgart ; New York : G. Fischer, 1995. 464 S.

Davis, B.: Federal State Tensions in Australian Environmental Managament : The World Heritage Issue. In: Environmental and Planning Law Journal 6 (1989) 66–78.

Denhez, Marc McC.: Pacta Sunt Servanda : Reinterpreting the World Heritage Convention. In: ICOMOS: 8th General Assembly and International Symposium : Old Cultures in New Worlds ; Washington, District of Columbia, United States, October 10–15, 1987 ; Syposium Papers = 8ème Assemblée générale et Colloque international : cultures anciennes dans les mondes nouveaux. Washington, DC : US/ICOMOS, 2 (1987) 869–875.

Divall, Colin: Railroads as World Heritage Sites. In: Cultural Resource Management 22 (1999) 10: 6–8.

Droste zu Hülshoff, Bernd von: Cultural Landscapes : Reconnecting Culture and Nature. In: Cultural Landscapes of Universal Value, 1995: 15–18. [C2]

Droste zu Hülshoff, Bernd von: Cultural Landscapes in a Global World Heritage Strategy. In: Cultural Landscapes of Universal Value, 1995: 20–24. [C2]

Droste zu Hülshoff, Bernd von: 25 Jahre UNESCO-Welterbekonvention = 25th Anniversary of UNESCO World Heritage Convention. In: Erhaltung des kulturellen Erbes und Zugang zum kulturellen Erbe in einer globalisierten Gesellschaft = Protection of and Access to Cultural Heritage in a Globalized World / Wolfgang Kippes (Hrsg). (Wissenschaftliche Reihe Schönbrunn ; 4). Wien : Schloss Schönbrunn Kultur- und Betriebsges. m.b.H, 1997: 29–32.

Droste zu Hülshoff, Bernd von ; Ulf Bertilsson: Authenticity and World Heritage. In: Nara Conference on Authenticity in Relation to the World Heritage, 1995: 3–15. [C2]

Dwork, Deborah ; Robert Jan Van Pelt: The Politics of a Strategy for Auschwitz-Birkenau. In: Cardozo Law Review 20 (1998) 687–693.

Edmonds, T. H.: The Queensland Rainforest and Wetlands Conflict : Australia's External Affairs Power ; Domestic Control and International Conservation. In: Northwestern School of Law of Lewis and Clark College: Environmental Law 20 (1990) 387–413.

Evans, David Morgan; John Pugh-Smith ; John Samuels: World Heritage Sites : Beauty Contest or Planning Constraint? In: Journal of Planning and Environment Law (1994) 503–508.

Falconer, Kelly Ann: From Icons to Landscapes : Changing Perspectives on World Heritage Sites. In: Conservation Bulletin 38 (2000) 8–11.

Feilden, Bernard M. ; Jukka Jokilehto: Managament Guidelines for World Cultural Heritage Sites. Rom : ICCROM, UNESCO, ICOMOS, 1998. XI, 137 S.

Fitschen, Thomas: Internationaler Schutz des kulturellen Erbes der Welt : Erläuterungen zum Übereinkommen zum Schutz des Kultur- und Naturerbes der Welt vom 23. November 1972. In: Internationaler Kulturgüterschutz und deutsche Frage, 1991: 183–208. [A2]

Francioni, Francesco: World Cultural Heritage List and National Sovereignty. In: Humanitäres Völkerrecht 6 (1993) 195–198.

Francioni, Francesco: Patrimonio comune della cultura : Sovranità e conflitti armati. In: Studi in ricordo di Antonio Filippo Panzera / Antonio Filippo Panzera. Vol. 1 : Diritto internazionale. Bari : Cacucci, 1995: 381–393.

Francioni, Francesco: Patrimonio culturale, sovranità degli Stati e conflitti armati. In: Beni culturali di interesse religioso : Legislazione dello Stato ed esigenze di carattere confessionale / Giorgio Feliciani (Hrsg.). (Religione e società ; 21). Bologna : Il Mulino, 1995: 149–162.

Goy, Raymond: The International Protection of the Cultural and Natural Heritage. In: Netherlands Yearbook of International Law 4 (1973) 117–141.

Green, Bryn H.: Principles for Protecting Endangered Landscapes : The Work of the IUCN-CESP Working Group on Landscape Conservation. In: Cultural Landscapes of Universal Value, 1995: 405–411. [C2]

Haigh, David J.: World Heritage : Principle and Practice ; A Case for Change. In: Environmental and Planning Law Journal 17 (2000) 199–213.

Hooff, Herman van: The Monitoring and Reporting of the State of Properties Inscribed on the World Heritage List. In: ICOMOS Canada Bulletin 4 (1995) 3: 12–14.

Hunt, T.: The National Trust and World Heritage Sites. In: "The Remains of Distant Times": Archaeology and the National Trust / Evans, D. M. ; Salway, P. ; Thackray, D. (Hrsg.). Woodbridge, Suffolk : Boydell Press, 1996: 211–216.

Kahn, Philippe: Protection du patrimoine artistique immobilier : la liste du patrimoine mondial de l'UNESCO. In: Legal Aspects of International Trade in Art (International Sales of Works of Art ; 5), 1996: 231–239. [D3]

Kiss, Alexandre-Charles: La notion de patrimoine commun de l'humanité. In: Recueil des Cours / Académie de Droit International de le Haye 175 (1982) 2: 99–256. [Le patrimoine culturel (patrimoine archéologique et artistique): 164–174]

Kono, Toshiyuki: The Significance of the Buffer Zone under the World Heritage Convention. In: Art, Antiquity and Law 5 (2000) 177–184.

La protezione del patrimonio mondiale culturale e naturale a venticinque anni dalla convenzione dell'UNESCO del 1972 / Maria Clelia Ciciriello (Hrsg.). Napoli : Editoriale Scientifica, 1997. XVIII, 1466 S. (Studi e documenti di diritto internazionale e comunitario ; 14)

Lane, Marcus ; Tony Corbett ; Geoff McDonald: Not All World Heritage Areas Are Created Equal : World Heritage Area Management in Australia. In: Environmental and Planning Law Journal 13 (1996) 461–476.

Le patrimoine culturel des Caraïbes et la Convention du patrimoine mondial = The Cultural Heritage of the Caribbean and the World Heritage Convention : Congrès national des sociétés historiques et scientifiques / Herman van Hooff [u.a.] (Hrsg.). Paris : CTHS ; Paris : UNESCO, 2000. 339 S.

Levy-Strauss, Laurent: Diversité, universalité et représentativité dans la liste du patrimoine mondial. In: Protezione internazionale del patrimonio culturale, 2000: 21–33.

Levi-Strauss, Laurent: Impact of Recent Developments in the Notion of Cultural Heritage on the World Heritage Convention. In: World Culture Report 2000 : Cultural Diversity, Conflict and Pluralism. Paris : UNESCO Publishing, 2000: 153–163.

Lewin, A. D.: The World Heritage Convention and the Future of Auschwitz. In: Cardozo Law Review 20 (1998) 677–685.

Lucarelli, Francesco: Le Parc archéologique de Carthage et de Sidi Bou Said : Le rôle de l'Unesco dans la sauvegarde et la mise en valeur des biens culturels et naturels. Napoli : Magma, 1999. 334 S.

Mazza, Rita: La Convenzione de l'Aja del 1954 e la Convenzione di Parigi del 1972 : sistemi di protezione paralleli. In: La protezione del patrimonio mondiale culturale e naturale, 1997: 255–267. [C1]

McBryde, Isabel: The Cultural Landscapes of Aboriginal Long Distance Exchange Systems : Can They be Confined Within Our Heritage Registers? In: Historic Environment 13 (1997) 3–4: 6–14.

Meyer, Robert L.: Travaux Préparatoires for the UNESCO World Heritage Convention. In: Earth Law Journal 2 (1976) 45–81.

Mujica, Elías: Authenticity and Heritage Diversity : Archaeological Sites and Cultural Landscapes in the Andean Countries. In: Nara Conference on Authenticity in Relation to the World Heritage, 1995: 233–250. [C2]

Nara Conference on Authenticity in Relation to the World Heritage : Nara, Japan, 1–6 November ; Proceedings = Conférence de Nara sur l'authenticité dans le cadre de la Convention du Patrimoine Mondial / Knut Einar Larsen (Hrsg.) ; with an editorial group consisting of Jukka Jokilehto [u.a.]. Tokyo : Agency for Cultural Affairs ; Paris : UNESCO World Heritage Centre, 1995. XL, 427 S.

O'Keefe, Patrick J.: Foreign Investment and the World Heritage Convention. In: International Journal of Cultural Property 3 (1994) 259–265.

Parent, Michel: The world heritage concept. In: The Unesco Courier 33 (1988) Aug.: 32–33.

Pecoraro, Maria Luisa: Uomo, natura, cultura e la Convenzione del 1972 sul patrimonio mondiale. In: La protezione del patrimonio mondiale culturale e naturale, 1997: 291–317. [C1]

Peel, J.: Heritage of Humankind : A Call for Reform of World Heritage Protection and Management in Australia. In: Queensland University of Technology Law Journal 14 (1998) 220–245.

Phillips, Adrian: Cultural Landscapes : an IUCN Perspective. In: Cultural Landscapes of Universal Value, 1995: 380–392. [C2]

Pressouyre, Léon: La Convention du Patrimoine mondial, vingt ans après. Paris : Unesco, 1993. 63 S.
Engl. Übers. u.d.T.: The World Heritage Convention, Twenty Years Later. Paris : Unesco, 1996. 62 S.

Prott, Lyndel V.: A Common Heritage : The World Heritage Convention. In: All Natural Things : Archaeology and the Green Debate / L. Macinnes ; C. R. Wickham-Jones (Hrsg.). (Oxbow Monograph ; 21). Oxford : Oxbow Books, 1992: 65–86.

Rambaud, Patrice: L'affaire «des Pyramides». In: Annuaire Français de Droit International 31 (1985) 508–520.

Rambaud, Patrice: L'affaire «des Pyramides» : suite et fin. In: Annuaire Français de Droit International 39 (1993) 567–576.

Richardson, Benjamin J.: A Study of Australian Practice Pursuant to the World Heritage Convention. In: Environmental Policy and Law 20 (1990) 143–154.

Robert, Y.: Le Centre du Patrimoine mondial. In: Nouvelles du patrimoine <Bruxelles> (1992) 47: 18.

Rochelle, Vickie A.: The World Heritage Treaty : A Means to Federally Regulate Private Property for the Preservation of Cultural and Natural Heritage. In: Arizona Law Review 23 (1981) 1033–1064.

Rössler, Mechthild: UNESCO and Cultural Landscape Protection. In: Cultural Landscapes of Universal Value, 1995: 42–49. [C2]

Rössler, Mechthild: Cultural Landscapes in the Framework of the Convention Concerning the Protection of the World Cultural and Natural Heritage (World Heritage Convention, 1972). In: Denkmal – Ensemble – Kulturlandschaft am Beispiel Wachau, 2000: 25–32. [C1]

Rössler, Mechthild: The Implementation of the World Heritage Cultural Landscapes Categories 1992–1999. In: The Regional Expert Meeting on Cultural Landscapes in Eastern Europe / Andrzej Michalowski [u.a] (Hrsg.). Warschau : Osrodek Ochrony Zabytkowego Krajobrazu Narodowa Instytucja Kultury, 2000: 119–126.

Roucounas, Emmanuel J.: Aspects juridiques de la protection du „patrimoine mondial, culturel et naturel" : (La Convention adoptée par la Conférence générale de l'Unesco, à Paris, le 16 novembre 1972). In: Revue Hellénique de Droit International et Etranger 25 (1972) 42–86.

Sabatini, Margherita: Il rafforzamento della Convenzione : dalla revisione del testo normativo alla revisione degli orientamenti applicativi ; L'azione italiana e suoi obiettivi politici. In: La protezione del patrimonio mondiale culturale e naturale, 1997: 179–254. [C1]

Sabelli, Daniela: La Convenzione sul patrimonio mondiale : limiti giuridico-politici. In: La protezione del patrimonio mondiale culturale e naturale, 1997: 143–178. [C1]

Salvatore, Flavio ; Mario Trampetti: La tutela internazionale dei beni culturali. In: Affari Sociali Internazionali 25 (1997) 95–160.

Seppänen, Maaria: Global Scale, Local Place? : The Making of the Historic Centre of Lima into a World Heritage Site. Helsinki : Inst. of Development Studies, Univ., 1999. 146 S. (Interkont books ; 10)

Simeone, G. G. ; Y. Robert: La Convention du Patrimoine mondial a vingt ans : Regards sur une utopie moderne. In: Nouvelles du patrimoine <Bruxelles> (1992) 47: 10–13.

Simeone, G. G. ; Y. Robert: La Convention du Patrimoine : un consensus nominaliste? In: Nouvelles du patrimoine <Bruxelles> (1992) 47: 14–17.

Simmonds, Julia: UNESCO World Heritage Convention. In: Art, Antiquity and Law 2 (1997) 251–282.

Simone, Pierluigi: Le incidenze della Convenzione di Parigi del 1972 sulla legislazione italiana. In: La protezione del patrimonio mondiale culturale e naturale, 1997: 359–457. [C1]

Slatyer, Ralph O.: The World Heritage List. In: Heritage Australia 1 (1982) 2: 7–11.

Slatyer, Ralph O.: How the World Heritage Convention Works. In: Ambio <Stockholm> 11 (1982) 140–145.

Slatyer, Ralph O.: The Origin and Evolution of the World Heritage Convention. In: Ambio <Stockholm> 12 (1983) 138–140.

Stovel, Herb: The evaluation of cultural properties for the World Heritage List. In: Nature & Resources 28 (1992) 30–36.

Stovel, Herb: Monitoring World Cultural Heritage Sites. In: ICOMOS Canada Bulletin 4 (1995) 3: 15ff.

Sullivan, S.: World Heritage Tentative Lists : Purpose and Background. In: Historic Environment 14 (2000) 5: 58–62.

Suter, Keith D.: The UNESCO World Heritage Convention. In: Journal of Environmental and Planning Law (1991) 4–15.

Thomas, Volker ; Pierre Boom: UNESCO-Weltkulturgut und der deutsche Beitrag : ein „Erbe der Menschheit“. Bonn : Goethe-Inst. Inter Nationes,p 2001. 12 S.

Titchen, Sarah M.: On the Construction of “Outstanding Universal Value” : Some Comments on the Implementation of the 1972 UNESCO World Heritage Convention. In: Conservation and Management of Archaeological Sites 1 (1996) 235–242.

Titchen, Sarah M. ; Mechthild Rössler: Tentative Lists as a Tool for Landscape Classification and Protection. In: Cultural Landscapes of Universal Value, 1995: 420–427. [C2]

Towards greater understanding and use of the World Heritage Convention : Seminar ; Papers. Waterloo : University of Waterloo, 1993.

Train, Russell E.: An Idea Whose Time Has Come : World Heritage Trust. In: Nature & Ressources 9 (1973) 2–4.

Tsamenyi, B. Martin ; J. Bedding: The World Heritage Convention. In: Kansainoikeus : Ius Gentium <Helsinki> 5 (1988) 335ff.

Tsamenyi, B. Martin ; J. Bedding ; L. Wall: Determining the World Heritage Values of the Lemonthyme and Southern Forests : Lessons from the Helsham Inquiry. In: Environmental and Planning Law Journal 6 (1989) 79–93.

Veerkamp, Anthony: World Heritage Site Designation : A Threat to U.S. Sovereignty? In: Historic Preservation Forum 12 (1998) 3: 18–22.

Veser, Thomas: Schätze der Menschheit : Kulturdenkmäler und Naturparadiese unter dem Schutz der UNESCO-Welterbekonvention / Texte von Thomas Veser ... [Red.: Ursula Saling]. Überarb. und erg. 8. Aufl., Augsburg : Weltbild, 2002. 352 S.

Weiss, A.: Raising a Voice of Moral Conscience against the Christianization of Auschwitz-Birkenau. In: Cardozo Law Review 20 (1998) 671–676.

Whitlam, Edward G.: The Eighteenth Wilfred Fullagar Memorial Lecture : International Law-Making. In: Monash University Law Review 15 (1989) 176–200.

Wigg, D.: Of Mosaics and Mosques : A Look at the Campaign to Preserve Cultural Heritage. Washington : World Bank, 1994. 49 S. (World Bank Development Essays ; 3)

World Heritage : From Da Vinci to the white rhino. In: United Nations Chronicle 26 (1989) 2: 48–53.

Young, C.: England's World Heritage. In: Conservation Bulletin / English Heritage (1996) 33: 2–7.

Young, C.: The Future for World Heritage Sites. In: Conservation Bulletin / English Heritage (1999) 35: 8–11.

C 3. Kulturgüterschutz in Europa: Europarat und Europäische Union/Protection of Cultural Heritage in Europe: Council of Europe and European Union

Alonso Ibáñez, María del Rosario: Un nuevo supuesto de incumplimiento del Derecho comunitario por el Estado español : el régimen legal de visita pública de los Bienes de Interés Cultural. In: Patrimonio cultural y derecho 1 (1997) 209–212.

Avetta, Carlo: I programmi culturali dell'Unione Europea. In: La cultura e i suoi beni giuridici, 1999: 21–33. [A2]

Barberini, Giovani: Patrimonio culturale, direttive comunitarie e normativa dei paesi dell'Unione europea. In: Beni culturali di interesse religioso : Legislazione dello Stato ed esigenze di carattere confessionale / Giorgio Feliciani (Hrsg.). (Religione e società ; 21). Bologna : Il Mulino, 1995: 163–185.

Barrero Rodriguez, Maria Concepción: El nuevo precepto europeo en defensa del patrimonio cultural : El artículo 128 del Tratado de la Comunidad Europea. In: Beni culturali e Comunità Europea, 1994: 221–241. [D7]

Belli, Andrea: La valutazione dei beni culturali nella giurisprudenza Europea. In: Restauro : Quaderni di restauro dei monumenti e di urbanistica dei centri antichi 25 (1996) 136–137: 138–153.

Bobbio, Luigi: Le politiche dei beni culturali in Europa : Una comparazione. In: Le politiche dei beni culturali in Europa / Luigi Bobbio (Hrsg.). Bologna : il Mulino, 1992: 11–69.

Chiti, Mario P.: Tourism and Architectural Heritage : Legal Aspects. In: La protezione internazionale dei beni culturali, 1986: 159–173. [A2]

Cleere, Henry: The European Heritage Protected? In: The European Archaeologist <Oslo> 1 (1993) 1–3.

Council of Europe: Explanatory Report on the Convention for the Protection of the Architectural Heritage of Europe. Strasbourg : Council of Europe, Publications Section, 1986. 30 S.

Cunha, Candido: Le système européen : le rôle du Conseil de l'Europe. In: La tutela penale delle opere d'arte = The penal protection of works of art, 1994: 29–32. [A2]

Derout, Anne: La protection des biens culturels en droit communautaire. Rennes : Éditions Apogée, 1993. 131 S.

DiBaldassarre, Vincenzo: Il quadro normativo di riferimento degli ordinamenti degli Stati comunitari in materia di protezione dei beni culturali. In: La protezione del patrimonio mondiale culturale e naturale, 1997: 319–358. [C1]

Edgar, J.: Risk Preparedness for Cultural Properties : The Work of the Council of Europe. In: Risk Preparedness for Cultural Properties, 1999: 251–269. [B6]

Goyder, Joanna: A Summary of Current Legislative Initiatives and a Note on the Progress of the European Convention on Protection of the Archaeological Heritage (Revised). In: International Journal of Cultural Property 3 (1994) 125–130.

Guarino, Angelo: Das Europa der Kulturgüter = A Europe of Cultural Assets. In: Erhaltung des kulturellen Erbes und Zugang zum kulturellen Erbe in einer globalisierten Gesellschaft = Protection of and Access to Cultural Heritage in a Globalized World / Wolfgang Kippes (Hrsg). (Wissenschaftliche Reihe Schönbrunn ; 4). Wien : Schloss Schönbrunn Kultur- und Betriebsges. m.b.H, 1997: 33–42.

Guidance on the development of legislation and administration systems in the field of cultural heritage / a document prepared by the Legislative Support Task Force, Technical Co-operation and Consultancy Programme, Cultural Heritage Department. Strasbourg : Council of Europe Publishing, 2000. 114 S. Franz. Ausg. u.d.T. : Orientations pour le développement de législations et de systèmes de gestion du patrimoine culturel.

Loman, J. M. E. ; K. J. M. Mortelmans ; H. H. G. Post ; J. S. Watson: Culture and Community Law : Before and after Maastricht. Deventer; Boston : Kluwer Law and Taxation Publishers, 1992. 278 S.

Marzo, Cincia de: La valorizzazione dei beni culturali in Italia e nell'Unione europea : nuovi orientamenti e sviluppi. In: La cultura e i suoi beni giuridici, 1999: 158–170. [A2]

Missir, Livio: La Comunità Economica Europea e la Cultura. In: La protezione internazionale dei beni culturali, 1986: 175–183. [A2]

Niedobitek, Matthias: Kultur und Europäisches Gemeinschaftsrecht. Berlin : Duncker und Humblot, 1992. 345 S. (Schriften zum Europäischen Recht ; 14)

O'Keefe, Patrick J.: The European Convention on the Protection of the Archeological Heritage. In: Antiquity <Oxford> 67 (1993) 406–413.

O'Keefe, Patrick J.: The European Convention on the Protection of the Archaeological Heritage : Relevance to Maritime Archaeology. In: Bulletin of the Australian Institute for Maritime Archaeology 17 (1993) 2: 27–30.

O'Keefe, Patrick J.: Formulating General Principles by Reference to International Standards : An Example from the Council of Europe. In: Prinzipien des Kulturgüterschutzes, 1996: 277–293. [A2]

O'Keefe, Patrick J.: Bewahrung des kulturellen Erbes und Ausbildung = Protection of Cultural Heritage and Education. In: Erhaltung des kulturellen Erbes und Zugang zum kulturellen Erbe in einer globalisierten Gesellschaft = Protection of and Access to Cultural Heritage in a Globalized World / Wolfgang Kippes (Hrsg). (Wissenschaftliche Reihe Schönbrunn ; 4). Wien : Schloss Schönbrunn Kultur- und Betriebsges. m.b.H, 1997: 55–62.

O'Keefe, Patrick J.: The Council of Europe Recommendation on Historic Complexes. In: Art, Antiquity and Law 3 (1998) 389–401.

Pickard, Robert: European cultural heritage. Volume II. A review of policies and practice. Strasbourg : Council of Europe Publishing, 2002. 120 S.
Frz. Ausg. u.d.T.: Patrimoine culturel européen. Volume II : Examens des politiques et de la pratique. 130 S. [Volume I s. A3]

Pirlot, Constant: L'action du Conseil de l'Europe en matière de protection du patrimoine culturel immobilier (la conservation intégrée). In: Annuaire de l'A.A.A. 44 (1974) 116–126.

Priore, R.: Le projet de Convention européenne du paysage. In : Denkmal – Ensemble – Kulturlandschaft am Beispiel Wachau, 2000: 33–38. [C1]

Reichelt, Gerte: Kulturgüterschutz der Europäischen Gemeinschaft im internationalen Kontext. In: KulturMedien – EG und Österreich / Andrea Ellmeier ; Veronica Ratzenböck (Hrsg.). (EG Informationen der Österreichischen Kulturdokumentation / Internationales Archiv für Kulturanalysen ; 2). Wien, 1993: 53–59.

Ress, Georg: Die neue Kulturkompetenz der EG. In: Die Öffentliche Verwaltung (1992) 944–955.

Salvatore, Flavio ; Mario Trampetti: La tutela internazionale dei beni culturali. In: Affari Sociali Internazionali 25 (1997) 95–160.

Schmahl, Stefanie: Die Kulturkompetenz der Europäischen Gemeinschaft. Baden-Baden : Nomos-Verl.-Ges., 1996. 313 S. Zugl.: Mainz, Univ., Diss., 1996. (Nomos Universitätsschriften : Recht ; 223)

The protection of historic buildings and their artistic contents against crime and wilful damage ; proceedings, Antwerp, Belgium, 3–6 November 1992. Strasbourg : Council of Europe Publishing, 1995. 168 S.

Tomaszewski, Andrzej: Wspólne dziedzictwo kulturowe Polski i Niemiec w Europie : Gemeinsames Kulturerbe von Polen und Deutschen in Europa. In: Die Denkmalpflege 53 (1995) 137–141.

Tretter, Hannes: Anmerkungen zum Dokument des Krakauer Symposiums über das kulturelle Erbe der KSZE-Teilnehmerstaaten. In: Europäische Grundrechte Zeitschrift (1991) 253–254.

Trotzig, Gustaf: The new European Convention on the Protection of the Archeological Heritage. In: Antiquity <Oxford> 67 (1993) 414–415.

Wemmer, Benedikt: Die neuen Kulturklauseln des EG-Vertrages : Eine Analyse der Art. 128 EGV und Art. 92 Abs. 3 lit. d) EGV. Frankfurt a.M. [u.a.] : Lang, 1996. LXVI, 219 S. (Europäische Hochschulschriften : Reihe II, Rechtswissenschaft ; 1874). Zugl.: Heidelberg, Univ., Diss., 1995.

Willems, Willem J. H.: Archaeology and Heritage Management in Europe : Trends and Developments. In: European Journal of Archaeology 1 (1998) 293–311.

D. Illegaler Handel mit Kulturgütern/ Illicit Traffic of Cultural Objects

D 1. Der Kampf gegen Kunstdiebstahl und illegale Ausgrabung archäologischer Objekte/The Fight against Art Theft and Illegal Excavation of Archaeological Objects

Abdulrahman, Ammar: The New Syrian Law on Antiquities. In: Trade in Illicit Antiquities, 2001: 111–114. [D1]

Abungu, George H. O.: Examples from Kenya and Somalia. In: Trade in Illicit Antiquities, 2001: 37–46. [D1]

Adande, Alexis B. A. ; Constant Prosper Sossou: Illicit Traffic of Cultural Property : The Situation in Benin. In: International Council of Museums (ICOM), 1995: 25–29. [D1]

Addyman, Peter V.: Antiquities without Archaeology in the United Kingdom. In: Trade in Illicit Antiquities, 2001: 141–144. [D1]

Addyman, Peter V. ; Neil Brodie: Metal detecting in Britain : catastrophe or compromise? In: Illicit Antiquities, 2002: 179–184. [D1]

Akkari-Weriemmi, Jenina ; Naïja Chamsedine: The Situation in Tunisia Regarding the Illicit Traffic of Cultural Property. In: International Council of Museums (ICOM), 1995: 177–179. [D1]

Albuja Wirz, Norma: Ecuador : das Kulturerbe und der Kommerz. In: Informationstag : Kulturgüter zwischen Markt und Museum, 1993: 63–66. [A2]

Ali, Ihsan ; Robin Coningham: Recording and Preserving Gandhara's Cultural Heritage. In: Culture Without Context : The Newsletter of the Illicit Antiquities Research Centre (1998) 3: 10–16.
Auch in: Trade in Illicit Antiquities, 2001: 25–31. [D1]

Almeida, J. M. ; M. Arnaldino Lima: The Situation in the Cape Verde Islands with Reference to Illicit Traffic : Problems and Proposals. In: International Council of Museums (ICOM), 1995: 41–46. [D1]

Al-Moghannam, Ahmad Saleh: Protection and Conservation of Archeological and Cultural Properties in the Kingdom of Saudi Arabia. In: International Council of Museums (ICOM), 1998: 27–34. [D1]

Aloisi, Francesco Maria Benedetti: Conoscenza, nuove tecnologie e repressione dei reati. In: La gestione del patrimonio culturale I, 1997: 30–33. [A2]

Aloisi, Francesco Maria Benedetti: L'azione del Comando Carabinieri Tutela Patrimonio Artistico a protezione dei beni archeologici. In: Antichità senza provenienza II, 1997: 113–115. [D1]

Aloisi, Francesco Maria Benedetti: Sistemi di beni culturali e tutela : aspetti della lotta alle reti criminali. In: La gestione del patrimonio culturale II, 1998: 106–109. [A2]

Alva, Walter: The Destruction, Looting and Traffic of the Archaeological Heritage of Peru. In: Trade in Illicit Antiquities, 2001: 89–96. [D1]

Amahan, Ali: Looting of Cultural Property : From Licit Commerce to Illicit Traffic. In: International Council of Museums (ICOM), 1995: 123. [D1]

Anag, Giuma: A Glimpse of Looting in Libya. In: International Council of Museums (ICOM), 1998: 13–15. [D1]

Andrade, Rose Mary: Illicit Traffic of Cultural Property : The Case of Swaziland. In: International Council of Museums (ICOM), 1995: 159–160. [D1]

Antichità senza provenienza : atti della tavola rotonda, American Academy in Rome, 18 febbraio 1995 / Paola Pelagatti ; Malcolm Bell (Hrsg.). Rom : Istituto Poligrafico e Zecca dello Stato, Libreria dello Stato, 1995. X, 113 S. (Bollettino d'arte : Supplemento ; 89/90 = 1995)

Antichità senza provenienza II : atti del colloquio internazionale 17–18 ottobre 1997 / Paola Pelagatti ; Pier Giovanni Guzzo (Hrsg.). Roma : Istituto poligrafico e Zecca dello Stato, Libreria dello Stato, 1997. IX, 207 S. (Bollettino d'arte : Supplemento ; 101/102 = 1997)

Aravantinos, Vassilis: Scavi clandestini e traffico di antichità : Alcune esperienze dalla Grecia. In: Antichità senza provenienza II, 1997: 99–112. [D1]

Arias, Paolo Enrico: I beni archeologici italiani navigano forse verso l'ignoto? In: Antichità senza provenienza II, 1997: 7–8. [D1]

Baghli, Sid Ahmed ; Mustapha Aribi ; Abdelkader Atmouni: A Framework for Fighting Illicit Traffic. In: International Council of Museums (ICOM), 1995: 17–19. [D1]

Bailey, Douglass: The Looting of Bulgaria. In: Archaeological Ethics, 1996: 112–116. [A2]

Bakary, Djouli: Illicit Traffic of Cultural Property in Chad. In: International Council of Museums (ICOM), 1995: 47–48. [D1]

Ballestrazzi, Mireille: Combating the Traffic in Stolen Works of Art in France. In: Museum International <Paris> / Engl. Ausg. 45 (1993) 3 = 179: 53–56.

Baqué, Philippe: Un nouvel or noir : pillage des œuvres d'art en Afrique. Paris : Paris-Méditerranée, 1999. 191 S. (Collection documents, témoignages et divers)

Barbier, Jean-Paul: The Responsible and the Irresponsible : Observations on the Destruction and Preservation of Indonesian Art. In: Fragile Traditions, 1994: 59–70. [D1]

Barnes, Ruth: "Without Cloth we Cannot Marry" : The Textiles of Lamaholot in Transition. In: Fragile Traditions, 1994: 13–27. [D1]

Batalha, Alfredo Manuel: Report on the Situation and Security of Angola's Museums. In: International Council of Museums (ICOM), 1995: 21–23. [D1]

Bedaux, Rogier: An archaeologist's appeal. In: Illicit traffic in cultural property : museums against pillage, 1995: 67–71. [D1]

Bedaux, Rogier: The Destruction of Mali's Past. In: International Council of Museums (ICOM), 1995: 207–208. [D1]

Begashaw, Kassaye: Illicit Traffic of Cultural Heritage in North-East Africa. In: International Council of Museums (ICOM), 1995: 55–62. [D1]

Bell, Malcolm: La provenienza ritrovata : cercando il contesto di antichità trafugate. In: Antichità senza provenienza II, 1997: 31–41. [D1]

Bewahren als Problem : Schutz archäologischer Kulturgüter / Martin Flashar (Hrsg.). Freiburg im Breisgau : Rombach Verlag, 2000. 175 S. (Rombach Studeo)

Bisheh, Ghazi: The Antiquities Law and Clandestine Excavations : "A Summary". In: International Council of Museums (ICOM), 1998: 11. [D1]

Bisheh, Ghazi: One Damn Illicit Excavation After Another : the Destruction of the Archaeological Heritage of Jordan. In: Trade in Illicit Antiquities, 2001: 115–118. [D1]

Blutke, Günter: Obskure Geschäfte mit Kunst und Antiquitäten : Ein Kriminalreport. Berlin : LinksDruck Verlag, 1990. III, 182 S.

Borelli, Licia Vlad: Il clima internazionale. In: Antichità senza provenienza II, 1997: 153–154. [D1]

Bossard, A.: Les vols de biens culturels. In: Revue internationale de police criminelle 29 (1974) 58–66.

Bottini, Angelo: Tutela e prevenzione : il caso della Basilicata. In: Convegno internazionale sul tema : Eredità contestata?, 1992: 117–124. [D1]

Bourguignon, Agnès ; Jean-Édouard Choppin: L'art volé : Enquête sur le vol et le trafic d'objets d'art. Paris : Ed. La Découverte, 1994. 333 S.

Bouwman, Wim: The international art market. In: Illicit traffic in cultural property : museums against pillage, 1995: 61–66. [D1]

Branche, Winnel: Illicite Trade in Cultural Property. In: International Council of Museums (ICOM), 1996: 31–34. [D1]

Brent, Michel: A View inside the Illicit Trade in African Antiquities. In: Plundering Africa's Past, 1996: 63–78. [D1]

Brent, Michael: The Rape of Mali. In: Archaeology <New York, N.Y.> 47 (1994) 3: 26–35.
Auch in: Archaeological Ethics, 1996: 163–172. [A2]

Brinkley-Rogers, P.: The big business of artifacts theft. In: Historic Preservation 33 (1981) 17–21.

Brodie, Neil: Pity the Poor Middlemen. In: Culture Without Context : The Newsletter of the Illicit Antiquities Research Centre (1998) 3: 7–9.

Brodie, Neil: Introduction. In: Illicit Antiquities, 2002: 1–22. [D1]

Brodie, Neil ; Jennifer Doole ; Peter Watson: Stealing history : the illicit trade in cultural material. Cambridge : The McDonald Institute for Archaeological Research, 2000. 60 S.

Brodie, Neil ; Jennifer Doole: Illicit Antiquities. In: Trade in Illicit Antiquities, 2001: 1–6. [D1]

Brosio, Giorgio ; Walter Santagata: Gli aspetti economici. In: Istituto Regionale di Ricerca della Lombardia (IreR), 1995: 17–76. [D7]

Burnham, Bonnie: Art Theft : Its Scope, its Impact, and its Control. New York : International Foundation for Art Research, 1978. 205 S.

Burnham, Bonnie: IFAR's Art Theft Archive : Documenting the Need. In: IFAR Journal 2 (1999) 3: 18–21.

Butler, John: The Arts and Antiques Squad. In: Antiquities : Trade or Betrayed, 1995: 226–228. [D2]

Buttet, Patrick de: Identification des objets d'art et précieux = Identification of Works of Art and Valuables. In: Annuaire International des Œuvres et Objets d'Art Volés = International Yearbook of Stolen Works of Art 1992/1993 (1991) 67–70.

Bwana, Omar: Problems on Illicit Traffic in Cultural Property in Kenya. In: International Council of Museums (ICOM), 1995: 77–79. [D1]

Cahn, Herbert A.: Zum „Kulturgüterverkehr" zwischen den Staaten. In: Weltkunst 64 (1994) 122.

Cahn, Jean-David: Der seriöse Kunsthandel ist sich seiner Verantwortung bewußt. In: Bewahren als Problem, 2000: 47–57. [D1]

Campbell, Robin: The Greener Hills of Africa. In: Art & Auction 21 (1999) 24: 58–65.

Cannon-Brookes, Peter: Treasures and the Tracing of Cultural Property. In: Antiquities : Trade or Betrayed, 1995: 229–234. [D2]

Canouts, Veletta ; Francis P. McManamon: Protecting the Past for the Future : Federal Archaeology in the United States. In: Trade in Illicit Antiquities, 2001: 97–110. [D1]

Cardoso, Leonard ; Emilio Costa: Illicit Traffic of Cultural Property : Problems and Proposals. In: International Council of Museums (ICOM), 1995: 75–76. [D1]

Cassel, Robert ; Suku C. Wesseh: Problems of Cultural Property in Liberia. In: International Council of Museums (ICOM), 1995: 89–92. [D1]

Cataldi, Maria: Il caso di Tarquinia. In: Antichità senza provenienza II, 1997: 85–94. [D1]

Ceesay, Baba A. ; Malamin Sankareh; Malik Leigh: Combatting the Illicit Traffic in Cultural Property. In: International Council of Museums (ICOM), 1995: 63–65. [D1]

Central Bureau of Investigation of India: Art and Archaeological Theft in India. In: United Nations. Social Defence Research Institute (UNSDRI), 1976: 191–259. [D3]

Châtelain, Jean: Les moyens de lutte contre les vols et trafics illicites d'œuvres d'art dans l'Europe des neuf. Bruxelles : Commission des Communautés Européennes, 1976. 150 S.
Dt. Ausg. u.d.T.: Mittel zur Bekämpfung des Diebstahls von Kunstwerken und ihres unerlaubten Handels im Europa der Neun. (Schriftenreihe europäische Wirtschaft ; 93). Baden-Baden : Nomos-Verl.-Ges., 1978. 159 S.

Chirwa, H. C.: Illicit Traffic of Cultural Property in Malawi. In: International Council of Museums (ICOM), 1995: 95–101. [D1]

Ciochon, Russel ; Jamie James: The Glory that was Angkor. In: Archaeological Ethics, 1996: 117–127. [A2]

Clamen, Michel: Museum and the Theft of Works of Art. In: Museum <Paris> / Engl. Ausg. 26 (1974) 10–19.

Clément, Etienne: Curators and Police : Side by Side? In: Museum <Paris> / Engl. Ausg. 42 (1990) 228–229.

Clément, Etienne: UNESCO Action Against Illicit Traffic in Cultural Property. In: International Council of Museums (ICOM), 1995: 251–257. [D1]

Clément, Etienne: Action of UNESCO against Illicit Traffic in Cultural Property. In: International Council of Museums (ICOM), 1996: 169–176. [D1]

Coggins, Clemency Chase: Illicit Traffic of Pre-Columbian Antiquities. In: Art Journal 29 (1969) 91–123.

Cohon, Peter: Lost and Sometimes Found : Findspots and Pedigrees of Ancient Art. In: IFAR Journal 3 (2000) 3–4: 32–36.

Collin, Robin Morris: The Law and Stolen Art, Artifacts and Antiquities. In: Howard Law Journal 36 (1993) 17–42.

Conforti, Roberto: Tra furti ed esportazioni abusive : quale futuro per il patrimonio artistico? In: La tutela penale delle opere d'arte = The penal protection of works of art, 1994: 151–159. [A2]

Conforti, Roberto: La prevenzione e la repressione del traffico illecito di beni culturali. In: Protezione internazionale del patrimonio culturale, 2000: 187–199. [A2]

Conley, Sarah S.: International Art Theft. In: Wisconsin International Law Journal 13 (1995) 493–512.

Convegno internazionale sul tema : Eredità contestata? ; Nuove prospettive per la tutela del patrimonio archeologico e del territorio ; Roma, 29–30 aprile 1991. Roma : Accademia nazionale dei Lincei, 1992. 139 S. (Atti dei convegni lincei ; 93)

Costa, Alda: Illicit Traffic of Cultural Property : Possible in Mozambique? In: International Council of Museums (ICOM), 1995: 125–128. [D1]

Cousillas, Ana María: Considerations of the Importance of Museum Documentation for the Prevention of Illicit Traffic of Cultural Property, Arising from the Recovery of a XVII Century Silver Jar Belonging to the Nicolas Avellaneda Museum (Tucuman, Argentina). In: International Council of Museums (ICOM), 1996: 19–24. [D1]

Crewdson, Richard: An international register of stolen valuables. In: International Legal Protection of Cultural Property, 1984: 112–113. [A2]

Crystal, Eric: Rape of the Ancestors : Discovery, Display, and Destruction of the Ancestral Statuary of Tana Toraja. In: Fragile Traditions, 1994: 29–41. [D1]

Cyprus : a civilization plundered / Committee for the Protection of the Cultural Heritage of Cyprus. [Nicosia] : The Hellenic Parliament, 2000. 237 S.

Davis, Hester A.: Looting graves/buying and selling artifacts : facing reality in the US. In: Illicit Antiquities, 2002: 235–240. [D1]

de Hoepelman, Aleida Alba: The Government of the Dominican Republic has a Registered Museum and has Protected its Cultural Patrimony since 1870. In: International Council of Museums (ICOM), 1996: 81–85. [D1]

Deacon, Janette ; Sonette Bezuidenhout: The Legal and Illegal Situation with Regard to Traffic of Cultural Property in South Africa. In: International Council of Museums (ICOM), 1995: 151–157. [D1]

DeCaro, Stefano: La tutela archeologica in Campania : gli scavi clandestini tra storia e cronaca. In: Antichità senza provenienza II, 1997: 169–171. [D1]

Defer, Alain: Trafic illicite : Le cas français. In: Le patrimoine mobilier : Quelle politique européenne?, 1990: 105–113. [A2]

Demus, Otto: Der Kampf um die Erhaltung des beweglichen Kunstdenkmälerbesitzs in Österreich. In: Deutsche Kunst- und Denkmalpflege 2 (1938) 128–132.

des Portes, E.: The Fight Against the Illicit Traffic of Cultural Property : The Role of Museum Professionals. In: The Law of Cultural Property and Natural Heritage, 1998. 10 S. [A2]

des Portes, Elisabeth: ICOM Action in the Fight Against Illicit Traffic. In: International Council of Museums (ICOM), 1995: 247–250. [D1]

des Portes, Elisabeth: ICOM and the Battle Against Illicit Traffic of Cultural Property. In: Museum International <Paris> / Engl. Ausg. 48 (1996) 3 = 191: 51–58.

des Portes, Elisabeth: ICOM and the Battle against Illicit Traffic of Cultural Property = L'action de l'ICOM dans la lutte contre le trafic illicite des biens culturels. In: International Council of Museums (ICOM), 1996: 155–167. [Text engl. u. frz.] [D1]

des Portes, Elisabeth: La lutte contre le trafic illicite des biens culturels : une priorité pour les professionnels de musée. In: Legal Aspects of International Trade in Art (International Sales of Works of Art ; 5), 1996: 87–100. [D3]
Engl. Fassung u.d.T.: The fight against illicit traffic in cultural property : a priority for museum professionals. In: Illicit traffic in cultural property : museums against pillage, 1995: 34–38. [D1]

Dioma, Jean-Claude ; Christophe Emmanuel Compaore ; Souleymane Touré: Illicit Traffic of Cultural Property : The Situation in Burkina Faso. In: International Council of Museums (ICOM), 1995: 31–36. [D1]

DiStefano, Giovanni: Scavi clandestini e commercio illecito di antichità nella provincia di Ragusa. In: Antichità senza provenienza II, 1997: 42–46. [D1]

DiVita, Antonio: La scuola archeologica italiana in Atene e la tutela dei beni Archeologici in Italia e in Grecia. In: Convegno internazionale sul tema : Eredità contestata?, 1992: 53–57. [D1]

DiVita, Antonio: Problemi e proposte. In: Antichità senza provenienza, 1995: 7–8. [D1]

Djanguenane, Nayondjou ; Komlan Ahadji ; Banmissugui Lare: Illicit Traffic in Cultural Property : "Togolese Traffic in Cultural Goods". In: International Council of Museums (ICOM), 1995: 173–176. [D1]

DuBoff, Leonard D. ; Catherine Allan: The Afo-A-Kom : A Plea to Save a Cultural Heritage. In: Art Law : Domestic and International, 1975: 425–437. [D3]

Dušek, Sigrid: Schutz der archäologischen Denkmale in Thüringen : Ein Erfahrungsbericht. In: Bewahren als Problem, 2000: 83–88. [D1]

Early, Ann M.: Profiteers and Public Archaeology : Antiquities Trafficking in Arkansas. In: The Ethics of Collecting Cultural Property, 1989: 39–50. [D2]

Ede, James: Moral, Antikenhandel und archäologische Wissenschaft. In: Bewahren als Problem, 2000: 59–66. [D1]

Elia, Ricardo J.: A Seductive and Troubling Work. In: Archaeological Ethics, 1996: 54–62. [A2]

Elia, Ricardo J.: Analysis of the Looting, Selling and Collecting of Apulian Red-Figure Vases : A Quantitative Approach. In: Trade in Illicit Antiquities, 2001: 145–153. [D1]

Ellis, Richard: The Antiquities Trade : A Police Perspective. In: Antiquities : Trade or Betrayed, 1995: 222–225. [D2]

Ellis, Richard: Cooperation between Asian and European Police : the use of commercial database. In: International Expert Meeting on the Return of Cultural Property and the Fight against its Illicit Trafficking, 2002: 223–227. [B2]

Ellis, Richard: The Fred Schulz case : an example of international cooperation between police, archaeologists and legal experts. In: International Expert Meeting on the Return of Cultural Property and the Fight against its Illicit Trafficking, 2002: 161–165. [B2]

Errington, Schelly: Unraveling Narratives. In: Fragile Traditions, 1994: 139–164. [D1]

Ethics in American Archaeology : Challenges for the 1990s / Mark J. Lynott ; Alison Wylie (Hrsg.). Washington : Society for American Archaeology, 1995. 100 S.

Eyo, Ekpo Okpo: A Threat to National Art Treasures : The Illicit Traffic in Stolen Art. In: The Challenge to Our Cultural Heritage, 1986: 203–212. [A2]

Fagan, Brian: Black Day at Slack Farm. In: Archaeological Ethics, 1996: 39–46. [A2]

Fagan, Brian: Enlightened Stewardship. In: Archaeological Ethics, 1996: 106–109. [A2]

Fagan, Brian: The Arrogant Archaeologist. In: Archaeological Ethics, 1996: 238–242. [A2]

Feldman, Franklin ; Bonnie Burnham: An Art Theft Archive : Principles and Realization. In: Connecticut Law Review 10 (1978) 702–726.

Feldman, Jerome: The Adaptation of Indigenous Forms to Western Taste : The Case of Nias. In: Fragile Traditions, 1994: 43–57. [D1]

Ferretti, Fred: Afo-A-Kom : Sacred Art of Cameroon. New York : The Third Press, 1975. 145 S.

Fiedler, Wilfried: Art Robbery and the Protection of Cultural Property in Public International Law. In: International Congress of Numismatics = Congrès International de Numismatique <11, 1991, Bruxelles>: Actes du XIe Congrès International de Numismatique : organisé à l'occasion du 150e anniversaire de la Société Royale de Numismatique de Belgique ; Bruxelles, 8–13 septembre 1991 = Proceedings of the XIth International Numismatic Congress : Organized for the 150th Anniversary of the Société Royale de Numismatique de Belgique. Louvain-la-Neuve : Association Professeur Marcel Hoc pour l'Encouragement des Recherches Numismatiques, 1993. Bd. IV: 429–433.

Flashar, Martin: Einführung. In: Bewahren als Problem, 2000: 9–20. [D1]

Fragile Traditions / Paul Michael Taylor (Hrsg.). Honolulu : University of Hawaii Press, 1994. XI, 171 S.

Fundort : Unbekannt ; Raubgrabungen zerstören das archäologische Erbe / Daniel Graepler ; Marina Mazzei (Hrsg.). München : Biering, 1993. 96 S. Ital. Ausg. u.d.T.: Provenienza, sconosciuta! : Tombaroli, mercanti e collezionisti : l'Italia archeologica allo sbaraglio / ideazione e testi di Daniel Graepler e Marina Mazzei ; con la collaborazione di Ralf Biering [u.a.]. Bari : Edipuglia, 1996. 89 S.

Gado, Boubé: The Republic of Niger. In: Trade in Illicit Antiquities, 2001: 57–72. [D1]

Gado, Boubé ; Abdoulaye Issaka Maga ; Oumarou Moussa: Protecting, Safeguarding and Preserving the Heritage of the Republic of Niger. In: International Council of Museums (ICOM), 1995: 131–137. [D1]

Galle, Marc: Une menace pour les œuvres d'art. In: La tutela penale delle opere d'arte = The penal protection of works of art, 1994: 25–28. [A2]

García Díaz, Fernando: Illegal Trade of Cultural Goods : A Focus on its Criminal Aspects. In: International Council of Museums (ICOM), 1996: 59–67. [D1]

Genes, Adolfo Gumercindo: Paraguay : Current Legislation against the Illicit Traffic of Cultural Goods. In: International Council of Museums (ICOM), 1996: 125–128. [D1]

Geominy, Wilfred: Antikenmuseen in der Zwickmühle. In: Bewahren als Problem, 2000: 91–100. [D1]

Géraud, Paulette: Traffic illicite des biens culturels : Résumé. In: Illicit traffic in cultural property : museums against pillage, 1995: 79–89. [D1]

Gilgan, Elizabeth: Looting and the Market for Maya Objects : A Belizean Perspective. In: Trade in Illicit Antiquities, 2001: 73–87. [D1]

Giuliani, Luca: Von der braven Wissenschaft, dem bösen Markt und der Zerstörung archäologischer Fundkontexte. In: Archäologie, Raubgrabungen und Kunsthandel, 1995: 7–9. [D2]

Gómez, María Isabel: Colombian Legislation against the Illicit Traffic of Cultural Goods. In: International Council of Museums (ICOM), 1996: 69–73. [D1]

Gonyok, Charles ; Mutle Dabi: Illicit Traffic of Cultural Property in Nigeria. In: International Council of Museums (ICOM), 1995: 139–144. [D1]

González, Arsenio: Illicit Trade of Cultural Property. In: International Council of Museums (ICOM), 1996: 119–123. [D1]

Gorman, Chester F.: A Case History : Ban Chiang. In: Art Research News 1 (1981) 2: 10–13.

Goy, Raymond: Vers un régime communautaire de protection contre le vol d'objets d'art : Le rapport Châtelain. In: Annuaire Français de Droit International 24 (1978) 989–996.

Graepler, Daniel: In margine alla mostra itinerante „Luogo di rinvenimento: sconosciuto : Scavi clandestini distruggono il patrimonio archeologico". In: Antichità senza provenienza, 1995: 63–72. [D1]

Graepler, Daniel: Raubgrabungen und Archäologie. In: Archäologie, Raubgrabungen und Kunsthandel, 1995: 23–33. [D2]

Graepler, Daniel: Der Milliardendeal mit geraubter Kunst. In: Bewahren als Problem, 2000: 23–28. [D1]

Gutchen, Mark A.: The destruction of archaeological resources in Belize. In: Journal of Field Archaeology 10 (1983) 217–228.

Guy, Bernard: L'office central pour la repression des œuvres et objets d'art O.C.R.V.O.O.A. In: La tutela penale delle opere d'arte = The penal protection of works of art, 1994: 161–168. [A2]

Guzzardi, Lorenzo: Bilancio delle recenti attività di tutela del patrimonio archeologico mobile svolte a Siracusa in collaborazione con gli organi di polizia giudiziaria. In: La tutela penale delle opere d'arte = The penal protection of works of art, 1994: 175–218. [A2]

Guzzo, Pier Giovanni: Publicazione e catalogazione come strumenti di tutela. In: Convegno internazionale sul tema : Eredità contestata?, 1992: 85–93. [D1]

Guzzo, Pier Giovanni: Suggerimenti per nuove modalità di salvaguardia del patrimonio archeologico nazionale. In: Antichità senza provenienza, 1995: 85. [D1]

Hadjisavvas, Sophocles: The Destruction of the Archaeological Heritage of Cyprus. In: Trade in Illicit Antiquities, 2001: 133–139. [D1]

Haller, Simon: Déraciné : Le vol des biens culturels au Burkina Faso = Entwurzelt : Kulturgüterraub in Burkina Faso. Biel : Museum Schwab, 2000. 96 S.

Harrington, Spencer P. M.: The Looting of Arkansas : [How one State Copes with the Erosion of its Cultural Heritage]. In: Archaeological Ethics, 1996: 90–105. [A2]

Hatim, Hakima: Illicit Traffic in Cultural Property : Measures, Problems, Proposals. In: International Council of Museums (ICOM), 1998: 23–25. [D1]

Hawkins, Ashton: The Euphronios Krater at the Metropolitan Museum : A Question of Provenance. In: Hastings Law Journal 27 (1976) 1163–1181.

He, Shuzhong: Illicit Excavation in Contemporary China. In: Trade in Illicit Antiquities, 2001: 19–24. [D1]

He, Shuzhong: China's protective measures to combat illicit traffic. In: International Expert Meeting on the Return of Cultural Property and the Fight against its Illicit Trafficking, 2002: 205–221. [B2]

Heilmeyer, Wolf-Dieter: Commercio antiquario e politica museale 1997. In: Antichità senza provenienza II, 1997: 121–123. [D1]

Heilmeyer, Wolf-Dieter: Die „Rutgers Resolutions" und internationale Leihgabenpolitik. In: Bewahren als Problem, 2000: 101–104. [D1]

Heppel, Michael: Whither Dayak Art? In: Fragile Traditions, 1994: 123–138. [D1]

Herscher, Ellen: Tarnished Reputations : Museum Acquisition Policies Remain Mired in Scandal and Controversy. In: Archaeology <New York, N.Y.> 51 (1998) Sept./Oct.: 66–68, 74–78.

Hess, Christian: Le traffic illicite des biens culturels. In: La tutela penale delle opere d'arte = The penal protection of works of art, 1994: 169–174. [A2]

Hill, Charles: Recovering Stolen Art : Practical Recovery Issues and the Role of the Law Enforcement Agencies. In: Art, Antiquity and Law 1 (1996) 283–292. Auch in: The Recovery of Stolen Art, 1998: 177–187. [D3]

Hladík, Jan: The Theft and Redemption of History. In: UN Chronicle 35 (1998) 3: 76–80.

Hladík, Jan: UNESCO's Action in the Fight against Illicit Traffic in Cultural Property. In: International Council of Museums (ICOM), 1998: 55–57. [D1]

Holloway, R. Ross: Perspective from Classical Archaeology. In: Art Research News 1 (1981) 2: 4–5.

Homberger, Lorenz: Aussereuropäisches Kulturgut in westlichen Museen. In: Das Geschäft mit der Raubkunst, 1998: 59–66. [G3]

Horta, Maria de Lourdes: Illicit Trafficking of Cultural Goods : Brazil's Situation. In: International Council of Museums (ICOM), 1996: 45–49. [D1]

Howell, Carol L.: Daring to Deal With Huaqueros. In: Archaeology 45 (1992) May / June: 56–58.
Auch in: Archaeological Ethics, 1996: 39–45. [A2]

Ibram, Corinne: Der Kunstraub kennt keine Grenzen : Der Osten wird ausgeplündert. In: Forum des Europarats (1994) März: 20–24.

Idress, Hasan H.: The Fight against the Illicit Traffic in Cultural Properties in Sudan. In: International Council of Museums (ICOM), 1998: 35–37. [D1]

Iglesias, José Luis: La lutte contre les vols d'objets d'art dans un marché unique : Les propositions de la Commission. In : Le patrimoine mobilier : Quelle politique européenne?, 1990: 158–160. [A2]

Ilan, David ; Uzi Dahari ; Gideon Avni: Plundered ! : The Rampant Rape of Israel's Archaeological Sites. In: Biblical Archaeology Review 15 (1989) 38–42.

Illicit antiquities : the theft of culture and the extinction of archaeology / Neil Brodie ; Kathryn W. Tubb (Hrsg.). London [u.a.] : Routledge, 2002. XII, 308 S. (One world archaeology ; 42)

International Council of Museums (ICOM): Illicit Traffic of Cultural Property in Africa : [UNESCO/ICOM Workshops in Tanzania, 1993, and Mali, 1994]. Paris : ICOM, 1995. 263 S.

International Council of Museums (ICOM): Illicit Traffic of Cultural Property in Latin America : [UNESCO/ICOM Workshop for Latin America and the Caribbean concerning the Illicit Traffic of Cultural Goods, Cuenca (Ecuador), 1995] = Le trafic illicite des biens culturels en Amérique latine. Paris : ICOM, 1996. 206 S.

International Council of Museums (ICOM): Cent objets disparus : pillage en Afrique = One hundred missing objects : looting in Africa. Paris : ICOM, 1997. IV, 143 S.

International Council of Museums (ICOM): Cent objets disparus : pillage en Amérique latine = One hundred missing objects : looting in Latin America. Paris : ICOM, 1997. 143 S.

International Council of Museums (ICOM): Measures concerning the Fight against the Illicit Traffic in Cultural Property. In: International Council of Museums (ICOM), 1998: 47–48. [D1]

International Council of Museums (ICOM): Proceedings of the Workshop on the Protection of the Heritage and the Fight against Illicit Traffic in Cultural Properties in the Arab-Countries, Hammamet, Tunisia, 2–4 June 1998. 73 S. [Zweispr. (engl. u. arab.)]
Franz. Ausg. u.d.T.: Actes des l'Atelier sur la protection du patrimoine et la lutte contre le traffic illicite des biens culturels dans les pays arabes, Hammamet, Tunisie, 2–4 juin 1998. 74 S. [Zweispr. (frz. u. arab.)]

International Council of Museums (ICOM): Red List : Stop the Looting of African Archaeological Objects. Paris : International Council of Museums, 2000. 7 S.

International Council of Museums (ICOM) ; Ecole Française d'Extrême Orient: Cent objets disparus : pillage à Angkor = One hundred missing objects : Looting in Angkor. 2. Aufl., Paris : ICOM, 1997. 127 S.

INTERPOL: Theft of Cultural Property : A Report by the INTERPOL General Secretariat to the Organization's Forty-second General Assembly, 2–9 October 1973. In: Museum <Paris> / Engl. Ausg. 26 (1974) 4–9.

Isler-Kerényi, Cornelia: Storiografia dell'arte antica : dal sistema alla storia. In: Antichità senza provenienza II, 1997: 155–158. [D1]

Isler-Kerényi, Cornelia: Raubkunst aus dem Boden : Ein Problem nicht nur für die Schweiz. In: Das Geschäft mit der Raubkunst, 1998: 51–57. [G3]

Jackson, Sarah: Fighting the Theft of Art. In: Conservation : The Getty Conservation Institute Newsletter 13 (1998) 10–13.

Jackson, Sarah: Provenance Research : Looking for Looted Art. In: IFAR Journal 3 (2000) 3–4: 19–22.

Jansen, Michael: The Byzantine Bust. In: Art & Auction 21 (1998) 6: 52–57.

Jara Balladares, Eduardo: Presentation Scheme. In: International Council of Museums (ICOM), 1996: 55–58. [D1]

Jegede, Dele: Nigerian Art as Endangered Species. In: Plundering Africa's Past, 1996: 125–142. [D1]

Jouanny, Jean-Pierre: Illicit Traffic of Cultural Property. In: International Council of Museums (ICOM), 1995: 259–263. [D1]

Jouanny, Jean-Pierre: The Illicit Traffic of Movable Cultural Property. In: International Council of Museums (ICOM), 1996: 177–182. [D1]

Jouanny, Jean-Pierre: The Role of Interpol in the Fight against the Traffic of Stolen Art. In: International Council of Museums (ICOM), 1998: 49–53. [D1]

Jurgeit, Fritzi: Le vicende dell'acquisizione della Nike di Karlsruhe. In: Antichità senza provenienza II, 1997: 47–51. [D1]

Karageorghis, Vassos: The Trade in Cypriot Antiquities in London. In: International Journal of Cultural Property 1 (1992) 331–332.

Kargbo, Josephine M. ; Oliver B. M. Somassa ; Francis Dura Kamara: Illicit Traffic in Sierra Leone. In: International Council of Museums (ICOM), 1995: 149–150. [D1]

Katanekwa, Nicholas M.: Illicit Traffic of Cultural Property in Zambia : A Profile. In: International Council of Museums (ICOM), 1995: 189–197. [D1]

Khitsane, N. J.: Heritage in Jeopardy : Lesotho's Case Study. In: International Council of Museums (ICOM), 1995: 85–86. [D1]

Kind, Karl-Heinz: The Role of INTERPOL in the fight against illicit traffic in cultural property and its role in the return to its country of origin. In: International Expert Meeting on the Return of Cultural Property and the Fight against its Illicit Trafficking, 2002: 147–152. [B2]

Kirby, Christa L.: Stolen Cultural Property : Available Museum Responses to an International Dilemma. In: Dickinson Law Review 104 (2000) 729–748.

Kirkpatrick, Sidney D.: Lords of Sipan : A Tale of Pre-Inca Tombs, Archaeology, and Crime. New York, N.Y. : Morrow, 1992. 256 S.

Kleinman, Jeff ; Joshua Kaufman: Society to Prevent Trade in Stolen Art. In: Spoils of War : International Newsletter (1996) July = 2: 11–12.

Komen, Joris ; Gabriel Hoveka: Illicit Trade of Cultural Objects : A Namibian Perspective. In: International Council of Museums (ICOM), 1995: 129–130. [D1]

Kourouma, Moussa ; Mamadou Dioulde Bah ; Léonard Bangoura: Illicit Traffic in Cultural Property. In: International Council of Museums (ICOM), 1995: 71–74. [D1]

Kritzas, C. V.: Collaboration of the Ministry of Culture with the Police and Customs Authorities for the Protection of Greece's Cultural Property. In: Proceedings of the Meeting : Cultural Property ; Return and Illicit Trade, 2000: 41–43. [D3]

Kumwenda, M. G.: Illicit Traffic of Cultural Property in Malawi : Problems and Prospects. In: International Council of Museums (ICOM), 1995: 103–108. [D1]

Kunitz, Michele: Switzerland & the International Trade in Art & Antiquities. In: Northwestern Journal of International Law & Business 21 (2001) 519–542.

Kuntz, Lucía Iglesias: Tracking Down Looted Art : Drawing up Accurate Inventories of Art Treasures in an Essential First Step in the Fight against Massive International Trafficking. In: The Unesco Courier 52 (1999) 3: 40–42.

Kyrieleis, Helmut: Die Position des Deutschen Archäologischen Instituts. In: Bewahren als Problem, 2000: 163–166. [D1]

La Genière, Juliette de: Les objets orphelins. In: Antichità senza provenienza II, 1997: 55–58. [D1]

LaGamma, Robert R.: Africa's Vanishing Cultural Heritage : Reflections of an American Cultural Diplomat. In: Plundering Africa's Past, 1996: 94–98. [D1]

Lattanzi, Elena: Recupero di materiali senza provenienza dal Brennero a Vibo Valentia. In: Antichità senza provenienza II, 1997: 53–54. [D1]

Lawrence, William ; Laurie McGavin Bachmann ; Michael von Stumm: The Market für Stolen Art : An International and Institutional Perspective. In: Artists and Cultural Consumers : Proceedings of the Fourth International Conference on Cultural Economics, May 12–14, 1986, Avignon, France. Vol. III / Douglas W. Shaw ; William S. Hendon ; C. Richard Waits (Hrsg.). [Akron, Ohio : Association for Cultural Economics, 1987]: 270–273.

Lazarus, Paula: Walking a fine line : promoting the past without selling it. In: Illicit Antiquities, 2002: 38–42. [D1]

Lee, Keun-gwan: The prevention of illicit trafficking in cultural property from an East Asian perspective. In: International Expert Meeting on the Return of Cultural Property and the Fight against its Illicit Trafficking, 2002: 189–203. [B2]

Lentini, Maria Costanza: Naxos, Taormina e il commercio antiquario. In: Antichità senza provenienza, 1995: 51–54. [D1]

Lentini, Maria Costanza: L'arula Heidelberg – Naxos : Cronaca di uno scambio. In: Antichità senza provenienza II, 1997: 179–185. [D1]

Leurs, Gloria C.: Surinam : Current Legislation for the Protection of Cultural Patrimony and Measures against the Illicit Traffic of Cultural Goods. In: International Council of Museums (ICOM), 1996: 133–137. [D1]

Leyten, Harrie: How to Curb Illicit Traffic? : Some Suggestions. In: International Council of Museums (ICOM), 1995: 209–215. [D1]

Leyten, Harrie: International cooperation in the fight against illicit traffic. In: Illicit traffic in cultural property : museums against pillage, 1995: 72–78. [D1]

Leyten, Harrie: Issues of Illicit Traffic in the Context of the Museums of Ethnography. In: International Council of Museums (ICOM), 1995: 217–225. [D1]

Löschburg, Winfried: Leere Bilderrahmen, geköpfte Tempelgötter : Kunstdiebstähle der letzten Jahrzehnte. Berlin : Parthas-Verl., 2000. 207 S.

Lowenthal, Constance: The Role of IFAR and the Art Loss Register in the Repatriation of Cultural Property. In: University of British Columbia Law Review (Special Issue 1995) 309–314.

Luna, Giuliana: The Protection of the Cultural Heritage : An Italian Perspective. In: United Nations Social Defence Research Institute (UNSDRI), 1976: 19–190. [D3]

Maccari, Anna Lisa: Note in tema di furto e ricettazione di beni archeologici. In: Rivista di Polizia (1994) 414–427.

Maikweki, James: Illicit Traffic in Cultural Property in Kenya. In: International Council of Museums (ICOM), 1995: 81–83. [D1]

Malewa, B. M.: Museum Security. In: International Council of Museums (ICOM), 1995: 87–88. [D1]

Manang, Ndeonika: Follow up to the Regional Workshop on the Illicit Traffic of Cultural Property. In: International Council of Museums (ICOM), 1995: 161–165. [D1]

Mapfarakora, Jacques: Disappearance of Objects from the National Museum of Gitega and Nearby Archaeological Sites. In: International Council of Museums (ICOM), 1995: 37–40. [D1]

Mapunda, Bertram B. B.: Destruction of Archaeological Heritage in Tanzania : The Cost of Ignorance. In: Trade in Illicit Antiquities, 2001: 47–56. [D1]

Marks, Peter: Provenance : A Dealer's View. In: IFAR Journal 3 (2000) 3–4: 37–39.

Marthari, Marisa: Altering Information from the Past : Illegal Excavations in Greece and the Case of the Early Bronze Age Cyclades. In: Trade in Illicit Antiquities, 2001: 161–172. [D1]

Martín de Almánzar, Orquídea: Cultural Property, its Protection and the Measures against Illicit Transfer. In: International Council of Museums (ICOM), 1996: 87–89. [D1]

Martínez Castillo, Mario Felipe: The Safeguarding of our Artistic and Cultural Patrimony. In: International Council of Museums (ICOM), 1996: 109–111. [D1]

Massa, Alberto: Foreign and Domestic Laws Protecting Peruvian Cultural Property. In: International Council of Museums (ICOM), 1996: 129–131. [D1]

Massy, Laurence: Le vol d'œuvres d'art : une criminalité méconnue. Bruxelles : Bruylant, 2001. 202 S. (Collection des travaux et monographies de l'Ecole des sciences criminologiques Leon Cornil / Université libre de Bruxelles, Faculté de droit)

Mazzei, Marina: Dalla Puglia, il Caso di Arpi. In: Antichità senza provenienza II, 1997: 95–97. [D1]

Mbago, L. M. ; A. C. Waane: Illicit Traffic of Cultural Property in Tanzania : its Dimensions. In: International Council of Museums (ICOM), 1995: 167–171. [D1]

McGrath, H.: Stolen Treasures – Missing Links : An Exhibition of Art and Advocacy. In: Museum <Paris> / Engl. Ausg. 36 (1984) 58–60.

McIntosh, Roderick J.: The Shield of Public Pride : A Malian Community Confronts Traffickers in its Past. In: International Council of Museums (ICOM), 1995: 239–244. [D1]

McIntosh, Roderick J.: Just Say Shame : Excising the Rot of Cultural Genocide. In: Plundering Africa's Past, 1996: 45–62. [D1]

McIntosh, Roderick J. ; Susan Keech McIntosh: Dilettantism and Plunder : Illicit Traffic in Ancient Mayan Art. In: Museum <Paris> / Engl. Ausg. 38 (1986) 49–57.

McMahon, Augusta: Return of the Birgi ulu Camii mimbar doors. In: Culture Without Context : The Newsletter of the Near Eastern Project of the Illicit Antiquities Research Centre (1998) 2: 5–6.

Melikian, S.: Above Suspicion. In: Art & Auction 23 (2001) 44–50.

Menéndez, José Antonio: Legal Instruments for the Fight against the Illicit Traffic of Cultural Property : Causes and Conditions of this Type of Traffic and the Measures Taken to Avoid it. In: International Council of Museums (ICOM), 1996: 77–79. [D1]

Mercillon, Henri: L'évolution du commerce mondial de l'art : Problématique de la France. In: International Sales of Works of Art (International Sales of Works of Art ; [2]), 1990: 49–56. [D3]

Meyer, Karl E.: The plundered past : the traffic in art treasures. Rev. ed. Harmondsworth : Penguin Books, 1977. 303 S.
Dt. Ausg. u.d.T.: Geplünderte Vergangenheit : der illegale Kunsthandel ; Fälscher, Diebe und Bewahrer. Zug : Sven Erik Berg in der Europabuch AG, 1977. 319 S.

Milland, J. P.: Interpol : Internationalisation de la lutte contre le vol et le recel des œuvres et objets d'art = Interpol : Internationalization of the Battle against Theft and Trading of Stolen Art-Objects and Works of Art. In: Annuaire International des Œuvres et Objets d'Art Volés = International Yearbook of Stolen Works of Art 1992/1993 (1991) 43–44.

Miller, Samuel C.: A Syrian Odyssey : The Return of Syrian Mosaics by the Newark Museum. In: International Journal of Cultural Property 7 (1998) 166–169.

Miller, Stephen G.: There's no Place like Home for Our Heritage. In: Mycenaean Treasures of the Aegean Bronze Age Repatriated, 1997: 33–49. [D1]

Molina C., Mario: The Traffic of Nicaragua's Cultural Goods : A National Issue. In: International Council of Museums (ICOM), 1996: 117–118. [D1]

Moltesen, Mette: Brevi commenti su acquisti e prestiti. In: Antichità senza provenienza, 1995: 73. [D1]

Monestier, Martin: La meilleure des protections : la photographie = The Best Protection : the Photograph. In: Annuaire International des Œuvres et Objets d'Art Volés = International Yearbook of Stolen Works of Art 1992/1993 (1991) 77–78.

Monestier, Martin: La police de l'art = A Police Division in Charge of Stolen Works of Art. In: Annuaire International des Œuvres et Objets d'Art Volés = International Yearbook of Stolen Works of Art 1992/1993 (1991) 39–41.

Monestier, Martin: Un pillage à grande échelle = Works of Art : Looting on a Grand Scale. In: Annuaire International des Œuvres et Objets d'Art Volés = International Yearbook of Stolen Works of Art 1992/1993 (1991) 21–37.

Monfort, Jean-Yves: La poursuite du recel et la récupération des objets volés = The Prosecution of Concealment of Stolen Items, and Their Retrieval. In: Annuaire International des Œuvres et Objets d'Art Volés = International Yearbook of Stolen Works of Art 1992/1993 (1991) 49–59.

Moretti, Anna Maria: La situazione in Etruria Meridionale. In: Antichità senza provenienza II, 1997: 61–64. [D1]

Morris, J.: Stealing Beauty. In: Museums Journal 100 (2000) 20–22.

Moss, Laurence A.G.: International Art Collecting, Tourism, and a Tribal Region in Indonesia. In: Fragile Traditions, 1994: 91–121. [D1]

Munjeri, Dawson ; Michael Musaka: The Plight of the Cultural Object : is Zimbabwe's Case Unique? In: International Council of Museums (ICOM), 1995: 199–202. [D1]

Muñoz Conde, Francisco: El tráfico ilegal de obras de arte. In: Estudios Penales y Criminológicos XVI. (1993) 399ff.

Murphy, J. David: The Imperilment of Cultural Property in the People's Republic of China. In: University of British Columbia Law Review (Special Issue 1995) 92–118.

Musella, Ferdinando: L'attività del nucleo dei Carabinieri per il recupero delle opere d'arte. In: Commercio e circolazione delle opere d'arte, 1999: 91–100. [D3]

Mycenaean Treasures of the Aegean Bronze Age Repatriated : Proceedings from a Seminar Sponsored by the Society for the Preservation of the Greek Heritage and Held at the Ripley Center, Smithsonian Institution, Washington, D.C. on January 27, 1996 / Richard Hubbard Howland (Hrsg.). Washington, D.C. : Society for the Preservation of the Greek Heritage, 1997. 60 S.

Nalda, Enrique: Mexico's archaeological heritage : a convergence and confrontation of interests. In: Illicit Antiquities, 2002: 205–227. [D1]

Naumann, Michael: Stellungnahme der Bundesregierung. In: Bewahren als Problem, 2000: 167–169. [D1]

Nchoji Nkwi, Paul: A Conservation Dilemma over African Royal Art in Cameroon. In: Plundering Africa's Past, 1996: 99–109. [D1]

Neary, John: Project Sting. In: Archaeological Ethics, 1996: 64–70. [A2]

Nicklin, Keith: Rape and Restitution : the Cross River Region Considered. In: Museum <Paris> / Engl. Ausg. 33 (1981) 259–260.

Norskov, Vinnie: Greek vases for sale : some statistical evidence. In: Illicit Antiquities, 2002: 23–37. [D1]

Nour El Din, Abd El-Halim: Illicit Trade of Cultural Properties in Africa. In: International Council of Museums (ICOM), 1995: 53–54. [D1]

O'Keefe, Patrick J.: The Use of Databases to Combat Theft of Cultural Heritage Material. In: Art, Antiquity and Law 2 (1997) 357–366.

O'Keefe, Patrick J.: Trade in Antiquities : Reducing Destruction and Theft. Paris : UNESCO Publ. ; London : Archetype Publications, 1997. X, 134 S.

O'Keefe, Patrick: International cooperation to decrease illict trafficking of cultural property. In: International Expert Meeting on the Return of Cultural Property and the Fight against its Illicit Trafficking, 2002: 167–171. [B2]

Obayemi, Ade M. U. ; John Pemberton: The Recovery of a Benin Bronze Head. In: African Arts 24 (1991) 3: 8–12.

Och, Joe: Traffic in Stolen Works of Art and Future Precaution. In: La tutela e la circolazione dei beni culturali nei paesi membri della C.E.E., 1992: 80–82. [D7]

Osio, Mario Bondioli: Considerazioni per il recupero dei beni culturali sottratti al patrimonio artistico Italiano. In: Antichità senza provenienza II, 1997: 167–168. [D1]

Ould Abidine, Sidi Mohamed: Protection of Antiquities in Mauritania. In: International Council of Museums (ICOM), 1998: 17–18. [D1]

Ould Sidi Ould Maouloud, Mohamed: The Network of Traditional Libraries of Tidjika (Mauritania) : An Experience in the Protection of Cultural Manuscripts. In: International Council of Museums (ICOM), 1998: 19–21. [D1]

Özgen, Engin: Some Remarks on the Destruction of Turkey's Archaelogical Heritage. In: Trade in Illicit Antiquities, 2001: 119–120. [D1]

Pachauri, S. K.: Plunder of cultural and art treasures : the Indian experience. In: Illicit Antiquities, 2002: 268–279. [D1]

Pal, Hamendar Bhisham: The Plunder of Art. New Delhi : Abhinav Publ., 1992. 176 S.

Paley, Samuel M.: More Published and Documented Bas-reliefs from Nimrud Offered on the Antiquities Market. In: IFAR Journal 2 (1999) 2: 26–29.

Pallottino, Massimo: Doloroso problema insoluto da sempre : Sará mai risolvibile? In: Convegno internazionale sul tema : Eredità contestata?, 1992: 129–132. [D1]

Palmieri, Ede: La catalogazione elettronica dei beni culturali come strumento di tutela (intervento). In: La tutela e la circolazione dei beni culturali nei paesi membri della C.E.E., 1992: 55–62. [D7]

Papadopoulos, Jeannette: Fra iniziative ministeriali e proposte operative. In: Antichità senza provenienza, 1995: 81. [D1]

Papageorge Kouroupas, Maria: Illicit Trade in Cultural Objects. In: Conservation : The Getty Conservation Institute Newsletter 13 (1998) 4–7.

Paris, Rita: Su alcune fra le più recenti iniziative dell'Amministrazione. In: Antichità senza provenienza, 1995: 82–84. [D1]

Pastore, Giovanni: The Looting of Archaeological Sites in Italy. In: Trade in Illicit Antiquities, 2001: 155–160. [D1]

Pelagatti, Paola: Sulla dispersione del Patrimonio Archeologico : le ragioni di un secondo incontro e il caso Sicilia. In: Antichità senza provenienza II, 1997: 9–28. [D1]

Pendergast, David M.: And the Loot Goes on : Winning Some Battles, But Not the War. In: Journal of Field Archaeology 18 (1991) 89–95.

Pendergast, David M. ; Elizabeth Graham: The Battle for the Maya Past : The Effects of International Looting and Collecting in Belize. In: The Ethics of Collecting Cultural Property, 1989: 51–60. [D2]

Pflug, Hermann: L'arula Heidelberg – Naxos : Cronaca di uno scambio : Teil II: Die Rückkehr der Heidelberger Sphinx nach Naxos. In: Antichità senza provenienza II, 1997: 186–188. [D1]

Picker, Günther: Fälscher, Diebe, Betrüger : Die Kehrseite des Kunst- und Antiquitätenmarkts. München : Bruckmann, 1994. 159 S. (Schriftenreihe der Akademie der Bildenden Künste in Nürnberg ; 7)

Plundering Africa's Past / Peter R. Schmidt ; Roderick J. McIntosh (Hrsg.). Bloomington ; Indianapolis : Indiana University Press ; London : J. Currey, 1996. 280 S.

Polet, Jean: Cultural Heritage : Reflection in the Pond and Window on the World. In: International Council of Museums (ICOM), 1995: 205–206. [D1]

Politis, Konstantinos D.: Dealing with the dealers and tomb robbers : the realities of the archaeology of the Ghor es-Safi in Jordan. In: Illicit Antiquities, 2002: 257–267. [D1]

Porro, Casimiro: Rapporto tra le norme di tutela del patrimonio artistico e il mercato dell'arte in Italia. In: La tutela e la circolazione dei beni culturali nei paesi membri della C.E.E., 1992: 38–45. [D7]

Prott, Lyndel V.: La lutte contre le traffic illicite des biens culturels. In: Informationstag : „Kulturgüter zwischen Markt und Museum", 1993: 88–91. [A2]

Provenzali, Leopoldo: State and Society, a Helpful Joint Venture for the Preservation of Cultural Property. In: International Council of Museums (ICOM), 1996: 147–151. [D1]

Puente, Enrique: Traffic illicite : La situation en Espagne. In: Le patrimoine mobilier : Quelle politique européenne?, 1990: 119–123. [A2]

Puente, Soledad: Report of the National Council of Culture on the International Workshop about Illicit Traffic of Cultural Property. In: International Council of Museums (ICOM), 1996: 91–96. [D1]

Quainoo, Josephin ; David Kwabena Okae ; Cyril K.D. Mensah: Problems of Illicit Traffic of Cultural Property in Ghana. In: International Council of Museums (ICOM), 1995: 67–70. [D1]

Radcliffe, Julian: The Work of the International Art and Antiques Loss Register. In: The Recovery of Stolen Art, 1998: 189–199. [D3]

Raffiotta, Silvio: La repressione nel diritto penale italiano dello scavo clandestino e del commercio illegale di reperti archeologici. In: La tutela penale delle opere d'arte = The penal protection of works of art, 1994: 125–128. [A2]

Raffiotta, Silvio: Dalla repressione al coinvolgimento del privato nella tutela dei siti archeologici. In: Antichità senza provenienza II, 1997: 173–174. [D1]

Rakotoarisoa, J. A.: Notes on Illicit Traffic. In: International Council of Museums (ICOM), 1995: 93–94. [D1]

Rebollo, Rogelio Enrique ; Gerardo Rodríguez Gallardo: The Problems of Protecting El Salvador's Cultural Patrimony. In: International Council of Museums (ICOM), 1996: 97–104. [D1]

Reinsberg, Carola: Der Knabe aus dem Meer. In: Bewahren als Problem, 2000: 29–40. [D1]

Reist, Inge: Provenance Research Tools. In: IFAR Journal 3 (2000) 3–4: 23–31.

Renfrew, Colin: Loot, Legitimacy and Ownership : The Ethical Crisis in Archaeology. London : Duckworth, 2000. 160 S.

Rico Mansard, Luisa Fernanda: The Illicit Traffic of Cultural Goods in Mexico. In: International Council of Museums (ICOM), 1996: 113–116. [D1]

Rizzo, Maria Antonietta: Gli scavi clandestini a Cerveteri (1982–1994). In: Antichità senza provenienza, 1995: 15–50. [D1]

Rizzo, Maria Antonietta: La coppa con Ilioupersis al J. P. Getty Museum di Malibu con dedica ad Hercle ed il santuario di Hercle a Cerveteri : storia di una ricontestualizzazione. In: Antichità senza provenienza II, 1997: 65–70. [D1]

Rizzo, Maria Antonietta: La coppa di Euphronios ed Onesimos. In: Antichità senza provenienza II, 1997, 1997: 71–83. [D1]

Rodríguez Varese, Susana: Synthesis. In: International Council of Museums (ICOM), 1996: 139–145. [D1]

Rodríguez, Luis Guillermo: The Current Costa Rican Legislation and Programmes for the Prevention of Illicit Traffic of Cultural Goods. In: International Council of Museums (ICOM), 1996: 75–76. [D1]

Rose, Mark: Greece Sues for Mycenaean Gold. In: Archaeology 46 (1993) 26–30.

Rose, Mark ; Özgen Acar: Turkey's War on the Illicit Antiquities Trade. In: Archaeological Ethics, 1996: 71–89. [A2]

Roux, Emmanuel de ; Roland-Pierre Paringaux: Razzia sur l'art : Vols, pillages, recels à travers le monde. Fayard : Paris 1999. 352 S.

Rubin, Arnold: New Challenges to Africa's Artistic Heritage. In: Art Research News 1 (1981) 2: 13–16.

Ruíz Sobalvarro, Alfonso: Information about the Situation in Guatemala regarding the Illicit Traffic of Cultural Goods. In: International Council of Museums (ICOM), 1996: 105–108. [D1]

Samb, Pathé: Presentation to the CCD and Existing Agreements of Customs Cooperation : Useful in the Fight Against the Illicit Traffic of Cultural Heritage. In: International Council of Museums (ICOM), 1995: 145–147. [D1]

Sanogo, K.: The Looting of Cultural Material in Mali. In: Culture Without Context : The Newsletter of the Illicit Antiquities Research Centre 4 (1999) 21–25.

Sassoon, David: Considering the Perspective of the Victim : The Antiquities of Nepal. In: The Ethics of Collecting Cultural Property, 1989: 61–72. [D2]

Savané, Yaya ; Cherif Mamadou ; Clément Kouame Yapi: The Contribution of Police and Customs to the Protection of Cultural Property. In: International Council of Museums (ICOM), 1995: 49–51.

Schávelzon, Daniel: What's going on around the corner? : Illegal trade of art and antiquities in Argentine. In: Illicit Antiquities, 2002: 228–234. [D1]

Scheiner, Tereza Cristina: Museums and Training for the Protection of Integral Patrimony. In: International Council of Museums (ICOM), 1996: 51–53. [D1]

Schick, Jürgen: Die Götter verlassen das Land : Kunstraub in Nepal. Graz : Akademische Druck- u. Verlagsanstalt, 1989. 143 S.
Engl. Ausg. u.d.T.: The Gods Are Leaving the Country : Art Theft from Nepal. Bangkok : Orchid Press, 1998. 209 S.

Schmidt, Margot: La lutte contre les fouilles illicites : une nécessité pour les archéologues. In : La réglementation suisse de l'importation et de l'exportation des biens culturels, 1994: 51–57. [D4]

Schmidt, Peter R. ; Roderick J. McIntosh: The African Past Endangered. In: Plundering Africa's Past, 1996: 1–17. [D1]

Schwartz, A.: Arresting the flow of stolen art. In: Asian Art & Culture 9 (1996) 12–21.

Scichilone, Giovanni: Un ruolo per il Museo. In: Convegno internazionale sul tema : Eredità contestata?, 1992: 95–106. [D1]

Seegers, Ulli: The Art Loss Register und die internationale Kunstkriminalität. In: Kunstrecht und Urheberrecht 1 (1999) 289–294.

Shankar, Ajai: The Threat to Cultural Sites in India from Illegal Excavation. In: Trade in Illicit Antiquities, 2001: 33–36. [D1]

Shyllon, Folarin: One Hundred Years of Looting of Nigerian Art Treasures 1897–1996. In: Art, Antiquity and Law 3 (1998) 253–266.

Sidi Boumedine, Abdelghani ; Larinouna Yazid ; Moulay Achour ; Douhi Lahouari: Protecting the Cultural Heritage of Algeria. In: International Council of Museums (ICOM), 1998: 7–9.

Sidibé, Samuel: Fighting pillage : national efforts and international cooperation. In: Illicit traffic in cultural property : museums against pillage, 1995: 25–33. [D1]

Sidibé, Samuel: Problems Concerning the Management and Conservation of Archaeological Heritage : The Malian Experience. In: International Council of Museums (ICOM), 1995: 117–122. [D1]

Sidibé, Samuel: The Fight Against the Pillage of Mali's Cultural Heritage and Illicit Exportation : National Efforts and International Cooperation. In: International Council of Museums (ICOM), 1995: 109–115. [D1]

Sidibé, Samuel: The Fight Against the Plundering of Malian Cultural Heritage and Illicit Exportation : National Efforts and International Cooperation. In: Plundering Africa's Past, 1996: 79–86. [D1]

Simone, Pierluigi: Il ruolo dell'Interpol nella prevenzione del traffico illecito di beni culturali e nel recupero dei beni trafugati. In: La protezione internazionale e la circolazione comunitaria dei beni culturali mobili, 1998: 139–198. [A2]

Slayman, Andrew L.: Case of the Golden Phiale : How a Millon-Dollar Bowl, Spirited out of Italy, Ended up in a Packing Case at U.S. Customs. In: Archaeology <New York, N.Y.> 51 (1998) 3: 36–41.

Slayman, Andrew L.: Italy Fights Back : Aggressive Efforts to Staunch the Flow of Stolen Antiquities. In: Archaeology <New York, N.Y.> 51 (1998) 3: 43–48.

Snouffer, William C.: The Protection of Artistic National Patrimony Against Pillaging and Theft. In: Art Law : Domestic and International, 1975: 273–275. [D3]

Solar, Alain: Les biens culturels, le marché et les traffic illicites. In: Informationstag : „Kulturgüter zwischen Markt und Museum“, 1993: 56–62. [D1]

Sorda, Sara: La dispersione del patrimonio monetale italiano. In: Antichità senza provenienza, 1997, 1995: 11–14. [D1]

Spadea, Roberto: Breve storia di un askos di bronzo. In: Antichità senza provenienza II, 1997: 59–60. [D1]

Staley, David P.: St. Lawrence Island's Subsistence Diggers : New Perspectives on Human Effects on Archaeological Sites. In: Journal of Field Archaeology 20 (1993) 347–355.

Stolen art and cultural property : INTERPOL's special programme. In: Museum International <Paris> / Engl. Ausg. 47 (1995) 4 = 188: 57–58.

Sun, Shirley: The Preservation of Cultural Properties in China. In: Art Research News 2 (1983) 1: 18–20.

Szemethy, Hubert D.: „Frischester Erdgeruch, garantierte zwei Jahrtausende an Alter..." : Zu Raubgrabungen und Kulturgüterschutz in Österreich. In: Bewahren als Problem, 2000: 141–160. [D1]

Taieb, Yassine: The Illicit Traffic in Cultural Property. In: International Council of Museums (ICOM), 1998: 41–42. [D1]

Talley, Jane Siena: Partners in St. Petersburg : The Government of the Netherlands and the Getty Conservation Institute Newsletter. In: Conservation : The Getty Conservation Institute Newsletter 13 (1998) 14–15.

Tayeb, Yassine: Illicit Traffic in Cultural Property. In: International Council of Museums (ICOM), 1995: 181–182. [D1]

Taylor, Paul Michael: Introduction. In: Fragile Traditions, 1994: 1–12. [D1]

Taylor, Paul Michael: The "Nusantara" Concept of Culture : Local Traditions and National Identity as Expressed in Indonesia's Museums. In: Fragile Traditions, 1994: 71–90. [D1]

Tera, Emilio Napolitano: La lutte contre le trafic illicite en Italie. In : Le patrimoine mobilier : Quelle politique européenne ?, 1990: 114–118. [A2]

The FBI's Role in Art Fraud and Theft : An IFAR Evening / L. Chaffinch [u.a.]. In: IFAR Journal 4 (2001) 1: 18–36.

Thornes, Robin: Protecting Cultural Objects through International Documentation Standards : A Preliminary Survey. Santa Monica, Calif. : J. Paul Getty Trust, 1995. 51 S.

Thornes, Robin: Protecting Cultural Objects through Documentation Standards. In: Spoils of War : International Newsletter (1996) July = 2: 38–41.

Thornes, Robin: Protecting Cultural Objects in the Global Information Society : The Making of Object ID. Los Angeles : Getty Information Institute, 1997. VII., 81 S.

Thosarat, Rachanie: The Destruction of the Cultural Heritage of Thailand and Cambodia. In: Trade in Illicit Antiquities, 2001: 7–17. [D1]

Togola, Téréba: The rape of Mali's only resource. In: Illicit Antiquities, 2002: 250–256. [D1]

Tompa, Peter K.: Ancient Coins as Cultural Property : A Cause for Concern? In: Journal of International Legal Studies 4 (1998) 69–104.

Torre, Marta de la: The Recovery of Antiquities : A Conversation with Engin Özgen. In: Conservation : The Getty Conservation Institute Newsletter 13 (1998) 8–9.

Tracing Stolen Art. In: Museum International <Paris> / Engl. Ausg. 45 (1993) 1 = 177: 62–63.

Trade in Illicit Antiquities : The Destruction of the World's Archaeological Heritage / Neil Brodie ; Jennifer Doole ; Colin Renfrew (Hrsg.). Cambridge : McDonald Institute for Archaeological Research, 2001. XII, 172 S.

True, Marion: Refining Policy to Promote Partnership. In: Antichità senza provenienza II, 1997: 137–146. [D1]

True, Marion: Refining Policy to Promote Partnership. In: International Council of Museums (ICOM), 1998: 43–45. [D1]

Tshiluila, Shaje'a: Cultural Heritage in Zaire : towards museums for development. In: Illicit traffic in cultural property : museums against pillage, 1995: 39–44. [D1]

Tshiluila, Shaje'a: Measures for the Protection of Cultural Heritage in Developing Countries. In: International Council of Museums (ICOM), 1995: 183–187. [D1]

Tubb, Kathryn Walker: Point, counterpoint. In: Illicit Antiquities, 2002: 280–300. [D1]

Tully, Judd: Disarming and Extremely Dangerous. In: Art & Auction 23 (2001) May: 172–177.

Tzallas, G.: The Role of the Hellenic Police Force in Combating Antiquities Theft. In: Proceedings of the Meeting : Cultural Property ; Return and Illicit Trade, 2000: 45–49. [G3]

Unesco / Committee of Experts on the Risks Incurred by Works of Art and Other Cultural Property, in Particular the Risks of Theft and other Forms of Illicit Transfer of Ownership, Brussels, 19–22 November 1973: Final Report. In: Museum <Paris> / Engl. Ausg. 26 (1974) 61–64.

Vallet, Georges: Quelques réflexions d'un archéologue ‚étranger' qui travaille depuis des années en Italie. In: Convegno internazionale sul tema : Eredità contestata?, 1992: 25–30. [D1]

Villegas de Aneiva, Teresa: Illicit Traffic and Cultural Heritage. In: International Council of Museums (ICOM), 1996: 35–43. [D1]

Vincent, Steven: The War on Collecting. In: Art & Auction 21 (1999) 11: 32–39.

Vitelli, Karen D.: The International Traffic in Antiquities : Archaeological Ethics and the Archaeological's Responsibility. In: Ethics and Values in Archaeology / Ernestene L. Green (Hrsg.). New York : Free Press ; London : Collier Macmillan Publ., 1984: 143–155.

Vitelli, Karen D.: Introduction. In: Archaeological Ethics, 1996: 17–23. [A2]

Vitelli, Karen D.: Palaeolithic Obsidian from Franchthi Cave : A Case Study in Context. In: Archaeological Ethics, 1996: 24–28. [A2]

Vitelli, Karen D.: Looting and Theft of Cultural Property : Are We Making Progress? In: Conservation : The Getty Conservation Institute Newsletter 15 (2000) 21–24.

Voza, Giuseppe: La situazione del patrimonio e del territorio archeologico della Sicilia. In: Convegno internazionale sul tema : Eredità contestata?, 1992: 125–128. [D1]

Waals, Diderik J. van der: Plundering in the Inner Delta of the Niger. In: International Council of Museums (ICOM), 1995: 227–229. [D1]

Walden, David A.: Raiders of the Cultural Ark. In: Unesco Sources 28 (1991) Jul.–Aug.: 7–8.

Walker, Alan: The Coin Market Versus the Numismatist, Archaeologist, and Art Historian. In: Journal of Field Archaeology 4 (1977) 255–258.

Waser, Georges: Gewinner sind die Dunkelmänner : Der Antikenschmuggel heute. In: Das Geschäft mit der Raubkunst, 1998: 67–75. [G3]

Watson, Peter: The Sequestered Warehouses. In: Culture Without Context : The Newsletter of the Near Eastern Project of the Illicit Antiquities Research Centre 2 (1998) 11–14.

Werr, Cornelia: Illegaler Erwerb, Besitz und Handel von Kunstwerken : Eine kriminologisch-kriminalistische Studie über den Kunstdiebstahl im weiteren Sinne und Konsequenzen für die Strafrechtspflege. Lübeck : Schmidt-Römhild, 1978. 160 S.

Winghart, Stefan: Archäologische Denkmalpflege, Sondengänger und Kunsthandel. In: Bewahren als Problem, 2000: 69–81. [D1]

Wood, Jonathan: Ownership Wrangle Over Stolen Renoir Found in Japan. In: Art, Antiquity and Law 4 (1999) 129–133.

Woodye, Bryan: The Control of Illicit Trade of Belize's Cultural Resources. In: International Council of Museums (ICOM), 1996: 25–29. [D1]

Zucher, Fred: Kriminalität ein Kunstgriff? : Tendenzen von Angriffen auf Kunst- und Kulturgut in den fünf neuen Bundesländern. In: Kriminalistik (1991) 265–267.

Zakzouk, Abdul Razzak: Combating Illicit Trafficking in Cultural Property. In: International Council of Museums (ICOM), 1998: 39–40. [D1]

Zedde, Kathryn: Canada's Fight against Illicit Traffic in Cultural Property. In: Muse 16 (1998) 42–44.

D 2. Rechtspolitische und ethische Grundlagen einer Regulierung des internationalen Kunstmarktes / Basic Policy and Ethical Problems of a Regulation of the International Art Market

A Selection of Codes of Ethics. In: International Journal of Cultural Property 7 (1998) 190–241.

Amory, Robert: Outline of Problems of Concern to Acquisitions Committees. In: Art Law : Domestic and International, 1975: 371–381. [D3]

Amory, Robert: Museum Acquisition Policies. In: Art Law : Domestic and International, 1975: 383–385. [D3]

Anderson, Maxwell L.: Art Market Challenges for American Museums. In: Legal Aspects of International Trade in Art (International Sales of Works of Art ; 5), 1996: 121–124. [D3]

Antiquities : Trade or Betrayed ; Legal, Ethical and Conservation Issues / Kathryn Walker Tubb (Hrsg.). London : Archetype, UKIC Archaeology Section, 1995. XXI, 263 S.

Archäologie, Raubgrabungen und Kunsthandel : Podiumsdiskussionen auf der 23. Mitgliederversammlung des Deutschen Archäologen-Verbandes in Münster, 26. Juni 1993 / Hans Georg Niemeyer (Hrsg.). Hannover : Deutscher Archäologen-Verband, 1995. 87 S. (Schriften des Deutschen Archäologen-Verbandes ; 13)

Ardouin, Claude Daniel: Vers un trafic licite des biens culturels ? : Quelques réflexions et questions à partir d'une perspective anthropologique. In: International Journal of Cultural Property 4 (1995) 91–104.
Auch in : Legal Aspects of International Trade in Art (International Sales of Works of Art ; 5), 1996: 73–85. [D3]

Bator, Paul M.: Regulation and Deregulation of International Trade. In: Art Law : Domestic and International, 1975: 299–307. [D3]

Bator, Paul M.: An Essay on the International Trade in Art. In: Stanford Law Review 34 (1982) 275–384.
Auch selbständig veröffentlicht u.d.T.: The International Trade in Art. Chicago ; London : University of Chicago Press, 1983. VII, 108 S.

Bator, Paul M.: The Conception of the National Artistic Patrimony and Its Protection by National and International Rules Regarding the Illicit Trade in Art. In: The Penal Protection of Works of Art, 1983: 135–150. [A2]

Beckel, Guntram: Kunsthändler und Archäologen – eine unheilige Allianz? In: Archäologie, Raubgrabungen und Kunsthandel, 1995: 67–69. [D2]

Berger, Ernst: Warum das Kind mit dem Bad ausschütten? In: Archäologie, Raubgrabungen und Kunsthandel, 1995: 35–36. [D2]

Bernal, Ignacio: Protection of National Treasures. In: Proceedings of the Annual Meeting of the American Society of International Law 68 (1974) 117–121.

Bersin, John E.: The Protection of Cultural Property and the Promotion of International Trade in Art. In: New York Law School Journal of International and Comparative Law 13 (1992) 125–151.

Bordkey, Ariel Kozloff: The Failure of the Nationalization of Cultural Patrimonies. In: Legal Aspects of International Trade in Art (International Sales of Works of Art ; 5), 1996: 135–137. [D3]

Boylan, Patrick J.: Illicit Trafficking in Antiquities and Museum Ethics. In: Antiquities : Trade or Betrayed, 1995: 94–104. [D2]

Buranich, William P.: The Art Collecting Countries and Their Export Restrictions on Cultural Property : Who Owns Modern Art? In: California Western International Law Journal 19 (1988) 153–172.

Cahn, Jean-David: Der seriöse Kunsthandel ist sich seiner Verantwortung bewußt. In: Bewahren als Problem, 2000: 47–57. [D1]

Chase, Arlen F. ; Diane Z. Chase ; Harriot W. Topsey: Archaeology and the Ethics of Collecting. In: Archaeology 41 (1988) 56–60.
Auch in: Archaeological Ethics: 30–37. [A2]

Chestermann, James: A Collector/Dealer's View of Antiquities. In: Antiquity <Oxford> 65 (1991) 538–539.

Claverie, Bruno: Une économie européenne des marchés de l'art. In : Revue du Marché commun et de l'Union européenne (1992) 361: 698–716.

Coggins, Clemency Chase: A Licit International Traffic in Ancient Art : Let There Be Light! In: International Journal of Cultural Property 4 (1995) 61–79.

Coggins, Clemency Chase: A Licit International Traffic in Ancient Art? In: Legal Aspects of International Trade in Art (International Sales of Works of Art ; 5), 1996: 47–55. [D3]

Coggins, Clemency Chase: A Proposal for Museum Acquisition Policies in the Future. In: International Journal of Cultural Property 7 (1998) 434–437.

Conforti, Roberto: Il mercato delle antichità e la politica di acquisto dei musei stranieri. In: Antichità senza provenienza, 1995: 9–10. [D1]

Cook, Brian F.: The Archaeologist and the Art Market : Policies and Practice. In: Antiquity <Oxford> 65 (1991) 533–537.

Cook, Brian F.: The Trade in Antiquities : A Curator's View. In: Antiquities : Trade or Betrayed, 1995: 181–192. [D2]

Council for the Prevention of Art Theft (CoPAT): The CoPAT Code of Due Diligence for Auctioneers Trading in Fine Art, Antiques, Antiquarian Books, Manuscripts and Collector's Items. In: Art, Antiquity and Law 4 (1999) 102–103.

Coutau-Bégarie, Olivier : Commerce et patrimoine : Deux logiques opposées ? In: Le patrimoine mobilier : Quelle politique européenne ?, 1990: 76–82. [A2]

des Portes, Elisabeth: Museum and Ethics : Long History, New Developments. In: International Journal of Cultural Property 7 (1998) 141–148.

Die Resolution des Deutschen Archäologenverbandes zur Frage des Kunsthandels und des internationalen Kulturaustausches. In: Archäologie, Raubgrabungen und Kunsthandel, 1995: 65. [D2]

DuBoff, Leonard D.: The Protection of Cultural Property in Time of Peace. In: Annuaire de l'A.A.A. 44 (1974) 45–62.

Dwyer, Edward: Critical Comments on the Draft Principles to Govern a Licit International Traffic in Cultural Property. In: Legal Aspects of International Trade in Art (International Sales of Works of Art ; 5), 1996: 105–108. [D3]

Ede, James: The Antiquities Trade : Towards a More Balanced View. In: Antiquities : Trade or Betrayed, 1995: 211–214. [D2]

Ede, James: The Antiquities Trade : Towards a More Balanced View. In: Legal Aspects of International Trade in Art (International Sales of Works of Art ; 5), 1996: 69–71. [D3]

Ede, James: Ethics, the Antiquities Trade, and Archaeology. In: International Journal of Cultural Property 7 (1998) 128–131.

Eisenberg, Jerome M.: Ethics and the Antiquity Trade. In: Antiquities : Trade or Betrayed, 1995: 215–221. [D2]

Elia, Ricardo J.: Conservators and Unprovenanced Objects : Preserving the Cultural Heritage or Servicing the Antiquities Trade? In: Antiquities : Trade or Betrayed, 1995: 244–255. [D2]

Elsen, Albert E.: Full Disclosure by Museums to Improve the Licit International Traffic in Art. In: Legal Aspects of International Trade in Art (International Sales of Works of Art ; 5), 1996: 117–119. [D3]

Ethics and Current Claims : Is There a Fair Solution? / S. Muchnic [u.a.]. In: Who Owns Culture?, 2001: 122–134. [A2]

Etzeoglou, R.: The Ephorate of Antique Shops and Private Archaeological Collections. In: Proceedings of the Meeting : Cultural Property ; Return and Illicit Trade, Foreign Schools Division, 2000: 39–40. [D3]

Feather, John: Disputed Titles in Antiquarian Books : A Pragmatic Approach. In: Art, Antiquity and Law 2 (1997) 373–375.

Fechner, Frank: Archäologie und Kunsthandel aus juristischer Sicht. In: Archäologie, Raubgrabungen und Kunsthandel, 1995: 41–48. [D2]

Fiorio, Maria Teresa: Gestione e acquisti di opere d'arte da parte di musei e altre istituzioni publiche. In: Commercio e circolazione delle opere d'arte, 1999: 75–82. [D3]

Gercke, Peter: Bemerkungen zur Resolution in Sachen Kunsthandel und Archäologie : Thesenartige Zusammenfassung. In: Archäologie, Raubgrabungen und Kunsthandel, 1995: 37. [D2]

Giuliani, Luca ; Hans Georg Niemeyer: Kunsthandel und Archäologie (Dossier zur Vorbereitung der Podiumsdiskussion). In: Archäologie, Raubgrabungen und Kunsthandel, 1995: 11–22. [D2]

Griffin, Gillett G.: Collecting Pre-Columbian Art. In: Art Research News 1 (1981) 2: 7–10.

Griffin, Gillett G.: Collecting Pre-Columbian Art. In: The Ethics of Collecting Cultural Property, 1989: 103–115. [D2]

Griffin, Rachael: Collector's Attitudes : Resolution Concerning the Sale and Exchange of Works of Art by Museums. In: Art Law : Domestic and International, 1975: 405–407. [D3]

Griffin, Rachael: Museum Acquisition Policies. In: Art Law : Domestic and International, 1975: 395–403. [D3]

Griffiths, Antony: Codes of Conduct. In: Art, Antiquity and Law 2 (1997) 173–177.

Hamilton, Wardlaw L.: Museums Acquisition Policies. In: Art Law : Domestic and International, 1975: 363–369. [D3]

Hamilton, Wardlaw L.: Museums Acquisitions : The Case for Self-Regulation. In: Art Law : Domestic and International, 1975: 347–362. [D3]

Harris, Leo J.: From the Collector's Perspective : The Legality of Importing Pre-Columbian Art and Artifacts. In: The Ethics of Collecting Cultural Property, 1989: 155–175. [D2]

Heilmeyer, Wolf-Dieter: Archeologia e prestiti : una proposta di collaborazione nel sistema museale internazionale. In: Convegno internazionale sul tema : Eredità contestata?, 1992: 9–13. [D1]

Heilmeyer, Wolf-Dieter: Die „Berliner Erklärung" von 1988 : fünf Jahre danach. In: Archäologie, Raubgrabungen und Kunsthandel, 1995: 61–64. [D2]

Heilmeyer, Wolf-Dieter: La Dichiarazione de Berlino (sei anni dopo). In: Antichità senza provenienza, 1995: 60–62. [D1]

Heilmeyer, Wolf-Dieter: Die „Rutgers Resolutions" und internationale Leihgabenpolitik. In: Bewahren als Problem, 2000: 101–104. [D1]

Heller, Ben: Art for the Art World. In: Art Law : Domestic and International, 1975: 453–471. [D3]

Heller, Ben: The Protection of Artistic National Patrimony Against Pillaging and Theft. In: Art Law : Domestic and International, 1975: 277–279. [D3]

Herscher, Ellen: International Control Efforts : Are There Any Good Solutions? In: The Ethics of Collecting Cultural Property, 1989: 117–128. [D2]

Hughes, Jordana: The Trend Toward Liberal Enforcement of Repatriation Claims in Cultural Property Disputes. In: The George Washington International Law Review 33 (2000) 131–153.

Informationstag: „Kulturgüter zwischen Markt und Museum", Bern, 2. Juli 1993 ; Schlussbericht / Nationale Schweizerische UNESCO-Kommission, Sektion Kultur = Journée d'information «Biens culturels : mémoire ou marchandise ?», Berne, 2 juillet 1993 ; Rapport final. Bern : Nationale Schweizerische UNESCO-Komm., Sekt. Kultur, 1993. 120 S.

International Council of Museums (ICOM): Statutes : Code of Professional Ethics. Paris : ICOM, 1996. 34 S.
Franz. Ausg. u.d.T. : Statuts : Code de déontologie professionnelle. Paris : ICOM, 1996. 35 S.
Span. Ausg. u.d.T. : Estatutos : Código de Deontología Profesional. Paris : ICOM, 1997. 34 S.

Josephson, Jack A.: Are Collectors Destroying Our Cultural Heritage? In: IFAR Journal 1 (1998) 1: 17–19.

Kaenel, Hans-Markus von: Die internationale Staatengemeinschaft und der Schutz des archäologischen Patrimoniums. In: Archäologie, Raubgrabungen und Kunsthandel, 1995: 71–76. [D2]

Katzenstein, Ranee A.: Critical Comments on the Draft Principles to Govern a Licit International Traffic in Cultural Property. In: Legal Aspects of International Trade in Art (International Sales of Works of Art ; 5), 1996: 125–127. [D3]

King, Jaime Litvak: Cultural Property and National Sovereignty. In: The Ethics of Collecting Cultural Property, 1989: 199–208. [D2]

Koczka, Charles S.: The Need for Enforcing Regulations on the International Art Trade. In: The Ethics of Collecting Cultural Property, 1989: 185–198. [D2]

Koumantos, Georges: Réflexions préalables sur la protection internationale des biens culturels. In: Festschrift zum 65. Geburtstag von Mario M. Pedrazzini / Ernst Brem [u.a.] (Hrsg.). Bern : Stämpfli, 1990: 159–171.

LaRegina, Adriano: Geschichtliches Interesse und wirtschaftlicher Wert in der archäologischen Urkunde. In: Archäologie, Raubgrabungen und Kunsthandel, 1995: 77–80. [D2]

Legal Issues in the Trade of Antiquities / Daniel Shapiro (Hrsg.). In: International Journal of Cultural Property 3 (1994) 365–395.

Leniaud, Jean-Michel : Commerce, patrimoine et intérêt public. In : Le patrimoine mobilier : Quelle politique européenne ?, 1990: 83–86. [A2]

Lewis, Geoffrey: Museums : International and National Self-Regulation. In : International Sales of Works of Art (International Sales of Works of Art ; [1]), [ca. 1989]: 557–566. [D3]

Lewis, Geoffrey: General Report : International Issues Concerning Museum Collections. In: International Art Trade and Law (International Sales of Works of Art ; 3), 1991: 73–94. [D3]

Leyten, Harrie: Illicit traffic and the collections of Western museums of ethnography. In: Illicit traffic in cultural property : museums against pillage, 1995: 14–24. [D1]

Lowenthal, Constance: Critical Comments on the Draft Principles for a Licit Trade in Cultural Property. In: Legal Aspects of International Trade in Art (International Sales of Works of Art ; 5), 1996: 129–130. [D3]

Lowry, Glenn D.: Cultural Property : A Museum Director's Perspective. In: International Journal of Cultural Property 7 (1998) 438–445.

Lyons, Claire L.: Responsabilità professionali : recenti iniziative dell'Istituto Archeologico d'America. In: Antichità senza provenienza II, 1997: 159–163. [D1]

Maaß, Michael: Die „Berliner Resolution" und die Haltung der Antikenmuseen oder Sammlungen gegenüber dem Kunstmarkt. In: Archäologie, Raubgrabungen und Kunsthandel, 1995: 39–40. [D2]

Macdonald, Robert R.: A code of ethics for United States museums. In: Museum International <Paris> / Engl. Ausg. 45 (1993) 1 = 177: 53–56.

Marks, Peter: The Ethics of Art Dealing. In: International Journal of Cultural Property 7 (1998) 116–127.

Mastalir, Roger W.: A Proposal for Protecting the "Cultural" and "Property" Aspects of Cultural Property under International Law. In: Fordham International Law Journal 16 (1992/93) 1033–1093.

Matsuda, David: The Ethics of Archaeology, Subsistence Digging, and Artifact Looting in Latin America : Point, Muted Counterpoint. In: International Journal of Cultural Property 7 (1998) 87–97.

McIntosh, Roderick J. ; Téréba Togola ; Susan Keech McIntosh: The Good Collector and the premise of mutual respect among nations. In: African Arts XXVIII (1995) 60–69.

Menz, Cäsar : Musées et échanges de biens culturels : un développement intimément lié. In : La réglementation suisse de l'importation et de l'exportation des biens culturels, 1994: 59–63. [D4]

Mercillon, Henri : Commerce et patrimoine : Introduction. In : Le patrimoine mobilier : Quelle politique européenne? 1990: 74–75.

Merryman, John Henry: The Protection of Patrimony. In: Art Law : Domestic and International, 1975: 255–261. [D3]

Merryman, John Henry: The Protection of Artistic National Patrimony Against Pillaging and Theft. In: Art Law : Domestic and International, 1975: 233–253. [D3]

Merryman, John Henry: The International Protection of Cultural Property. In: Proceedings of the Annual Meeting of the American Society of International Law 71 (1977) 196–200.

Merryman, John Henry: International Art Law : From Cultural Nationalism to a Common Cultural Heritage. In: New York University Journal of International Law and Politics 15 (1982/83) 757–763.

Merryman, John Henry: Thinking about the Elgin Marbles. In: Michigan Law Review 83 (1985) 1881–1923.

Merryman, John Henry: Two Ways of Thinking about Cultural Property. In: American Journal of International Law 80 (1986) 831–853.
Auch in: UFITA : Archiv für Urheber- und Medienrecht 107 (1988) 55–82.

Merryman, John Henry: Il controllo nazionale sull'esportazione dei beni culturali. In: Rivista di diritto civile 34 (1988) 633–645.

Merryman, John Henry: The Retention of Cultural Property. In: U.C. Davis Law Review 21 (1988) 477–513.
Erweiterte Fassung u.d.T.: Cultural Property Export Controls. In: Archiv für Urheber-, Film-, Funk- und Theaterrecht 111 (1989) 63–99.

Merryman, John Henry: Text and Subtext in the International Art Trade. In: International Art Trade and Law (International Sales of Works of Art ; 3), 1991: 457–462. [D3]

Merryman, John Henry: The Nation and the Object. In: International Journal of Cultural Property 3 (1994) 61–76.

Merryman, John Henry: A Licit International Trade in Cultural Objects. In: International Journal of Cultural Property 4 (1995) 13–60.
Auch in: Legal Aspects of International Trade in Art (International Sales of Works of Art ; 5), 1996: 3–45. [D3]

Merryman, John Henry: Notes Toward a Clarification of the Antiquities Conflict. In: Proceedings of the Annual Meeting of the American Society of International Law 89 (1995) 438–439.

Merryman, John Henry: What Do Matisse, van Gogh and Hitler Have in Common? In: University of British Columbia Law Review (Special Issue 1995) 273–283.

Merryman, John Henry: Cultural Property Ethics. In: International Journal of Cultural Property 7 (1998) 21–31.

Merryman, John Henry: The Free International Movement of Cultural Property. In: New York University Journal of International Law and Politics 31 (1998) 1–14.

Merryman, John Henry: The Cultural Property Dialogue. In: Liber Amicorum Hector Fix-Zamudio : Volumen II / César Gaviria Trujillo (Hrsg.). San José, Costa Rica : Secretaría de la Corte Interamericana de Derechos Humanos, 1998: 1049–1058.

Merryman, John Henry: Thinking About the Elgin Marbles : Critical Essays on Cultural Property, Art and Law. The Hague [u.a.] : Kluwer Law Internat., 2000. VIII, 468 S.

Merryman, John Henry ; Albert E. Elsen: Hot Art : A Reexamination of the Illegal International Trade in Cultural Objects. In: The Journal of Arts Management and Law 12 (1982) 5–31.
Auch in: The Penal Protection of Works of Art, 1983: 151–187. [A2]

Meyer, Karl E: The Disposable Past. In: Art Law : Domestic and International, 1975: 439–452. [D3]

Miles, Margaret M.: Cicero's Prosecution of Gaius Verres : A Roman View of the Ethics of Acquisition of Art. In: International Journal of Cultural Property 11 (2002) 28–49.

Morris, Robin A.: Legal and ethical issues in the trade in cultural property. In: The New Zealand Law Journal (1990) 40–42.

Museum Ethics / Gary Edson (Hrsg.). London ; New York : Routledge, 1997. XXIII, 282 S. (The Heritage : care, preservation, management)

Nafziger, James A.R.: Regulation by the International Council of Museums : An Example of the Role of Non-Governmental Organizations in the Transnational Legal Process. In: The Denver Journal of International Law and Policy 2 (1972) 231–253.

Nafziger, James A. R.: An Anthro-Apology for Managing the International Flow of Cultural Property. In: Houston Journal of International Law 4 (1982) 189–201.

Neils, Jenifer: I musei americani e il mercato delle antichità. In: Antichità senza provenienza II, 1997: 133–135. [D1]

O'Hagan, John ; Clare McAndrew: Restricting International Trade in the National Artistic Patrimony : Economic Rationale and Policy Instruments. In: International Journal of Cultural Property 10 (2001) 32–54.

O'Keefe, Patrick J.: Feasability of an international code of ethics for dealers in cultural property for the purpose of more effective control of illicit traffic in cultural property ; a report for UNESCO = Faisabilité d'un code international de déontologie pour les négociants en biens culturels afin de lutter plus efficacement contre le trafic illicite de biens culturels. Unesco-Document CLT-94/WS/11, 1994. 99 S.

O'Keefe, Patrick J.: Codes of Ethics : Form and Function in Cultural Heritage Management. In: International Journal of Cultural Property 7 (1998) 32–51.

O'Keefe, Patrick J.: Dealers, Ethics and Theft. In: The Recovery of Stolen Art, 1998: 201–203. [D3]

O'Keefe, Patrick J.: Codes of Ethics and the Art Trade. In: Protezione internazionale del patrimonio culturale, 2000: 141–154. [A2]

Ortiz, George: The collector and the regulation of the art market. In: La libre circulation des collections d'objets d'art, 1993: 147–158. [D3]

Ortiz, George: The Cross-Border Movement of Art : Can & Should it be Stemmed? In: Art, Antiquity and Law 3 (1998) 53–60.

Papageorge Kouroupas, Maria: The International Pillage of Cultural Property. In: Cultural Resource Management 23 (2000) 5: 68–71.

Pearlstein, William G.: Claims for the Repatriation of Cultural Property : Prospects for a Managed Antiquities Market. In: Law and Policy in International Business 28 (1996) 123–150.

Pinkerton, Linda F.: Museums Can Do Better : Acquisitions Policies Concerning Stolen and Illegally Exported Art. In: Villanova Sports & Entertainment Law Journal 5 (1998) 59–72.

Pommerehne, Werner ; Bruno Frey: Justifications for Art Trade Restrictions : The Economic Perspective. In: La libre circulation des collections d'objets d'art, 1993: 89–114. [D3]

Pronk, Jan: Fighting poverty is important for the safeguarding of cultural heritage. In: Illicit traffic in cultural property : museums against pillage, 1995: 9–13. [D1]

Pury, Simon de: Protection des biens culturels et lois du marché. In: La réglementation suisse de l'importation et de l'exportation des biens culturels, 1994: 71–75. [D7]

Rodotà, Stefano: Report on the art trade / Council of Europe, Parliamentary Assembly, Committee on Culture and Education. Doc. 5834 v. 3. Febr. 1988: 1–16.

Scichilone, Giovanni: Un ruolo per il Museo. In: Convegno internazionale sul tema : Eredità contestata?, 1992: 95–106. [D1]

Seligman, Thomas K.: What Value in Surplus Cultural Property? In: Legal Aspects of International Trade in Art (International Sales of Works of Art ; 5), 1996: 131–133. [D3]

Selkirk, Andrew: Who Owns the Past? : A Grass Roots Critique of Heritage Policy. London : Adam Smith Institute, 1997. 74 S.

Shestack, Alan: The Museum and Cultural Property : The Transformation of Institutional Ethics. In: The Ethics of Collecting Cultural Property, 1989: 93–101. [D2]

Sitter-Liver, Beat: Wider das Recht des Stärkeren : Ethische Überlegungen zum Umgang mit Kulturzeugen. In: Informationstag : „Kulturgüter zwischen Markt und Museum“, 1993: 12–40. [D1]

Socratic Panel: Cultural Property : A Two-Way Street / J. Callaway [u.a.]. In: Who Owns Culture?, 2001: 32–45. [A2]

The Ethics of Collecting Cultural Property : Whose Culture? ; Whose Property? / Phyllis Mauch Messenger (Hrsg.). Albuquerque : University of New Mexico Press, 1989. XXVI, 266 S.

The Trade in Art : Where Cultural Property Goes. / S. Melikian [u.a.]. In: Who Owns Culture?, 2001: 46–57. [A2]

Torres de Araúz, Reina: Museums and the Containment of Illicit Traffic. In: Museum <Paris> / Engl. Ausg. 34 (1982) 134–136.

Trümpler, Charlotte: Privatbesitz : Quo vadis? In: Archäologie, Raubgrabungen und Kunsthandel, 1995: 81–82. [D2]

Tubb, Kathryn Walker: The Antiquities Trade : An Archaeological Conservator's Perspective. In: Antiquities : Trade or Betrayed, 1995: 256–263. [D2]

Tubb, Kathryn Walker: Thoughts in Response to the Draft Principles to Govern a Licit International Traffic in Cultural Property. In: Legal Aspects of International Trade in Art (International Sales of Works of Art ; 5), 1996: 113–116. [D3]

UNESCO: International Code of Ethics for Dealers in Cultural Property. In: Art, Antiquity and Law 3 (2000) 383–384.

Varine, Hugues de: Viol et vol des cultures : Un aspect de la dégradation des termes de l'échange culturel entre les nations. In: Collections passion : exposition du 5 juin au 31 décembre 1982, Musée d'ethnographie, Neuchâtel : [catalogue] / Jaques Hainard ; Roland Kaehr [Hrsg.]. Neuchâtel : Musée d'ethnographie, 1982: 115–132.
Engl. Fassung u.d.T.: The Rape and Plunder of Cultures : An Aspect of the Deterioration of the Terms of Cultural Trade between Nations. In: Museum <Paris> / Engl. Ausg. 35 (1983) 152–157.

Vierneisel, Klaus: ‚Kontextrettung' : 12 Punkte. In: Archäologie, Raubgrabungen und Kunsthandel, 1995: 83–87. [D2]

Villanueva, Robin Hardy: Free Trade and the Protection of Cultural Property : The Need for an Economic Incentive to Report Newly Discovered Antiquities. In: The George Washington Journal of International Law and Economics 29 (1995) 547–580.

Vitelli, Karen D.: An Archaeologist's Response to the Draft Principles to Govern a Licit International Traffic in Cultural Property. In: Legal Aspects of International Trade in Art (International Sales of Works of Art ; 5), 1996: 109–112. [D3]

Warren, Karen J.: A Philosophical Perspective on the Ethics and Resolution of Cultural Properties Issues. In: The Ethics of Collecting Cultural Property, 1989: 1–25. [D2]

Weber, Axel G.: Hoffnung auf Rationalität. In: Archäologie, Raubgrabungen und Kunsthandel, 1995: 55–59. [D2]

Weihe, Hugo Keith: Licit International Traffic in Cultural Objects for Art's Sake. In: International Journal of Cultural Property 4 (1995) 81–90.
Auch in: Legal Aspects of International Trade in Art (International Sales of Works of Art ; 5), 1996: 57–66. [D3]

Woods, Willis F.: A Museums Director's Views on Regulation and Deregulation. In: Art Law : Domestic and International, 1975: 325–329. [D3]

D 3. Die rechtlichen Instrumente einer Regulierung des internationalen Kunstmarktes: Gesamtdarstellungen, Sammelwerke, Überblicksaufsätze / The Legal Means of a Regulation of the International Art Market: Comprehensive Works, Collective Works and Survey Articles

Abramson, Ronald D. ; Stephen B. Huttler: The Legal Response to the Illicit Movement of Cultural Property. In: Law and Policy in International Business 5 (1973) 932–970.

ACNA Foundation: Art Importation and Ownership : The Impact of International Agreements ; Foreign Ownership Claims and American Laws and Regulations. Fort Lauderdale : ACNA Foundation Press, 1986.

Aktuelle Fragen des Kulturgüterschutzes : Beiträge zur Reform des deutschen Kulturgutschutzgesetzes 1955 und seiner Angleichung an den europäischen Kulturgüterschutz / Hrsg. von Reinhard Mußgnug und Gerd Roellecke im Auftrag der Deutschen Gesellschaft für Kulturgüterschutz. Heidelberg : C. F. Müller, 1998. IX, 79 S. (Motive – Texte – Materialien ; 79)

Antiquities : International Cultural Property / R. Brilliant [u.a.]. In: Who Owns Culture, 2001: 72–89. [A2]

Antiquities : Trade or Betrayed ; Legal, Ethical and Conservation Issues / Kathryn Walker Tubb (Hrsg.). London : Archetype, UKIC Archaeology Section, 1995. XXI, 263 S.

Antonio, Leah K.: The Current Status of the International Art Trade. In: Suffolk Transnational Law Journal 10 (1986) 51–86.

Art Law : Domestic and International / Leonard D. DuBoff (Hrsg.). South Hackensack, N. J. : Rothman, 1975. X, 627 S.

Bator, Paul M.: International Trade in National Art Treasures : Regulation and Deregulation. In: Art Law : Domestic and International, 1975: 295–298. [D3]

Bator, Paul M.: An Essay on the International Trade in Art. In: Stanford Law Review 34 (1982) 275–384.
Auch selbständig veröffentlicht u.d.T.: The International Trade in Art. Chicago ; London : University of Chicago Press, 1983. VII, 108 S.

Belhumeur, Jeanne ; Angelo Miatello: Rapport national <Italie> : Les règles juridiques applicables à la circulation internationale d'objets d'art. In: International Art Trade and Law (International Sales of Works of Art ; 4), 1993: 77–85. [D3]

Blass, Michael S.: Legal Restrictions on American Access to Foreign Cultural Property. In: Fordham Law Review 46 (1978) 1177–1204.

Borodkin, Lisa J.: The Economics of Antiquities Looting and a Proposed Legal Alternative. In: Columbia Law Review 95 (1995) 377–417.

Borrelli, Licia Vlad: Sulle convenzioni internazionali esistenti. In: Antichità senza provenienza, 1995: 79–80. [D1]

Briat, Martine ; Eric Bonnet: Importation et exportation = Import and export. In: Annuaire International des Œuvres et Objets d'Art Volés = International Yearbook of Stolen Works of Art 1992/93 (1991) 87–92.
Auch veröffentlicht u.d.T.: Résumé : Importation et exportation = Import and Export (ohne Autorenangabe). In: International Sales of Works of Art (International Sales of Works of Art ; [2]), 1990: 155–160 = 161–166.

Browning, John: A Layman's Attempts to Precipitate Change in Domestic and International "Heritage" Laws. In: Antiquities : Trade or Betrayed, 1995: 145–149. [D2]

Buranich, William P.: The Art Collecting Countries and Their Export Restrictions on Cultural Property : Who Owns Modern Art? In: California Western International Law Journal 19 (1988) 153–172.

Byrne-Sutton, Quentin: Le trafic international des biens culturels sous l'angle de leur revendication par l'Etat d'origine : aspects de droit international privé. Zürich : Schulthess, 1988. VII, 274 S. Zugl.: Genf, Univ., Diss. (Etudes suisses de droit international ; 52)

Byrne-Sutton, Quentin: Le problème de la revendication des biens culturels par l'Etat d'origine : Un obstacle à la coopération contre les traffics illicites? In: Le patrimoine mobilier : Quelle politique européenne ?, 1990: 175–192. [A2]

Byrne-Sutton, Quentin ; Marc-André Renold: Rapport national <Suisse> : Les règles juridiques applicables à la circulation internationale d'objets d'art. In: International Art Trade and Law (International Sales of Works of Art ; 4), 1993: 101–103. [D3]

Cannone, Andrea: Recenti sviluppi in materia di protezione internazionale di beni culturali : in particolare il trasferimento illecito di beni culturali e la loro restituzione. In: La cultura e i suoi beni giuridici, 1999: 335–354. [A2]

Carducci, Guido: La restitution internationale des biens culturels et des objets d'art volés ou illicitement exportés : Droit commun, Directive CEE, Conventions de l'Unesco et de l'Unidroit. Paris : L.G.D.J., 1997. VII, 493 S. (Droit des affaires)

Caruthers, Claudia: International Cultural Property : Another Tragedy of the Commons. In: Pacific Rim Law and Policy Journal 7 (1998) 143–169.

Châtelain, Jean: Le commerce international de l'art et le droit = International Trade in Art and the Law. In: International Sales of Works of Art (International Sales of Works of Art ; [1]), [ca. 1989]: 17–22 = 23–28. [D3]

Colley, Mary: The Effect of Efforts to Control Illicit Art Traffic on Legitimate International Commerce in Art. In: Georgia Journal of International and Comparative Law 8 (1978) 462–481.

Commercio e circolazione delle opere d'arte / Maria Costanza (Hrsg.). Padova : CEDAM, 1999. 150 S. (Diritto e pratica nelle attività culturali, informative e ricreative ; 14)

Cozzuto Quadri, Maria Rosaria: La circolazione delle „cose d'arte". Napoli : Jovene, 1997. VIII, 245 S.

Dicke, Christian Detlev : Commerce international de l'art entre commerce libre et protection des biens culturels. In: International Sales of Works of Art (International Sales of Works of Art ; [1]), [ca. 1989]: 523–533. [D3]

Dimolitsa, Antonias: Rapport national <Grèce>: Les règles juridiques applicables à la circulation internationale d'objets d'art. In: International Art Trade and Law (International Sales of Works of Art ; 4), 1993: 71–76. [D3]

DuBoff, Leonard D.: The Protection of Cultural Property in Time of Peace. In: Annuaire de l'A.A.A. 44 (1974) 45–62.

Esposito, Vitaliano ; Letizia Fiorillo: The Harmonisation of National Legal Systems : A Precondition for Effective International Co-Operation in the Restitution of Unlawfully Removed Cultural Property. In: International Legal Protection of Cultural Property, 1984: 117–120. [A2]

Fabricatore, Claudio ; Antonio Scarpa: La circolazione dei beni culturali. Milano : Giuffré, 1998. VII, 224 S. (Il diritto privato oggi)

Fatouros, A.L.: La protection et le commerce des biens culturels dans le cadre du droit international et du droit communautaire. [3e Journées juridiques franco-helléniques]. In: Journées de la Société de Législation et de Droit Comparé (1986) = Revue Internationale de Droit Comparé / Numéro Spécial. 8: 461–479.

Fechner, Frank: Neue Entwicklungen des rechtlichen Schutzes archäologischer Kulturgüter. In: Mitteilungen des Deutschen Archäologenverbandes 30 (1999) 68–81.

Fechner, Frank: Schutz archäologischer Fundzusammenhänge durch das Recht. In: Bewahren als Problem, 2000: 113–119. [D1]

Forbes, Stephanie O.: Securing the Future of Our Past : Current Efforts to Protect Cultural Property. In: The Transnational Lawyer 9 (1996) 235–272.

Fraoua, Ridha: Le trafic illicite des biens culturels et leur restitution : analyse des réglementations nationales et internationales, critiques et propositions. Fribourg : Ed. Univ. Fribourg Suisse, 1985. VIII, 279 S. Zugl.: Fribourg, Univ., Diss., 1984. (Arbeiten aus dem Juristischen Seminar der Universität Freiburg, Schweiz ; 68)

Fraoua, Ridha: Réglementation de la circulation internationale des biens culturels. In: Informationstag : „Kulturgüter zwischen Markt und Museum", 1993: 41–55. [D1]

Frier, Pierre-Laurent: Droit du patrimoine culturel. Paris : Presses Universitaires de France, 1997. 526 S. (Collection droit fondamental : Droit politique et théorique) [Deuxième Partie : Titre troisième – Les trésors nationaux: 473–508.]

Frigo, Manlio: Réflexions sur quelques aspects juridiques de la protection internationale des biens culturels. In: La protezione internazionale dei beni culturali, 1986: 215–223. [A2]

Frigo, Manlio: La circolazione dei beni culturali tra diritto internazionale e diritto interno. In: La tutela e la circolazione dei beni culturali nei paesi membri della C.E.E., 1992: 26–37. [D7]

Frigo, Manlio: La circolazione internazionale dei beni culturali : diritto internazionale, diritto comunitario e diritto interno. Milano : Giuffrè, 2001. XIII, 341 S. (L'Italia e la vita giuridica internazionale ; 18)

Fuentes Camacho, Victor: El tráfico ilícito internacional de bienes culturales. Madrid : Beramar D.L., 1993. 452 S. (estudios internacionales ; [1])

Gerstenblith, Patty: Picture Imperfect : Attempted Regulation of the Art Market. In: William and Mary Law Review 29 (1988) 501–566.

Gimbrère, Sabine: National Report <The Netherlands> : The Regulatory Framework for the Free International Circulation of Objects of Art. In: International Art Trade and Law (International Sales of Works of Art ; 4), 1993: 87–91. [D3]

Gimbrère, Sabine: Illicit traffic in cultural property. In: Illicit traffic in cultural property : museums against pillage, 1995: 53–60. [D1]

Gonzáles, Marlene Alva: New Legal Tools to Curb the Illicit Traffic in Pre-Columbian Antiquities. In: Columbia Journal of Transnational Law 12 (1973) 316–341.

Gordon, Michael W.: The Third World and the Protection of National Patrimony : Oil, Art and Orchids. In: Hastings International and Comparative Law Review 2 (1979/ 80) 281–306.

Goy, Raymond: Le régime international de l'importation, de l'exportation et du transfert de propriété des biens culturels. In: Annuaire Français de Droit International 16 (1970) 605–624.

Goy, Raymond: Les objets de musée en droit international. In: Annuaire de l'A.A.A. 44 (1974) 22–33.

Guglielmino, Giorgio: Le opere d'arte trafugate : legislazione e normativa internazionale. Fiesole : Nardini 1997. 153 S.

Hughes, Valerie ; Laurie Wright: International Efforts to Secure the Return of Stolen or Illegally Exported Cultural Objects : Has Unidroit Found a Global Solution? In: The Canadian Yearbook of International Law 32 (1994) 219–241.

Illicit traffic in cultural property : museums against pillage / Harrie Leyten (Hrsg.). Amsterdam : Royal Tropical Institute ; Bamako : Musee National du Mali, 1995. 104 S.

International Art Trade and Law = Le Commerce International de l'Art et le Droit / Martine Briat ; Judith A. Freedberg (Hrsg.). Paris ; New York : ICC

Publ. ; Deventer ; Boston : Kluwer Law and Taxation Publ., 1991. XVI, 465 S. (International Sales of Works of Art = La Vente Internationale d'Œuvres d'Art ; 3). (ICC Publication ; 484)

International Sales of Works of Art : Geneva Workshop, 11–13 April 1985 = La Vente Internationale d'Œuvres d'Art : Colloque de Genève, 11–13 avril 1985 / Pierre Lalive (Hrsg.). Paris : ICC Publ., [ca. 1989]. 703 S. (International Sales of Works of Art = La Vente Internationale d'Œuvres d'Art ; [1]). (ICC Publication ; 436)

International Sales of Works of Art = La Vente Internationale d'Œuvres d'Art / Martine Briat (Hrsg.). Paris ; New York : ICC Publ. ; Deventer ; Boston : Kluwer Law and Taxation Publ., 1990. XXIII, 819 S. (International Sales of Works of Art = La Vente Internationale d'Œuvres d'Art ; [2]). (ICC Publication ; 477)

Jaeger, Andrea: Internationaler Kulturgüterschutz : Rechtslage-Rechtspraxis-Rechtsentwicklung. Köln [u.a.] : Heymanns, 1993. XXXIV, 184 S. Zugl.: Köln, Univ., Diss., 1992/93. (Internationales Wirtschaftsrecht ; 11)

Jore, Karen S.: The Illicit Movement of Art and Artifact : How Long will the Art Market Continue to Benefit from Ineffective Laws Governing Cultural Property? In: Brooklyn Journal of International Law 13 (1987) 55–81.

Kaenel, Hans-Markus von: Realtá diverse? : La comunitá internazionale e la tutela del patrimonio archeologico. In: Convegno internazionale sul tema : Eredità contestata?, 1992: 45–52. [D1]

Kaye, Lawrence M.: Art Wars : The Repatriation Battle. In: New York University Journal of International Law and Politics 31 (1998) 79–94.

Kearns, Paul: The Conceptualization of Art in its International Movement. In: The Legal Concept of Art / Paul Kearns. Oxford : Hart Publ., 1998: 149–158.

Kelly, Michael J.: Conflicting Trends in the Flourishing International Trade of Art and Antiquities : "Restitutio in Integrum and Possessio animo Ferundi/Lucrandi". In: Dickinson Journal of International Law 14 (1995) 31–55.

Kenety, William H.: Who Owns the Past? : The Need for Legal Reform and Reciprocity in the International Art Trade. In: Cornell International Law Journal 23 (1990) 1–46.

Knapp, Blaise: General Report : Restrictions to the Importation and Exportation in the Art Trade. In: International Sales of Works of Art (International Sales of Works of Art ; [2]), 1990: 11–47. [D3]

Knott, Hermann J.: Der Anspruch auf Herausgabe gestohlenen und illegal exportierten Kulturguts : Internationalprivatrechtliche und rechtsvergleichende

Aspekte zum Herausgabeanspruch des privaten Eigentümers und des Herkunftsstaates. Baden-Baden : Nomos-Verl.-Ges., 1990. 202 S. (Arbeiten zur Rechtsvergleichung ; 147)

Könz, Peider: Introduction to "The protection of the artistic and archaeological heritage". In: United Nations Social Defence Research Institute (UNSDRI), 1976. [D3]

Kunsthandel (inclusief antiquiteiten) en de bescherming van nationaal cultureel erfgoed / Paul J. I. M. de Waart (Hrsg.). Deventer : Kluwer, 1994. 134 S. (Mededelingen van de Nederlandsche Vereeniging voor Internationaal Recht ; 109)

La libre circulation des collections d'objets d'art = The Free Circulation of Art Collections / Quentin Byrne-Sutton ; Marc-André Renold (Hrsg.). Zürich : Schulthess, 1993. 237 S. (Etudes en droit de l'art ; 3)

Lalive, Pierre: A General View of the Law Relating to Cultural Property. In: International Legal Practitioner 13 (1988) 18–25.

Lalive, Pierre: Sur le régime des objets d'art volés en droit international privé. In: Europa im Aufbruch : Festschrift für Fritz Schwind zum 80. Geburtstag / Franz Matscher [u.a.] (Hrsg.). Wien : Manz, 1993: 51–69.

Lalive, Pierre: Sur le retour des biens culturels illicitement exportés. In: Nouveaux Itinéraires en Droit : Hommage à François Rigaux. Brüssel : Bruylant, 1993: 283–298. (Bibliothèque de la faculté de droit de l'université catholique de Louvain ; XXII)

Lanciotti, Alessandra: La circolazione dei beni culturali nel diritto internazionale privato e comunitario. Napoli : Ed. Scientifiche Italiane, 1996. X, 217 S. (Pubblicazioni della Facoltà di Giurisprudenza / Università degli studi di Perugia ; 56)

Le Ray, Sylvie: La protection des trésors nationaux et la circulation des biens culturels. In: Bulletin des bibliothèques de France 43 (1998) 6: 8–15.

Lecat, Robert ; Van Kirk Reeves: Rapport national <France> : Les règles juridiques applicables à la circulation internationale d'objets d'art. In: International Art Trade and Law (International Sales of Works of Art ; 4), 1993: 57–62. [D3]

Legal Aspects of International Art Trade = Aspects Juridiques du Commerce International de l'Art = Aspectos Jurídicos del Comercio International del Arte / Martine Briat ; Judith A. Freedberg (Hrsg.). Paris ; New York : ICC Publ. ; Deventer ; Boston : Kluwer Law and Taxation Publ., 1993. XV, 433 S. (International Sales of Works of Art = La Vente Internationale d'Œuvres d'Art ; 4). (ICC Publication ; 513)

Legal Aspects of International Trade in Art = Les Aspects Juridiques du Commerce International de l'Art / Martine Briat ; Judith A. Freedberg (Hrsg.). Paris ; New York : ICC Publ. ; The Hague ; London ; Boston : Kluwer Law International, 1996. XXI, 392 S. (International Sales of Works of Art = La Vente Internationale d'Œuvres d'Art ; 5). (ICC Publication ; 532)

Lehman, Jennifer N.: The Continued Struggle with Stolen Cultural Property : The Hague Convention, the UNESCO Convention, and the UNIDROIT Draft Convention. In: Arizona Journal of International and Comparative Law 14 (1997) 527–550.

Lerner, Ralph E.: National Report <United States> : The Regulatory Framework for the Free International Circulation of Objects of Art. In: International Art Trade and Law (International Sales of Works of Art ; 4), 1993: 105–114. [D3]

Liebich, Ferdinand Karl: Kultur ohne Handelsschranken : Empfehlungen zur Liberalisierung des Welthandels mit erzieherischen, wissenschaftlichen und kulturellen Erzeugnissen. Oettingen : Eurobuch-Verlag A. Lutzeyer ; München-Pullach ; Berlin : Verlag Dokumentation Saur, 1972. 115 S.

Lindsay, Mark F.: The Recovery of Cultural Artifacts : The Legacy of Our Archeological Heritage. In: Case Western Reserve Journal of International Law 22 (1990) 165–182.

Loosli, Mauro: Kulturgüterschutz in Italien : Rechtliche Grundlagen und Instrumente ; Handel und Verkehr. Zürich : Schulthess, 1996. LII, 212 S. Zugl.: Zürich, Univ., Diss., 1996. (Schweizer Studien zum internationalen Recht ; 96)

Makagiansar, Makaminan: The Work of Unesco. In: Protection or Plunder? : Safeguarding the Future of our Cultural Heritage, 1989: 9–13. [D3]

Mansi, Antonio: La tutela dei beni culturali : analisi e commento della Legge 01.06.1939 n. 1089 e di tutte le altre norme di tutela con ampi riferimenti di dottrina e giurisprudenza ; nonché sulla circolazione delle opere d'arte nel diritto interno, in quello comunitario ed in quello internazionale ; sul commercio dei beni culturali e sulla figura dell'artista. 2. ed. interamente rifatta. Padova : CEDAM, 1998. XXI, 531 S.

Margules, Paige L.: International Art Theft and the Illegal Import and Export of Cultural Property : A Study of Relevant Values, Legislation, and Solutions. In: Suffolk Transnational Law Journal 15 (1992) 609–647.

Martorell Carreño, Alberto: Patrimonio cultural : protegiendo las raíces de nuestra historia ; un estudio de derecho cultural. Lima : Biblioteca Nacional del Perú, [1994]. 323 S.

Martorell Carreño, Alberto A.: Patrimonio Cultural : Políticas Contra el Tráfico Ilícito. Lima : Fondo Editorial de Cultura S.A., 1998. 189 S.

McAlee, James R.: From the Boston Raphael to Peruvian Pots : Limitations on the Importation of Art into the United States. In: Dickinson Law Review 85 (1981) 565–605.

McAlee, James R.: The McClain Case, Customs and Congress. In: New York University Journal of International Law and Politics 15 (1982/83) 813–838.

Monaco, Riccardo: La protezione internazionale dei beni culturali. In: Beni culturali e mercato europeo, 1991: 9–24. [A3]

Müller-Katzenburg, Astrid: Internationale Standards im Kulturgüterverkehr und ihre Bedeutung für das Sach- und Kollisionsrecht. Berlin : Duncker und Humblot, 1996. 381 S. (Schriften zum Internationalen Recht ; 72)

Murphy, J. David: The People's Republic of China and the Illicit Trade in Cultural Property : Is the Embargo Approach the Answer? In: International Journal of Cultural Property 3 (1994) 227–242.

Murphy, J. David: Plunder and Preservation : Cultural Property Law and Practice in the People's Republic of China. Hong Kong ; Oxford : Oxford Univ. Press, 1995. XVI, 205 S.

Mußgnug, Reinhard: National Report <Germany> : The Regulatory Framework for the Free International Circulation of Objects of Art. In: International Art Trade and Law (International Sales of Works of Art ; 4), 1993: 63–70. [D3]

Nafziger, James A. R.: La regulación del movimiento internacional de bienes culturales entre México y los Estados Unidos. In: Anales de Antropología 16 (1979) 123–131.

Nafziger, James A. R.: Controlling the Northward Flow of Mexican Antiquities. In: Lawyer of the Americas 7 (1975) 68–80.

Nafziger, James A. R.: Protection of Cultural Property. In: California Western International Law Journal 17 (1987) 283–289.

Nahlik, Stanisław Edward: International Co-operation to Prevent Illicit Traffic of Cultural Property. In: Annuaire de l'A.A.A. 51–53 (1981–1983) 73–81.

O'Keefe, Patrick J.: Art Trade and Private International Law : An Australian Perspective. In: International Sales of Works of Art (International Sales of Works of Art ; [1]), [ca. 1989]: 437–455. [D3]

O'Keefe, Patrick J.: Provenance and Trade in Cultural Heritage. In: University of British Columbia Law Review (Special Issue 1995) 259–272.

Osman, Dalia N.: Occupiers' Title to Cultural Property : Nineteenth-Century Removal of Egyptian Artifacts. In: Columbia Journal of Transnational Law 37 (1999) 969–1002.

Palmer, Meredith: Symposium : Legal Aspects of the International Traffic in Stolen Art ; Introduction. In: Syracuse Journal of International Law and Commerce 4 (1976) 51–55.

Palmer, Norman E.: Recovering Stolen Art. In: Current Legal Problems 47 (1994) 215–254.

Pearlstein, William G.: Claims for the Repatriation of Cultural Property : Prospects for a Managed Antiquities Market. In: Law and Policy in International Business 28 (1996) 123–150.

Pegden, Norman: A Comparison of National Laws Protecting Cultural Property. In: Museum <Paris> / Engl. Ausg. 26 (1974) 53–60.

Persick, Lawrence J.: The Continuing Development of United States Policy Concerning the International Movement of Cultural Property. In: Dickinson Journal of International Law 4 (1985) 89–118.

Pinkerton, Linda F.: Recent Legal Developments Affecting Archaeological Cultural Property in the United States. In: International Legal Practitioner 16 (1991) 117–118.

Poli, Jean-François: La protection des biens culturels meubles. Paris : L.G.D.J., 1996. 530 S. Zugl.: Aix-en-Provence, Univ., Diss., 1992.

Pontrelli, Adele: La gestione, la valorizzazione e la circolazone dei beni del patrimonio culturale nel diritto interno e comunitario. In: La cultura e i suoi beni giuridici, 1999: 39–142. [A2]

Potter, Leslie S. ; Bruce Zagaris: Toward a Common U.S.-Mexican Cultural Heritage : The Need for a Regional Americas Initiative in the Recovery and Return of Stolen Cultural Property. In: The Transnational Lawyer 5 (1992) 627–690.

Proceedings of the Meeting : Cultural Property ; Return and Illicit Trade / K. Kostandi ; K. Tsekoura ; G. Fakarou (Hrsg.). Athens : Directorate of Prehistoric and Classical Antiquities, Foreign Schools Division, 2000. 52 S.

Protection or Plunder? : Safeguarding the Future of our Cultural Heritage ; Papers of the UNESCO Regional Seminar on the Protection of Movable Cultural Property, Brisbane, Australia, 1986 / Lyndel V. Prott ; James Specht (Hrsg.). Canberra : Australian Government Publication Service, 1989. VI, 129 S.

Prott, Lyndel V.: International Control of Illicit Movement of the Cultural Heritage : The 1970 UNESCO Convention and Some Possible Alternatives. In: Syracuse Journal of International Law and Commerce 10 (1983) 333–351.

Prott, Lyndel V.: National and International Laws on the Protection of Cultural Heritage. In: Antiquities : Trade or Betrayed, 1995: 57–72. [D2]

Prott, Lyndel V.: Saving the Heritage : Unesco's Action against Illicit Traffic in Africa. In: Plundering Africa's Past, 1996: 29–44. [D1]

Prott, Lyndel V. ; Patrick J. O'Keefe: Law and the Cultural Heritage : Vol. 3 ; Movement. London ; Edingburgh : Butterworths, 1989. 1049 S.

Prunty, Ann P.: Toward Establishing an International Tribunal for the Settlement of Cultural Property Disputes : How to Keep Greece from Losing the Marbles. In: Georgetown Law Journal 72 (1984) 1155–1182.

Raschèr, Andrea F. G.: Kulturgütertransfer und Globalisierung : UNESCO-Konvention 1970 – Unidroit-Konvention 1995 – EG-Verordnung 3911/92 – EG-Richtlinie 93/7 – Schweizerisches Recht. Zürich : Schulthess ; Baden-Baden : Nomos-Verl.-Ges., 2000. 241 S. (Studien zum Kunstrecht ; 12)

Reichelt, Gerte: La protection internationale des biens culturels [première étude demandée à Unidroit par l'UNESCO] = International Protection of Cultural Property [first study requested by UNESCO from Unidroit]. In: Revue de droit uniforme – Uniform Law Review (1985) 42–153.

Reichelt, Gerte: Internationaler Kulturgüterschutz : rechtliche und kulturpolitische Aspekte ; Gemeinsame Vortragsveranstaltung der Arbeitsstelle Schutz und Rückführung von Kulturgütern im geltenden Völkerrecht und des Europa-Instituts der Universität des Saarlandes in Saarbrücken am 30. Mai 1988. Saarbrücken : Europa-Institut der Universität des Saarlandes, 1988. 48 S. (Vorträge, Reden und Berichte aus dem Europa-Institut der Universität des Saarlandes ; 143)

Reichelt, Gerte: Rechtsfragen des Internationalen Kulturgüterschutzes : Aktuelle Entwicklungen. In: Das kulturelle Erbe im Risiko der Modernität, 1993: 61–80. [A2]

Roberts, D. Michael: London's Grey Art Market. In: New York Law School of International and Comparative Law 17 (1997) 171–191.

Rodotà, Stefano: The Civil Law Aspects of the International Protection of Cultural Property. In: International Legal Protection of Cultural Property, 1984: 99–111. [A2]

Rogers, William D.: The Legal Response to the Illicit Movement of Cultural Property. In: Law and Policy in International Business 5 (1973) 932–970.

Rogers, William D. ; Rosalind C. Cohen: Art Pillage : International Solutions. In: Art Law : Domestic and International, 1975: 315–324. [D3]

Roodt, Christa: Keeping Cultural Objects "In the Picture" : Traditional Legal Strategies. In: The Comparative and International Law Journal of Southern Africa 27 (1994) 314–339.

Roucounas, Emmanuel J.: General Report. In: International Legal Protection of Cultural Property, 1984: 136–147.

Sabatini, Margherita: L'azione italiana in sede internazionale per la lotta al traffico illecito di beni culturali. In: Antichità senza provenienza II, 1997: 147–149. [D1]

Schmitt, Jean Marie: Le cadre international : Introduction. In: Le patrimoine mobilier : Quelle politique européenne?, 1990: 173–174. [A2]

Schneider, Eric C.: Plunder or Excavation? : Observations and Suggestions on the Regulation of Ownership and Trade in the Evidence of Cultural Patrimony. In: Syracuse Journal of International Law and Commerce 9 (1982) 1–19.

Schümperli Younossian, Cathérine: Handel und Verkehr mit Kulturgütern : Stand der Regelung in der Schweiz. In: Jahrbuch Schweiz – Dritte Welt 16 (1997) 277–288.

Seabrook, John Brailey: Legal Approaches to the Trade in Stolen Antiquities. In: Syracuse Journal of International Law and Commerce 2 (1974) 51–66.

Shanaberger, Jeffrey: Struggling against the tide : United States participation in efforts to curtail the illicit flow of cultural properties. In: New York Law School Journal of International and Comparative Law 4 (1982) 157–186.

Shinn, John P.: A New World Order for Cultural Property : Addressing the Failure of International and Domestic Regulation of the International Art Market. In: Santa Clara Law Review 34 (1994) 977–1005.

Siehr, Kurt: Kunstraub und das Internationale Recht. In: Schweizerische Juristenzeitung 77 (1981) 189–197, 207–212.

Siehr, Kurt: International Art Trade and the Law. In: Recueil des Cours / Académie de Droit International de le Haye 243 (1993) 6: 9–292.

Siehr, Kurt: Rechtsschutz archäologischer Kulturgüter. In: Archäologie, Raubgrabungen und Kunsthandel, 1995: 49–54. [D2]

Siehr, Kurt: Die Schweiz und der Kulturgüterschutz in Europa. In: Prinzipien des Kulturgüterschutzes, 1996: 145–157. [A2]

Siehr, Kurt: Völkerrecht und Internationaler Kulturgüterschutz vor Gericht. In: Recht und Kunst : Symposium aus Anlaß des 80. Geburtstages von Wolfram Müller-Freienfels / Rainer Frank (Hrsg.). Heidelberg : C. F. Müller, 1996: 57–71. (Freiburger Rechts- und Staatswissenschaftliche Abhandlungen ; 61)

Siehr, Kurt: The Protection of Cultural Heritage and International Commerce. In: International Journal of Cultural Property 6 (1997) 304–325.

Siehr, Kurt: Internationaler Handel mit archäologischen Kulturgütern. In: Bewahren als Problem, 2000: 107–112. [D1]

Sinha, D. K.: Retrieval of Indian Antiquities Smuggled Abroad. In: Facets of Indian Civilization : Recent Perspectives ; (Essays in Honour of Prof. B. B.

Lall) ; Volume III / Jagat Pati Joshi (Hrsg.). New Dehli : Aryan Books Internat., 1997: 856–874.

Smith, John: Rewards for the Return of Lost or Stolen Property : the Civil and Criminal Law. In: The Recovery of Stolen Art, 1998: 171–176. [D3]

Steele, Chauncey D.: The Morgantina Treasure : Italy's Quest for Repatriation of Looted Artifacts. In: Suffolk Transnational Law Review 23 (2000) 667–712.

Strahl, Rochelle: The Retention and Retrieval of Art and Antiquities through International and National Means : The Tug of War Over Cultural Property. In: Brooklyn Journal of International Law 5 (1979) 103–128.

Sullivan, Anne McC.: Law and Diplomacy in Cultural Property Matters. In: Museum Management and Curatorship 10 (1991) 219–243.

Sultan, Jennifer: Combating the Illicit Trade in Art in the European Union : Europol's Role in Recovering Stolen Artwork. In: Northwestern Journal of International Law and Business 18 (1998) S. 759–810.

Tamiozzo, Raffaele: La legislazione dei beni culturali e ambientali : guida ragionata per studenti, specializzandi e operatori, amministrativi e tecnici, delle pubbliche istituzioni di tutela. 2. ed. aggiornata con le norme contenute nel Decreto legislativo 29 ottobre 1999, n. 490. Milano : Giuffrè, 2000. XX, 511 S. [Capitolo Quinto: La circolazione dei beni culturali.]

The Recovery of Stolen Art : A Collection of Essays / Norman E. Palmer (Hrsg). London : Kluwer Law International, 1998. XVIII, 262 S.

Turner, Stefan: Das Restitutionsrecht des Staates nach illegaler Ausfuhr von Kulturgütern : Eigentumsordnung und völkerrechtliche Zuordnung. Berlin ; New York : de Gruyter, 2002. XVII, 307 S. Zugl.: Saarbrücken, Univ., Diss., 2001. (Schriften zum Kulturgüterschutz = Cultural Property Studies)

United Nations Social Defence Research Institute (UNSDRI): The Protection of the Artistic and Archaeological Heritage : A View from Italy and India. Rome : UNSDRI, 1976. 259 S. (Publications of the United Nations Social Defence Research Institute ; 13)

Van Ommeslaghe, Denis: Rapport national <Belgique> : Les règles juridiques applicables à la circulation internationale d'objets d'art. In: International Art Trade and Law (International Sales of Works of Art ; 4), 1993: 53–56. [D3]

Vesci, Maria Emanuela: Commenti di tipo giuridico su iniziative internazionali in materia di beni culturali. In: Antichità senza provenienza, 1995: 77–78. [D1]

Virgós Soriano, Miguel: National Report <Spain> : The Regulatory Framework for the Free International Circulation of Objects of Art. In: International Art Trade and Law (International Sales of Works of Art ; 4), 1993: 93–99. [D3]

Visscher, Charles de: La protection des patrimoines artistiques et historiques nationaux : Nécessité d'une réglementation internationale. In: Art et Archéologie : Recueil de législation comparée et de droit international 1 (1939) 19–46.

Weber, Marc: Unveräußerliches Kulturgut im internationalen Rechtsverkehr. Berlin ; New York : de Gruyter, 2002. XLV, 525 S. Zugl.: Zürich, Univ., Diss., 2001. (Schriften zum Kulturgüterschutz = Cultural Property Studies)

Weidner, Amalie: Kulturgüter als res extra commercium im internationalen Sachenrecht. Berlin ; New York : de Gruyter, 2001. XXIV, 355 S. Zugl.: Regensburg, Univ., Diss., 2000. (Schriften zum Kulturgüterschutz = Cultural Property Studies)

Wyss, Martin Philipp: Rückgabeansprüche für illegal ausgeführte Kulturgüter : Überlegungen zu einem kulturpolitischen Ordre public. In: Prinzipien des Kulturgüterschutzes, 1996: 201–223. [A2]

Yapko, Brian A.: The Evolution of American Attitudes and Laws Regarding Ethnic Art and Artifacts : from Cultural Imperialism to Cultural Pluralism. In: Loyola of Los Angeles International and Comparative Law Journal 9 (1987) 621–659.

Yokaris, A.: American Experience in the Protection of Cultural Property. In: International Legal Protection of Cultural Property, 1984: 131–135. [A2]

D 4. Nationale Schutzregeln und Internationales Privatrecht, Einzelfälle/National Protective Regulations and Private International Law, Cases

Ackerman, Lisa: Italian Court Returns Artifacts of Ecuador. In: Journal of Field Archaeology 11 (1984) 422–424.

Ades, Stephanie Ann: The Archaeological Resources Protection Act : A New Application in the Private Property Context. In: Catholic University Law Review 44 (1995) 599–630.

Agnew, Julian ; Matthew Farrer: Goya's "The Marquesa De Santa Cruz". In: International Journal of Cultural Property 1 (1992) 137–141.

Alagna, Sergio: Ritrovamento e scoperta di beni aventi valore culturale. In: Contratto e impresa (1986) 434–475.
Auch u.d.T.: Le situazioni giuridiche soggettive in dependenza di ritrovamento e scoperta di beni aventi valore culturale : (In margine alla problematica dei beni culturali). In: Ritrovamenti e scoperte di opere d'arte, 1989: 25–74. [D4]

Alibrandi, Tommaso: Rapport national <Italie> : Liberté du collectionneur de disposer de tout ou partie de sa collection. In: International Art Trade and Law (International Sales of Works of Art ; 3), 1991: 177–178. [D3]

Alibrandi, Tommaso: Rapport national <Italie>: Liberté des musées de procéder à des transactions d'objets d'art. In: International Art Trade and Law (International Sales of Works of Art ; 3), 1991: 117–118. [D3]

Almagro-Gorbea, Martín: El patrimonio arqueológico español : riesgos y medidas de protección. In: Convegno internazionale sul tema : Eredità contestata?, 1992: 31–44. [D1]

Álvarez Álvarez, José Luis: La transmisión de obras de arte. Madrid : Dijusa, 1975. 341 S.

Álvarez Álvarez, José Luis: La Ley de 1933 y la transmisión de obras de arte. In: Boletín de la Anabad 33 (1983) 227–234.

Álvarez Álvarez, José Luis: El tanteo y el retracto en la nueva ley del patrimonio histórico español. In: Revista de derecho privado LXXI (1987) 6–56.

Álvarez Álvarez, José Luis: Estudios sobre el Patrimonio Histórico español y la Ley de 25 de junio de 1985. Madrid : Civitas, 1989. 897 S.

Amorth, Giorgio: L'aquisto del patrimonio mobilare indisponibile dello Stato mediante possesso di buona fede. In: Rivista trimestrale di diritto e procedura civile 7 (1953) 476–486.

Anselmo, A.: Irregolare denuncia di compravendita di bene artistico e diritto di prelazione dello Stato quale espressione di un potere sanzionatario. In: Il Foro amministrativo 68 (1992) 2344–2358.

Armbrüster, Christian: Privatrechtliche Ansprüche auf Rückführung von Kulturgütern ins Ausland. In: Neue Juristische Wochenschrift 49 (2001) 3581–3587.

Aschero, Donatella: Brevi osservazioni sul delitto di esportazione di cose di interesse artistico e storico. In: Rivista Italiana di diritto e procedura penale (1984) 1505–1517. [Anm. zu Tribunale di San Remo, 24 ottobre 1983, ibid., 1505–1538].

Audit, Bernard: Droit privé interne et international : Rapport français. In: La protection des biens culturels : (journées polonaises), 1991: 203–226. [A2]

Audit, Bernard: Le statut des biens culturels en droit international privé français. In: Revue internationale de droit comparé 2 (1994) 405–422.

Augustinos, Nicholas: The Protection of Cultural Heritage in the Event of Armed Conflict : the Cyprus Experience. In: The Recovery of Stolen Art, 1998: 217–260. [D3]

Axer, Peter: Das Hamburger Stadtsiegel – ein Problem des Rechts der öffentlichen Sachen : Eine Besprechung des Urteils des VG Köln vom 20. 3. 1991 (8 K 4501/89). In: Nordrhein-Westfälische Verwaltungsblätter 6 (1992) 11–13.

Azzali, Giampiero: Profili in tema di esportazione di opere d'arte. In: La tutela penale del patrimonio artistico : atti del Sesto Simposio di Studi di Diritto e Procedura Penali, promosso dalla Fondazione „Avv. Angelo Luzzani" di Como ; Como 25–26 ott. 1975. Milano : Giuffrè, 1977: 111 ff.

Baade, Hans W.: Zur Geschichte des türkischen Antiquitätenrechts. In: Zeitschrift für Vergleichende Rechtswissenschaft 95 (1996) 127–140.

Bakas, Christos: Droit privé interne et international : Rapport grec. In: La protection des biens culturels : (journées polonaises), 1991: 521–542. [A2]

Bamforth, Nicholas: Protecting the National Heritage? : Judicial Review and The Three Graces. In: Art, Antiquity and Law 1 (1996) 147–152.

Bargher, Craig M.: The Export of Cultural Property and United States Policy. In: DePaul-LCA Journal of Art and Entertainment Law 4 (1994) 189–206.

Barr-Smith, Adrian: National Report <United Kingdom> : Freedom of Collectors to Sell or Give Away All or Part of Their Collections. In: International Art Trade and Law (International Sales of Works of Art ; 3), 1991: 185–186. [D3]

Barr-Smith, Adrian: National Report <United Kingdom> : Freedom of Museums to Sell, Trade or Otherwise Dispose of Objects of Art in Their Collection. In: International Art Trade and Law (International Sales of Works of Art ; 3), 1991: 147–152. [D3]

Bastien, Hervé: A quoi sert le domaine public mobilier? : L'exemple des biens culturels. In: L'Actualité Juridique : Droit Administratif (1993) 675–681.

Battersby, Jean: Legislative Developments in Australia. In: Protection or Plunder? : Safeguarding the Future of our Cultural Heritage, 1989: 85–91. [D3]

Becker, Hans-Jürgen: Der Kampf um die Rückgabe von abhandengekommenem Archivgut : Von den Schwachstellen der Zivilrechtsordnung. In: Archivmitteilungen 43 (1994) 47–49.

Bellettini, Egle: Mercanti e giudici di fronte al furto d'arte. In: Contratto e impresa 2 (1986) 344–356.

Beni e attività culturali nell'evoluzione del sistema giuridico : La legge 1089/1939 : dottrina, giurisprudenza, legislazione a confronto / a cura di Wanda Vaccaro Giancotti / Presentazione di Raffaele Tamiozzo. Roma : Istituto Poligrafico e Zecca dello Stato, 1998. 590 S. (Quaderni / Ministero per i beni culturali e ambientali, Direzione generale per gli affari generali amministrativi e del personale, Ufficio studi)

Benini, Stefano: Sulla liceità del possesso di oggetti archeologici da parte di privati. In: Il Foro italiano (1993) 632–640.

Bennett, G. J. ; C. M. Brand: Conservation, Control and Heritage : Public Law and Portable Antiquities. In: Anglo-American Law Review 12 (1983) 141–173.

Berlingò, Irene: Progetto di legge Camera n. 3216 (Senato n. 1033) : Nuove norme in campo legislativo per evitare il commercio, il traffico e la detenzione illeciti di beni culturali. In: Antichità senza provenienza II, 1997: 189–190. [D1]

Bernsdorff, Norbert ; Andreas Kleine-Tebbe: Kulturgutschutz in Deutschland ; Ein Kommentar. Köln [u.a.] : 1996. XIV, 224 S.

Bibas, Stephanos: The Case Against Statutes of Limitations for Stolen Art. In: The Yale Law Journal 103 (1994) 2437–2469.
Auch in: International Journal of Cultural Property 5 (1996) 73–109.

Biever, Robert: Droit pénal : Rapport luxembourgeois. In: La protection des biens culturels : (journées polonaises), 1991: 557–560. [A2]

Bischop, Ludger: National Report <F.R. Germany> : Freedom of Collectors to Sell or Give Away All or Part of Their Collections. In: International Art Trade and Law (International Sales of Works of Art ; 3), 1991: 173–174. [D3]

Bischop, Ludger: National Report <F.R. Germany> : Freedom of Museums to Sell, Trade or Otherwise Dispose of Objects of Art in Their Collections. In: International Art Trade and Law (International Sales of Works of Art ; 3), 1991: 105–107. [D3]

Blake, Janet: Export Embargoes and the International Antiquities Market : The Turkish Experience. In: Art, Antiquity and Law 2 (1997) 233–250.

Blake, Janet: Illicit Antiquities and International Litigation : the Turkish Experience. In: Antiquity <Oxford> 72 (1998) 824–830.

Bland, Roger: Treasure Trove and the Case for Reform. In: Art, Antiquity and Law 1 (1996) 11–26.

Bland, Roger: The Treasure Act and Portable Antiquities Scheme : A Progress Report. In: Art, Antiquity and Law 4 (1999) 191–203.

Bleckmann, Albert: Sittenwidrigkeit wegen Verstoßes gegen den ordre public international : Anmerkung zum Urteil des BGH vom 22. Juni 1972. In: Zeitschrift für ausländisches öffentliches Recht und Völkerrecht 34 (1974) 112–132.

Bleszynski, Jan: Droit privé interne et international : Rapport polonais. In: La protection des biens culturels : (journées polonaises), 1991: 304–311. [A2]

Bocchi, Alessandro: Droit pénal : Rapport italien. In: La protection des biens culturels : (journées polonaises), 1991: 543–556. [A2]

Boer, Ben: Protection of Movable Cultural Heritage Property Act 1986. In: Environmental and Planning Law Journal 4 (1987) 63–66, 161–163.

Boguslavskij, Mark M.: Irina Shchukina's Suit : (On the Decision of a French Court). In: International Journal of Cultural Property 4 (1995) 325–341.

Boll, Jan M.: Import and Export : The Netherlands. In: International Sales of Works of Art (International Sales of Works of Art ; [2]), 1990: 97–102. [D3]

Bour, Jean: Droit privé interne et international : Rapport luxembourgeois. In: La protection des biens culturels : (journées polonaises), 1991: 279–294. [A2]

Boutin, Gilberto: Droit privé interne et international : Rapport panaméen. In: La protection des biens culturels : (journées polonaises), 1991: 295–301. [A2]

Brickley, Ann: McClain Untarnished : The NSPA Shines Through the Phiale Controversy. In: DePaul-LCA Journal of Art & Entertainment Law 10 (2000) 315–360.

Brodie, Neil: Britannia waives the rules? : The licensing of archaeological material for export from the UK. In: Illicit Antiquities, 2002: 185–204. [D1]

Burke, Karen Theresa: International Transfers of Stolen Cultural Property : Should Thieves Continue to Benefit from Domestic Laws Favoring Bona Fide Purchasers? In: Loyola of Los Angeles International and Comparative Law Journal 13 (1990) 427–466.

Bush, Sara E.: The Protection of British Heritage : Woburn Abbey and "The Three Graces". In: International Journal of Cultural Property 5 (1996) 269–290.

Byrne-Sutton, Quentin: Qui est le propriétaire légitime d'un objet d'art volé? : Une source de conflit dans le commerce international. In: International Sales of Works of Art (International Sales of Works of Art ; [1]), [ca. 1989]: 483–501. [D3]

Byrne-Sutton, Quentin: The Goldberg Case : A Confirmation of the Difficulty in Acquiring Good Title to Valuable Stolen Cultural Objects. In: International Journal of Cultural Property 1 (1992) 151–168.

Byrne-Sutton, Quentin: Introduction : Alternative Paths to Explore. In: Resolution Methods for Art-Related Disputes, 1999: 3–13. [D4]

Byrne-Sutton, Quentin ; Marc-André Renold: Rôle et contenu d'une nouvelle réglementation suisse en matière de circulation des biens culturels. In: La réglementation suisse de l'importation et de l'exportation des biens culturels, 1994: 15–43. [D4]

Callahan, Constance M.: Warp and Weft : Weaving a Blanket of Protection for Cultural Resources on Private Property. In: Environmental Law <Portland, Or.> 23 (1993) 1323–1351.

Cameron, Duncan: An introduction to the Cultural Property Export and Import Act : Report prepared for the Arts and Culture Branch Department of the Secretary of State Government of Canada. Ottawa, Kanada, 1977. 61 S.

Cannada Bartoli, Eugenio: In tema di acquisto all'esportazione di beni d'interesse d'artistico (nota a sentenza n. 7 – Consiglio di Stato 23 settembre 1991). In: Il Foro amministrativo 68 (1992) 744–745.

Cannada-Bartoli, Luigi: Sul trasferimento di beni fuori commercio nel diritto internazionale privato. In: Rivista di diritto internazionale 72 (1989) 618–131.

Cantucci, Michele: La prelazione dello Stato nelle alienazioni delle cose di interesse artistico e storico. In: Rivista trimestrale di diritto pubblico (1952) 565–610.

Cantucci, Michele: Le limitazioni all'esportazione di cose d'arte e la „tassa progressiva" su di essa. In: Rivista di diritto finanziario e scienza delle finanze 23 (1964) 577–583.
Auch in: Scritti giuridici / Michele Cantucci ; a cura di Enzo Balocchi e Pier Giorgio Ponticelli. (Collana di studi Pietro Rossi / N.s. ; 8). Milano : Giuffré, 1982: 467–474.

Caracciolo La Grotteria, Alfredo: I trasferimenti onerosi dei beni culturali „sub condicione" dell'esercizio del „diritto di prelazione". In: Il Foro amministrativo 68 (1992) 975–1011.

Caracciolo La Grotteria, Alfredo: I trasferimenti onerosi dei beni culturali nell'ordinamento italiano e comunitario. Milano : Giuffré 1998. 254 S. (Pubblicazioni della Facoltà di Giurisprudenza della Università di Messina ; 195)

Caracciolo La Grotteria, Alfredo: La circolazione dei beni culturali nell'ordinamento italiano e comunitario. In: La cultura e i suoi beni giuridici, 1997. Milano : Giuffrè Editore 1999: 198–214. [A2]

Carleton, James: Protecting the National Heritage : The Implications of the British Treasure Act 1996. In: International Journal of Cultural Property 6 (1997) 343–355.

Carter, Peter B.: Transnational Trade in Works of Art : The Position in English Private International Law. In: International Sales of Works of Art (International Sales of Works of Art ; [1]), [ca. 1989]: 317–332. [D3]

Caruso, Maria Adalgisa: Scoperta di opera d'arte e concorso della disciplina di autore con la tutela del patrimonio artistico e storico. In: Ritrovamenti e scoperte di opere d'arte, 1989: 75–80. [D4]

Cater, R. R.: The Taranaki Panels : A Case-Study in the Recovery of Cultural Heritage. In: Museum <Paris> / Engl. Ausg. 34 (1982) 256–258.

Chandernagor, André: [Des migrations encadrées] : Discours d'ouverture. In: Le patrimoine en mouvement, 1997: 95–105. [A2]

Châtelain, Jean: Rapport national <France> : Liberté des musées de procéder à des transactions d'objets d'art. In: International Art Trade and Law (International Sales of Works of Art ; 3), 1991: 109–112. [D3]

Chong, Derrick: The Case of Thomas Holloway's Picture Collection. In: International Journal of Cultural Property 5 (1996) 167–184.

Chrétien, A.: De la protection et de la conservation des monuments et objets précieux d'art et d'antiquité d'après la nouvelle loi italienne. In: Clunet (Journal du droit international privé) (1903) 736–743.

Church, Judith: Evaluating the Effectiveness of Foreign Laws on National Ownership of Cultural Property in U.S. Courts. In: Columbia Journal of Transnational Law 30 (1992) 179–229.

Church, Judith: Evolving U.S. Case Law on Cultural Property Disputes. In: International Journal of Cultural Property 2 (1993) 47–71.

Ciancone, Sabrina: Circolazione ed esportazione dei beni culturali : la normativa italiana e comunitaria / [Italia nostra, Associazione nazionale per la tutela del patrimonio storico artistico e naturale della nazione]. [S.l. : s.n., 1996?]. 188 S.

Ciciriello, Maria Clelia ; Pierluigi Simone: La legge n. 88/1998 sulla circolazione dei beni culturali ed il trattamento del possessore di buona fede. In: La protezione internazionale e la circolazione comunitaria dei beni culturali mobili, 1998: 271–294. [A2]

Claeys Bouuaert, Michel: Droit public interne : Rapport belge. In: La protection des biens culturels : (journées polonaises), 1991: 339–353. [A2]

Clark, Ian Christie: The Cultural Property Export and Import Act of Canada : Legislation to Encourage National Cooperation. In: New York University Journal of International Law and Politics 15 (1983) 771–787.

Clark, Ian Christie: The Cultural Property Export and Import Act : Legislation to Encourage Co-operation. In: Art Research News 2 (1983) 1: 8–11.

Clark, Ian Christie: Illicit Traffic in Cultural Property : Canada Seeks a Bilateral Agreement with the United States. In: Museum <Paris> / Engl. Ausg. 38 (1986) 182–187.

Clark, Ian Christie: Establishing Export Controls : The Canadian Experience. In: Protection or Plunder? : Safeguarding the Future of our Cultural Heritage, 1989: 70–84. [D3]

Clark, Ian Christie: The Cultural Property Export and Import Act of Canada : An Appraisal Nine Years After Implementation. In: Protection or Plunder? : Safeguarding the Future of our Cultural Heritage, 1989: 70–84. [D3]

Clark, Ian Christie ; Lewis E. Levy: National Legislation to Encourage International Cooperation : The Cultural Property Export and Import Act of Canada. In: The Challenge to Our Cultural Heritage, 1986: 213–231. [A2]

Clark, John R.: National Patterns of Antiquities Retrieval : the Case for Greek Coin Hoards. In: Journal of Field Archaeology 7 (1980) 455–460.

Clerici, Roberta: La protection des biens culturels vis-à-vis des règles italiennes de conflit. In: Rivista di diritto internazionale privato e processuale 25 (1989) 799–808.

Clerici, Roberta: Droit privé interne et international : Rapport italien. In: La protection des biens culturels : (journées polonaises), 1991: 253–259. [A2]

Collin, Robin Morris: The Law and Stolen Art, Artifacts and Antiquities. In: Howard Law Journal 36 (1993) 17–42.

Colvin, Andrew: Il mercato dell'arte nel regno unito e la disciplina di autoregolamentazione. In: Protezione internazionale del patrimonio culturale, 2000: 201–209. [A2]

Comporti, M.: Per una diversa lettura dell'art 1153 a tutela dei beni culturali. In: Le ragioni del diritto : Scritti in onore di Luigi Mengoni. Vol. I. Milano : Giuffré, 1995: 395–425.

Connell-Thouez, Katherine: Droit privé interne et international : Rapport louisianais. In: La protection des biens culturels : (journées polonaises), 1991: 261–277. [A2]

Cook, Brian Francis: The Transfer of Cultural Property : British Perspectives. In: Convegno internazionale sul tema : Eredità contestata?, 1992: 15–23. [D1]

Costanza, Maria: La circolazione delle opere d'arte : regole civilistiche di scambio. In: Commercio e circolazione delle opere d'arte, 1999: 3–34. [D3]

Cozzuto Quadri, Maria Rosaria: Principi costituzionali e prelazione artistica. In: La nuova giurisprudenza civile commentata 10 (1994) 744–750.

Crewdson, Richard: Review System for Export of Works of Art in the United Kingdom. In: La tutela e la circolazione dei beni culturali nei paesi membri della C.E.E., 1992: 20–25. [D7]

Crewdson, Richard: Waverley Adrift. In: International Journal of Cultural Property 6 (1997) 353–355.

Crowell, Deidre L.: Autocephalous Greek-Orthodox Church of Cyprus v. Goldberg & Feldman Fine Arts, Inc. : Choice of Law in the Protection of Cultural Property. In: Texas International Law Journal 27 (1992) 173–209.

D'Arcy, David: The Sevso Melodrama : Who Did What and to Whom. In: The Art Newspaper 4 (1993) Okt. = 31: 14–16, 38.

Darraby, Jessica L.: Pre-Columbian Artifacts : Whose Property is Cultural Property? In: Entertainment and Sports Lawyer 8 (1990) 3–6, 17–23.

Das Ausfuhrverbotsgesetz für Kulturgut : (AusfVKG) ; [Bundesgesetz vom 5. Dezember 1918 über das Verbot der Ausfuhr von Gegenständen von geschichtlicher, künstlerischer oder sonstiger kultureller Bedeutung ; idF BGBl 1985-253 und BGBl 1986-391] ; zugl. 2. Erg.-Bd. zu: Die Rechtsvorschriften für den Denkmalschutz ; Stand 1. September 1986 / Norbert Helfgott (Hrsg.). Wien : Manz, 1987. 107 S. (Manzsche Gesetzesausgaben : Sonderausgabe ; 49a)

Davenport, Brian ; Anthony Ross: Market Overt. In: International Journal of Cultural Property 2 (1993) 25–45.

Deangeli, Andrea: Sull'opponibilità al terzo di buona fede della nullità della alienazione di bene artistico : [Anmerkung zu Cassazione Civile, I Sezione, 7 aprile 1992, n. 4260]. In: Giurisprudenza Italiana 146 (1994) 1241–1248.

Delvolvé, Jean-Louis: Aspects juridiques du commerce international de l'art : quelques positions du droit français. In: International Sales of Works of Art (International Sales of Works of Art ; [2]), 1990: 725–731. [D3]

DeMeo, Antonia M.: More Effective Protection for Native American Cultural Property through Regulation of Export. In: American Indian Law Review 19 (1994) 1–72.

Demuro, Gian Paolo: Beni culturali e techniche di tutela penale. Milano : Giuffré Editore, 2002. 538 S. (Università degli Studi di Sassari, Pubblicazioni del Dipartimento di Scienze Giuridiche ; 2)

Department of National Heritage Discussion Paper : Should Works by Living Artists be Subject to Export Controls? ; DNH 51/96. In: Art, Antiquity and Law 1 (1996) 191–195.

DePorter Hoover, Deborah: Title Disputes in the Art Market : An Emerging Duty of Care for Art Merchants. In: George Washington Law Review 51 (1983) 443–464.

Dickson, Graham J.: The Need for a National Registry of Cultural Objects. In: Fordham International Law Journal 11 (1988) 839–862.

Dimolitsa, Antonias: Rapport national <Grèce> : Liberté des musées de procéder à des transactions d'objets d'art. In: International Art Trade and Law (International Sales of Works of Art ; 3), 1991: 113–115. [D3]

Dimolitsa, Antonias: Rapport national <Grèce> : Liberté du collectionneur de disposer de tout ou partie de sa collection. In: International Art Trade and Law (International Sales of Works of Art ; 3), 1991: 175–176. [D3]

dos Santos, António Marques: Le statut des biens culturels en droit international privé. In: Documentação e direito comparado : Boletim do Ministério da Justiça. Lissabon, 1994: 9–44.

Droz, Georges A.L.: The International Protection of Cultural Property from the Standpoint of Private International Law. In: International Legal Protection of Cultural Property, 1984: 114–116. [A2]

Droz, Georges A. L.: [Anmerkung zu Fondation Abegg et ville de Genève c. Mme Ribes et autres, Cour de cassation (Ass. plén.), 15 avril 1988]. In: Revue Critique de Droit International Privé 78 (1989) 100–111.

Drum, Sidney M.: DeWeerth v. Baldinger : Making New York a Haven for Stolen Art. In: New York University Law Review 64 (1989) 909–945.

Eisen, Leah E.: The Missing Piece : A Discussion of Theft, Statutes of Limitations, and Title Disputes in the Art World. In: The Journal of Criminal Law and Criminology 81 (1991) 1067–1101.

Elia, Ricardo J.: Greece v. Ward : The Return of Mycenaean Artifacts. In: International Journal of Cultural Property 4 (1995) 119–128.

Elvinger, Marc: Droit public interne : Rapport luxembourgeois. In: La protection des biens culturels : (journées polonaises), 1991: 445–460. [A2]

Epstein, J. G.: The Laches Defense in Art Theft Litigation. In: IFAR Journal 4 (2001) 1: 44–48.

Evans, Malcom: The Relevance of Good Faith to the Trade in Cultural Property. In: International Legal Protection of Cultural Property, 1984: 121–123. [A2]

Ewing, Douglas C.: What is "Stolen"? : The McClain Case Revisited. In: The Ethics of Collecting Cultural Property, 1989: 177–183. [D2]

Eygout, Henry: La protection des objets mobiliers d'art et d'histoire. In: Revue du droit public et de la science politique en France et à l'étranger 39 (1922) 460–493.

Eyster, Jason: United States v. Pre-Columbian Artefacts and the Republic of Guatemala : Expansion of National Stolen Property Act in its Application to Illegally Exported Cultural Property. In: International Journal of Cultural Property 5 (1996) 185–191.

Farrell, Pamela: Title to Church Mosaics Unimpaired by Confiscatory Decrees of Unrecognized State : "Autocephalous Greek-Orthodox Church of Cyprus v. Goldberg and Feldman Fine Arts, Inc.", 917 F.2d 278 (7th Cir. 1990). In: Suffolk Transnational Law Journal 15 (1992) 790–800.

Fechner, Frank: Der Hamburger Stadtsiegelfall : (zu Manssen JuS 1992, 745ff.). In: Juristische Schulung (1993) 704.

Feldman, Franklin: New York's Statute of Limitations with Respect to Stolen Art and Holocaust Claims. In: IFAR Journal 1 (1998) 2: 16–17.

Feldman, Franklin: A Comment on the Steinhardt Affair. In: IFAR Journal 1 (1998) 2: 18–19.

Ferreri, Silvia: The Status of Cultural Property in Private International Law : From an Italian Point of View. In: International Congress of Comparative Law <14, 1994, Athenai>: Rapports nationaux italiens au XIVe Congrès International de Droit Comparé : Athènes 1994 = Italian National Reports to the XIVth International Congress of Comparative Law. Milano : Giuffrè, 1994: 133–176.

Fishman, James J. ; Susan Metzger: Protecting America's Cultural and Historical Patrimony. In: Syracuse Journal of International Law and Commerce 4 (1976) 57–76.

Fitzpatrick, James F.: A Wayward Course : The Lawless Customs Policy toward Cultural Properties. In: New York University Journal of International Law and Politics 15 (1983) 857–894.

Forder, Caroline: New Treasure Trove Law in the Netherlands. In: International Journal of Cultural Property 1 (1992) 396–401.

Formentin, Laura: Prelazione a favore della pubblica amministrazione. In: Digesto delle discipline pubblicistiche. Bd. XI. Torino : UTET, 1996: 410–413.

Foutty, Stephen L.: Autocephalous Greek-Orthodox Church of Cyprus v. Goldberg & Feldman Fine Arts, Inc. : Entrenchment of the Due Diligence Requirement in Replevin Actions for Stolen Art. In: Vanderbilt Law Review 43 (1990) 1839–1861.

Franz, Michael Markus: Zivilrechtliche Probleme des Kulturgüteraustausches. Frankfurt a.M. [u.a.] : Lang, 1996. 218 S. Zugl.: Gießen, Univ., Diss., 1995. (Europäische Hochschulschriften : Reihe 2, Rechtswissenschaft ; 1920)

Fraoua, Ridha: La base constitutionelle d'une réglementation suisse sur le contrôle de l'exportation et de l'importation des biens culturels. In: La libre circulation des collections d'objets d'art, 1993: 71–88. [D3]

Frigo, Manlio: L'acquisto di beni mobili dal titolare apparente nel diritto internazionale privato : il caso del trasferimento illecito di opere d'arte di proprietà dello stato. In: Comunicazioni e Studi XVII–XVIII (1985) 547–592.

Frigo, Manlio: Trasferimento illecito di beni culturali e legge applicabile (Trib. Roma, 27 Giugno 1987). In: Diritto del commercio internazionale 2 (1988) 611–626.

Frigo, Manlio: The International Transfer of Works of Art in the New Italian Consolidated Statute on Cultural Property. In: International Journal of Cultural Property 10 (2002) 315–325.

Fuchs, Angelika: Kulturgüterschutz im Kulturgutsicherungsgesetz. In: IPRax : Praxis des internationalen Privat- und Verfahrensrechts 20 (2000) 281–286.

Fucillo, Antonio: La circolazione dei beni culturali d'interesse religioso. In: Il diritto ecclesiastico 104 (1993) 603–649.

Fulciniti, Luciana: Esportazione di beni culturali e azione di restituzione dei beni culturali illecitamente esportati (l.30 marzo 1998 n. 80). In: Il Foro Amministrativo 75 (1999) 2311–2329.

Furtak, Oliver: Abschluß im New Yorker Verfahren DeWeerth v. Baldinger um den gutgläubigen Erwerb eines Monet. In: IPRax : Praxis des Internationalen Privat- und Verfahrensrechts 15 (1995) 128–129.

Galgano, Francesco: Aspects juridiques du commerce de l'art en Italie. In: International Sales of Works of Art (International Sales of Works of Art ; [1]), [ca. 1989]: 121–129. [D3]

Garro, Alejandro M.: The Recovery of Stolen Art Objects from Bona Fide Purchasers. In: International Sales of Works of Art (International Sales of Works of Art ; [1]), [ca. 1989]: 503–520. [D3]

Gauthier, Jean: Droit pénal : Rapport suisse. In: La protection des biens culturels : (journées polonaises), 1991: 573–582. [A2]

Gegas, E. I.: International Arbitration and the Resolution of Cultural Property Disputes : Navigating the Stormy Waters Surrounding Cultural Property. In: Ohio State Journal on Dispute Resolution 13 (1997) 129–166.

Geraci, Placido Olindo: La tutela del patrimonio d'antichità e d'arte : commento alla legge 1 Giugno 1939 N. 1089 sulla base della più recente dottrina e giurisprudenza e della relazione al progetto governativo, con richiami ai codici, alle leggi attinenti e alla prassi amministrativa. Napoli : Jovene, 1956. XIV, 291 S.

Gerstenblith, Patty: Guggenheim v. Lubell. In: International Journal of Cultural Property 1 (1992) 359–367.

Gerstenblith, Patty: The Status of the Good Faith Purchaser of Art Works in United States Law. In: La tutela penale delle opere d'arte = The penal protection of works of art, 1994: 113–122. [A2]

Gerstenblith, Patty: The Kanakariá Mosaics and the United States Law : On the Restitution of Stolen and Illegally Exported Cultural Property. In: Antiquities : Trade or Betrayed, 1995: 105–121. [D2]

Gerstenblith, Patty: Protection of Cultural Heritage Found on Private Land : The Paradigm of the Miami Circle and Regulatory Takings Doctrine After Lucas. In: St. Thomas Law Review 13 (2000) 65–111.

Gerstenblith, Patty: The Public Interest in the Restitution of Cultural Objects. In: Connecticut Journal of International Law 16 (2001) 197–246.

Ghandhi, Sandy ; Jennifer James: The God that Won. In: International Journal of Cultural Property 1 (1992) 369–381.

Giaccardi, Giorgio: Droit public interne : Rapport italien. In: La protection des biens culturels : (journées polonaises), 1991: 423–435. [A2]

Gielen, Peter: Aus der Rechtsprechung des Bundesverwaltungsgerichtes. In: Juristische Rundschau (1994) 143–149.

Gillman, Derek: The Export of National Treasures : Reasonable or Treasonable? In: Art, Antiquity and Law 3 (1998) 271–285.

Glenn, Jane Matthews: Droit public interne : Rapport canadien. In: La protection des biens culturels : (journées polonaises), 1991: 376–390. [A2]

Goldenberg, Lloyd: New York State Law Initiative (Part II). In: Spoils of War : International Newsletter (1999) Feb.= 6: 12–16. [Part I s. *Kline* D4]

Goldenberg, Lloyd ; Willi Korte: Recent Legal Developments in the United States. In: Spoils of War : International Newsletter (1996) July = 2: 8–9.

Gómez Antón, Francisco: Tres disposiciónes sobre exportación de bienes de interés artístico o histórico : los Decretos de 2 de junio y la Ley de 21 de Julio de 1960. In: Revista de Administración Pública 33 (1960).

González Campos, Julio D. ; Miguel Virgós Soriano: Le commerce international de l'art en droit espagnol. In: International Sales of Works of Art (International Sales of Works of Art ; [1]), [ca. 1989]: 333–357. [D3]

González Campos, Julio D. ; Miguel Virgós Soriano: Law and Practice of International Art Trade in Spain = Droit et pratique du commerce international de l'art en Espagne. In: International Sales of Works of Art (International Sales of Works of Art ; [2]), 1990: 103–126. [D3]

Grammaticaki-Alexiou, Anastasia: The Status of Cultural Property in Greek Private International Law. In: Revue hellénique de droit international 47 (1994) 139–160.

Grover, Steven F.: The Need for Civil-Law Nations to Adopt Discovery Rules in Art Replevin Actions : A Comparative Study. In: Texas Law Review 70 (1992) 1431–1467.

Gugolz, Alessandro: The Protection of Cultural Heritage in the Sultanate of Oman. In: International Journal of Cultural Property 5 (1996) 291–309.

Gutchen, Mark A.: The Maya Crisis and the Law : Current United States Legal Practice and the International Law of the Maya Antiquities Trade. In: Arizona Journal of International and Comparative Law 1 (1982) 283–309.

Hadano, Norihiko ; Jun Norisugi: National Report <Japan> : Freedom of Museums to Sell, Trade or Otherwise Dispose of Objects of Art in Their Collections. In: International Art Trade and Law (International Sales of Works of Art ; 3), 1991: 119–121. [D3]

Hagens, Walter von: Die Exterritorialität der fürstlich-liechtensteinischen Kunstsammlung in Wien. In: Archiv des Völkerrechts 5 (1955/56) 284–295.

Hallays, André: D'une législation à faire en France pour la protection des monuments artistiques et des œuvres d'art. In: Clunet (Journal du droit international privé) (1903) 752–760.

Hammond, Gregory Norman: Treasure Trove : Ancient Law to Preserve Archaeological Relics. In: Antiquity <Oxford> 56 (1982) 58–60.

Hanisch, Hans: Aspects juridiques du commerce international de l'art en République fédérale d'Allemagne. In: International Sales of Works of Art (International Sales of Works of Art ; [1]), [ca. 1989]: 157–193. [D3]

Hanisch, Hans: Internationalprivatrechtliche Fragen im Kunsthandel. In: Festschrift für Wolfram Müller-Freienfels / Albrecht Dieckmann [u.a.] (Hrsg.). Baden-Baden : Nomos-Verl.-Ges., 1986: 193–224.

Hanisch, Hans: Der Fall des Liotard und die nationale Zuordnung eines Kunstwerks. In: Recht und Kunst : Symposium aus Anlaß des 80. Geburtstages von Wolfram Müller-Freienfels / Rainer Frank (Hrsg.). Heidelberg : C. F. Müller, 1996: 19–36. (Freiburger Rechts- und Staatswissenschaftliche Abhandlungen ; 61)

Hanworth, Rosamond: Treasure Trove : New Approaches to Antiquities Legislation. In: Antiquities : Trade or Betrayed, 1995: 173–175. [D2]

Haumont, Francis: La protection du patrimoine culturel mobilier. In: Annales de droit de Louvain 48 (1988) 353–381.

Haumont, Francis: Rapport national <Belgique> : Liberté des musées de procéder à des transactions d'objets d'art. In: International Art Trade and Law (International Sales of Works of Art ; 3), 1991: 99–103. [D3]

Haumont, Francis: Rapport national <Belgique> : Liberté du collectionneur de disposer de tout ou partie de sa collection. In: International Art Trade and Law (International Sales of Works of Art ; 3), 1991: 171–172. [D3]

Haunton, Marion: Canada's Proposed Archeological Heritage Protection Act. In: International Journal of Cultural Property 1 (1992) 395–396.

Hawkins, Ashton ; Richard A. Rothman ; David B. Goldstein: A Tale of Two Innocents : Creating an Equitable Balance between the Rights of Former Owners and Good-Faith Purchasers of Stolen Art. In: Fordham Law Review 64 (1995) 49–96.

Hayworth, Andrea E.: Stolen Artwork : Deciding Ownership is No Pretty Picture. In: Duke Law Journal 43 (1993) 337–383.

He, Shuzhong: The Mainland's Environment and the Protection of China's Cultural Heritage : A Chinese Cultural Heritage Lawyer's Perspective. In: Art, Antiquity and Law 5 (2000) 19–35.

Hecke, G. van: Nochmals : Der ausländische Staat als Kläger. In: IPRax : Praxis des Internationalen Privat- und Verfahrensrechts 12 (1992) 205–206.

Helfgott, Norbert: Neue Tendenzen und Normen des Denkmalschutzgesetzes und des Ausfuhrverbotsgesetzes für Kulturgut in Österreich. In: Internationaler Kulturgüterschutz : Wiener Symposion, 1992: 81–96. [A2]

Henderson, Dan Fenno: The Japanese System for Controlling Art Movement. In: Art Law : Domestic and International, 1975: 263–267. [D3]

Heuer, Carl-Heinz: „Eingesperrt“ oder „ausverkauft“? : Das Gesetz zum Schutz deutschen Kulturgutes gegen Abwanderung. In: Weltkunst <München> 71 (2001) 1727–1731.

Highet, Keith ; George Kahale: Cultural Property – Recovery of Stolen Artworks – Choice of Law – Recognition of Governments : Autocephalous Greek-Orthodox Church of Cyprus v. Goldberg & Feldman Fine Arts, Inc. 917 F.2d 278 ; U.S. Court of Appeals, 7th Cir., October 24, 1990, “rehearing denied”, No. 89–2809, 1990 U.S. App. Lexis 20, 398 (7th Cir. Nov. 21, 1990) (en banc). In: American Journal of International Law 86 (1992) 128–133.

Hipp, Anette: Schutz von Kulturgütern in Deutschland. Berlin ; New York : de Gruyter, 2000. XXV, 446 S. Zugl.: Heidelberg, Univ., Diss., 1999. (Schriften zum Kulturgüterschutz = Cultural Property Studies)

Hirsch, Herbert: The Tale of the Two Chagalls or How New York State Got its Statute of Limitations Rule. In: IFAR Journal 3 (2000) 3–4: 53–57.

Hochfield, Sylvia: Statute with Limitations. In: Art News 97 (1998) Nov.: 57.

Hofstadter, Dan: Goldberg's Angel : An Adventure in the Antiquities Trade. New York : Farrar, Straus, Giroux, 1994. IX, 241 S.
Dt. Ausg. u.d.T: Goldbergs Engel : die Geschichte eines Kunstraubs. Frankfurt a.M. ; Leipzig : Insel, 1998. 298 S.

Hönes, Ernst-Rainer: Das Gesetz zum Schutz deutschen Kulturgutes gegen Abwanderung vom 6. August 1955. In: Bayerische Verwaltungsblätter 120 (1989) 38–42.

Hönes, Ernst-Rainer: Das Schatzregal. In: Die Öffentliche Verwaltung (1992) 425–432.

Hoover, Deborah: Museum Collections at Risk : Standards of Diligence in Protecting Your Monet. In: The Journal of Arts Management, Law and Society 20 (1990) 37–62.

Houseman, Lee Ann: Current Practices and Problems in Combatting Illegality in the Art Market. In: Seton Hall Law Review 11 (1982) 506–567.

Hughes, William J.: United States v. Hollinshead : A New Leap in Extraterritorial Application of Criminal Law. In: Hastings International and Comparative Law Review 1 (1977) 149–171.

Il Testo unico in materia di beni culturali e ambientali : tutela, valorizzazione e godimento dei beni culturali e ambientali : atti del Convegno nazionale, Gubbio, 26–27 novembre 1999 / Sergio Matteini Chiari [u.a.]. Rimini : Maggioli, [2001]. 213 S.

Il testo unico sui beni culturali e ambientali (D.Lgs. 29 ottobre 1999, n. 490) : Analisi sistematica e lezioni / Giuseppe Caia (Hrsg). Milano : Giuffré Editore, 2000. XII, 370 S.

Illari, Silvia: La prelazione artistica fra ommissioni legislative e tutela dei beni culturali : [commento alla sent. 20 giugno 1995 n. 269 della Corte cost.]. In: Giurisprudenza costituzionale 40 (1995) 3704–3715.

Iorio, Patrizia: La tutela e la circolazione dei beni culturali in Italia. In: La tutela e la circolazione dei beni culturali nei paesi membri della C.E.E., 1992: 182–187. [D7]

Isler-Kerényi, Cornelia: La Svizzera e il commercio di antichità : un rapporto in via di trasformazione. In: Antichità senza provenienza, 1995: 57–50. [D1]

Jacobitti, Giammarco: Il controllo della circolazione dei beni culturali nello Stato pontifico. In: La cultura e i suoi beni giuridici, 1999: 191–197. [A2]

Jamieson, Hugh H.: The Protection of Australia's Movable Cultural Heritage. In: International Journal of Cultural Property 4 (1995) 215–239.

Jayme, Erik: Die Nationalität des Kunstwerks als Rechtsfrage. In: Internationaler Kulturgüterschutz : Wiener Symposion, 1992: 7–30. [A2]
Auch in: Wiener Vorträge : Internationales Privat- und Verfahrensrecht, Rechtsvergleichung, Kunst- und Kulturrecht / Erik Jayme. (Schriftenreihe des Ludwig-Boltzmann-Institutes für Europarecht ; 8). Wien : Manz, 2001: 129–153.

Jayme, Erik: Anknüpfungsmaximen für den Kulturgüterschutz im Internationalen Privatrecht. In: Études de droit international en l'honneur de Pierre Lalive : Recueil / Faculté de Droit de l'Université de Genève, Institut Universitaire de Hautes Etudes Internationales. Christian Dominicé [u.a.] (Hrsg.). Basel [u.a.] : Helbing und Lichtenhahn, 1993: 717–731.

Jayme, Erik: The Status of Cultural Property in German Private International Law. In: German National Reports in Civil Law Matters for the XIVth Congress of Comparative Law in Athens 1994 = Deutsche Landesberichte im Zivilrecht für den XIV. Kongreß für Rechtsvergleichung in Athen 1994 / Erik Jayme (Hrsg.). Heidelberg : C. F. Müller, 1994: 87–95.
Auch in: Nationales Kunstwerk und Internationales Privatrecht / Erik Jayme, 1999: 181–189. [D4]

Jayme, Erik: Neue Anknüpfungsmaximen für den Kulturgüterschutz im Internationalen Privatrecht. In: Rechtsfragen des Internationalen Kulturgüterschutzes, 1994: 35–52. [A2]
Auch in: Nationales Kunstwerk und Internationales Privatrecht / Erik Jayme, 1999: 95–108. [D4]

Jayme, Erik: Kulturgüterschutz in ausgewählten europäischen Ländern. In: Zeitschrift für vergleichende Rechtswissenschaft 95 (1996) 158–169.
Auch in: Nationales Kunstwerk und Internationales Privatrecht / Erik Jayme, 1999: 163–173. [D4]

Jayme, Erik: Nationales Kunstwerk und Internationales Privatrecht : Vorträge, Aufsätze, Gutachten. Heidelberg : C. F. Müller, 1999. IX, 304 S. (Gesammelte Schriften / Erik Jayme ; 1). (Motive, Texte, Materialien ; 85)

Jefferson, M.: An Attempt to Evade the Lex Situs Rule for Stolen Goods. In: The Law Quarterly Review 96 (1980) 508–511.

Jessup, Philip C.: General Report : Freedom of Museums to Sell, Trade or Otherwise Dispose of Objects of Art in Their Collections. In: International Art Trade and Law (International Sales of Works of Art ; 3), 1991: 67–72. [D3]

Juneau, Donald: Droit public interne : Rapport louisianais. In: La protection des biens culturels : (journées polonaises), 1991: 438–444. [A2]

Karim, Vincent: Droit privé interne et international : Rapport canadien. In: La protection des biens culturels : (journées polonaises), 1991: 176–192. [A2]

Karinshak, Zahra S.: Relics of the Past : To Whom Do They Belong? ; The Effect of an Archaeological Excavation on Property Rights. In: Emory Law Journal 46 (1997) 867–911.

Kastenberg, Joshua E.: Assessing the Evolution and Available Actions for Recovery in Cultural Property Cases. In: DePaul-LCA Journal of Art & Entertainment Law 6 (1995) 39–60.

Katz, Stephen Z.: Penal Protection of Cultural Property : The Canadian Approach. In: International Journal of Cultural Property 2 (1993) 11–24.
Auch in: La tutela penale delle opere d'arte = The penal protection of works of art, 1994: 129–141. [A2]

Kaufmann-Kohler, Gabrielle: Art et arbitrage : quels enseignements tirer de la résolution des litiges sportifs? In: Resolution Methods for Art-Related Disputes, 1999: 123–151. [D4]

Kaye, Lawrence M.: The Future of the Past : Recovering Cultural Property. In: Cardozo Journal of International and Comparative Law 4 (1996) 23–41.

Kaye, Lawrence M.: The Recovery of Stolen Cultural Property : A Practitioner's View ; War Stories and Morality Tales. In: Villanova Sports & Entertainment Law Journal 5 (1998) 5–17.

Kaye, Lawrence M.: The Statute of Limitations in Art Recovery Cases : An Overview. In: IFAR Journal 1 (1998) 3: 22–28.

Kaye, Lawrence M.: Disputes relating to Ownership and Status of Cultural Property. In: Resolution Methods for Art-Related Disputes, 1999, 35–53. [D4]

Kaye, Lawrence M. ; Carla T. Main: The Saga of the Lydian Hoard Antiquities : From Uşak to New York and Back Again. In: Antiquities : Trade or Betrayed, 1995: 150–161. [D2]

Kennon, Hans: Take A Picture, It May Last Longer if Guggenheim Becomes the Law of the Land : The Repatriation of Fine Art. In: St Thomas Law Review 8 (1995) 373–422.

Kline, Thomas: New York State Law Initiative (Part I). In: Spoils of War : International Newsletter (1999) Feb. = 6: 11–12. [Part II s. *Goldenberg* D4]

Knapp, Blaise: Droit public interne : Rapport Général. In: La protection des biens culturels : (journées polonaises), 1991: 315–338. [A2]

Knapp, Blaise: La protection des biens culturels. In: International Congress of Comparative Law <13, 1990, Montréal> Rapports suisses présentés au XIIIème Congrès International de Droit Comparé : Montréal, 19–24 août 1990 = Swiss Reports Presented at the XIIIth International Congress of Comparative Law. (Publications de l'Institut suisse de droit comparé = Veröffentlichungen des Schweizerischen Instituts für Rechtsvergleichung ; 12). Zürich : Schulthess, 1990: 227–246.

Knapp, Blaise: Rapport national <Suisse> : Liberté du collectionneur de disposer de tout ou partie de sa collection. In: International Art Trade and Law (International Sales of Works of Art ; 3), 1991: 183–184. [D3]

Knapp, Blaise: Rapport national <Suisse> : Liberté des musées de procéder à des transactions d'objets d'art. In: International Art Trade and Law (International Sales of Works of Art ; 3), 1991: 135–145. [D3]

Knoepfler, François: Le commerce de l'art en droit international privé suisse. In: International Sales of Works of Art (International Sales of Works of Art ; [1]), [ca. 1989]: 359–387. [D3]

Knott, Hermann: Neue Tendenzen im Recht des internationalen Kunsthandels in den USA. In: Recht der Internationalen Wirtschaft 37 (1991) 553–559.

Koenig, Hans: General Report : Freedom of Collectors to Sell or Give Away All or Part of Their Collections. In: International Art Trade and Law (International Sales of Works of Art ; 3), 1991: 157–166. [D3]

Köhling, Lambert: Der Eigentumserwerb abhanden gekommener Kunstgegenstände im amerikanischen Recht. Münster : Lit, 1999. XXV, 202 S. Zugl.: Münster (Westfalen), Univ., Diss., 1999. (Münsteraner Studien zur Rechtsvergleichung ; 56)

Kohls, Frank: Kulturgüterschutz : Wirkungen von Verstößen gegen Ausfuhrverbote und Möglichkeiten der Rückführung illegal verbrachter Kulturgüter ; eine vergleichende Untersuchung mit den Rechten Dänemarks, Norwegens und Schwedens. Frankfurt a.M. [u.a.] : Lang, 2001. 235 S. Zugl.: Freiburg (Breisgau), Univ., Diss., 2000. (Europäische Hochschulschriften : Reihe 2, Rechtswissenschaft ; 3191)

Kono, Toshiyuki: Kulturgüterschutz im japanischen IPR unter besonderer Berücksichtigung des Gutglaubensschutzes im Japanischen Zivilrecht. In: Rechtsfragen des internationalen Kulturgüterschutzes, 1994: 105–122. [A2]

Koumantos, George: La protection des biens culturels en droit civil. In: Archaeological Heritage : Current Trends in Its Legal Protection, 1995: 169–172. [A2]

Kreuzer, Karl: La propriété mobilière en droit international privé. In: Recueil des Cours / Académie de Droit International de La Haye 259 (1996) 3: 9–318. [Zum Kulturgüterschutz: 135–229]

Krys, Roman: Treasure Trove Under Anglo-American Law. In: The Anglo-American Law Review 11 (1982) 214–240.

Kubicki, Leszek: Droit pénal : Rapport polonais. In: La protection des biens culturels : (journées polonaises), 1991: 561–571. [A2]

Kunitz, Michele: Switzerland & the International Trade in Art & Antiquities. In: Northwestern Journal of International Law & Business 21 (2001) 519–542.

Kyprianou, Michael: Caveat Emptor : The Four Byzantine Mosaics and the Struggle to Good Title. In: 10th Commonwealth Law Conference : Conference Papers. Nicosia, Cyprus : Asselia Publ., 1993: 659–670.

L'Heureux, Jacques : Droit public interne : Rapport canadien. In: La protection des biens culturels : (journées polonaises), 1991: 363–375. [A2]

La nuova disciplina dei beni culturali e ambientali : commento al Testo Unico approvato con il decreto legislativo 29 ottobre 1999, n.490 / Marco Cammelli (Hrsg.). Bologna : Il Mulino, 2000. XV, 623 S.

La nuova tutela dei beni culturali e ambientali : tutte le norme di tutela e valorizzazione dei beni culturali e ambientali coordinate nel Testo unico (D. lgs. 29 ottobre 1999, n.490) : aggiornato con il regolamento per le alienazioni di immobili del demanio storico e artistico / Pier Giorgio Ferri ; Marcello Pacini (Hrsg.). Milano : Il sole 24-ore, 2001. X, 357 S.

La réglementation suisse de l'importation et de l'exportation des biens culturels : Actes d'une table ronde organisée le 15 avril 1994 / Quentin Byrne-Sutton ; Fabienne Geisinger-Mariéthoz ; Marc-André Renold (Hrsg.). Zürich : Schulthess, 1994. 176 S. (Etudes en droit de l'art ; 5)

Ladas, Panayotis: Droit privé interne et international : Rapport grec. In: La protection des biens culturels : (journées polonaises), 1991: 227–242. [A2]

Ladas, Panayotis: Le commerce des biens culturels en droit privé hellénique. [3e Journées juridiques franco-helléniques]. In: Journées de la Société de Législation et de Droit Comparé (1986) = Revue Internationale de Droit Comparé / Numéro Spécial. 8: 407–419.

Lagarde, Paul: Commerce et protection des biens culturels en droit international privé. [3e Journées juridiques franco-helléniques]. In: Journées de la Société de Législation et de Droit Comparé (1986) = Revue Internationale de Droit Comparé / Numéro Spécial. 8: 423–443.

Lagarde, Paul: Le commerce de l'art en droit international privé français. In: International Sales of Works of Art (International Sales of Works of Art ; [1]), [ca. 1989]: 389–408. [D3]

Lagarde, Paul: Droit privé interne et international : Rapport Général. In: La protection des biens culturels : (journées polonaises), 1991: 95–105. [A2]

Lalive, Pierre: Observations, ATF 94 II 297, Koerfer contre Goldschmidt. Jurisprudence suisse de droit international privé, sauf le droit des obligations (1968–1970). In: Schweizerisches Jahrbuch für internationales Recht 26 (1969/70) 315–327.

Lalive, Pierre: Le statut des biens culturels en droit international privé suisse. In: International Congress on Comparative Law <14, 1994, Athenai>: Rapports suisses présentés au XIVème Congrès international de droit comparé. Athènes, 31. juillet au 6. août 1994. (Publications de l'Institut Suisse de Droit Comparé ; 24). Zürich : Schulthess, 1994: 91–108.

Lanciotti, Alessandra: La determinazione della legge applicabile ai trasferimenti dei oggetti rubati. In: Studium iuris : rivista per la formazione nelle professioni giuridiche (1997) 720–724.

Landesman, Peter: The Curse of the Sevso Silver. In: The Atlantic Monthly (2001) 288: 63–89.

Leiboff, M.: Treasure, Objects and Items : The Legal Protection of the Archaeological Heritage in England. In: Law in Context <Melbourne> 14 (1996) 2: Special Issue : Law and Cultural Heritage: 91–113.

Leigh, Monroe: Attorney General of New Zealand v. Ortiz. [1982] 3 W.L.R. 570. Court of Appeal, May 21, 1982. In: American Journal of International Law 77 (1983) 631–634.

Lemme, Fabrizio: Il caso Pagenstecker (sic!) : lo Stato non può essere un mercante affarista e senza scrupoli. In: Il Giornale dell'Arte 99 (April 1992) 29.

Lemme, Fabrizio: „Il caso Pagenstecher è chiuso" : rimane aperto il problema dell'oggetto di tutela. In: Tra arte e diritto / Fabrizio Lemme. (I testimoni dell'arte). Torino : Allemandi, 1993: 163–168.

Leniaud, Jean-Michel: Les fondements et l'évolution de l'approche française de la protection du patrimoine culturel. In: La libre circulation des collections d'objets d'art, 1993: 57–70. [D3]

Lepelletier, F.: De la prohibition d'exporter des objects d'art à l'étranger d'après la législation italienne. In: Journal du droit international privé 23 (1896) 962–981.

Ley, John: Australia's Protection of Movable Cultural Heritage. Canberra : Australian Government Publishing Service, 1991. XXXII., 122 S.

Lin, Zhou: Art Law in China. In: Art, Antiquity and Law 4 (1999) 3–22.

Lipstein, Kurt: Attorney General of New Zealand v. Ortiz and Others [Note]. In: Clunet (Journal du droit international privé) 115 (1988) 839–842.

Lojacono, Enza: La scoperta di opere d'arte (note di dottrina e giurisprudenza). In: Ritrovamenti e scoperte di opere d'arte, 1989: 185–194. [D4]

Lombardi, Giorgio: Die behördliche Kontrolle des grenzüberschreitenden Handels mit Kunstwerken und sonstigen Kulturgütern in Italien. In: Rechtsfragen des Internationalen Kulturgüterschutzes, 1994: 191–198. [A2]

Longworth, Ian H.: Snettisham Revisited. In: International Journal of Cultural Property 1 (1992) 333–341.

Lopez, Jacoiste ; José Javier: Droit privé interne et international : Rapport espagnol. In: La protection des biens culturels : (journées polonaises), 1991: 193–202. [A2]

Lowenthal, Constance: Pending Legislation about the Ownership of Stolen Art. In: Artists and Cultural Consumers : Proceedings of the Fourth International Conference on Cultural Economics, May 12–14, 1986, Avignon, France. Vol. III / Douglas W. Shaw ; William S. Hendon ; C. Richard Waits (Hrsg.). [Akron, Ohio : Association for Cultural Economics, 1987]: 274–278.

Lufkin, Martha: Forfeiture of an Antiquity Claimed by Italy, with Help from the US National Stolen Property Act : The "Steinhardt" Case. In: Art, Antiquity and Law 5 (2000) 57–72.

Luzzatto, Ricardo: Trade in Art and Conflict of Laws : The Position in Italy. In: International Sales of Works of Art (International Sales of Works of Art ; [1]), [ca. 1989]: 409–424. [D3]

Macrory, Patrick: Remarks : The International Protection of Cultural Property. In: Proceedings of the Annual Meeting of the American Society of International Law 71 (1977) 200–202.

Mann, F. A.: Anmerkung zu BGHZ 59,82ff. [Nigeria-Fall]. In : Neue Juristische Wochenschrift (1972) 2179.

Manolov, Roumen: Droit public interne : Rapport bulgare. In: La protection des biens culturels : (journées polonaises), 1991: 355–361. [A2]

Mansell, Heinz Peter: DeWeerth v. Baldinger : Kollisionsrechtliches zum Erwerb gestohlener Kunstwerke. In: IPRax : Praxis des Internationalen Privat- und Verfahrensrechts 8 (1988) 268–271.

Mansi, Antonio: Il nuovo testo unico per i beni culturali e ambientali. Padova : CEDAM, 2000. X, 337 S.

Manssen, Gerrit: Der Hamburger Stadtsiegelfall – VG Köln, NJW 1991, 2584. In: Juristische Schulung (1992) 745–748.

Marletta, Marilù: La circolazione internazionale dei beni culturali nel nuovo Testo Unico sui beni culturali ed ambientali. In: Rivista Italiana di Diritto Pubblico Comunitario 10 (2000) 1261–1280.

Marston, J. ; L. Ross: Treasure and Portable Antiquities in the 1990s Still Chained to the Ghosts of the Past : The Treasure Act 1996. In: The Conveyancer and Property Lawyer 61 (1997) 273–287.

Marston, J. ; L. Ross: The Treasure Act 1996 : Code of Practice and Home Office Circular on Treasure Inquests. In: Conveyancer and Property Lawyer 62 (1998) 252–266.

Mason, Peter: United States Court Issues Important Ruling on Antiquities. In: Art, Antiquity and Law 3 (1998) 61–72.

Masset, Adrien: Droit pénal : Rapport belge. In: La protection des biens culturels : (journées polonaises), 1991: 496–506. [A2]

Maurice, Clair ; Richard Turnor: The Export Licensing Rules in the United Kingdom and the Waverley Criteria. In: International Journal of Cultural Property 1 (1992) 273–295.
Modifizierte und aktualisierte Fassung in: La libre circulation des collections d'objets d'art, 1993: 31–56. [D3]

Maury, Jean: [Anmerkung zu Ville de Genève et Fondation Abegg c. Consorts Margail, Cour d'appel de Montpellier, arrêt du 18 décembre 1984]. In: Recueil Dalloz Sirey (1985) 208–212.

Maury, Jean: [Anmerkung zu Fondation Abegg c. Ville de Genève et autres, Ville de Genève c. Veuve Ribes et autres, Cour de cassation (Ass. plén.), 15 avril 1988] In: Recueil Dalloz Sirey (1988) 325–330.

Mazza, Leonardo: Opere d'arte (Contrabbando). In: Enciclopedia del diritto. Vol. XXX. Milano : Giuffré, 1980: 277–310.

Mazzoni, Cosimo Marco: Aspetti civilistici della tutela dei beni culturali in Italia. In: Rivista critica del diritto privato 5 (1989) 393–402.

Mazzoni, Cosimo Marco: Droit privé interne et international : Rapport italien. In: La protection des biens culturels : (journées polonaises), 1991: 243–252. [A2]

McCord, Julia A.: The Strategic Targeting of Diligence : A New Perspective on Stemming the Illicit Trade in Art. In: Indiana Law Journal 70 (1995) 985–1008.

McFarland-Taylor, Laura: Tracking Stolen Artworks on the Internet : A New Standard for Due Diligence. In: The John Marshall Journal of Computer & Information Law XVI (1988) 937–969.

McHugh, M. P.: Treasure Trove and the Law. In: Medicine, Science and the Law 16 (1976) 139–145.

McKenna, Mary: Problematic Provenance : Toward a Coherent United States Policy on the International Trade in Cultural Property. In: University of Pennsylvania Journal of International Business Law 12 (1991) 83–124.

Medina, Rubens: Mexican National Cultural Patrimony Law of April 28, 1972. Washington : Library of Congress, Law Library, 1973. 5 S.

Merryman, John Henry: American Law and the International Trade in Art. In: International Sales of Works of Art (International Sales of Works of Art ; [1]), [ca. 1989]: 425–436. [D3]

Merryman, John Henry: International Cultural Property Litigation in the United States : Two Recent Decisions. In: La tutela e la circolazione dei beni culturali nei paesi membri della C.E.E., 1992: 83–94. [D7]

Merryman, John Henry: Limits on State Recovery of Stolen Artifacts : Peru v. Johnson. In: International Journal of Cultural Property 1 (1992) 169–173.

Merryman, John Henry ; James A. R. Nafziger: The Private International Law of Cultural Property in the United States. In: American Journal of Comparative Law 42 (1994) 221–244.

Merryman, John Henry: Due Diligence? In: IFAR Journal 3 (2000) 3–4: 41–45.

Metzger, Oliver: Making the Doctrine of “Res Extra Commercium” Visible in United States Law. In: Texas Law Review 74 (1996) 615–653.

Michaud, Jean: Droit pénal : Rapport français. In: La protection des biens culturels : (journées polonaises), 1991: 507–519. [A2]

Migliorino, Luigi: In margine ad una recente sentenza inglese in tema di trasferimento internazionale illecito di opere d’arte. In: Rivista di Diritto Internazionale Privato e Processuale 18 (1982) 774–783.

Miller, David L. Carey ; Allison Sheridan: Treasure Trove in Scots Law. In: Art, Antiquity and Law 1 (1996) 393–404.

Miller, David L. Carey ; David W. Meyers ; Anne L. Cowe: Restitution of Art and Cultural Objects : A Re-Assessment of the Role of Limitation. In: Art, Antiquity and Law 6 (2001) 1–17.

Mittler, Elmar: Bibliotheksbestände von Kulturgutrang. In: Aktuelle Fragen des Kulturgüterschutzes, 1998: 59–63. [D3]

Monaco, Riccardo: Legislazione in materia di furti e recuperi di opere d'arte. In: L'opera ritrovata, 1984: 37–39. [H3]

Montagu, Alexandre A.: Recent Cases on the Recovery of Stolen Art : The Tug of War between Owners and Good Faith Purchasers Continues. In: Columbia-VLA Journal of Law and Arts 18 (1993–1994) 75–101.

Moore, Jonathan S.: Enforcing Foreign Ownership Claims in the Antiquities Market. In: The Yale Law Journal 97 (1988) 466–487.

Morrison, Carolyn: United Kingdom Export Policies in Relation to Antiquities. In: Antiquities : Trade or Betrayed, 1995: 205–210. [D2]

Müller, Ernst: Das Recht des Staates an seinen Archivalien. In: Archivalische Zeitschrift 36 (1926) 164–175.

Müller-Katzenburg, Astrid: Possession and Ownership of Stolen or Otherwise Lost Works of Art. In: Art, Antiquity and Law 5 (2000) 105–123.

Müller-Katzenburg, Astrid: Besitz- und Eigentumssituation bei gestohlenen und sonst abhanden gekommenen Kunstwerken. In: Der Sachverständige (2001) Heft 5 Mai.

Murphy, David J.: Hong Kong, 1997, and the International Movement of Antiquities. In: Hong Kong Law Journal 24 (1994) 195–206.
Überarbeitete Fassung in: International Journal of Cultural Property 4 (1995) 241–254.

Mußgnug, Reinhard: Museums- und Archivgut als „res extra commercium"? In: Internationaler Kulturgüterschutz : Wiener Symposion, 1992: 141–148. [A2]
Erweiterte Fassung in: Rechtsfragen des Internationalen Kulturgüterschutzes, 1994: 199–209. [A2]

Nafziger, James A.R.: Repose Legislation : A Threat to the Protection of the World's Cultural Heritage. In: California Western International Law Journal 17 (1987) 250–265.

Nafziger, James A.R.: Seizure and Forfeiture of Cultural Property by the United States. In: Villanova Sports & Entertainment Law Journal 5 (1998) 19–30.

Nanetti, Francesco ; Francesca Squillante: In tema di restituzione di beni culturali illecitamente trasferiti. In: Rivista di diritto internazionale 80 (1997) 396–420.

Nash, Michael Leyland: The Law of Treasure and Treasure Hunters. In: New Law Journal 128 (1978) 1163–1166.

Nass, Herbert, E.: Jeanneret v. Vichey : Evaporating the Cloud. In: New York University Journal of International Law and Politics 15 (1982/ 83) 999–1019.

Nicotina, Giuseppe: Natura giuridica delle Commissioni in materia di stima degli oggetti di interesse artistico o storico. In: Ritrovamenti e scoperte di opere d'arte, 1989: 175–183. [D4]

Niebaum, Frank: Verhinderung von „Raubgrabungen" : Möglichkeiten und Grenzen nach dem niedersächsischen Denkmalschutzrecht. In: Niedersächsische Verwaltungsblätter (1995) 31–35.

Niec, Halina: Legislative Models of Protection of Cultural Property. In: The Hastings Law Journal 27 (1976) 1089–1122.

Nott, Susan M.: Title to Illegally Exported Items of Historic or Artistic Worth. In: International and Comparative Law Quarterly 33 (1984) 203–207.

Nowell, George W.: American Tools to Control the Illegal Movement of Foreign Origin Archaeological Materials : Criminal and Civil Approaches. In: Syracuse Journal of International Law and Commerce 6 (1978) 77–110.

O'Keefe, Patrick J.: Export and Import Controls on Movement of the Cultural Heritage : Problems at the National Level. In: Syracuse Journal of International Law and Commerce 10 (1983) 352–369.

O'Keefe, Patrick J.: Export/Import Laws : Problems of Drafting and Implementation. In: International Sales of Works of Art (International Sales of Works of Art ; [2]), 1990: 57–80. [D3]

O'Keefe, Patrick J.: Conservators and Actions for Recovery of Stolen or Unlawfully Exported Cultural Property. In: Antiquities : Trade or Betrayed, 1995: 73–82. [D1]

O'Keefe, Patrick J. : The Use of Criminal Offences in UNESCO Countries : Australia, Canada and the U.S.A. In: Art, Antiquity and Law 6 (2001) 19–35.

Oldenhage, Klaus: Archivgut als Gegenstand des Kulturgutschutzes. In: Aktuelle Fragen des Kulturgüterschutzes, 1998: 51–57. [D3]

Orts Berenguer, E.: Exportación sin autorización de obras u objetos de interés histórico o artístico. In: Comentarios a la legislación penal / Manuel Cobo del Rosal (Hrsg.). (Revista de derecho público). Tomo III: Delitos e infracciónes de contrabando. Madrid : Ed. Revista de Derecho Privado, 1984.

Ortscheid, Pierre ; Marc Puech : La protection pénale des biens culturels en France. [3e Journées juridiques franco-helléniques]. In: Journées de la Société de Législation et de Droit Comparé (1986) = Revue Internationale de Droit Comparé / Numéro Spécial. 8: 319–345.

Otto, Rudolf: Licit Trade in Works of Art : Export Licensing Regulations in Austria. In: Legal Aspects of International Trade in Art (International Sales of Works of Art ; 5), 1996: 67–68. [D3]

Özel, Sibel: The Basel Decisions : Recognition of the Blanket Legislation Vesting State Ownership over the Cultural Property Found within the Country of Origin. In: International Journal of Cultural Property 9 (2000) 315–340.

Özsunay, Ergun: Protection of Cultural Heritage in Turkish Private Law. In: International Journal of Cultural Property 6 (1997) 278–290.

Öztürk, Bahri: Strafrechtlicher Schutz von Kulturgütern im türkischen Recht : Straftatbestände des türkischen Kulturgüterschutzes. In: Zeitschrift für vergleichende Rechtswissenschaft 95 (1996) 147–157.

Palmer, Norman E.: Treasure Trove and the Protection of Antiquities. In: The Modern Law Review 44 (1981) 178–187.

Palmer, Norman E.: Treasure Trove and Title to Discovered Antiquities. In: International Journal of Cultural Property 2 (1993) 275–318.

Palmer, Norman E.: Recovering Stolen Art. In: Antiquities : Trade or Betrayed, 1995: 1–37. [D2]

Palmer, Norman E.: Conversion, Trepass and Title to Art Works. In: The Recovery of Stolen Art, 1998: 33–65. [D3]

Palmer, Norman E.: Statutory, Forensic and Ethical Initiatives in the Recovery of Stolen Art and Antiquities. In: The Recovery of Stolen Art, 1998: 1–31. [D3]

Palmer, Norman E.: Occupation, Possession and Title. In: Art, Antiquity and Law 4 (1999) 77–79.

Palmer, Norman E. ; Anthony Hudson: Improving Stolen Art. In: The Recovery of Stolen Art : A Collection of Essays. London : Kluwer Law International, 1998: 127–144. [D3]

Pantos Pantos, M.: Protection du patrimoine et réglementation des marchés en Grèce. In: Le patrimoine mobilier : Quelle politique européenne?, 1990: 87–90. [A2]

Pantos, Pantos A.: Greece and Greek Legislation about Antiquities. In: Convegno internazionale sul tema : Eredità contestata?, 1992: 59–74. [D1]

Pantos, Pantos A.: Greece and Greek Legislation About Antiquities. In: Proceedings of the Meeting : Cultural Property ; Return and Illicit Trade, 2000: 15–28. [D3]

Panuccio, Vicenzo: Musei e disciplina giuridica dei ritrovamenti di oggetti di interesse storico ed artistico : realtà e prospettive. In: Ritrovamenti e scoperte di opere d'arte, 1989: 7–24. [D4]

Panza dei Biumo, Giuseppe: Les effets des mesures restrictives : l'exemple d'un collectionneur italien. In: La réglementation suisse de l'importation et de l'exportation des biens culturels, 1994: 65–70. [D4]

Partington, Earle A. ; Yves-Louis Sage: The American Response to the Recovery of Stolen and Illegally Exported Art : Should the American Courts Look to the Civil Law? In: Columbia-VLA Journal of Law and the Arts 12 (1988) 395–421.

Paterson, Robert K.: Bolivian Textiles in Canada. In: International Journal of Cultural Property 2 (1993) 359–370.

Paterson, Robert K.: The Legal Dynamics of Cultural Property Export Controls : *Ortiz* Revisited. In: University of British Columbia Law Review (Special Issue 1995) 241–258.

Paterson, Robert K.: The "Curse of the London Nataraja". In: International Journal of Cultural Property 5 (1996) 330–338.

Pearlstein, William G.: Jeanneret v. Vichey : Sales of Illegally Exported Art Under the Uniform Commercial Code. In: Northwestern Journal of International Law and Business 6 (1984) 275–319.

Pecoraro, Thomas W.: Choice of Law in Litigation to Recover National Cultural Property : Efforts at Harmonization in Private International Law. In: Virginia Journal of International Law 31 (1990) 1–51.

Pelletier, Benoît: The Case of the Treasures of L'Ange Gardien : An Overview. In: International Journal of Cultural Property 2 (1993) 371–382.

Perchinunno, Remigio: Profili privatistici e sistema di circolazione dei beni culturali : il problema della prelazione artistica. In: La cultura e i suoi beni giuridici, 1999: 173–184. [A2]

Périnet-Marquet, Hugues: La protection publique des biens culturels en droit français. In: Revue internationale de droit comparé 42 (1990) 789–804.

Périnet-Marquet, Hugues: Droit public interne : Rapport français. In: La protection des biens culturels : (journées polonaises), 1991: 391–407. [A2]

Pescatore, Gabriele: Nullità o inefficacia delle alienazioni di cose di interesse artistico avvenute senza denuncia all'Autorità amministrativa? In: Foro italiano (1948) 32–35.

Peterzens-Nysten, Tini: Export Licensing in the Nordic Countries. In: Art, Antiquity and Law 2 (1997) 331–355.

Petrov, Vladimir: Droit privé interne et international : Rapport bulgare. In: La protection des biens culturels : (journées polonaises), 1991: 165–175. [A2]

Petrovich, Johan G.: The Recovery of Stolen Art : of Paintings, Statues and Statutes of Limitation. In: University of California Los Angeles Law Review 27 (1980) 1122–1158.

Phelan, Marilyn E.: Scope of Due Diligence Investigation in Obtaining Title to Valuable Artwork. In: Seattle University Law Review 23 (2000) 631–733.

Pieroth, Bodo ; Bernd Kampmann: Außenhandelsbeschränkungen für Kunstgegenstände. In: Neue Juristische Wochenschrift 43 (1990) 1385–1390.

Pinkerton, Linda F.: Due Diligence in Fine Art Transactions. In: Case Western Reserve Journal of International Law 22 (1990) 1–29.

Pinkerton, Linda F.: Due Diligence for Acquiring Cultural Property in the New Millennium. In: IFAR Journal 3 (2000) 3–4: 50–52.

Plutschow, Matthias H.: Staatliche Vorkaufsrechte im internationalen Kulturgüterschutz. Zürich : Schulthess, 2002. XL, 327 S. Zugl.: Basel, Univ., Diss. (Studien zum Kunstrecht ; 14)

Poggi, Maria Elena: La circolazione dei beni culturali di proprietà privata. In: Contratto e impresa 2 (1986) 394–433.

Polak, R. W.: Over schaaktafeltjes en andere cultuurgoederen : Internationale terugvordering van cultuurschatten tegenover het Nederlands vermogensrecht. In: Advocatenblad 78 (1998) 1309–1313.

Poli, Jean-François: Le classement d'un tableau de Van Gogh comme „monument historique" : Note sous Conseil d'Etat, 31 juillet 1992 ; „M. Jacques Walter". In: Revue Française de Droit Administratif 10 (1994) 259–267.

Pollack, Elisa B.: Toward a New Standard in Art Recovery Cases : New York's "Solomon R. Guggenheim Foundation v. Lubell" and the Rejection of the Due Diligence. In: Columbia-VLA Journal of Law and the Arts 16 (1992) 361–379.

Polonsky, Michael ; Jean François Canat: The British and French Systems of Control of the Export of Works of Art. In: International and Comparative Law Quarterly 45 (1996) 557–591.

Polzer, Anna-Dorothea: A Clock in Court : East German Export of Cultural Property Considered by West German Courts. In: International Journal of Cultural Property 2 (1993) 111–115.

Preziosi, Tarquin: Applying a Strict Discovery Rule to Art Stolen in the Past. In: Hastings Law Journal 49 (1997) 225–252.

Prott, Lyndel V.: Problems of Private International Law for the Protection of the Cultural Heritage. In: Recueil des Cours / Académie de Droit International de le Haye 217 (1989) 5: 215–317.

Prott, Lyndel V.: Movables and Immovables as Viewed by the Law. In: International Journal of Cultural Property 1 (1992) 389–392.

Prott, Lyndel V.: Standards of Good Faith for the Acquisition of Cultural Objects. In: La tutela penale delle opere d'arte = The penal protection of works of art, 1994: 103–112. [A2]

Prott, Lyndel V.: The Status of Cultural Property in Private International Law. In: Australian law and legal thinking in the 1990s : a collection of 32 Australian reports to the XIVth International Congress of Comparative Law presented in Athens on 31 July–6 August 1994 / Alice Erh-Soon Tay ; Conita S.C. Leung (Hrsg.). Sydney, Australia : Faculty of Law, The University of Sydney, 1994: 165–185.

Prott, Lyndel V. ; Patrick O'Keefe: Foreign Judicial Enforcement of Cultural Heritage Export Prohibitions. In: Bulletin of the Conference of Museum Anthropologists 10 (1982) 9–14.

Prott, Lyndel V. ; Patrick J. O'Keefe: National Legal Control of Illicit Traffic in Cultural Property. Paris : Unesco, 1983. IV, 144 S.

Prott, Lyndel V. ; Patrick J. O'Keefe: Law and the Cultural Heritage.
Bd.1. Discovery and Excavation. Abingdon : Professional Books, 1984. XXVII, 434 S.

Prott, Lyndel V. ; Patrick J. O'Keefe: Handbook of national regulations concerning the export of cultural property. Paris : Unesco, 1988. XIII., 239 S.

Pruszyński, Jan: Droit public interne : Rapport polonais. In: La protection des biens culturels : (journées polonaises), 1991: 461–472. [A2]

Quaedvlieg, Anton A.: National Report <The Netherlands> : Freedom of Collectors to Sell or Give Away All or Part of Their Collections. In: International Art Trade and Law (International Sales of Works of Art ; 3), 1991: 179–180. [D3]

Quaedvlieg, Anton A.: National Report <The Netherlands> : Freedom of Museums to Sell, Trade or Otherwise Dispose of Objects of Art in Their Collections. In: International Art Trade and Law (International Sales of Works of Art ; 3), 1991: 123–125. [D3]

Rafanelli, Lisa Marie: A Comparative Study of Cultural Property Import Regulation : The United States, the United Kingdom and Canada. In: Columbia-VLA Journal of Law & the Arts 15 (1991) 543–565.

Raffiotta, Silvio: Proposte di misure urgenti per la tutela del patrimonio archeologico nazionale. In: Antichità senza provenienza, 1995: 74–76. [D1]

Rainer, Eckart: Straftaten gegen Kunst- und Kulturgut und deren grenzüberschreitende Verfolgung aus der Sicht der Praxis. In: Festschrift für Otto Triffterer zum 65. Geburtstag / Kurt Schmoller (Hrsg.). Wien [u.a.] : Springer, 1996: 381–389.

Ramier, Timothy P.: Agent Judiciaire du Trésor v. Walter : Fait du Prince and a King's Ransom. In: International Journal of Cultural Property 6 (1997) 337–342.

Rassegna di giurisprudenza sulla tutela delle cose d'interesse artistico o storico : L.1 giugno 1939, n. 1089 / Enzo Capaccioli (Hrsg.). Milano : Giuffrè, 1962. 188 S. (Raccolta di giurisprudenza amministrativa e tributaria)

Rau, Alan Scott: Mediation in Art-Related Disputes. In: Resolution Methods for Art-Related Disputes, 1999: 153–198. [D4]

Redmond-Cooper, Ruth: Good Faith Acquisition of Stolen Art. In: Art, Antiquity and Law 2 (1997) 55–61.

Redmond-Cooper, Ruth: Time Limits in Actions to Recover Stolen Art. In: The Recovery of Stolen Art, 1998: 145–162. [D3]

Redmond-Cooper, Ruth: Time Limits in Art and Antique Claims : Part I. In: Art, Antiquity and Law 4 (1999) 323–346.
Fortsetzung u.d.T.: Limitation of Actions in Art and Antique Claims : Part II. In: Art, Antiquity and Law 5 (2000) 185–208.

Reichelt, Gerte: Kulturgüterschutz und Internationales Privatrecht. In: IPRax : Praxis des Internationalen Privat- und Verfahrensrechts 6 (1986) 73–75.

Reichelt, Gerte: La protection internationale des biens culturels (deuxième étude) [demandée à Unidroit par l'UNESCO] = International Protection of Cultural Property (second study) [requested by UNESCO from Unidroit). In : Revue de droit uniforme – Uniform Law Review (1988) 52–132.

Reichelt, Gerte: Kulturgüterschutz und Internationales Verfahrensrecht. In: IPRax : Praxis des Internationalen Privat- und Verfahrensrechts 9 (1989) 254–255.

Reichelt, Gerte: Kulturgüterschutz in Österreich. In: Zeitschrift für Rechtsvergleichung 31 (1990) 61–69.

Reichelt, Gerte ; Franz Smola: Zur Restitution spanischer Vogeleier. In: IPRax : Praxis des Internationalen Privat- und Verfahrensrechts 17 (1997) 290–294.

Renold, Marc-André: A Landmark Decision in Art Law by the European Court of Human Rights : Beyeler v. Italy. In: Art, Antiquity and Law 5 (2000) 73–76.

Resolution Methods for Art-Related Disputes : Proceedings of a Symposium organised on 17 October 1997 / Quentin Byrne-Sutton ; Fabienne Geisinger-Mariéthoz (Hrsg.). Zürich : Schulthess, 1999. 252 S. (Studies in Art Law ; 11)

Ressler, Hans Otto: Für eine liberale Regelung des Kunstexports. In: Internationaler Kulturgüterschutz : Wiener Symposion, 1992: 153–156. [A2]

Reyhan, Patricia Youngblood: A Chaotic Palette : Conflict of Laws in Litigation between Original Owners and Good-Faith Purchasers of Stolen Art. In: Duke Law Journal 50 (2001) 955–1043.

Rigaux, François: Avantages possibles de l'arbitrage. In: Resolution Methods for Art-Related Disputes, 1999: 117–122. [D4]

Ritrovamenti e scoperte di opere d'arte / Vincenzo Panuccio (Hrsg.). Milano : Giuffrè, 1989. 194 S. (Università di Messina, Facoltà di Economia e Commercio, Istituto di Diritto Commericale e del Lavoro ; 14)

Roccella, Alberto: Esportazione di beni culturali e facoltà di acquisto dello Stato. In: Rivista italiana di diritto pubblico comunitario 2 (1992) 945–981.

Rosecrance, Barbara B.: Harmonious Meeting : the McClain Decision and the Cultural Property Implementation Act. In: Cornell International Law Journal 19 (1986) 311–346.

Rudolf, Beate: [Anmerkung zu Beyeler v. Italy, Application No. 33202/96, European Court of Human Rights, Grand Chamber, January 5, 2000]. In: American Journal of International Law 94 (2000) 736–740.

Sace, Jean: Droit privé interne et international : Rapport belge. In: La protection des biens culturels : (journées polonaises), 1991: 112–164. [A2]

Salazar, Michele: La disciplina degli scavi, dei ritrovamenti e delle scoperte di cose d'arte nello Stato Pontificio e nel Regno delle Due Sicilie. In: Ritrovamenti e scoperte di opere d'arte, 1989: 81–99. [D4]

Salerno, Marcelano Urbano: Droit privé interne et international : Rapport argentin. In: La protection des biens culturels : (journées polonaises), 1991: 107–111. [A2]

Sandrock, Otto: Foreign Laws Regulating the Export of Cultural Property : The Respect Due to Them by the Judge of the Lex Fori. In: International Sales of Works of Art (International Sales of Works of Art ; [1]), [ca. 1989]: 457–482. [D3]

Sargos, Pierre: Aspects de droit privé de la protection des biens culturels en France. [3e Journées juridiques franco-helléniques]. In: Journées de la Société de Législation et de Droit Comparé (1986) = Revue Internationale de Droit Comparé / Numéro Spécial. 8: 385–406.

Sayre, C. Franklin: Cultural Property Laws in India and Japan. In: UCLA Law Review 33 (1986) 851–890.

Schiller, David: Recent Decision : Criminal Law ; Theft of Artifacts ; Once a Nation Declares Ownership of an Artifact, an Illegally Exported Artifact Can be Considered Stolen under the National Property Act. In: Virginia Journal of International Law 17 (1976/77) 793–803.

Schmeinck, Sabine: Internationalprivatrechtliche Aspekte des Kulturgüterschutzes. Berlin : Duncker und Humblot, 1994. 224 S. (Münsterische Beiträge zur Rechtswissenschaft ; 82)

Schmitthoff, Clive M.: The Maori Artifact Case. In: Journal of Business Law (1982) 88–90, 265–266.

Schroeder, Klaus-Peter: Grundgesetz und Schatzregal. In: Juristenzeitung (1989) 676–679.

Schumann, Stefan ; Götz Schmidt-Bremme: Zur Rückführung eingeschmuggelter Kunstwerke in ihre Herkunftsstaaten. In: Neue Juristische Wochenschrift 55 (2002) 574–577.

Schwadorf-Ruckdeschel, Brigitte: Rechtsfragen des grenzüberschreitenden rechtsgeschäftlichen Erwerbs von Kulturgütern. Frankfurt a.M. [u.a.] : Peter Lang, 1995. 219 S. Zugl.: Mannheim, Univ., Diss., 1994. (Europäische Hochschulschriften : Reihe 2, Rechtswissenschaft ; 1828)

Schweiz / Eidgenössisches Departement des Innern: Bundesgesetz über den internationalen Kulturgüterverkehr (Kulturgütertransfergesetz, KGTG) : Entwurf ; Text und erläuternder Bericht. Eidgenössisches Departement des Innern : Bern, 2000. 47 S.

Seidl-Hohenveldern, Ignaz: National Report <Austria> : Freedom of Museums to Sell, Trade or Otherwise Dispose of Objects of Art in Their Collections. In: International Art Trade and Law (International Sales of Works of Art ; 3), 1991: 97–98. [D3]

Seidl-Hohenveldern, Ignaz: National Report <Austria> : Freedom of Collectors to Sell or Give Away All or Part of their Collections. In: International Art Trade and Law (International Sales of Works of Art ; 3), 1991: 169–170. [D3]

Seidl-Hohenveldern, Ignaz: National Report <Austria> : The Regulatory Framework for the Free International Circulation of Objects of Art. In: International Art Trade and Law (International Sales of Works of Art ; 4), 1993: 49–52. [D3]

Seidl-Hohenveldern, Ignaz: State-Preemption of Foreign-Owned Painting and International Law. In: International Journal of Cultural Property 10 (2001) 70–78.

Seling, Hartmut: Gesetz ohne durchgreifende Wirkung. In: Weltkunst 52 (1982) 2930–2931.

Shapiro, Alexander H.: Forfeiture of Artworks. In: IFAR Journal 3 (2000) 3–4: 46–49.

Shapiro, Daniel: Litigation and Art-Related Disputes. In: Resolution Methods for Art-Related Disputes, 1999: 17–34. [D4]

Shapreau, Carla J.: California's Discovery Rule is Applied to Delay Accrual of Replevin Claims in Cases Involving Stolen Art. In: Art, Antiquity and Law 1 (1996) 407–413.

Shapreau, Carla J.: California Adopts an "Actual" Discovery Accrual Rule for Claims to Recover Stolen Art. In: International Journal of Cultural Property 7 (1998) 177–189.

Shapreau, Carla J.: The California Court of Appeal's Second Decision in Naftzger v. The American Numismatic Society. In: International Journal of Cultural Property 8 (1999) 524–525.

Shapreau, Carla J.: Second Circuit Holds that False Statements Contained in Customs Forms Warrant Forfeiture of Ancient Gold Phiale : Hotly Contested Foreign Patrimony Issue Not Reached by the Court ; *United States v. An Antique Platter of Gold.* In: International Journal of Cultural Property 9 (2000) 49–137.

Shelbourn, Carolyn: Saving Graces : The Protection of the National Heritage. In: New Law Journal 140 (1990) 772–776.

Sheridan, Alison: Portable Antiquities Legislation in Scotland : What Is It, and How Well Does It Work? In: Antiquities : Trade or Betrayed, 1995: 193–204. [D2]

Sherlock, Meghan A.: A Combined Discovery Rule and Demand and Refusal Rule for New York : The Need for Equitable Consistency in International Cases of Recovery of Stolen Art and Cultural Property. In: Tulane Journal of International and Comparative Law 8 (2000) 483–505.

Shyllon, Folarin: Cultural Heritage Legislation and Management in Nigeria. In: International Journal of Cultural Property 5 (1996) 235–268.

Siehr, Kurt: The Return of Cultural Property Expropriated Abroad. In: Comparative and Private International Law : Essays in Honour of John Henry Merryman on his Seventieth Birthday / David S. Clark (Hrsg.). Berlin : Duncker und Humblot, 1990: 431–441.

Siehr, Kurt: Nationaler und Internationaler Kulturgüterschutz : Eingriffsnormen und der internationationale Kunsthandel. In: Festschrift für Werner Lorenz zum 70. Geburtstag / Bernhard Pfister ; Michael R. Will (Hrsg.). Tübingen : Mohr, 1991: 525–542.

Siehr, Kurt: Zivilrechtliche Fragen des Kulturgüterschutzes. In: Internationaler Kulturgüterschutz : Wiener Symposion, 1992: 41–68. [A2]

Siehr, Kurt: Gutgläubiger Erwerb von Kunstwerken in New York : DeWeerth v. Baldinger erneut vor Gericht. In: IPRax : Praxis des Internationalen Privat- und Verfahrensrechts 13 (1993) 339–340.

Siehr, Kurt: Öffentliches Recht und internationales Privatrecht beim grenzüberschreitenden Kulturgüterschutz. In: Rechtsfragen des internationalen Kulturgüterschutzes, 1994: 83–104. [A2]

Siehr, Kurt: Kulturgüter als res extra commercium im internationalen Rechtsverkehr. In: Lebendiges Recht : von den Sumerern bis zur Gegenwart ; Festschrift für Reinhold Trinkner zum 65. Geburtstag / Friedrich von Westphalen ; Otto Sandrock (Hrsg.). Heidelberg : Verl. Recht und Wirtschaft, 1995: 703–722.

Siehr, Kurt: Herausgabe gestohlener Kulturgüter. In: Wiedererlangung widerrechtlich entzogener Vermögenswerte mit Instrumenten des Straf-, Zivil-, Vollstreckungs- und internationalen Rechts / Niklaus Schmid ; Jürg-Beat Ackermann (Hrsg.). Zürich : Schulthess, 1999: 1–17.

Siehr, Kurt: Verjährung der Vindikationsklage? In: Zeitschrift für Rechtspolitik (2001) 346–347.

Siehr, Kurt ; Čagla Üstün: Antike Grabstelen aus der Türkei bleiben in der Schweiz. In: IPRax : Praxis des Internationalen Privat- und Verfahrensrechts 19 (1999) 489–492.

Simmen, Rosemarie: La protection des biens culturels en tant qu'ouverture de la Suisse vers l'étranger. In: La réglementation suisse de l'importation et de l'exportation des biens culturels, 1994: 47–50. [D4]

Slayman, Andrew L.: Recent Cases of Repatriation of Antiquities to Italy from the United States. In: International Journal of Cultural Property 7 (1998) 456–463.

Smola, Franz: Die Fürstlich Liechtenstein'sche Kunstsammlung : Rechtsfragen zur Verbringung der Sammlung von Wien nach Vaduz in den Jahren 1944/45. Frankfurt a.M. [u.a.] : Lang, 1999. 327 S. Zugl.: Wien, Univ., Diss., 1998. (Rechtshistorische Reihe ; 197)

Sparrow, Charles: Treasure Trove : A Lawyer's View. In: Antiquity <Oxford> 56 (1982) 199–201.

Spiegler, Howard N. ; Lawrence M. Kaye: American Litigation to Recover Cultural Property : Obstacles, Options, and a Proposal. In: Trade in Illicit Antiquities, 2001: 121–132. [D1]

Spinellis, Evangelos: Das Vertrags- und Sachenrecht des internationalen Kunsthandels : zugleich ein Beitrag zur Bedeutung der Eingriffsnormen im heutigen internationalen Rechtsverkehr. Osnabrück : Univ.-Verl. Rasch, 2000. 566 S. Zugl.: Osnabrück, Univ., Diss., 1999. (Schriften zum internationalen Privatrecht und zur Rechtsvergleichung ; 10)

Sprecher, Jörg: Die Rückkehr der Segesserschen Ledermalereien nach New Mexico. In: Liber discipulorum et amicorum : Festschrift für Prof. Dr. Kurt

Siehr zum 65. Geburtstag / Peter Johannes Weber [u.a.] (Hrsg.). (Schweizer Schriften zum Vermögensrecht : Schriftenreihe von KPMG private ; 2). Zürich : Schulthess, 2001: 207–214.

Stoll, Hans: Sachenrechtliche Fragen des Kulturgüterschutzes in Fällen mit Auslandsberührung. In: Rechtsfragen des internationalen Kulturgüterschutzes, 1994: 53–66. [A2]

Streiff, David: Les propositions du Conseil fédéral. In: La réglementation suisse de l'importation et de l'exportation des biens culturels, 1994: 7–14. [D4]

Suede, Lance: Property Law : International Stolen Art : Autocephalous Greek Orthodox Church of Cyprus v. Goldberg & Feldman Fine Arts. In: Harvard International Law Journal 31 (1990) 377–383.

Sugerman, Jeremy: A New Cultural Property Repose Act. In: The George Washington Journal of International Law and Economics 22 (1989) 671–710.

Symeonides, Symeon C.: On the Side of the Angels : Choice of Law and Stolen Property. In: Private Law in the International Arena : From National Conflict Rules Towards Harmonization and Unification ; Liber Amicorum Kurt Siehr / Jürgen Basedow [u.a.]. The Hague : T.M.C. Asser Press, 2000: 747–762.

Tamiozzo, Raffaele: Problematiche giuridiche relative all'esportazione dei beni inerenti al patrimonio culturale italiano. In: Beni culturali e mercato europeo, 1991: 25–34. [A3]

Tamiozzo, Raffaele: La nuova disciplina legislativa sulla esportazione dei beni culturali. In: Giornale di diritto amministrativo (1998) 233ff.

Testo Unico sui beni culturali : Commento al D.Lgs. 29 ottobre 1999, n.490 / Anna Papa [u.a.]. Milano : Giuffré Editore, 2000. XXXI, 588 S. (Le nuove leggi amministrative ; 5)

Thormann, Martin: Nochmals: Das Hamburger Stadtsiegel. In: Nordrhein-Westfälische Verwaltungsblätter 6 (1992) 354–357.

Tolhurst, Gregory J.: Governing Law in International Art Sales. In: Art, Antiquity and Law 1 (1996) 153–156.

Tolhurst, Gregory J.: Good Faith, Notice and Innocent Purchasers : Applying the Principles to the Facts. In: Art, Antiquity and Law 2 (1997) 193–196.

Tompa, Peter K.: Ancient Coins as Cultural Property : A Cause for Concern? In: Journal of International Legal Studies 4 (1998) 69–104.

Truslow, Frederic J.: Peru's Recovery of Cultural Property. In: New York University Journal of International Law and Politics 15 (1982/ 83) 839–856.

Ulph, Janet: Exercising Due Diligence in Art Transactions. In: Art, Antiquity and Law 3 (1998) 323–344.

Ulph, Janet: Tracing and Recovering Stolen Art or the Proceeds of Sale. In: The Recovery of Stolen Art, 1998: 67–108. [D3]

Umar, Bilge: Das türkische Recht des Kulturgüterschutzes in der heutigen Theorie und Praxis. In: Zeitschrift für vergleichende Rechtswissenschaft 95 (1996) 141–146.

Upton, Richard: Art Theft : National Stolen Property Act Applied to Nationalized Mexican Pre-Columbian Artifacts. In: New York University Journal of International Law and Politics 10 (1977) 569–611.

Van Pelt, Meredith: Autocephalous Greek Orthodox Church of Cyprus v. Goldberg and Feldman Fine Art, Inc. : A Case for the Use of Civil Remedies in Effecting the Return of Stolen Art. In: Dickinson Journal of International Law 8 (1990) 441–464.

Verheul, J. P.: Foreign Export Prohibitions : Cultural Treasures and Minerals. In: Netherlands International Law Review 31 (1984) 419–427.

Vieira de Andrade, José Carlos: Droit public interne : Rapport portugais. In: La protection des biens culturels : (journées polonaises), 1991: 473–481. [A2]

Vincent, Steven: Northern Fights. In: Art & Auction 23 (2001) June: 34–42.

Virgós Soriano, Miguel: National Report <Spain> : Freedom of Collectors to Sell or Give Away All or Part of Their Collections. In: International Art Trade and Law (International Sales of Works of Art ; 3), 1991: 181–182. [D3]

Virgós Soriano, Miguel: National Report <Spain> : Freedom of Museums to Sell, Trade or Otherwise Dispose of Objects of Art in their Collections. In: International Art Trade and Law (International Sales of Works of Art ; 3), 1991: 127–131. [D3]

Voudouri, Daphné: Droit public interne : Rapport grec. In: La protection des biens culturels : (journées polonaises), 1991: 410–422. [A2]

Voulgaris, Jean: Commerce et protection des biens culturels en droit international privé hellénique. [3e Journées juridiques franco-helléniques]. In: Journées de la Société de Législation et de Droit Comparé (1986) = Revue Internationale de Droit Comparé / Numéro Spécial. 8: 445–459.

Vouyoucas, Constantin: La protection pénale des biens culturels en droit hellénique. [3e Journées juridiques franco-helléniques]. In: Journées de la Société de Législation et de Droit Comparé (1986) = Revue Internationale de Droit Comparé / Numéro Spécial. 8: 347–381.

Vranesh, George ; John D. Musick: Finders Keepers? : Or the New Statutory Laws of Treasure Trove and Related Subjects. In: Natural Resources Lawyer 5 (1972) 1–12.

Vrellis, Spyridon: Le statut des biens culturels en droit international privé. In: Rapports généraux : 14e Congrès International du Droit Comparé, Athènes 1994 = General reports : International Congress of Comparative Law, Athens 1994 / K.D. Kerameus (Hrsg.). Athens : Sakkoulas ; The Hague : Kluwer International, 1996: 221–249.

Walden, David A.: Canada's "Cultural Property Import and Export Act" : The Experience of Protecting Cultural Property. In: University of British Columbia Law Review (Special Issue 1995) 203–216.

Walters, Susan J.: Art Law, Protection of Foreign Antiquities Using Domestic Status : United States v. McClain. In: Connecticut Law Review 10 (1978) 727–736.

Ward, Alan: Treasure Trove and the Law of Theft. In: International Journal of Cultural Property 1 (1992) 195–198.

Ward, Alan: Treasure Trove : Challenging the Decision of Coroner's Court. In: International Journal of Cultural Property 3 (1994) 121–124.

Ward, Nicholas D.: The Georgia Grind : Can the Common Law Accommodate the Problems of Title in the Art World [?] ; Observations on a Recent Case. In: Journal of College and University Law 8 (1981–82) 533–561.

Watt, Horatia Muir: La revendication internationale des biens culturels : à propos de la décision américaine Eglise Autocéphale. In: Revue Critique de Droit International Privé 81 (1992) 1–34.

Webb, Charles D.: Whose Art is It Anyway? : Title Disputes and Resolution in Art Theft Cases. In: Kentucky Law Journal 79 (1990–1991) 883–899.

Weber, Marc: Archäologische Objekte vor US-amerikanischen Gerichten. In: Liber discipulorum et amicorum : Festschrift für Prof. Dr. Kurt Siehr zum 65. Geburtstag / Peter Johannes Weber [u.a.] (Hrsg.). (Schweizer Schriften zum Vermögensrecht : Schriftenreihe von KPMG private ; 2). Zürich : Schulthess, 2001: 225–265.

Weber, Peter Johannes: Kulturgüterschutz im Kirchenstaat bis zum Ende des 18. Jahrhunderts. In: Liber discipulorum et amicorum : Festschrift für Prof. Dr. Kurt Siehr zum 65. Geburtstag / Peter Johannes Weber [u.a.] (Hrsg.). (Schweizer Schriften zum Vermögensrecht : Schriftenreihe von KPMG private ; 2). Zürich : Schulthess, 2001: 265–302.

Wegenius, Christian: National Report <Sweden> : Freedom of Museums to Sell, Trade or Otherwise Dispose of Objects of Art in Their Collections. In: International Art Trade and Law (International Sales of Works of Art ; 3), 1991: 133–134. [D3]

Weinberg, Harold R.: Markets Overt, Voidable Titles and Feckless Agents : Judges and Efficiency in the Antebellum Doctrine of Good Faith Purchase. In: Tulane Law Review 56 (1981) 1–41.

Weller, Matthias: International Ownership Disputes over Stolen Artworks in New York : Litigation about Jurisdiction on the Civil-Criminal Line. In: IPRax : Praxis des Internationalen Privat- und Verfahrensrechts 19 (1999) 212–216.

Werneke, Frauke: Die öffentliche Sache im Widerstreit privater und allgemeiner Belange : verdeutlicht am Fall des Hamburger Stadtsiegels. In: Archiv für die civilistische Praxis 195 (1995) 445–467.

Williams, Sharon A.: The Protection of the Canadian Cultural Heritage : The Cultural Property Export and Import Act. In: Canadian Yearbook of International Law 14 (1976) 292–306.
Überarbeitete Fassung u.d.T.: The Canadian Cultural Property Export and Import Act. In: International Sales of Works of Art (International Sales of Works of Art ; [2]), 1990: 127–154. [D3]

Williams, Sharon A.: Protection of Cultural Property : The Canadian Approach. In: Arizona Law Review 22 (1980) 737–751.

Wolf, Cyd B.: Emerging United States Policy with Regard to the International Movement of National Cultural Property. In: International Trade Law Journal 7 (1982) 166–176

Yale, D.E.C.: Treasure Trove : Old Law and New Needs. In: Cambridge Law Journal 39 (1980) 281–284.

Zykan, Marlene: Zum Österreichischen Ausfuhrverbotsgesetz : Geschichte ; Problematik ; Wirkung. In: Österreichische Zeitschrift für Kunst und Denkmalpflege 38 (1984) 1–15.

Zykan, Marlene: Ausfuhr von Kulturgut : Erfahrungen mit der Novelle zum Ausfuhrverbotsgesetz für Kulturgut. In: Österreichische Zeitschrift für Kunst und Denkmalpflege 44 (1990) 25–27.

D 5. Die UNESCO Konvention über Maßnahmen zum Verbot und zur Verhütung der unzulässigen Einfuhr, Ausfuhr und Übereignung von Kulturgütern von 1970/ The UNESCO Convention on the Means of Prohibiting and Preventing the Illicit Import, Export, and Transfer of Ownership of Cultural Property of 1970

Askerud, Pernille ; Etienne Clément: Preventing the Illicit Traffic in Cultural Property : A Resource Handbook for the Implementation of the 1970 UNESCO Convention. Paris: UNESCO, 1997. 178 S.

Boer, Ben: Protection of Movable Cultural Heritage Property Act 1986. In: Environmental and Planning Law Journal 4 (1987) 63–66.

Bolaño, Maritza F.: International Art Theft Disputes : Harmonizing Common Law Principles with Article 7 (b) of the UNESCO Convention. In: Fordham International Law Journal 15 (1991–1992) 129–173.

Caracciolo, Ida: Analogie e differenze tra la Convenzione Unesco del 1970 sui mezzi per vietare e prevenire il trasferimento illecito di proprietà del patrimonio culturale e la Convenzione Unidroit del 1995 sulla restituzione dei beni culturali rubati o illecitamente esportati. In: La protezione internazionale e la circolazione comunitaria dei beni culturali mobili, 1998: 41–89. [A2]

Clément, Etienne: The Aims of the 1970 UNESCO Convention on the Means of Prohibiting and Preventing the Illicit Import, Export and Transfer of Ownership of Cultural Property and Action Being Taken by UNESCO to Assist in its Implementation. In: Antiquities : Trade or Betrayed, 1995: 38–56. [D2]

Clément, Etienne: The UNESCO Convention on the Means of Prohibiting and Preventing the Illicit Import, Export and Transfer of Ownership of Cultural Property (Paris, 1970). In: Illicit traffic in cultural property : museums against pillage, 1995: 45–52. [D1]

Coggins, Clemency Chase: United States Cultural Property Legislation : Observations of A Combatant. In: International Journal of Cultural Property 7 (1998) 52–68.

Edelson, Stephanie D.: Concerted International Effort in the Trade of Cultural Property. In: Law and Policy in International Business 16 (1984) 1249–1273.

Feldman, Mark B.: UNESCO Committee Drafts Convention to Protect Cultural Property. In: Department of State Bulletin 63 (July 6–December 28, 1970) 22–24.

Fraoua, Ridha: Convention concernant les mesures à prendre pour interdire et empêcher l'importation, l'exportation et le transfert de propriété illicites des biens culturels (Paris, 1970) : Commentaire et aperçu de quelques mesures nationales d'exécution. UNESCO : Dokument CC-86/ WS/ 40, 1986. 123 S.

Geisinger-Mariéthoz, Fabienne: Le projet de ratification par la Suisse de la Convention de l'UNESCO de 1970 sur l'importation, l'exportation et le transfert de propriété illicites des biens culturels. In: Zeitschrift für schweizerisches Recht 119 (2000) 273–311.

Gimbrère, Sabine ; Tineke Pronk: The Protection of Cultural Property : from Unesco to the European Community with Special Reference to the Case of the Netherlands. In: Netherlands Yearbook of International Law 23 (1992) 223–273.

Gordon, John B.: The Unesco Convention on the Illicit Movement of Art Treasures. In: Harvard International Law Journal 12 (1971) 537–556.

Hingston, Ann Guthrie: U.S. Implementation of the UNESCO Cultural Property Convention. In: The Ethics of Collecting Cultural Property, 1989: 129–147. [D2]

Hofkin, Leah A.: The Cultural Property Act : The Art of Compromise. In: Columbia-VLA Journal of Law and the Arts 12 (1988) 423–450.

Hughes, Valerie ; Laurie Wright: International Efforts to Secure the Return of Stolen or Illegally Exported Cultural Objects : Has Unidroit Found a Global Solution? In: The Canadian Yearbook of International Law 32 (1994) 219–241.

Kakouris, I.: Illicit Circulation of Cultural Goods : The Conventions of UNESCO (Paris 1970) and UNIDROIT (Rome 1995). In: Proceedings of the Meeting : Cultural Property ; Return and Illicit Trade, 2000: 29–31. [G3]

Kaplan, William: Assistance Under the 1970 UNESCO Cultural Property Convention : Canada's Request to the United States. In: Stanford Journal of International Law 22 (1986) 123–152.

Koning, C. H.: A Way to Accede to the UNESCO Convention on Cultural Property. In: International Legal Protection of Cultural Property, 1984: 124–126. [A2]

Leich, Marion Nash: Contemporary Practice of the United States Relating to International Law : Illicit Import, Export and Transfer of Cultural Property. In: American Journal of International Law 76 (1982) 611–613.

Lenzner, Nina R.: The Illicit International Trade in Cultural Property : Does the UNIDROIT Convention Provide an Effective Remedy for the Shortcomings of the UNESCO Convention? In: University of Pennsylvania Journal of International Business Law 15 (1994) 469–507.

Lo Monaco, Anna: Sulla restituzione di beni culturali rubati all'estero secondo la convenzione dell'UNESCO. In: Rivista di Diritto Internazionale 71 (1988) 842–855.

McIntosh, Susan Keech: Reducing incentives for illicit trade in antiquities : the US implementation of the 1970 UNESCO Convention. In: Illicit Antiquities, 2002: 241–249. [D1]

McManamon, Francis P. ; Veletta Canouts: Commentary on the Bilateral Agreement between the United States and Canada. In: International Journal of Cultural Property 8 (1999) 270–284.

McNutt, Scott H. ; Antonio Salazar Hobson: The UNESCO Convention on Cultural Property : Overdue for Implementation. In: University of California Davis Law Review 15 (1982) 1067–1092.

Menz, Cäsar: Die UNESCO-Konvention und UNIDROIT : UNIDROIT – Eine Konvention, die letztlich keine Lösung bietet. In: Kunst-Bulletin (1996) Mai: 8–9.

Morris, Carol L.: In Search of a Stolen Masterpiece : The Causes and Remedies of International Art Theft. In: Syracuse Journal of International Law and Commerce 5 (1988) 59–81.

Murphy, Sean D.: U.S.-Italy Agreement Restricting U.S. Imports of Artifacts. In: American Journal of International Law 95 (2001) 650.

Nafziger, James A.R.: Article 7 (a) of the UNESCO Convention. In: Art Law : Domestic and International, 1975: 387–394. [D3]

O'Keefe, Patrick J.: Museum Acquisitions Policies and the 1970 UNESCO Convention. In: Museum International <Paris> / Engl. Ausg. 50 (1998) 1 = 197: 20–24.

O'Keefe, Patrick J.: Commentary on the UNESCO 1970 Convention on Illicit Traffic. Leicester : Institute of Art and Law, 2000. 171 S.

Papageorge Kouroupas, Maria: U.S. Efforts to Protect Cultural Property : Implementation of the 1970 UNESCO Convention. In: International Council of Museums (ICOM), 1995: 231–237. [D1]

Papageorge Kouroupas, Maria: United States Efforts to Protect Cultural Property : Implementation of the 1970 UNESCO Convention. In: Antiquities : Trade or Betrayed, 1995: 83–93. [D2]
Überarbeitete Fassung u.d.T.: U.S. Efforts in the Protection of Cultural Property : Implementation of the 1970 UNESCO Convention. In: Plundering Africa's Past, 1996: 87–93. [D1]

Proceedings of the Panel on the U.S. Enabling Legislation of the UNESCO Convention on the Means of Prohibiting and Preventing the Illicit Import, Export and Transfer of Ownership of Cultural Property / Leonard D. DuBoff [u.a.] (Hrsg.). In: Syracuse Journal of International Law and Commerce 4 (1976) 97–134.

Prott, Lyndel V.: International Control of Illicit Movement of the Cultural Heritage : The 1970 UNESCO Convention and Some Possible Alternatives. In: Syracuse Journal of International Law and Commerce 10 (1983) 333–351.

Prott, Lyndel V.: The 1970 UNESCO Convention on Illicit Traffic : Present Practice and Future Development. In: La protezione internazionale dei beni culturali, 1986: 121–138. [A2]

Prott, Lyndel V.: Kulturgüterschutz nach der UNIDROIT-Konvention und nach der UNESCO-Konvention. In: Zeitschrift für vergleichende Rechtswissenschaft 95 (1996) 188–202.

Prott, Lyndel V.: UNESCO Celebrates Thirtieth Anniversary of Its Convention on Illicit Traffic. In: International Journal of Cultural Property 9 (2000) 347–349.

Shyllon, Folarin: The Recovery of Cultural Objects by African States through the UNESCO and UNIDROIT Conventions and the Role of Arbitration. In: Revue de droit uniforme – Uniform Law Review N.S. 5 (2000) 219–241.

Sieroszewski, Wladyslaw: Les origines et les principes de la Convention de 1970 sur les mesures à prendre pour empêcher l'exportation, l'importation et le transfert illicites des biens culturels. In: Annuaire de l'A.A.A. 44 (1974) 63–73.

Walden, David A.: Reducing the Incentive for Pillage : The Canada-U.S. Bilateral Agreement on Cultural Property. In: International Journal of Cultural Property 8 (1999) 258–269.

Whitlam, Edward G.: The 1970 Unesco Convention : An Historical Overview. In: Protection or Plunder : Safeguarding the Future of Our Cultural Heritage, 1989: 14–18. [D3]

Wiederkehr Schuler, Elsbeth: Kulturgüterschutz – freier Kunstmarkt : Zwei internationale Konventionen ; Unidroit und UNESCO 1970. Zürich : Schulthess, 2000. 81 S.

Wiener, Malcolm Hewitt: Implementing the Convention on Illicit Traffic in Antiquities : Proposals, Past and Prospect. In: Art Research News 2 (1983) 1: 3–7.

D 6. Die UNIDROIT Konvention über die internationale Rückführung gestohlener oder unrechtmäßig ausgeführter Kulturgüter von 1995/The UNIDROIT Convention on the International Return of Stolen or Illegally Exported Cultural Objects of 1995

Bengs, Brian: Dead on Arrival? : A Comparison of the Unidroit Convention on Stolen or Illegally Exported Cultural Objects and U.S. Property Law. In: Transnational Law and Contemporary Problems 6 (1996) 503–535.

Bergé, Jean Sylvestre: La Convention d'Unidroit sur les biens culturels : remarques sur la dynamique des sources en droit international. In: Journal du Droit International 127 (2000) 215–262.

Blome, Peter: Die Kunstmuseen und Unidroit. In: Unidroit : Recht und Ethik im Handel mit Kulturgut, 1998: 83–84. [D6]

Burman, Harold S.: International Institute for the Unification of Private Law (Unidroit) : Final Act of the Diplomatic Conference for the Adoption of the Draft Unidroit Convention on the International Return of Stolen or Illegally Exported Cultural Objects : Introductory Note. In: International Legal Materials 34 (1995) 1322–1324.

Caracciolo, Ida: Analogie e differenze tra la Convenzione Unesco del 1970 sui mezzi per vietare e prevenire il trasferimento illecito di proprietà del patrimonio culturale e la Convenzione Unidroit del 1995 sulla restituzione dei beni culturali rubati o illecitamente esportati. In: La protezione internazionale e la circolazione comunitaria dei beni culturali mobili, 1998: 41–89. [A2]

Celso da Silva, O.: Breve noticia sobre a ratifição pelo Brasil da Convenção da UNIDROIT sobre bens culturais furtados ou ilicitamente exportados, concluída em Roma, em 24 junho de 1995. In: Revista de Direito do Mercosur 4 (2000) 37–43.

Comporti, Marco: Il codice civile Italiano e la convenzione UNIDROIT. In: Protezione internazionale del patrimonio culturale, 2000: 155–165. [A2]

Crewdson, Richard: Putting Life into a Cultural Property Convention : UNIDROIT ; Still Some Way to Go. In: International Legal Practitioner 17 (1992) 45–48.

Diplomatic Conference for the Adoption of the Draft Unidroit Convention on the International Return of Stolen or Illegally Exported Cultural Objects : Acts and Proceedings. Rom : Presidenza del consiglio dei Ministri, Dipartimento per l'informazione e l'editoria, 1996. VII, 374 S.

Doyal, Stephanie: Implementing the UNIDROIT Convention on Cultural Property into Domestic Law : The Case of Italy. In: Columbia Journal of Transnational Law 39 (2001) 657–700.

Droz, Georges A. L.: Mémoire sur le projet de convention d'Unidroit sur le retour international des biens culturels volés ou illicitement exportés. In: Kunsthandel (inclusief antiquiteiten) en de bescherming van nationaal cultureel erfgoed, 1994: 47–65. [D3]

El Zein, Souheil: L'importance d'un registre des biens culturels volés, d'après l'avant-projet de convention d'Unidroit. In: Revue internationale de police criminelle 49 (1994) 448/449: 68–70.

Evans, Malcom: The International Protection of Cultural Property : The Unidroit Response. In: 10th Commonwealth Law Conference : Conference Papers. Nicosia, Cyprus : Asselia Publ., 1993: 653–658.

Ewald, Jürg: Argumente zur Podiumsdiskussion : Eine Polemik. In: Unidroit : Recht und Ethik im Handel mit Kulturgut, 1998: 85–90. [D6]

Fitzpatrick, James F.: Cultural Property and Art Theft : The Misguided Quest ; The Clear Case against UNIDROIT. In: Journal of Financial Crime 4 (1996) 54–58.

Fox, Claudia: The UNIDROIT Convention on Stolen or Illegally Exported Cultural Objects : An Answer to the World Problem of Illicit Trade in Cultural Property. In: The American University Journal of International Law and Policy 9 (1993) 225–267.

Francioni, Francesco: Le commerce illicite d'objets d'art et son contrôle : la convention d'UNIDROIT de 1995. In: Revue du Marché Unique Européen 8 (1998) 69–88.

Francioni, Francesco: Controlling Illicit Trade in Art Objects : The 1995 UNIDROIT Convention. In: Protezione internazionale del patrimonio culturale, 2000: 119–139. [A2]

Fraoua, Ridha: Projet de convention de l'Unidroit sur le retour international des biens culturels volés ou illicitement exportés. In: Aktuelle juristische Praxis = Pratique juridique actuelle 3 (1995) 317–326.

Fraoua, Ridha: La mise en œuvre en Suisse de la Convention d'Unidroit sur les biens culturels volés ou illicitement exportés. In: La Convention d'Unidroit du 24 juin 1995 sur les biens culturels volés ou illicitement exportés, 1997: 35–52. [D6]

Gaalen, Menno van ; Albert Verheij: The Consequences for the Netherlands of the UNIDROIT Convention. In: Art, Antiquity and Law 3 (1998) 3–14.

Gardella, Anna: Nuove prospettive per la protezione internazionale dei beni culturali : La convenzione dell'UNIDROIT del 24 guigno 1995. In: Diritto del Commercio Internazionale 12 (1998) 997–1030.
Auch veröffentlicht in: I Beni Culturali : Profili di diritto comparato ed internazionale / Giovanni Cofrancesco (Hrsg.). Roma : Istituto Poligrafico e Zecca dello Stato, Libreria dello Stato, 1999: 341–367.

Gimbrère, Sabine: Het Unidroit-verdrag : over de internationale bescherming van cultuurgoederen. In : Justitiele Verkenningen 23 (1997) 1: 8–17.

Goldrich, Ian M.: Unidroit : hehre Ziele, verfehlte Mittel. In: Unidroit : Recht und Ethik im Handel mit Kulturgut, 1998: 37–46. [D6]

Goldrich, Ian M.: Balancing the Need for Repatriation of Illegally Removed Cultural Property with the Interests of Bona Fide Purchasers : Applying the Unidroit Convention to the Case of the Gold Fiale. In: Fordham International Law Journal 23 (1999) 118–164.

Homberger, Lorenz: Unidroit als kulturpolitische Leitplanke im Handel mit Kunst. In: Unidroit : Recht und Ethik im Handel mit Kulturgut, 1998: 23–28. [D6]

Hughes, Valerie: Unidroit Convention on Stolen or Illegally Exported Cultural Objects. In: Canadian International Lawyer 1 (1995) 214–217.

Jenkins, Paul: The Unidroit Convention on Stolen or Illegally Exported Cultural Objects. In: Art, Antiquity and Law 1 (1996) 163–169.

Jolles, Alexander: Un regard critique sur la Convention d'Unidroit. In: La Convention d'Unidroit du 24 juin 1995 sur les biens culturels volés ou illicitement exportés, 1997: 53–62. [D6]

Kakouris, I.: Illicit Circulation of Cultural Goods : The Conventions of UNESCO (Paris 1970) and UNIDROIT (Rome 1995). In: Proceedings of the Meeting : Cultural Property ; Return and Illicit Trade, 2000: 29–31. [G3]

Kaufmann, Christian: Pro Unidroit : Überlegungen eines Ethnologen. In: Unidroit : Recht und Ethik im Handel mit Kulturgut, 1998: 29–36. [D6]

Kinderman, Spencer A.: The UNIDROIT Draft Convention on Cultural Objects : An Examination of the Need for a Uniform Legal Framework for Controlling the Illicit Movement of Cultural Property. In: Emory International Law Review 7 (1993) 457–536. Appendix 1–3: 537–584.

Klein, Frédéric-Edouard: En relisant la Convention UNIDROIT du 24 juin 1995 sur les biens culturels volés ou illicitement exportés : Réflexions et suggestions. In: Zeitschrift für Schweizerisches Recht 140 (1999) 263–285.

La Convention d'Unidroit du 24 juin 1995 sur les biens culturels volés ou illicitement exportés : actes d'une table ronde organisée le 2 octobre 1995 / Christine Breitler [u.a.] (Hrsg.). Zürich : Schulthess, 1997. 169 S. (Etudes en droit de l'art ; 9)

Lalive, Pierre: Le projet de Convention de l'UNIDROIT sur les biens culturels volés ou illicitement exportés. In: International Art Trade and Law (International Sales of Works of Art ; 4), 1993: 17–40. [D3]

Lalive, Pierre: Sur le retour des biens culturels illicitement exportés. In: Nouveaux itinéraires en droit : hommage à François Rigaux. (Bibliothèque de la Faculté de droit de l'Université catholique de Louvain ; 22). Bruxelles : Bruylant, 1993: 283–298.

Lalive, Pierre: Une avancée du droit international : La Convention de Rome d'Unidroit sur les biens culturels volés ou illicitement exportés. In: Revue de droit uniforme – Uniform Law Review N.S. 1 (1996) 40–58.

Lalive, Pierre: La Convention d'Unidroit sur les biens culturels volés ou illicitement exportés (du 24 juin 1995). In: Schweizerische Zeitschrift für internationales und europäisches Recht 47 (1997) 13–66.

Lalive, Pierre: A Disturbing International Convention : UNIDROIT. In: Art, Antiquity and Law 4 (1999) 219–228.

Lalive, Pierre: Une convention internationale qui dérange : la convention unidroit sur les biens culturels. In : Mélanges en l'honneur de Nicolas Valticos : droit et justice / René-Jean Dupuy (Hrsg.). Paris : Pedone, 1999: 177–188.

Lenzner, Nina R.: The Illicit International Trade in Cultural Property : Does the UNIDROIT Convention Provide an Effective Remedy for the Shortcomings of the UNESCO Convention? In: University of Pennsylvania Journal of International Business Law 15 (1994) 469–507.

Marletta, Marilù: La restituzione dei beni culturali : Normativa comunitaria e Convenzione Unidroit. Padova : CEDAM, 1997. IX, 242 S. (Studi e documenti sulle Comunità Europee ; 8)

Menz, Cäsar: Die UNESCO-Konvention und UNIDROIT : UNIDROIT – Eine Konvention, die letztlich keine Lösung bietet. In: Kunst-Bulletin (1996) Mai: 8–9.

Menz, Cäsar: Die Unidroit-Konvention aus der Sicht der Museen. In: Unidroit : Recht und Ethik im Handel mit Kulturgut, 1998: 53–58. [D6]

Merryman, John Henry: The UNIDROIT Convention : Three Significant Departures from the *Urtext*. In: International Journal of Cultural Property 5 (1996) 11–18.

Mestre, Frédérique: Les efforts d'harmonisation du droit international privé : les travaux d'Unidroit. In: Le patrimoine mobilier : Quelle politique européenne? 1990: 193–197. [A2]

Meyer, Franz: Zur UNIDROIT-Konvention : Eine Stellungnahme. In: Kunst-Bulletin (1996) Mai: 5–6.

Monaco, Riccardo: La contribution d'Unidroit à la protection internationale des biens culturels. In: International Sales of Works of Art (International Sales of Works of Art ; [1]), [ca. 1989]: 567–573. [D3]

Monaco, Riccardo: Primo commento della Convenzione di Roma sui beni culturali rubati o illecitamente esportati. In: Rivista di Studi Politici Internazionali 62 (1995) 500–520.

Moosbrugger, André François: Unidroit aus der Sicht der Kantone. In: Unidroit : Recht und Ethik im Handel mit Kulturgut, 1998: 59–62. [D6]

New international convention combats illegal art sales in the private sector. In: Museum International <Paris> / Engl. Ausg. 48 (1996) 2 = 190: 60–61.

Olivier, Monique: The Unidroit Convention : Attempting to Regulate the International Trade and Traffic of Cultural Property. In: Golden Gate University Law Review 26 (1996) 627–665.

Pfaff-Czarnecka, Joanna: Zur Kultur des Kulturgütertransfers. In: Unidroit : Recht und Ethik im Handel mit Kulturgut, 1998: 91–98. [D6]

Phelan, Marilyn E.: The Unidroit Convention on Stolen or Illegally Exported Cultural Objects Confirms a Separate Property Status for Cultural Treasures. In: Villanova Sports & Entertainment Law Journal 5 (1998) 31–57.

Poli, Jean-François: Droit communautaire, compétences culturelles des Etats membres en matière de protection du patrimoine national, et Convention d'UNIDROIT sur les biens culturels volés or illicitement exportés. In: Revue du Marché commun et de l'Union européenne (1998) 415: 89–100.

Powell, N.: French Trade Attacks Unidroit Legislation. In: Art & Auction 23 (2001) 26–28.

Prott, Lyndel V.: UNIDROIT Draft Convention Focuses on Purchasers. In: Museum <Paris> / Engl. Ausg. 43 (1991) 221–222.

Prott, Lyndel V.: The Preliminary Draft Unidroit Convention on Stolen or Illegally Exported Cultural Objects. In: International and Comparative Law Quarterly 41 (1992) 160–170.

Prott, Lyndel V.: UNESCO and Unidroit : A Partnership against Trafficking on Cultural Objects. In: Revue de droit uniforme – Uniform Law Review N.S. 1 (1996) 59–71.
Aktualisierte Fassung in: The Recovery of Stolen Art, 1998: 205–215. [D3]

Prott, Lyndel V.: Kulturgüterschutz nach der UNIDROIT-Konvention und nach der UNESCO-Konvention. In: Zeitschrift für vergleichende Rechtswissenschaft 95 (1996) 188–202.

Prott, Lyndel V.: Commentary on the Unidroit Convention on Stolen and Illegally Exported Cultural Objects 1995. Leicester : Institute of Art and Law, 1997. VIII, 146 S.

Raschèr, Andrea F. G.: Grundlagen, Entstehung und Inhalt der Unidroit-Konvention. In: Unidroit : Recht und Ethik im Handel mit Kulturgut, 1998: 13–22. [D6]

Raschèr, Andrea F. G.: Die Situation in der Schweiz : Zur Unidroit-Konvention über gestohlene und rechtswidrig ausgeführte Kulturgüter. In: Bewahren als Problem, 2000: 129–140. [D1]

Reichelt, Gerte: Die Rolle von UNIDROIT für den internationalen Kulturgüterschutz : Neue methodische Ansätze im „Unidroit-Entwurf 1990 über gestohlene und unerlaubt ausgeführte Kulturgüter". In: Europa im Aufbruch : Festschrift für Fritz Schwind zum 80. Geburtstag / Franz Matscher [u.a.] (Hrsg.). Wien : Manz, 1993: 205–214.

Reichelt, Gerte: Die Vereinheitlichung des privatrechtlichen Kulturgüterschutzes nach dem UNIDROIT-Vertragsentwurf 1990. In: Rechtsfragen des internationalen Kulturgüterschutzes, 1994: 67–81. [A2]

Reichelt, Gerte: Die Unidroit-Konvention 1995 über gestohlene oder unerlaubt ausgeführte Kulturgüter : Grundzüge und Zielsetzungen. In: Neues Recht zum Schutz von Kulturgut, 1997: 55–67. [A2]

Reichenau, Christoph: Unidroit – ein weiterer richtiger Schritt. In: Unidroit : Recht und Ethik im Handel mit Kulturgut, 1998: 47–52. [D6]

Renold, Marc-André: Les principales règles de la Convention d'Unidroit sur les biens culturels volés ou illicitement exportés. In: La Convention d'Unidroit

du 24 juin 1995 sur les biens culturels volés ou illicitement exportés, 1997: 19–34. [D6]
Auch in: Aktuelle juristische Praxis = Pratique juridique actuelle 7 (1998) 1179–1186.

Rodinò, Walter: La convenzione UNIDROIT sui beni culturali rubati o illecitamente esportati. In: Protezione internazionale del patrimonio culturale, 2000: 103–118. [D2]

Sánchez Felipe, José Manuel: El Convenio de UNIDROIT sobre los bienes culturales robados o exportados ilícitamente, hecho en Roma el 24 de junio de 1995. In: Revista española de derecho internacional 1 (1996) 435–439.

Sauveplanne, Jean-Georges: Rapport explicatif sur le Projet de Convention portant loi uniforme sur l'acquisition de bonne foi d'objets mobiliers corporels. In: Revue de droit uniforme – Uniform Law Review (1975) 84–117.

Schneider, Marina: Rapport explicatif sur le projet de Convention d'Unidroit sur le retour international des biens culturels volés ou illicitement exportés. In: Revue de droit uniforme – Uniform Law Review (1993) 118–196.

Schneider, Marina: L'acquéreur de bonne foi : dimensions internationale et européenne. In: La tutela penale delle opere d'arte = The penal protection of works of art, 1994: 91–102. [A2]

Schneider, Marina: Le projet de Convention d'UNIDROIT sur le retour international des biens culturels volés ou illicitement exportés. In: Legal Aspects of International Trade in Art (International Sales of Works of Art ; 5), 1996: 141–153. [D3]

Schneider, Marina: The Unidroit Convention on Cultural Property : State of Play and Prospects for the Future = La Convention d'Unidroit sur les biens culturels : état de mise en œuvre. In: Revue de droit uniforme – Uniform Law Review N.S. 2 (1997) 494–507.

Schneider, Marina: The Role of International Legislation in the Protection of Cultural Objects : Unidroit Convention on Stolen or Illegally Exported Cultural Objects. In: International Council of Museums (ICOM), 1998: 59–65. [D1]

Schneider, Marina: La convenzione Unidroit sui beni culturali rubati o illecitamente esportati. In: La gestione del patrimonio culturale I, 1998: 20–25. [A2]

Shyllon, Folarin: The Recovery of Cultural Objects by African States through the UNESCO and UNIDROIT Conventions and the Role of Arbitration. In: Revue de droit uniforme – Uniform Law Review N.S. 5 (2000) 219–241.

Sidorsky, Emily: Cultural Property Disputes and the Draft UNIDROIT Convention : Possible Applications of International Arbitration. In: The American Review of International Arbitration 4 (1993) 475–518.

Sidorsky, Emily: The 1995 UNIDROIT Convention on Stolen or Illegally Exported Cultural Objects : The Role of International Arbitration. In: International Journal of Cultural Property 5 (1996) 19–72.

Siehr, Kurt: The UNIDROIT Draft Convention on the International Protection of Cultural Property. In: International Journal of Cultural Property 1 (1992) 321–330.

Siehr, Kurt: The UNIDROIT Draft Convention on the International Protection of Cultural Property. In: International Journal of Cultural Property 3 (1994) 301–307.

Siehr, Kurt: Restitution of Stolen Cultural Objects and Statutes of Limitations. In: Spoils of War : International Newsletter (1996) July = 2: 9–10.

Siehr, Kurt: The Protection of Cultural Property : The 1995 UNIDROIT Convention and the EEC Instruments of 1992/93 Compared. In: Revue de droit uniforme – Uniform Law Review N.S. 3 (1998) 671–684.

Sitter-Lever, Beat: Warum und wie sich die Akademie für die Unidroit-Konvention verwendet. In: Unidroit : Recht und Ethik im Handel mit Kulturgut, 1998: 5–10. [D6]

Squillante, Francesca: La tutela dell'acquirente „a non domino" di beni culturali rubati secondo la convenzione UNIDROIT ed il disegno di legge per l'esecuzione della convenzione. In: Rivista di Diritto Internazionale 82 (1999) 120–137.

Staechelin, Ruedi: Die Unidroit-Konvention : kulturell verheerend, mit Schweizer Recht unvereinbar, wirtschaftlich ein Eigentor. In: Unidroit : Recht und Ethik im Handel mit Kulturgut, 1998: 63–82. [D6]

Stamatoudi, Irini A.: Restitution of Stolen and Illegally Exported Cultural Objects under the Unidroit Convention. In: Legal Convergence in the Enlarged Europe of the New Millenium / Paul L. C. Torremans (Hrsg.). The Hague [u.a.] : Kluwer Law International, 2000: 109–142.

Unidroit : Recht und Ethik im Handel mit Kulturgut ; Tagung der Schweizerischen Akademie der Geistes- und Sozialwissenschaften gemeinsam mit der Schweizerischen Ethnologischen Gesellschaft, Bern, den 27. Juni 1998 / Schweizerische Akademie der Geistes- und Sozialwissenschaften [Hrsg.]. Bern : SAGW, 1998. 119 S.

Valentin, Pierre: The UNIDROIT Convention on the International Return of Stolen or Illegally Exported Cultural Objects. In: Art, Antiquity and Law 4 (1999) 107–117.

Vrellis, Spyridon: The Drafts of Unidroit Agreement and the Proposal for a Council (EEC) Directive : A Parallel Retrogression? In: Archaeological Heritage : Current Trends in Its Legal Protection, 1995: 173–192. [A2]

Vrellis, Spyridon: UNIDROIT-Konvention 1995 über gestohlene oder unerlaubt ausgeführte Kulturgüter : Bedeutung der lex originis. In: Neues Recht zum Schutz von Kulturgut, 1997: 69–93. [A2]

Wiederkehr Schuler, Elsbeth: Kulturgüterschutz – freier Kunstmarkt : Zwei internationale Konventionen ; Unidroit und UNESCO 1970. Zürich : Schulthess, 2000. 81 S.

Winter, Jan A.: The Application of the Unidroit Convention on Stolen or Illegally Exported Objects in Relations between Member States of the European Union. In: Reflections on International Law from the Low Countries in Honour of Paul de Waart / Erik Denters ; Nico Schrijver (Hrsg.). (Developments in international law ; 29). The Hague ; Boston ; London : Martinus Nijhoff Publishers, 1998: 347–372.

D 7. Verordnung und Richtlinie der EU über die Ausfuhr von Kulturgütern und die Rückgabe von unrechtmäßig aus dem Hoheitsgebiet eines Mitgliedstaates verbrachten Kulturgütern von 1992/1993/ EU Regulation and Directive on the Export of Cultural Goods and the Return of Objects Unlawfully Removed from the Territory of a Member State of 1992/1993

Algeri, Giuliana ; Giulia Bianchi: L'adempimento degli obblighi comunitari in materia dei beni culturali. In: I Beni Culturali : Profili di diritto comparato ed internazionale / Giovanni Cofrancesco (Hrsg.). Roma : Istituto Poligrafico e Zecca dello Stato, Libreria dello Stato, 1999: 303–311.

Amorosino, Sandro: Note sulla tutela delle opere d'arte tra principio comunitario di libera circolazione e disciplina amministrativa nazionale di beni a circolazione controllata. In: Rivista italiana di diritto pubblico comunitario 2 (1992) 657–666.

Barberini, Giovani: Patrimonio culturale, direttive comunitarie e normativa dei paesi dell'Unione europea. In: Beni culturali di interesse religioso : Legislazione dello Stato ed esigenze di carattere confessionale / Giorgio Feliciani (Hrsg.). (Religione e società ; 21). Bologna : Il Mulino, 1995: 163–185.

Beni culturali e Comunità Europea / Mario P. Chiti (Hrsg.). Milano : Giuffrè, 1994. VIII, 349 S. (Quaderni della Rivista italiana di diritto publico communitario)

Beni culturali e mercato europeo : Norme sull'esportazione nei paesi della Comunità / Adelaide Maresca Compagna ; Pietro Petraroia (Hrsg.). Roma : Istituto Poligrafico e Zecca dello Stato, 1991. 646 S. (Quaderni / Ministero per i Beni Culturali e Ambientali, Ufficio Studi)

Bila, Jacqueline: Nationaler Kulturgüterschutz in der Europäischen Union. Bonn, Univ., Diss., 1996. [S.l. : s.n.]. XXV, 225 S.

Biondi, Andrea: The Merchant, the Thief and the Citizen : The Circulation of Works of Art within the European Union. In: Art, Antiquity and Law 4 (1999) 205–218.

Biscaretti di Ruffia, Claudio: Il Regolamento n. 3911/92 del consiglio relativo all'esportazione di beni culturali ed il trattato sull'Unione Europea. In: Diritto del commercio internazionale 6 (1992) 485–502.

Biscaretti di Ruffia, Claudio: La circolazione dei beni culturali nella Comunità Europea in vista dell'attuazione del mercato interno. In: La tutela e la circolazione dei beni culturali nei paesi membri della C.E.E., 1992: 63–71. [D7]

Biscaretti di Ruffia, Claudio: La circolazione dei beni culturali dopo la fine del trattato sull'unione europea. In: La tutela penale delle opere d'arte = The penal protection of works of art, 1994: 39–48. [A2]

Bischoff, Friedrich: Kunsthandel und Binnenschutz. In: Weltkunst 63 (1993) 961–962.

Bobbio, Luigi: Le politiche dei beni culturali in Europa : Una comparazione. In: Le politiche dei beni culturali in Europa / Luigi Bobbio (Hrsg.). Bologna : il Mulino, 1992: 11–69

Bombace, Alberto: La tutela e la circolazione dei beni culturali nella C.E.E. (intervento). In: La tutela e la circolazione dei beni culturali nei paesi membri della C.E.E., 1992: 46–54. [D7]

Borrelli, Licia Vlad: Tutela e liberalizzazione : Convergenze e confronti nella politica europea per i beni culturali. In: Convegno internazionale sul tema : Eredità contestata?, 1992: 75–83. [D1]

Cannon-Brookes, Peter: La libre circulation des œuvres d'art. In: Le marché commun et le marché de l'art, 1982: 47–53. [D7]

Cantucci, Michele: Le limitazioni all'esportazione di cose d'arte e la „tassa progressiva" su di essa. In: Rivista di diritto finanziario e scienza delle finanze 23 (1964) 577–583.
Auch in: Scritti giuridici / Michele Cantucci ; a cura di Enzo Balocchi e Pier Giorgio Ponticelli. (Collana di studi Pietro Rossi / N.s. ; 8). Milano : Giuffré, 1982: 467–474.

Caracciolo La Grotteria, Alfredo: La circolazione dei beni culturali nell'ordinamento italiano e comunitario. In: La cultura e i suoi beni giuridici, 1997. Milano : Giuffrè Editore 1999: 198–214. [A2]

Caracciolo La Grotteria, Alfredo: I trasferimenti onerosi dei beni culturali nell'ordinamento italiano e comunitario. Milano : Giuffré 1998. 254 S. (Pubblicazioni della Facoltà di Giurisprudenza della Università di Messina ; 195)

Carteri, Davide: La libera circolazione delle opere d'arte nel mercato unico. In: Diritto comunitario e degli scambi internazionali 32 (1993) 673–683.

Catelani, Alessandro ; Eugenio De Marco ; Vittorio Gasparini Casari ; Massimo Tivelli: La circolazione dei beni culturali : commento alla Legge 30 marzo 1998, n. 88. Milano : Giuffrè, 1998. XIV, 239 S. (Le nuove leggi amministrative ; 2)

Chandernagor, André: La nouvelle réglementation française sur l'exportation des biens culturels. In: Les objets d'art dans l'Union Européenne, 1994: 119–126. [D7]

Châtelain, Jean: Deux aspects particuliers de la position française devant le marché intérieur européen de 1993 : l'organisation des ventes aux enchères publiques et le contrôle de l'exportation des biens culturels. In: La tutela e la circolazione dei beni culturali nei paesi membri della C.E.E., 1992: 12–19. [D7]

Chiti, Mario: Circolazione e tutela dei beni culturali in ambito comunitario. In: Beni culturali e Comunità Europea, 1994: 141–170. [D7]

Ciancone, Sabrina: Circolazione ed esportazione dei beni culturali : la normativa italiana e comunitaria / [Italia nostra, Associazione nazionale per la tutela del patrimonio storico artistico e naturale della nazione]. [S.l. : s.n., 1996?]. 188 S.

Circosta, Patrizia ; Alfonso Mattera: Les biens culturels et la libre circulation dans le marché unique. Bruges : Collège d'Europe, 1994.

Clemente di San Luca, Guido: L'esportazione infracomunitaria di beni culturali alla luce delle recenti proposte di normativa della Comunitá Europea. [s.l.] : Istituto Suor Orsola Benincasa, 1992. 33 S.

Clemente di San Luca, Guido: L'esportazione infracomunitaria di beni culturali alla luce delle recenti proposte di normativa della Comunità Europea. In: Legalità e giustizia (1993) 355–376.

Clerici, Roberta: La circolazione delle opere d'arte nella Comunità Europea. In: Commercio e circolazione delle opere d'arte, 1999: 35–56. [D3]

Comité national français de l'ICOM: Exportation des biens culturels après 1992, colloque organisé par le Comité français de l'ICOM : actes, Bordeaux, 3 mars 1989. [Paris] : ICOM-France, 1990. 53 S.

D'Addino Serravalle, Paola: I beni culturali : la tutela italiana nel contesto europeo. Napoli : Ed. Scientifiche Italiane, 1993. 251 S. (Restauro ; 125/126)

Darraby, Jessica L.: Around the World in Eighty Ways : The EEC Spin on Global Arts Import-Export Policy. In: Entertainment and Sports Lawyer 10 (1992) 16–24.

De Ceuster, Jan: Les règles communautaires en matière de restitution de biens culturels ayant quitté illicitement le territoire d'un Etat membre : Analyse de la directive 93/7/CEE du 15 mars 1993. In: Revue du Marché Unique Européen 3 (1993) 33–87.

Dellaporta, A.: European Legislation for the Traffic of Cultural Goods : Impact on the National Legislation. In: Proceedings of the Meeting : Cultural Property ; Return and Illicit Trade, 2000: 35–37. [G3]

Derout, Anne: La protection des biens culturels en droit communautaire. Rennes : Éditions Apogée, 1993. 131 S.

Dimacopoulou, Aggi ; Andreas Lapourtas: The Legal Protection of Archaeological Heritage in Greece in View of the European Union Legislation : A Review. In: International Journal of Cultural Property 4 (1995) 311–323.

Duquesne, Jean: Le libre-échange des œuvres d'art. In: Le marché commun et le marché de l'art, 1982: 35–46. [D7]

Eberl, Wolfgang: Probleme und Auswirkungen der EG-Vorschriften zum Kulturgüterschutz. In: Neue Zeitschrift für Verwaltungsrecht 13 (1994) 729–736.

Falkenkötter, Thomas: Das Kulturgutsicherungsgesetz und die Städte. In: Der Städtetag N.F. 52 (1999) 2–5.

Fechner, Frank: Die Vorhaben der EG zum Kulturgüterschutz. In: Die Öffentliche Verwaltung 45 (1992) 609–618.

Fechner, Frank: Consequences for German Law of the European Union Rules on the Export of Cultural Goods. In: Les objets d'art dans l'Union Européenne, 1994: 127–142. [D7]

Fechner, Frank: Kunstwerke im Binnenmarkt. In: Juristenzeitung 49 (1994) 132–133.

Ferri, Pier Giorgio: La tutela dei patrimoni culturali nazionali nel Mercato Unico Europeo. In: Beni culturali e Comunità Europea, 1994: 323–340. [D7]

Frier, Pierre Laurent: L'exportation des objets d'art dans les pays de la Communauté européenne. In: Revue européenne de droit public 2 (1990) 377–400.

Frier, Pierre Laurent: L'exportation des biens culturels : Commentaire de la loi du 31 décembre 1992 et du décret du 29 janvier 1993. In: L'Actualité Juridique. Droit Administratif (1993) 264–270.

Frier, Pierre Laurent: La libre circulation des biens culturels dans l'Europe de 1993. In: La libre circulation des collections d'objets d'art, 1993: 23–30. [D3]

Frigo, Manlio: La proposta di direttiva del consiglio CEE relativa alla restituzione dei beni culturali illecitamente „esportate". In: Diritto del commercio internazionale 6 (1992) 519–531.

Frigo, Manlio: La proposta direttiva del consiglio CEE relativa alla restituzione dei beni culturali illecitamente esportati. In: La tutela penale delle opere d'arte = The penal protection of works of art, 1994: 49–55. [A2]

Engl. Fassung u.d.T.: The Proposed EEC Council Directive on the Return of Unlawfully Exported Cultural Objects. In: International Journal of Cultural Property 2 (1993) 73–80.

Frigo, Manlio: Gli aspetti giuridici. In: Istituto Regionale di Ricerca della Lombardia (IreR), 1995: 77–124. [D7]

Fuentes Camacho, Victor: La Ley 36/1994, de 23 de diciembre, de incorporación al ordenamiento jurídico español de la Directiva 93/7/CEE del Consejo, de 15 de marzo, relativa a la restitución de bienes culturales que hayan salido de forma ilegal del territorio de un Estado miembro de la Union Europea. In: Revista española de Derecho Internacional XLVII (1995) 488–492.

Gaja, Giorgio: Le rôle de la C.E.E. à l'égard de l'exportation des biens culturels. In: Rivista di diritto internazionale privato e processuale 25 (1989) 791–798.

Gardella, Anna: La circolazione dei beni culturali : la disciplina comunitaria e il progetto di legge di attuazione della direttiva CEE 93/7. In: Diritto del commercio internazionale 10 (1996) 327–359.

Gimbrère, Sabine ; Tineke Pronk: The Protection of Cultural Property : from Unesco to the European Community with Special Reference to the Case of the Netherlands. In: Netherlands Yearbook of International Law 23 (1992) 223–273.

Goti Ordeñana, J.: Orientaciónes de la Comunidad Europea sobre el patrimonio cultural religioso. In: Anuario de Derecho Eclesiástico del Estado XV (1999) 253–283.

Goyder, Joanna ; Norman E. Palmer: Free Movement of Cultural Goods and the European Community. In: Museums and Europe 1992, 1992: 5–23. [D7]

Goyder, Joanna: Free Movement of Cultural Goods and European Community Law. In: International Journal of Cultural Property 1 (1992) 219–225.
Part II: International Journal of Cultural Property 1 (1992) 403–411.
Part III: Two New Legislative Proposals. In: International Journal of Cultural Property 2 (1993) 147–155.
Part IV: Progress of Legislative Proposals. In: International Journal of Cultural Property 2 (1993) 387–392.
Part V: A Summary of Current Legislative Initiatives and a Note on the Progress of the European Convention on Protection of the Archaeological Heritage (Revised). In: International Journal of Cultural Property 3 (1994) 125–130.

Goyder, Joanna: Amendment to EC Rules : Watercolours, Gouaches and Pastels. In: Art, Antiquity and Law 1 (1996) 101.

Grassi, Irene: La circolazione dei beni culturali nella Comunità Europea. In: I beni culturali : Esigenze unitarie di tutela e pluralità di ordinamenti, 1995: 1–26. [A2]

Harwood, R.: Trade : Recovery of Unlawfully Exported Cultural Property ; The European Union Approach. In: Journal of Financial Crime 4 (1997) 329–331.

Helfgott, Norbert: Österreichischer Kulturgüterschutz und EG-Recht. In: Kultur-Medien – EG und Österreich / Andrea Ellmeier ; Veronica Ratzenböck (Hrsg.). (EG Informationen der Österreichischen Kulturdokumentation / Internationales Archiv für Kulturanalysen ; 2). Wien, 1993: 60–65.

Hipp, Anette: Schutz von Kulturgütern in Deutschland. Berlin ; New York : de Gruyter, 2000. XXV, 446 S. Zugl.: Heidelberg, Univ., Diss., 1999. (Schriften zum Kulturgüterschutz = Cultural Property Studies).

Istituto Regionale di Ricerca della Lombardia (IreR): Il mercato delle opere d'arte e i problemi della circolazione a livello europeo. Milano : FrancoAngeli, 1995. 124 S. (Collana IReR – Istituto Regionale di Ricerca della Lombardia ; 72)

Jessup, Philip C.: General Report : Impact of the EC Policy on International Free Circulation of Objects of Art ; An American Point of View. In: International Art Trade and Law (International Sales of Works of Art ; 4), 1993: 11–16. [D3]

Kakouris, Isidore: Le débat communautaire : Introduction. In : Le patrimoine mobilier : Quelle politique européenne?, 1990: 156–157. [A2]

Kodwo Bentil, J.: Freedom of Trade in Cultural Goods in the EEC. In: The Solicitor's Journal 125 (1981) 770–773.

La Protection des biens culturels dans le marché intérieur : Synthèse des réponses aux questionnaires réalisée par Pierre Laurent Frier / France. Ministère de la culture, de la communication, des grands travaux et du Bicentenaire. Mission des affaires européennes. Direction de l'administration générale. Département des études et de la prospective. [Paris] : Ministère de la culture, de la communication, des grands travaux et du Bicentenaire, ca 1990. 37 S.

La protezione internazionale e la circolazione comunitaria dei beni culturali mobili / Pasquale Paone (Hrsg.). Napoli : Ed. Scientifica, 1998. IX, 327 S. (Studi e documenti di diritto internazionale e comunitario ; 16)

La tutela e la circolazione dei beni culturali nei paesi membri della C.E.E. : atti del Convegno di Milano – 14 maggio 1990 / Beno Reverdini ; Claudio Biscaretti di Ruffia ; Manlio Frigo (Hrsg.). Rom : Ed. Nagard, 1992. 491 S.

Le marché commun et le marché de l'art : journée d'études organisée par l'Institut d'Etudes Européennes, Bruxelles 1er mars 1982 / Michel Vanden Abeele (Hrsg.). Bruxelles : Éditions de l'Université libre de Bruxelles, 1982. 119 S.

Lecrenier, Sabine: La libre circulation des œuvres d'art dans la communauté européenne. In: International Sales of Works of Art (International Sales of Works of Art ; [2]), 1990: 89–95. [D3]

Lemme, Fabrizio: La circolazione dei beni culturali nella prospettiva del 1993. In: Cassazione penale : rivista mensile di giurisprudenza. 30 (1990) 989–993.

Lemme, Fabrizio: Vecchio e nuovo in materia di circolazione di beni culturali dall'Italia verso le C.E.E., nella prospettiva dell'integrazione comunitaria. In: La tutela e la circolazione dei beni culturali nei paesi membri della C.E.E., 1992: 72–79.

Lemme, Fabrizio: Relazione sui problemi connessi alla circolazione dei beni culturali in area comunitaria dopo l'interpretazione del mercato unico europeo e proposte di modifica della Legge 1089/'39. In: La tutela penale delle opere d'arte = The penal protection of works of art, 1994: 67–76. [A2]
Auch in: Tra arte e diritto / Fabrizio Lemme. (I testimoni dell'arte). Torino : Allemandi, 1993: 143–156.

Leoni, Marta: La protezione del patrimonio artistico nazionale alla luce dei recenti provvedimenti comunitari. In: Diritto comunitario e degli scambi internazionali 32 (1993) 685–697.

Les objets d'art dans l'Union Européenne : Aspects juridiques et pratiques ; Actes d'une rencontre organisée le 27 septembre 1993 = Works of Art in the European Union : Legal and Practical Aspects / Quentin Byrne-Sutton ; Marc-André Renold (Hrsg.). Zürich : Schulthess, 1994. 208 S. (Etudes en droit de l'art ; 4)

Lewis, Geoffrey: Cultural property in the Community. In: Museums and Europe 1992, 1992: 24–44. [D7]

Loman, J. M. E. ; K. J. M. Mortelmans ; H. H. G. Post ; J. S. Watson: Culture and Community Law : Before and after Maastricht. Deventer ; Boston : Kluwer Law and Taxation Publishers, 1992. [S. 37–49: Art. 36 EEC]

Lopez Ramón, F.: La movilidad del Patrimonio Histórico español en la Comunidad Europea. In: Revista española de Derecho Administrativo 75 (1992) 372ff.

Maccari, Anna Lisa: Il contrabbando di beni culturali dopo l'attuazione del Mercato Unico Europeo. In: La tutela penale delle opere d'arte = The penal protection of works of art, 1994: 85–88. [A2]

Magán Perales, José María A.: Algunas precisiónes sobre la noción de bien cultural en el Tratado de la Comunidad Europea. In: Patrimonio cultural y derecho 2 (1998) 171–182.

Maresca Compagna, Adelaide: Competenze nazionali e comunitarie nel settore culturale. In: Beni culturali e mercato europeo, 1991: 46–50. [A3]

Margue, Tung-Laï: La protection des trésors nationaux dans le cadre du grand marché : problèmes et perspectives. In: Revue du Marché commun et de l'Union européenne (1992) 905–918.

Margue, Tung-Laï: L'exportation des biens culturels dans le cadre du Grand Marché. In: Revue du Marché Unique Européen 3 (1993) 89–98.

Marletta, Marilù: La restituzione dei beni culturali : Normativa comunitaria e Convenzione Unidroit. Padova : CEDAM, 1997. IX, 242 S. (Studi e documenti sulle Comunità Europee ; 8)

Marletta, Marilù: I beni culturali. In: Il diritto privato dell'Unione europea / Antonio Tizzano (Hrsg.). Tomo I. Torino : G. Giappichelli, 2000: 261 ff.

Martín Rebollo, Luis: Bienes culturales y Comunidad Europea : La Legislación española del Patrimonio Histórico y el mercado interior ; la normativa comunitaria sobre exportación y tráfico de los bienes culturales. In: Beni culturali e Comunità Europea, 1994: 37–140. [D7]

Martín Rebollo, Luis: El comercio del arte y la Unión Europea : la legislación española del patrimonio histórico y el mercado interior ; la normativa comunitaria sobre exportación y tráfico de bienes culturales. Madrid : Civitas, 1994. 189 S.

Mattera, Alfonso: Cultura e libero scambio dei beni artistici all'interno della Comunità. In: Diritto comunitario e degli scambi internazionali 15 (1976) 12–16.

Mattera, Alfonso: La libre circulation des œuvres d'art à l'intérieur de la Communauté et la protection des trésors nationaux ayant une valeur artistique, historique ou archéologique. In: Revue du Marché Unique Européen 3 (1993) 9–31.

Mattera, Alfonso: La circulation des œuvres d'art dans l'Europe du Marché Unique. In: Les objets d'art dans l'Union Européenne, 1994: 93–112. [D7]

Mattera, Alfonso: La circulation des œuvres d'art dans l'Europe du Marché Unique. In: Protezione internazionale del patrimonio culturale, 2000: 167–186. [A2]

Maurer, Christoph H. M.: Die Ausfuhr von Kulturgütern in der Europäischen Union. Frankfurt a.M. : Haag und Herchen, 1997. XLVII, 224 S. Zugl.: Heidelberg, Univ., Diss., 1997.

Mercier, Pierre: Quelques considérations sur le commerce international de l'art selon des conventions récentes. In: International Sales of Works of Art (International Sales of Works of Art ; [1]), [ca. 1989]: 597–611. [D3]

Morrison, Carolyn: The Implementation in the UK of the European Union Regulation on the Export of Cultural Goods. In: Les objets d'art dans l'Union Européenne, 1994: 113–118. [D7]

Mucci, Federica: I beni culturali mobili nel Trattato della Comunità europea. In: La protezione internazionale e la circolazione comunitaria dei beni culturali mobili, 1998: 217–238. [A2]

Museums and Europe 1992 / Susan M. Pearce (Hrsg.). London [u.a.] : Athlone Press, 1992. VI, 232 S. (New Research in Museum Studies ; 3)

Mußgnug, Reinhard: Überlegungen zur Umsetzung der neuen EG-Vorschriften über den Verkehr mit Kulturgütern. In: Recht zwischen Umbruch und Bewahrung : Festschrift für Rudolf Bernhard / Ulrich Beyerlin [u.a.] (Hrsg.). Berlin [u.a.] : Springer, 1995: 1225–1250.

Mußgnug, Reinhard: Europäischer und nationaler Kulturgüterschutz. In: Aktuelle Fragen des Kulturgüterschutzes, 1998: 11–30. [D3]

Mußgnug, Reinhard: Die deutsche Renitenz gegen das Kulturgutrecht der EG. In: Europarecht <Baden-Baden> 35 (2000) 564–591.

Nanula, Gaetano: Circolazione dei beni culturali e apertura delle frontiere. In: La cultura e i suoi beni giuridici, 1999: 185–190. [A2]

Nicholas, Talbot J.: EEC Measures on the Treatment of National Treasures. In: Loyola of Los Angeles International and Comparative Law Review 16 (1993) 127–166.

Nicolella, Mario: La circolazione comunitaria dei beni culturali. In: L'Italia e l'Europa 30 (1992) 106–122.

Niedobitek, Matthias: Kultur und Europäisches Gemeinschaftsrecht. Berlin : Duncker und Humblot, 1992. 345 S. (Schriften zum Europäischen Recht ; 14)

Nizery, François: Le libre-échange des œuvres d'art. In: Le marché commun et le marché de l'art, 1982: 61–63. [D7]

Onofri, D.: Esportazione dei beni culturali all'interno dei paesi della CEE. In: Giurisprudenza italiana (1992) 542–544.

Pescatore, Pierre: Le commerce de l'art et le marché commun. In: Revue trimestrielle de Droit européen (1985) 451–452.
Auch in: International Sales of Works of Art (International Sales of Works of Art ; [1]), [ca. 1989]: 581–595. [D3]

Petraroia, Pietro: I patrimoni culturali nazionali e la loro protezione nel mercato interno europeo. In: Beni culturali e mercato europeo, 1991: 35–45. [A3]

Petschen, Santiago: El patrimonio histórico cultural español y el patrimonio histórico cultural de la Iglesia ante el mercado interior comunitario establecido por el Acta Unica Europea. In: Patrimonio Cultural. Documentación-Información / Secretariado Nacional de la Comisión Episcopal para el Patrimonio Cultural 15–16 (1992) 27–33.

Petschen, Santiago: Los principios y normas europeas relativos al patrimonio cultural de la Iglesia. In: Estudios Eclesiásticos 71 (1996) 537–556.

Pioletti, Giovanni: L'esportazione dei beni culturali nelle prospettive italiane del Mercato comune europeo. In: Rivista di Polizia (1992) 289–301.
Auch in: La tutela penale delle opere d'arte = The penal protection of works of art, 1994: 77–84. [A2]

Pisani, Andrea Proto: La restituzione di beni culturali illecitammente usciti dal territorio di uno Stato membro della CEE. In: Rivista critica di diritto privato (1992) 307–320.

Plehwe, Thomas von: European Union and the Free Movement of Cultural Goods. In: European Law Review 20 (1995) 431–450.

Poli, Jean-François: Droit communautaire, compétences culturelles des Etats membres en matière de protection du patrimoine national, et Convention d'UNIDROIT sur les biens culturels volés ou illicitement exportés. In: Revue du Marché commun et de l'Union européenne (1998) 415: 89–100.

Post, Harry: The Protection of Archaelogical Property and Community Law : Framework and New Developments. In: Archaeological Heritage : Current Trends in Its Legal Protection, 1995: 203–232. [A2]

Predieri, Alberto: Illegittimità costituzionale e contrasto con il Trattato CEE della „Tassa progresiva" sulla esportazione di cose d'arte. In: Rivista di diritto finanziario e scienza delle finanze 23 (1964) –424.

Preuschen, Diethardt von: Kulturgutsicherungsgesetz und EG-Recht. In: Europäische Zeitschrift für Wirtschaftsrecht 2 (1999) 10–43.

Putnam, John E.: Common Markets and Cultural Identity : Cultural Property Export Restrictions in the European Economic Community. In: The University of Chicago Legal Forum (1992) 457–476.

Ravenna, Daniele: La circolazione dei beni culturali e le norme comunitarie. In: Gazzetta ambiente (1998) 4: 53ff.

Reichelt, Gerte: Kulturgüterschutz der Europäischen Gemeinschaft im internationalen Kontext. In: KulturMedien – EG und Österreich / Andrea Ellmeier ; Veronica Ratzenböck (Hrsg.). (EG Informationen der Österreichischen Kulturdokumentation / Internationales Archiv für Kulturanalysen ; 2). Wien, 1993: 53–59.

Reichelt, Gerte: Europäischer Kunstmarkt. In: Österreichische Juristen-Zeitung 49 (1994) 339–342.

Ress, Georg: Die neue Kulturkompetenz der EG. In: Die Öffentliche Verwaltung (1992) 944–955.

Reverdini, Beno: La prospettiva italiana, con riferimento alle recenti proposte, in materia di beni culturali, di direttiva del Consiglio CEE sulla restituzione di beni illecitamente esportati e di regolamento del Consiglio CEE sull'esportazione. In: La tutela penale delle opere d'arte = The penal protection of works of art, 1994: 59–66. [A2]

Rigaux, François: EEC Competence in the Cultural Field. Deventer : Kluwer Law and Taxation Publ., 1992. 14 S. (FORUM Internationale ; 17)

Rigaux, François: Le commerce des œuvres d'art dans le Marché Commun. In: Études de droit international en l'honneur de Pierre Lalive : Recueil / Faculté de Droit de l'Université de Genève, Institut Universitaire de Hautes Etudes Internationales. Christian Dominicé [u.a.] (Hrsg.). Basel [u.a.] : Helbing und Lichtenhahn, 1993: 733–751.

Rigaux, François: Libre circulation des biens culturels et protection des trésors nationaux. In: European Review of Private Law 2 (1994) 95–110.

Rigaux, François: The protection of cultural heritage : aspects of EEC law. In: Kunsthandel (inclusief antiquiteiten) en de bescherming van nationaal cultureel erfgoed, 1994: 69–98. [D3]

Roberts, Elizabeth Lee: Cultural Policy in the European Community : A Case Against Extensive National Retention. In: Texas International Law Journal 28 (1993) 191–228.

Roccella, Alberto: Ordinamento comunitario ed esportazione di beni culturali. In: Diritto Comunitario e degli Scambi Internazionali 32 (1993) 539–566.

Roth, Wulf-Henning: Angleichung des IPR durch sekundäres Gemeinschaftsrecht. In: IPRax : Praxis des Internationalen Privat- und Verfahrensrechts 14 (1994) 165–174.

Schmahl, Stefanie: Die Kulturkompetenz der Europäischen Gemeinschaft. Baden-Baden : Nomos-Verl.-Ges., 1996. 313 S. Zugl.: Mainz, Univ., Diss., 1996. (Nomos Universitätsschriften : Recht ; 223)

Schütte, Rainer: Kulturgutschutz nach europäischem Gemeinschaftsrecht. In: Weltkunst 64 (1994) 2918–2920.

Schwarze, Jürgen: Der Schutz nationalen Kulturguts im Europäischen Binnenmarkt. In: Juristenzeitung 49 (1994) 111–117.

Schwarzenberg, Angela Maria: Tutela e circolazione infra-comunitaria del patrimonio culturale. Rimini : Maggioli, [2000]. 446 S. (Università : Diritto ; 54)

Seidl-Hohenveldern, Ignaz: Patrimoine culturel mobilier et Marché intérieur de la Communauté européenne. In: Études de droit international en l'honneur de Pierre Lalive : Recueil / Faculté de Droit de l'Université de Genève, Institut Universitaire de Hautes Etudes Internationales. Christian Dominicé [u.a.] (Hrsg.). Basel [u.a.] : Helbing und Lichtenhahn, 1993: 753–762.

Seidl-Hohenveldern, Ignaz: Kulturgüterschutz durch die Europäische Union versus Warenverkehrsfreiheit. In: Prinzipien des Kulturgüterschutzes, 1996: 113–121. [A2]

Short, Kimberly A.: Preventing the Theft and Illegal Export of Art in a Europe Without Borders. In: Vanderbilt Journal of Transnational Law 26 (1993) 633–665.

Siehr, Kurt: Handel mit Kulturgütern in der EWG. In: Neue Juristische Wochenschrift 46 (1993) 2206–2209.

Siehr, Kurt: International protection of Cultural Property in the European Community. In: Études de droit international en l'honneur de Pierre Lalive : Recueil / Faculté de Droit de l'Université de Genève, Institut Universitaire de Hautes Etudes Internationales. Christian Dominicé [u.a.] (Hrsg.). Basel [u.a.] : Helbing und Lichtenhahn, 1993: 763–775.

Siehr, Kurt: Handel mit Kulturgütern in der Europäischen Union und in der Schweiz. In: Aspekte des Wirtschaftsrechts : Festgabe zum schweizerischen Juristentag 1994 / Hans Ulrich Walder [u.a.] (Hrsg.). Zürich : Schulthess, 1994: 353–372.

Siehr, Kurt: Vereinheitlichung des Mobiliarsachenrechts in Europa, insbesondere im Hinblick auf Kulturgüter. In: Rabels Zeitschrift für ausländisches und internationales Privatrecht 59 (1995) 454–468.

Siehr, Kurt: Art Trade within the European Union. In: Koinodikion (Private International Law Review) 1 (1995) 169–178.

Siehr, Kurt: Freizügigkeit und Kulturgüterschutz in der Europäischen Union. In: Festschrift für Ernst-Joachim Mestmäcker zum 70. Geburtstag / Ulrich Immenga [u.a.] (Hrsg.). Baden-Baden : Nomos-Verl.-Ges., 1996: 483–496.

Siehr, Kurt: Kulturgüterschutz innerhalb der Europäischen Union. In: Zeitschrift für vergleichende Rechtswissenschaft 95 (1996) 170–187.

Siehr, Kurt: Die EG-Richtlinie von 1993 über die Rückgabe von Kulturgütern und der Kunsthandel. In: Neues Recht zum Schutz von Kulturgut, 1997: 29–43. [A2]

Siehr, Kurt: Europäischer Kulturgüterschutz. In: Recht und Europa 2 (1998) 187–194.

Siehr, Kurt: The Protection of Cultural Property : The 1995 UNIDROIT Convention and the EEC Instruments of 1992/93 Compared. In: Revue de droit uniforme – Uniform Law Review N.S. 3 (1998) 671–684.

Siehr, Kurt: Die Richtlinie 93/7/EWG des Rates vom 15. März 1993 über die Rückgabe von unrechtmäßig aus dem Hoheitsgebiet eines Mitgliedstaats verbrachten Kulturgütern und das Privatrecht der Mitgliedstaaten der EWG. In: Kunstrecht und Urheberrecht 1 (1999) 225–236.

Siehr, Kurt: Europäisches Recht des Kulturgüterschutzes und die Schweiz : Auswirkungen des Rechts unserer Nachbarstaaten auf die Schweiz. In: Aktuelle juristische Praxis = Pratique juridique actuelle 8 (1999) 962–970.

Sjouke, Paulus Stephanus: Het behoud van cultuurgoederen : twee werelden, twee visies. Nijmegen : Ars Aequi Libri, 1999. X, 355 S. Zugl.: Rotterdam, Univ., Diss., 1999.

Sparr, Jürgen: Kulturhoheit und EWG-Vertrag : Eine Untersuchung zur Einschränkung des gesetzgeberischen Handlungsspielraums der Mitgliedstaaten in kulturellen Angelegenheiten durch den EWG-Vertrag, dargestellt an Hand des freien Waren- und Dienstleistungsverkehrs. Baden-Baden : Nomos-Verl.-Ges., 1991. 284 S. (Schriftenreihe Europäisches Recht, Politik und Wirtschaft ; 151)

Stamatoudi, Irini A.: The National Treasures Exception in Article 36 of the EC Treaty : How Many of them Fit the Bill? In: Art, Antiquity and Law 3 (1998) 39–51.

Taschner, Hans Claudius: Kulturgüterschutz aus der Sicht des EG-Rechts. In: Internationaler Kulturgüterschutz : Wiener Symposion, 1992: 97–102. [A2]

Taschner, Hans Claudius: EG-Binnenmarkt und Kulturgüterschutz. In: Kultur-Medien – EG und Österreich / Andrea Ellmeier ; Veronica Ratzenböck (Hrsg.). (EG Informationen der Österreichischen Kulturdokumentation / Internationales Archiv für Kulturanalysen ; 2). Wien, 1993: 47–52.

Uhl, Antje-Katrin: Der Handel mit Kunstwerken im europäischen Binnenmarkt : Freier Warenverkehr versus nationaler Kulturgüterschutz. Berlin : Duncker und Humblot, 1993. 186 S. (Tübinger Schriften zum internationalen und europäischen Recht ; 29)

Vanden Abeele, Michel ; Lucette Defalque-Vlerick: L'Europe, la culture et le marché de l'art. In: Le marché commun et le marché de l'art, 1982: 7–17. [D7]

Vecchiarelli, Raffaella: Aspetti della politica legislativa degli Stati membri dell'Unione europea in materia di circolazione dei beni culturali. In: La protezione internazionale e la circolazione comunitaria dei beni culturali mobili, 1998: 295–327. [A2]

Vedovato, Giuseppe: Mercato comune europeo e esportazione artigiana. Firenze : [Poligrafico toscano], 1963. 116 S. (Biblioteca della Rivista di studi politici-internazionali in Firenze. Ser. 2)

Virgós Soriano, Miguel: Patrimoine national ou patrimoine communautaire : le problème de la définition. In: Le patrimoine mobilier : Quelle politique européenne?, 1990: 161–165. [A2]

Vitrano, Victoria J.: Protecting Cultural Objects in an Internal Border-Free EC : the EC Directive and Regulation for the Protection and Return of Cultural Objects. In: Fordham International Law Journal 17 (1994) 1164–1201.

Volpe, G.: La circolazione dei beni culturali nell'Europa del 1993. In: Rivista di Polizia (1993) 249ff.

Voudouri, Daphné: Circulation et protection des biens culturels dans l'Europe sans frontières. In: Revue du droit public et de la science politique en France et à l'étranger (1994) 479–524.

Voudouri, Dafni: Communication sur l'idée d'un patrimoine culturel commun à l'Europe dans la perspective de la suppression des frontières intérieures. In: Archaeological Heritage : Current Trends in Its Legal Protection, 1995: 233–235. [A2]

Vrellis, Spyridon: The Drafts of Unidroit Agreement and the Proposal for a Council (EEC) Directive : A Parallel Retrogression? In: Archaeological Heritage : Current Trends in Its Legal Protection, 1995: 173–192. [A2]

Warren, Jeremy: 1992 and the Movement of Works of Art. In: Museums and Europe 1992, 1992: 45–65. [D7]

Weissman, Peter: La protection des biens culturels au sein du Marché intérieur. In: La cultura e i suoi beni giuridici, 1999: 214–223. [A2]

Winter, Jan A.: The Application of the Unidroit Convention on Stolen or Illegally Exported Objects in Relations between Member States of the European Union. In: Reflections on International Law from the Low Countries in Honour of Paul de Waart / Erik Denters ; Nico Schrijver (Hrsg.). (Developments in international law ; 29). The Hague ; Boston ; London : Martinus Nijhoff Publishers, 1998: 347–372.

D 8. Sonstige internationale Regelungen, Entwürfe und Regelungsvorschläge / Other International Treaties, Drafts or Proposals

Aloisi, Ugo: Premier projet de Convention internationale : Observations des gouvernements sur la première rédaction du projet ; Rapport à l'Office International des Musées. In: Art et Archéologie : Recueil de législation comparée et de droit international 1 (1939) 53–68.
Mit Anm. versehene Fassung in italienischer Sprache: Protezione internazionale delle cose di pregio storico o artistico. In: La Giustizia penale 41 (1935) 577–600.

Council of Europe: Explanatory Report on the European Convention on offences relating to cultural property : Convention opened for signature on 23 june 1985. Strasbourg, 1985. 35 S.

Dockx, Staf: The Council of Europe's Draft Convention on Stolen Art. In: Art Research News 2 (1981)1: 12–17.

Droz, Georges A. L.: La protection internationale des biens culturels et des objets d'art, vue sous l'angle d'une convention de droit international privé. In: International Sales of Works of Art (International Sales of Works of Art ; [1]), [ca. 1989]: 535–543. [D3]

Ferrer-Correia, Antonio de Arruda: La vente internationale d'objets d'art, sous l'angle de la protection du patrimoine culturel. In: Annuaire de l'Institut de Droit International 64-I (1991) 90–192.

Ferrer-Correia, Antonio de Arruda: Nouvelles règles de conflit de lois sur la vente internationale d'objets d'art. In: International Art Trade and Law (International Sales of Works of Art ; 4), 1993: 41–46. [D3]

Gómez Tabernero de Paz, Juan: Le traitement des œuvres d'art dans le cadre de l'OMC. In: Revue du Droit de l'Union européenne (2000) 855–885.

Hjerner, Lars: The United Nations Convention on Contracts for the International Sale of Goods. In: International Sales of Works of Art (International Sales of Works of Art ; [1]), [ca. 1989]: 545–555. [D3]

Hondius, Frits: Activities of the Council of Europe. In: International Sales of Works of Art (International Sales of Works of Art ; [2]), 1990: 81–87. [D3]

Möhrenschlager, Manfred: The Applicability of European Conventions on the Prosecution and Punishment of Illegal Exports of Cultural Property. In: La tutela penale delle opere d'arte = The penal protection of works of art, 1994: 33–36. [A2]

Müller-Rappard, Ekkehart: La Convention Européenne sur les infractions visant des biens culturels. In: International Sales of Works of Art (International Sales of Works of Art ; [1]), [ca. 1989]: 575–580. [D3]

O'Keefe, Patrick J.: Commonwealth Co-operation for the Preservation of Cultural Heritage. In: 10th Commonwealth Law Conference : Conference Papers. Nicosia, Cyprus : Asselia Publ., 1993: 643–651.

O'Keefe, Patrick J.: Mauritius Scheme for the Protection of the Material Cultural Heritage. In: International Journal of Cultural Property 3 (1994) 295–300.

O'Keefe, Patrick J.: Protection of the Material Cultural Heritage : The Commonwealth Scheme. In: International and Comparative Law Quarterly 44 (1995) 147–161.

Pennas, C.: Incorporation and Application of Regulations of International Law in the Sector of the Circulation, Import and Export of Cultural Goods, Council of Europe Convention. In: Proceedings of the Meeting : Cultural Property ; Return and Illicit Trade, 2000: 33–34. [G3]

Riccio, Laura A.: La convenzione europea sulla tutela del patrimonio culturale. In: Rivista italiana di diritto e procedura penale (1987) 130–147.

Rotfeld, Adam Daniel: Introduction : The New Dimensions of the CSCE Process. In: Cultural Heritage and the CSCE Process, 1991: VII–XIII. [A3]

Schutter, Bart de: The protection of cultural property : interstate cooperation of European perspective. In: The Penal Protection of Works of Art, 1983: 189–219. [A2]

Schutter, Bart de: The Harmonisation of Criminal Law and International Criminal Co-operation as Instruments of Protection. In: International Legal Protection of Cultural Property, 1984: 72–98. [A2]

E. Schutz des Unterwasserkulturerbes/ Protection of the Underwater Cultural Heritage

E 1. Allgemeines/General

Abbass, D. K.: A Marine Archaeologist Looks at Treasure Salvage. In: Journal of Maritime Law and Commerce 30 (1999) 261–268.

Ajello, Nadia: La ricerca archeologica nell'evoluzione del diritto del mare. In: Ritrovamenti e scoperte di opere d'arte, 1989: 101–173. [D4]

Alexander, Bruce E.: Treasure Salvage Beyond the Territorial Sea : An Assessment and Recommendations. In: Journal of Maritime Law and Commerce 20 (1989) 1–19.

Allotta, Gaetano: Tutela del patrimonio archeologico subacqueo. Agrigento : Centro studi Giulio Pastore, 2001. 122 S.

Allotta, Gaetano ; Domenico Macaluso: Archeologia marina e diritto del mare. Agrigento : AICS, 1998. 48 S.

Arnold, J. Barto: Underwater Cultural Resources and the Antiquities Market. In: Journal of Field Archaeology 5 (1978) 232.

Azcárraga y de Bustamante, José Luis : El concepto de plataforma continental ante la arqueología submarina. In: Boletín de la Junta Municipal de Arqueología de Cartagena 4/5 (1974) 19–24.

Background Materials on the Protection of the Underwater Cultural Heritage = Documents de base sur la protection du patrimoine culturel subaquatique / Lyndel V. Prott ; Leng Srong (Hrsg.). Volume 1. Paris ; Portsmouth : UNESCO and the Nautical Archaeology Society, 1999. 219 S.

Background Materials on the Protection of the Underwater Cultural Heritage = Documents de base sur la protection du patrimoine culturel subaquatique / Lyndel V. Prott ; Edouard Planche ; Rochelle Roca-Hachem (Hrsg.). Volume 2. UNESCO ; Ministère de la Culture et de la Communication (France) : Paris, 2000. 616 S.

Bangert, Kaare: A new area of international law : the protection of maritime cultural property. In: International Law in the Post-Cold War World : Essays in Memory of Li Haopei / Sienho Yee ; Wang Tieya (Hrsg.). (Routledge studies in international law). London : Routledge, 2001: 119–130.

Bederman, David J.: Historic Salvage and the Law of the Sea. In: The University of Miami interAmerican Law Review 30 (1998) 99–129.

Benini, Stefano: Mare, demanio marittimo e archeologia. In: Giurisprudenza di merito (1997) 177–189.

Berlingieri, Francesco: Salvataggio, Assistenza, Ricupero e Ritrovamento di Relitti della Navigazione. In: Novissimo Digesto Italiano XVI (1969). Torino : Unione Tipografico, 1969: 342–461.

Berns, Philip A.: A Sovereign's Perspective on Treasure Salvage. In: Journal of Maritime Law and Commerce 30 (1999) 269–277.

Beurier, Jean-Pierre: Pour un droit international de l'archéologie sous-marine. In: Revue Générale de Droit International Public 93 (1989) 45–68.

Blanco-Bazán, Agustín: The IMO Guidelines on Particular Sensitive Sea Areas (PSSAs) : Their Possible Application to the Protection of Underwater Cultural Heritage. In: Marine Policy 20 (1996) 343–349.

Brice, Geoffrey: Maritime Law of Salvage. 2. A., London : Sweet and Maxwell, 1993. LXVII, 1141 S.

Brice, Geoffrey: Salvage and the underwater cultural heritage. In: Marine Policy 20 (1996) 337–342.

Bryant, Christopher R.: The archaeological duty of care : the legal, professional and cultural struggle over salvaging historic shipwrecks. In: Albany Law Review 65 (2001) 97–145.

Caflisch, Lucius: La condition des épaves maritimes en droit international public. In: Mélanges en l'honneur de Nicolas Valticos : droit et justice / René-Jean Dupuy (Hrsg.). Paris : Pedone, 1999: 67–88.

Camarda, Guido: I beni culturali marini tra pluralità ordinamentali, principi generali, diritto della navigazione ed altri corpi normativi speciali. In: Diritto dei Trasporti 8 (1995) 405–439.

Castagné, André: L'archéologie sous-marine et le droit : De la réglementation interne au problème de la réglementation internationale. In: Actualités du droit de la mer / Société française pour le droit international, Colloque de Montpellier [25–27 mai 1972] ; [cet ouvrage constitue les actes du 6. colloque]. Paris : A. Pedone, 1973: 164–183.

Ciciriello, Maria Clelia: International protection of the underwater cultural heritage. In: Università degli Studi di Roma „Tor Vergata", Pubblicazioni della Facoltà di Giurisprudenza, Sezione di Diritto Pubblico, Yearbook 3 (1990/91) 417–434.

Cleere, Henry: The underwater heritage and the World Heritage Convention. In: Bulletin of the Australian Institute for Maritime Archaeology 17 (1993) 25–26.

Coble, Wendy M.: The Navy and the Protection of Pacific Cultural Resources : A Unique Challenge. In: Cultural Resource Management 24 (2001) 1: 27–29.

Collins, M. G.: The Salvage of Military Vessels. In: The International Lawyer 10 (1976) 681–700.

Couper, Alastair: The Principal Issues in Underwater Cultural Heritage. In: Marine Policy 20 (1996) 283–285.

Cycon, Dean E.: Legal and Regulatory Issues in Marine Archaeology. In: Oceanus 28 (1985) 78–84.

Del Bianco, H. Peter: Underwater Recovery Operations in Offshore Waters : Vying for Rights to Treasure. In: Boston University International Law Journal 5 (1987) 153–176.

Dromgoole, Sarah: A Protective Legal Regime for the Underwater Cultural Heritage : The Problems of the International Waters. In: Annuaire de Droit Maritime et Océanique 15 (1997) 119ff.

Dromgoole, Sarah: A Note on the Meaning of 'Wreck'. In: International Journal of Nautical Archaeology 28 (1999) 319–322.

Dromgoole, Sarah: Law and the underwater cultural heritage : a question of balancing interests. In: Illicit Antiquities, 2002: 109–136. [D1]

Eleazer, H.: The Recovery of Vessels, Aircraft and Treasure in International Water. In: Some Current Sea Law Problems / Seymour W. Wurfel (Hrsg.). Raleigh : Sea Grant Program, North Carolina State University, 1975: 26–38.

Engert-Schüler, Heidi: Völkerrechtliche Fragen des Eigentums an Wracks auf dem Hohen Meer. Frankfurt a.M. : Metzner, 1979. 200 S. Zugl.: Hamburg, Univ., Diss., 1979.

Fechner, Frank G.: Unterwasserarchäologie und Recht. In: In Poseidons Reich : Antike Welt. (Antike Welt ; 26 : Sondernummer). Mainz : von Zabern, 1995: 97–104.

Gaskell, Nicholas: The International Convention on Salvage 1989. In: International Journal of Estuarine and Coastal Law 4 (1989) 268–308.

Genin, Olivier: Maritime museums : custodians of an international heritage. In: Museum International <Paris> / Engl. Ausg. 48 (1996) 4=192: 4–7.

Goodheart, A.: Into the Depths of History. In: Preservation 51 (1999) 36–45.

Goy, Raymond: L'épave du Titanic et le droit des épaves en haute mer. In: Annuaire Français de Droit International 35 (1989) 752–773.

Horan, Edward W.: Organizing, Manning, and Financing a Treasure Salvage Expedition. In: Journal of Maritime Law and Commerce 30 (1999) 235–243.

Hutchinson, Gillian: Threats to Underwater Cultural Heritage : The Problems of Unprotected Archaeological and Historic Sites, Wrecks and Objects Found at Sea. In: Marine Policy 20 (1996) 287–290.

Il regime giuridico internazionale del Mare Mediterraneo : atti del Convegno internazionale organizzato dal Dipartimento di Diritto Pubblico della Facoltà di Giurisprudenza della II Università di Roma, con il contributo del Consiglio Nazionale delle Ricerche, Castelgandolfo 18–19 ottobre 1985 = The international legal regime of the Mediterranean Sea = Le régime juridique international de la Mer Mediterranée / Umberto Leanza (Hrsg.). Milano : Giuffrè, 1987. XII, 617 S. (Pubblicazioni della Facoltà di Giurisprudenza / II Università degli Studi di Roma : Sezione di Diritto Pubblico ; 2)

International Council on Monuments and Sites (ICOMOS): International Charter on the Protection and Management of Underwater Cultural Heritage. In: International Journal of Nautical Archaeology 27 (1998) 183–187.

Johnston, Paul Forsythe: Treasure Salvage, Archaeological Ethics and Maritime Museums. In: International Journal of Nautical Archaeology 22 (1993) 53–60.

Karagiannis, Syméon: Une nouvelle zone de juridiction : la zone archéologique maritime. In: Espaces et ressources maritimes 4 (1990) 1–27.

Korthals Altes, Alexander: Submarine Antiquities and the Law. In: Annuaire de l'A.A.A. 44 (1974) 127–141.

Korthals Altes, Alexander: Submarine Antiquities : A Legal Labyrinth. In: Syracuse Journal of International Law and Commerce 4 (1976) 77–96.

La tutela del patrimonio archeologico subacqueo : atti del Convegno Internazionale tenutosi a Ravello dal 27 al 30 maggio 1993 presso il Centro Universitario Europeo per i Beni Culturali / Giuseppe Vedovato ; Licia Vlad Borrelli (Hrsg.). Roma : Istituto Poligrafico e Zecca dello Stato, 1995. 109 S.

Leanza, Umberto: La zona archeologica marina e la protezione dei beni culturali subacquei. In: La protezione internazionale e la circolazione comunitaria dei beni culturali mobili, 1998: 91–117. [A2]

Leanza, Umberto: Zona archeologica marina. In: Protezione internazionale del patrimonio culturale, 2000: 41–69. [A2]

Lindbloom, Susan J.: Historic Shipwreck Legislation : Rescuing the Titanic from the Law of the Sea. In: Journal of Legislation 13 (1986) 92–111.

Lipka, Lawrence J.: Abandoned Property at Sea : Who Owns the Salvage "Finds"? In: William and Mary Law Review 12 (1970) 7–110.

Lund, Carsten: Patrimoine culturel subaquatique. In: Jus Gentium 12 (1985) 60–74.

Marine archaeology : the global perspectives / Govindarajan Kuppuram ; Kuppuram Kumudamani (Hrsg.). Dehli : Sundeep Prakashan, 1996. 2 Vol. XIV, 643 S.

Mather, Roderick: Technology and the Search for Shipwrecks. In: Journal of Maritime Law and Commerce 30 (1999) 175–184.

Meurs, L. van: Legal Aspects of Marine Archeological Research. In: Acta Juridica <Cape Town> (1986) 83–123.

Migliorino, Luigi: Il recupero degli oggetti storici ed archeologici sommersi nel diritto internazionale. Milano : Giuffrè 1984. X, 237 S. (Studi e Documenti sul Diritto Internazionale del Mare ; 15)

Migliorino, Luigi: In Situ Protection of the Underwater Cultural Heritage under International Treaties and National Legislation. In: The International Journal of Marine and Coastal Law [Fortsetzung von: International Journal of Estuarine and Coastal Law] 10 (1995) 483–495.

Miller, H. Crane: International Law and Marine Archaeology. Belmont, Mass. : Academy of Applied Science, 1973. 47 S. (Academy of Applied Science monograph ; 2)

Nafziger, James A. R.: Finding the Titanic : Beginning an International Salvage of Derelict Law at Sea. In: Columbia-VLA Journal of Law and the Arts 12 (1988) 339–351.

Nafziger, James A. R.: International Legal Protection of the Underwater Cultural Heritage. In: The Law of Cultural Property and Natural Heritage, 1998. 24 S. [A2]

Nafziger, James A. R.: The Titanic Revisited. In: Journal of Maritime Law and Commerce 30 (1999) 311–329.

Nafziger, James A. R.: Historic Salvage Law Revisited. In: Ocean Development and International Law 31 (2000) 81–96.

Négri, Vincent: Conventions and laws related to submarine archaeological sites in the mediterranean. In: Underwater Archaeology and Coastal Management / Mostafa Hassan Mostafa ; Nicolas Grimal ; Douglas Nakashima (Hrsg.). (Coastal management sourcebooks ; 2). Paris : Unesco Publishing, 2002: 122–129.

Nicholson, S.R.: Mutiny on the Bounty : International Law's Failing Preservation Efforts Regarding Shipwrecks and Their Artifacts Located in International Waters. In: University of Missouri-Kansas City Law Review 66 (1997) 135–167.

O'Keefe, Patrick J.: Current Developments regarding Regulation of Marine Archaeology outside Territorial Waters. In: Underwater archaeology : the challenge before us ; the Proceedings of the Twelfth Conference on Underwater Archaeology / Gordon P. Watts (Hrsg.). (Fathom Eight Special Publication ; 2). San Marino, Calif. : Fathom Eight, 1981: 338–347.

O'Keefe, Patrick J.: International Perspective on Maritime Archaeology Legislation. In: Proceedings of the Second Southern Hemisphere Conference on Maritime Archaeology, Adelaide, South Australia, March, 1982 / Jennifer Ames ; William Jeffery (Hrsg.). Adelaide : South Australian Dep. of Environment and Planning ; Canberra : Commonwealth Department of Home Affairs and Environment, 1983: 175–181.

O'Keefe, Patrick J.: The Law and Nautical Archaeology : An International Suryey. In: Nautical Archaeology : Progress and Public Responsibility / Susan Langley ; Richard W. Unger (Hrsg.). (British Archeological Reports : International Series ; 220). Oxford : B.A.R., 1984: 9–17.

O'Keefe, Patrick J.: The European Convention on the Protection of the Archaeological Heritage : Relevance to Maritime Archaeology. In: Bulletin of the Australian Institute for Maritime Archaeology 17 (1993) 2: 27–30.

O'Keefe, Patrick J.: Gold, Abandonment and Salvage. In: Lloyd's Maritime and Commercial Law Quarterly (1994) 7–12.

O'Keefe, Patrick J.: The Law and Nautical Archaeology : An International Survey. In: Marine Archaeology : The Global Perspectives, 1996: 455–462. [E1]

O'Keefe, Patrick J.: International Waters. In: Legal Protection of the Underwater Cultural Heritage, 1999: 223–235. [E2]

Passalacqua, John L.A. de: Delito cultural : el patrimonio cultural y la arqueología subacuática. In: Revista Jurídica de la Universidad de Puerto Rico 60 (1991) 1231–1253.

Pazarci, Hüseyin: Sur la recherche archéologique subaquatique en méditerranée. In: Il regime giuridico internazionale del Mare Mediterraneo, 1987: 359–366. [E1]

Pedini, Mario: Traffico illecito dei beni archaeologici subacquei. In: La tutela del patrimonio archeologico subacqueo, 1995: 21–24. [E1]

Perry, R. M.: Sovereign rights in sunken treasures. In: Land and Natural Resources Division Journal (1969) 89–113.

Protection of cultural heritage under water : changes in European culture caused by maritime and inland waterborne trade ; programme and abstracts, 18th–21th February 1999 ; International Conference on Underwater Archaeology, Sassnitz auf Rügen / [Red.: Harald Lübke]. Lübstorf : Ikuwa-Sekretariat, 1999. 115 S.

Prott, Lyndel V.: Legal principles for protecting underwater cultural heritage. In: Underwater Archaeology and Coastal Management / Mostafa Hassan Mostafa ; Nicolas Grimal ; Douglas Nakashima (Hrsg.). (Coastal management sourcebooks ; 2). Paris : Unesco Publishing, 2002: 130–136.

Prott, Lyndel V. ; Patrick J. O'Keefe: Legal protection of the underwater cultural heritage. In: Report on the underwater cultural heritage. Annex II / Council of Europe, Parliamentary Assembly, The Committee on Culture and Education. Doc. 4200 v. 18. September 1978: 45–90.

Prott, Lyndel V. ; Patrick J. O'Keefe: International Legal Protection of the Underwater Cultural Heritage. In: Revue belge de droit international 14 (1978/79) 85–103.

Prott, Lyndel V. ; Patrick J. O'Keefe: Law and the Underwater Heritage. In: Protection of the underwater heritage. (Protection of the cultural heritage : Technical handbooks for museums and monuments ; 4). Paris : UNESCO, 1981: 167–200.
Frz. Ausgabe u.d.T. : Le droit et l'archéologie subaquatique. In: La sauvegarde du patrimoine subaquatique. (Protection du patrimoine culturel : Cahiers techniques ; Musées et Monuments ; 4). Paris : UNESCO, 1984: 167–206.

Prott, Lyndel V. ; Patrick J. O'Keefe: International Legal Protection of the Underwater Cultural Heritage. In: Marine Archaeology : The Global Perspectives, 1996: 501–519. [E1]

Prott, Lyndel V. ; Patrick J. O'Keefe: Maritime Archaelogy. In: Encyclopedia of Public International Law 3 (J–P). Amsterdam [u.a.] : North – Holland, 1997: 298–300
Auch in: Instalment 11 (1989) Law of the Sea – Air and Space: 210–212.

Rigambert, Catherine: Le droit des épavers maritimes de l'Antiquité jusqu'au XXe siècle. In: Annuaire de droit maritime et océanique 16 (1998) 371–381.

Robol, Richard T.: Legal Protection for Underwater Cultural Resources : Can We Do Better? In: Journal of Maritime Law and Commerce 30 (1999) 303–309.

Ronzitti, Natalino: Stato costiero, archeologia sottomarina e tutela del patrimonio storico sommerso. In: Il Diritto Marittimo 86 (1984) 3–24.
Auch in: Studi in onore di Vincenzo Palazzolo / Luigi Alfieri (Hrsg.). (Pubblicazioni della Facoltà di giurisprudenza della Università di Pisa ; 98). Milano : Giuffré, 1986: 749–774.

Roucounas, Emmanuel J.: Cultural Treasures on the Seabed. In: Review of Public and Administrative Law 23 (1979) 10–34.

Roucounas, Emmanuel J.: Sub-Marine Archaeological Research : Some Legal Aspects. In: Il regime giuridico internazionale del Mare Mediterraneo, 1987: 309–334. [E1]

Shelton, Dinah: Recent Developments in International Law Relating to Marine Archaeology. In: Hague Yearbook of International Law = Annuaire de la Haye de droit international 10 (1997) 59–67.

Shore, Howard H.: Marine Archaeology and International Law : Background and Some Suggestions. In: San Diego Law Review 9 (1972) 668–700.

Sico, Luigi: Le norme internazionali e comunitarie concernenti l'illecita rimozione dei beni culturali rinvenuti sul fondo marino. In: La protezione internazionale e la circolazione comunitaria dei beni culturali mobili, 1998: 239–269. [A2]

Strati, Anastasia: Deep Seabed Cultural Property and the Common Heritage of Mankind. In: International and Comparative Law Quarterly 40 (1991) 859–894.

Strati, Anastasia: The Protection of the Underwater Cultural Heritage : An Emerging Objective of the Contemporary Law of the Sea. The Hague [u.a.] : Martinus Nijhoff, 1995. XXIV, 479 S. (Publications on Ocean Development ; 23)

Strati, Anastasia: The Protection of the Underwater Cultural Heritage in International Legal Perspective. In: Archaeological Heritage : Current Trends in Its Legal Protection, 1995: 143–167. [A2]

Sutherland, Amanda: Perceptions of marine artifact conservation and their relationship to destruction and theft. In: Illicit Antiquities, 2002: 162–178. [D1]

The protection of the underwater cultural heritage : legal aspects ; a conference held in Palermo and Siracusa (8–10 March 2001) / Guido Camarda ; Tullio Scovazzi (Hrsg.). Milano : Giuffré 2002. X, 454 S.

Treves, Tullio: Stato costiero e archeologia sottomarina. In: Rivista di diritto internazionale 76 (1993) 698–719.

Varmer, Ole: The Case Against the "Salvage" of the Cultural Heritage. In: Journal of Maritime Law and Commerce 30 (1999) 279–302.

Vedovato, Giuseppe: La tutela del patrimonio archeologico subacqueo. In: La tutela del patrimonio archeologico subacqueo, 1995: 9–14. [E1]

Vosmer, T.: Managing shipwreck sites. In: Conservation and management of archaeological sites 2 (1998) 235–238.

Williams, Michael: "War Graves" and Salvage : Murky Waters? In: International Maritime Law 5 (2000) 151–158.

E 2. Nationale Regelungen / National Regulations

Adlercreutz, Thomas: Sweden. In: Legal Protection of the Underwater Cultural Heritage, 1999: 155–167. [E2]

Alberi, A. D.: In the Wake of the Atocha. In: Underwater archaeology : the challenge before us ; the Proceedings of the Twelfth Conference on Underwater Archaeology / Gordon P. Watts (Hrsg.). (Fathom Eight Special Publication ; 2). San Marino, Calif. : Fathom Eight, 1981: 305–310.

Albright, A. B.: Shipwreck Legislation in South Carolina : Blueprint for Pillage or Protection? In: Underwater Archaeology : The Proceedings of the Fourteenth Conference on Underwater Archaeology / C.R. Cummings (Hrsg.). (Fathom Eight Special Publication ; 7). San Marino, Cal. : Fathom Eight, 1986: 4–6.

Alpizar, O. J.: Sovereign Rights and Sunken Treasure : Treasure Salvors, Inc. v. Unidentified and Abandoned Sailing Vessel. In: Capital University Law Review 7 (1977) 75–87.

Álvarez, Esther Zarza: Spain. In: Legal Protection of the Underwater Cultural Heritage, 1999: 143–153. [E2]

Alves, F. J. S.: Portugal : New Legislation Advances Research. In: International Journal of Nautical Archaeology 27 (1998) 258–264.

Alves, F. J. S. ; F. Castro: New Portuguese Legislation on Management of the Underwater Cultural Heritage. In: Conservation and Management of Archaeological Sites 3 (1999) 159–162.

Ames, Jennifer: Operation of the Commonwealth Historic Shipwrecks Act. In: Proceedings of the Second Southern Hemisphere Conference on Maritime Archaeology, Adelaide, South Australia, March, 1982 / Jennifer Ames ; William Jeffery (Hrsg.). Adelaide : South Australian Dep. of Environment and Planning ; Canberra : Commonwealth Department of Home Affairs and Environment, 1983: 47–56.

Amorosino, Sandro: I beni culturali subacquei : profili giuridiche. In: Rivista giuridica dell'edilizia (1995) 99–107.

Arnold, J. Barto: Some Thoughts on Salvage Law and Historic Preservation. In: The International Journal of Nautical Archaeology and Underwater Exploration 7 (1978) 173–176.

Aubry, Michele C.: 1992, Federal and State shipwreck management in the United States of America. In: Bulletin of the Australian Institute for Maritime Archaeology 16 (1992) 19–22.

Aubry, Michele C. ; James P. Delgado ; Bennie C. Keel: Implementation of the Abandoned Shipwreck Act Guidelines. In: Oceans <Menlo Park, Calif.> 22 (1989) 147–152.

Aubry, Michele C. ; M. Stright: Beneath the Waters of Time : Interior's Submerged Cultural Resource Programs. In: Cultural Resource Management 22 (1999) 54–56.

Bach, J. P.: A Brief History of the Australian-Netherlands Committee on Old Dutch Shipwrecks (ANCODS). In: Proceedings of the Second Southern Hemisphere Conference on Maritime Archaeology, Adelaide, South Australia, March, 1982 / Jennifer Ames ; William Jeffery (Hrsg.). Adelaide : South Australian Dep. of Environment and Planning ; Canberra : Commonwealth Department of Home Affairs and Environment, 1983: 57–64.

Balinsky, David A.: Treasure Salvors, Inc. v. The Unidentified Wrecked and Abandoned Sailing Vessel, Etc., Atocha. In: Brooklyn Journal of International Law 5 (1979) 178–190.

Barber, Vernon C.: Newfoundland Marine Archaeology Society successful cooperation : underwater archaeologists and a provincial governement. In: Nautical Archaeology : Progress and Public Responsibility / Susan Langley ; Richard W. Unger (Hrsg.). (British Archeological Reports : International Series ; 220). Oxford : B.A.R., 1984: 38–47.

Barrows, R. T.: Ownership of Submerged Lands and Rights to Articles Found Thereon. In: Michigan Bar Journal (1987) 886–893.

Beall, Kenneth S.: State Regulation of Search for and Salvage of Sunken Treasure. In: Natural Resources Lawyer 4 (1971) 1–18.

Bederman, David J.: Rethinking the Legal Status of Sunken Warships. In: Ocean Development and International Law 31 (2000) 97–125.

Bittner, W. von: The Louisiana Removal of Sunken Vessels Act of 1985 : State Wreck Removal Statutes in Perspective. In: The Maritime Lawyer 11 (1986) 49–70.

Blake, Janet: The Protection of Turkey's Underwater Archaeological Heritage : Legislative Measures and Other Approaches. In: International Journal of Cultural Property 3 (1994) 273–293.

Blake, Janet: Turkey. In: Legal Protection of the Underwater Cultural Heritage, 1999: 169–180. [E2]

Boey, Ferdinand: Aspects législatifs de la tutelle du patrimoine archéologique subaquatique en Belgique. In: La tutela del patrimonio archeologico subacqueo, 1995: 25–28. [E1]

Bolton, Geoffrey C.: ANCODS : Australian Netherlands Committee on Old Dutch Shipwrecks. In: Papers from the First Southern Hemisphere Conference on Maritime Archaeology, 1978: 28–30. [E2]

Bolton, Geoffrey C.: Maritime Archaeology and Australian History. In: Proceedings of the Second Southern Hemisphere Conference on Maritime Archaeology, Adelaide, South Australia, March, 1982 / Jennifer Ames ; William Jeffery (Hrsg.). Adelaide : South Australian Dep. of Environment and Planning ; Canberra : Commonwealth Department of Home Affairs and Environment, 1983: 37–45.

Brækhus, Sjur: Salvage of Wrecks and Wreckage : Legal Issues Arising from the Runde Find. In: Scandinavian Studies in Law 20 (1976) 37–68.

Bridwell, Randall R.: The Texas Antiquities Code : An Historical Commentary in a Contemporary Context. In: Southwestern Law Journal 24 (1970) 326–338.

Butler, John S.: Admiralty – Salvage Rights – Sovereign Claims on the Outer Continental Shelf Do Not Extend to Abandoned Vessels. In: Georgia Journal of International and Comparative Law 7 (1977) 169–176.

Camarda, Guido: I beni culturali marini tra pluralità ordinamentali, principi generali, diritto della navigazione ed altri corpi normativi speciali. In: Diritto dei Trasporti 8 (1995) 405–439.

Cartei, Roberto: Rinvenimento di oggetti archeologici in alto mare [Anmerkung zu Tribunale di Sciacca 9 gennaio 1963]. In: Rivista del diritto della navigazione 25 (1964) 352–363.

Cesari, Patricia de: Legal Problems on Marine Scientific Research in the Dispute Between Greece and Turkey on the Agean Sea Continental Shelf. In: La ricerca scientifica nell'evoluzione del diritto del mare / Tullio Treves (Hrsg.). (Studi e documenti sul diritto internazionale del mare ; 2). Milano : Giuffrè, 1978: 194–196.

Chabert, Jean: How Underwater Archaeology is Regulated in France. In: Underwater Archeology : A Nascent Discipline. (Museums and Monuments ; 13). Paris : UNESCO, 1972: 297–299.

Chermside, H. B.: Rights in and Ownership of Wrecked or Derelict Vessels and Their Contents Not Cast upon the Shore. In: American Law Reports Annotated 2d Series 63 (1959) 1369–1377.

Chippindale, C. ; D. Gibbins: Heritage at Sea : Proposals for the Better Protection of British Archaeological Sites Underwater. In: Antiquity <Oxford> 64 (1990) 390–400.

Churchill, D.: New Zealand shipwreck legislation. In: Bulletin of the Australian Institute for Maritime Archaeology 17 (1993) 47–49.

Ciciriello, Maria Clelia: Il patrimonio culturale subacqueo e l'ordinamento italiano. In: La comunità internazionale 53 (1998) 72–98.

Ciciriello, Maria Clelia: Italy. In: Legal Protection of the Underwater Cultural Heritage, 1999: 101–118. [E2]

Cockrell, Wilburn A.: A Preservationist Overview of the Legal and Ethical Controversy Surrounding Treasure Hunting. In: Underwater archaeology : the challenge before us ; the Proceedings of the Twelfth Conference on Underwater Archaeology / Gordon P. Watts (Hrsg.). (Fathom Eight Special Publication ; 2). San Marino, Calif. : Fathom Eight, 1981: 311–320.

Cohen, Douglas S.: Should Noli Forfendi Apply to Sunken Ships? In: Boston University Law Review 73 (1993) 193–213.

Collins, Scott E.: Managing Historic Shipwrecks in the United States. In: Coastal Management [Fortsetzung von: Coastal Zone Management Journal] 17 (1989) 309–332.

Cottrell, Anne M.: The Law of the Sea and International Marine Archeology : Abandoning Admiralty Law to Protect Historic Shipwrecks. In: Fordham International Law Journal 17 (1994) 667–725.

Crawford, I. M.: Maritime Archaeology Legislation in Western Australia. In: Papers from the First Southern Hemisphere Conference on Maritime Archaeology, 1978: 30–33. [E2]

Croome, A.: The United States Abandoned Shipwrecks Act goes into action : a report. In: International Journal of Nautical Archaeology 21 (1992) 39–53.

Cycon, Dean E.: Who Owns the *Titanic*? In: Oceanus 28 (1985) 94–95.

Davies, Piers: Wrecks on the New Zealand Coast. In: New Zealand Law Journal (1983) 202–205.

DeLanis, James A.: Jurisdiction – Continental Shelf – Abandoned Vessel Salvaged from the Surface of the United States Continental Shelf beyond Territorial Waters is Not under Jurisdiction of United States Government. In: Vanderbilt Journal of Transnational Law 9 (1976) 915–926.

Delgado, James P.: Diving on the Titanic. In: Archaeology <New York, N.Y.> 54 (2001) 52–53, 55.

Dellino, V. ; M. Luz Endere: The HMS Swift Shipwreck : The Development of Underwater Heritage Protection in Argentina. In: Conservation and Management of Archaeological Sites 4 (2000) 219–231.

Dromgoole, Sarah: Protection of Historic Wreck : The UK Approach ; Part I : The Present Legal Framework. In: International Journal of Estuarine and Coastal Law 4 (1989) 26–51.
Part II : Towards Reform. In: International Journal of Estuarine and Coastal Law 4 (1989) 95–116.

Dromgoole, Sarah: Underwater Cultural Property : UK Law and European Harmonization. In: Museums and Europe 1992, 1992: 66–86. [D7]

Dromgoole, Sarah: Transfer of Administrative Responsibility for Historic Wrecks. In: International Journal of Estuarine and Coastal Law 7 (1992) 68–74.

Dromgoole, Sarah: Military Remains on and around the Coast of the United Kingdom : Statutory Mechanisms of Protection. In: International Journal of Marine and Coastal Law [Fortsetzung von: International Journal of Estuarine and Coastal Law] 11 (1996) 23–45.

Dromgoole, Sarah: Legal Protection of the Underwater Cultural Heritage : The United Kingdom Perspective. In: Art, Antiquity and Law 4 (1999) 135–157.
Auch u.d.T.: United Kingdom. In: Legal Protection of the Underwater Cultural Heritage, 1999: 181–203. [E2]

Dromgoole, Sarah: Editor's Introduction. In: Legal Protection of the Underwater Cultural Heritage, 1999: XVII–XX. [E2]

Dromgoole, Sarah ; Nicholas Gaskell: Who has a Right to Historic Wrecks and Wreckage? In: International Journal of Cultural Property 2 (1993) 217–273.

Dromgoole, Sarah ; Nicholas Gaskell: Interests in Wreck. In: Art, Antiquity and Law 2 (1997) 103–136, 207–231.

Dromgoole, Sarah ; Nicholas Gaskell: Interests in Wreck. In: Interests in Goods / Norman E. Palmer ; Ewan McKendrick (Hrsg.). London : Lloyd's of London Press, 2nd Ed., 1998: 141–249.

Dudley, W. S.: CSS Alabama : The Evolution of a Policy. In: Underwater Archaeology : Proceedings from the Society for Historical Archaeology Conference, Richmond, Virginia, 1991 / John D. Broadwater (Hrsg.). Pleasant Hill, Calif. : Society for Historical Archaeology 1991: 47–50.

Elia, Ricardo J.: US Protection of Underwater Cultural Heritage beyond the Territorial Sea : Problems and Prospects. In: The International Journal of Nautical Archaeology 29 (2000) 43–56.

Elia, Ricardo J.: Titanic in the Courts. In: Archaeology <New York, N.Y.> 54 (2001) 1: 54–55.

Ellis, R. W.: Legislation in South Australia. In: Papers from the First Southern Hemisphere Conference on Maritime Archaeology, 1978: 33–34. [E2]

Escande, Louis : Aspects législatifs de la tutelle du patrimoine archéologique subaquatique en Belgique. In: La tutela del patrimonio archeologico subacqueo, 1995: 29–34. [E1]

Fechner, Frank: Rechtliche Aspekte von Unterwassergrabungen. In: Die Öffentliche Verwaltung 47 (1994) 321–328.

Fee, Frank H.: Abandoned Property : Title to Treasure Recovered in Florida's Territorial Waters. In: University of Florida Law Review 21 (1969) 360–375.

Feingold, Denise B.: The Abandoned Shipwreck Act of 1987 : Navigating Turbulent Constitutional Waters? In: University of Bridgeport Law Review 10 (1990) 361–399.

Firth, Antony: Recent Legislation in France. In: International Journal of Nautical Archaeology 20 (1991) 65–69.

Firth, Antony: Archaeology Underwater in France. In: International Journal of Estuarine and Coastal Law 7 (1992) 57–63.

Firth, Antony: Making Archaeology : The History of the Protection of Wrecks Act 1973 and the Constitution of an Archaeological Resource. In: International Journal of Nautical Archaeology 28 (1999) 10–24.

Fisher, Melvin A.: The Abandoned Shipwreck Act : The Role of Private Enterprise. In: Columbia-VLA Journal of Law and the Arts 12 (1988) 373–377.

Fletcher-Tomenius, Paul ; Michael Williams: The Protection of Wrecks Act 1973 : A Breach of Human Rights? In: International Journal of Marine and Coastal Law [Fortsetzung von: International Journal of Estuarine and Coastal Law] 13 (1998) 623–642.

Fletcher-Tomenius, Paul ; Michael Williams: Regulating Recovery of Historic Wreck in UK Waters : When Is a Salvor Not a Salvor? In: Lloyd's Maritime and Commercial Law Quarterly (2000) 208–221.

Fletcher-Tomenius, Paul ; Patrick J. O'Keefe ; Michael Williams: Salvor in Possession : Friend or Foe to Marine Archaeology? In: International Journal of Cultural Property 9 (2000) 263–314.

Forrest, Craig J. S.: State Claims to Shipwrecks in the US : The Brother Jonathan. In: Lloyd's Maritime and Commercial Law Quarterly (1998) 509–514.

Forrest, Craig J. S.: Salvage Law and the Wreck of the *Titanic* : R.M.S Titanic v. Haver. In: Lloyd's Maritime and Commercial Law Quarterly (2000) 1–12.

Gibson, J.: The Lusitania and the Ownership of Wreck. In: International Journal of Estuarine and Coastal Law 1 (1986) 323–324.

Giesecke, Anne G.: New Legislation Introduced to Protect Historic Shipwrecks. In: Journal of Field Archaeology 10 (1983) 488–490.

Giesecke, Anne G.: Management of Historic Shipwrecks in the 1980s. In: Journal of Field Archaeology 12 (1985) 108–115.

Giesecke, Anne G.: Shipwrecks : The Past in the Present. In: Coastal Management [Fortsetzung von: Coastal Zone Management Journal] 15 (1987) 179–195.

Giesecke, Anne G.: The Abandoned Shipwreck Act : Affirming the Role of the States in Historic Preservation. In: Columbia-VLA Journal of Law and the Arts 12 (1988) 379–394.

Giesecke, Anne G.: States and Their Shipwrecks. In: Underwater Archaeology : The Proceedings from the Society for Historical Archaeology Conference, Pleasant Hill, California, 1989, Baltimore, Maryland / J. Barto Arnold (Hrsg.). Pleasant Hill, Ca. : Society for Historical Archaeology, 1989: 35–41.

Giesecke, Anne G.: The Abandoned Shipwreck Act : Affirming the Role of the States in Historic Preservation. In: Marine Archaeology : The Global Perspectives, 1996: 485–494. [E1]

Giesecke, Anne G.: The Abandoned Shipwreck Act Through the Eyes of its Drafter. In: Journal of Maritime Law and Commerce 30 (1999)167–173.

Goddard, K.: Is There a Right to Wreck? In: Lloyd's Maritime and Commercial Law Quarterly (1983) 625–630.

Green, Jeremy N.: Management of maritime archaeology under Australian legislation. In: Bulletin of the Australian Institute for Maritime Archaeology 19 (1995) 33–44.

Green, Jeremy N. ; Graeme Henderson: Maritime Archaeology and Legislation in Western Australia : A Case for Legislation. In: The International Journal of Nautical Archaeology and Underwater Exploration 6 (1977) 245–248.

Green, Jeremy N. ; Graeme Henderson ; M. McCarthy: Maritime archaeology and legislation in Western Australia. In: International Journal of Nautical Archaeology 10 (1981) 145–160.

Grönhagen, Juhani: Marine Archaeology in Finnish Waters. In: Proceedings of the Sixteenth Conference on Underwater Archaeology, Boston, Mass., 1985 / Paul Forsythe Johnston (Hrsg.). (Society for Historical Archaeology : Special publication series ; 4). Glassboro, N. J. : Society for Historical Archaeology, 1985: 37–39.

Harris, June M.: Who Owns the Pot of Gold at the End of the Rainbow? : A Review of the Impact of Cultural Property on Finders and Salvage Laws. In: Arizona Journal of International and Comparative Law 14 (1997) 223–254.

Heide, Gerrit van der: Maritime Archaeology and Problems of Legislation in Europe. In: Papers from the First Southern Hemisphere Conference on Maritime Archaeology, 1978: 15–20. [E2]

Herbert, J. D.: Skin-diving, salvage and the law : a background paper on the subject of the need for special legislation to provide for the orderly recovery of submarine antiquities in Canada. In: CMA bulletin (Ottawa) 15 (1964) 1: 3–5.

Hess, Peter E.: Air Wars. In: Delaware Lawyer (1999) 6–15.

Hess, Peter E.: The Trouble with Treasure : Ethical Dilemmas for the Salvage Attorney. In: Journal of Maritime Law and Commerce 30 (1999) 253–259.

Hewitt, N. M.: The Proposed Abandoned Shipwreck Acts of 1987 : Archaeological Preservation and Maritime Law. In: Suffolk Transnational Law Journal 12 (1989) 381–393.

Hoagland, Porter: Managing the Underwater Cultural Resources of the China Seas : A Comparison of Public Policies in Mainland China and Taiwan. In: The International Journal of Marine and Coastal Law [Fortsetzung von: International Journal of Estuarine and Coastal Law] 12 (1997) 265–283.

Hoagland, Porter: China. In: Legal Protection of the Underwater Cultural Heritage, 1999: 19–41. [E2]

Hulse, C. A.: The Management of Shipwrecks in the Great Lakes : A Michigan Case Study. In: Underwater archaeology : the challenge before us ; the Proceedings of the Twelfth Conference on Underwater Archaeology / Gordon P. Watts (Hrsg.). (Fathom Eight Special Publication ; 2). San Marino, Calif. : Fathom Eight, 1981: 329–337.

Hutt, Sherry ; Caroline M. Blanc ; Ole Varmer: Heritage Resources Law : Protecting the Archaeological and Cultural Environment. New York, N.Y. ; Weinheim : Wiley, 1999. XV, 591 S. [Chapter Five : Heritage Resources Law in the Marine Environment: 393–522]

Izuel, Leeanna: Property Owners' Constructive Possession of Treasure Trove : Rethinking Finders Keepers Rule. In: UCLA Law Review 38 (1991) 1659–1702.

Jeffery, Bill: Australia. In: Legal Protection of the Underwater Cultural Heritage, 1999: 1–17. [E2]

Jones, E. Jeffrey: Admiralty – Possessory Rights in Abandoned Vessels. In: Virginia Journal of International Law 19 (1979) 473–482.

Jones, John Paul: The United States Supreme Court and Treasure Salvage : Issues Remaining After Brother Jonathan. In: Journal of Maritime Law and Commerce 30 (1999) 205–227.

Kahn, Lawrence J.: Sunken Treasures : Conflicts between Historic Preservation Law and the Maritime Law of Finds. In: Tulane Environmental Law Journal 7 (1993) 595–643.

Keller, Paul N.: Salvor-Sovereign Relations : How the State of Illinois Destroyed the Lady Elgin. In: Journal of Maritime Law and Commerce 30 (1999) 245–251.

Kelly, R. A.: Are Submerged Heritage Resources Protected in Pacific Rim Nations? In: Underwater Archaeology : Proceedings from the Society for Historical Archaeology Conference, Reno, Nevada, 1988 / J. P. Delgado (Hrsg.). Pleasant Hill, Ca. : Society for Historical Archaeology, 1988: 37–39.

Kelly, Roger E.: Issues from Maritime Law Regarding Heritage Resources of Pacific Rim Nations. In: ICOMOS International Symposium <8, 1987, Washington, DC>: 8th General Assembly and International Symposium : "Old Cultures in New Worlds" ; Washington, District of Columbia, United States, October 10–15, 1987 ; Symposium Papers = 8ème Assemblée générale et Colloque international : "Cultures anciennes dans les mondes nouveaux". Vol. II. Washington, DC : US/ICOMOS, 1987: 930–937.

Kendall, F. J.: An Assessment of the Effectiveness of Existing Legislative Arrangements for Protecting and Preserving Australia's Underwater Cultural Heritage. Canberra : Department of the Arts, Sport, the Environment, Tourism and Territories, 1990. 46 S.

Kenderdine, S.: Legislation and the submerged cultural heritage of New Zealand. In: Bulletin of the Australian Institute for Maritime Archaeology 15 (1991) 1–6.

Kenny, John J. ; Ronald R. Hrusoff: Taxation of the Treasures of the Sea. In: Villanova Law Review 12 (1967) 469–496.

Kenny, John J. ; Ronald R. Hrusoff: The Ownership of the Treasures of the Sea. In: William and Mary Law Review 9 (1967) 383–401.

King, Marshall: Admiralty Law : Evolving Legal Treatment of Property Claims to Shipwrecks in International Waters. In: Harvard International Law Journal 31 (1990) 313–321.

Koenig, Robert A.: Property Rights in Recovered Sea Treasure : The Salvor's Perspective. In: New York Law School Journal of International and Comparative Law 3 (1982) 271–305.

Korthals Altes, Alexander: Sunken Spanish Treasures in Anglo-American Law. In: Derecho comercial comparado : trabajos en homenaje a Ferran Valls i Taberner / Manual J. Pelaez (Hrsg.). (Estudios interdisciplinares en homenaje a Ferran Valls i Taberner con ocasión del centenario de su nacimiento ; 11). Barcelona : PPU, 1989: 3125–3150.

Kowalski, Wojciech: Poland. In: Legal Protection of the Underwater Cultural Heritage, 1999: 119–132. [E2]

Langley, Susan B. M.: The Law and Nautical Archaeology in Canada. In: Nautical Archaeology : Progress and Public Responsibility / Susan Langley ; Richard W. Unger (Hrsg.). (British Archeological Reports : International Series ; 220). Oxford : B.A.R., 1984: 18–34.

Larsen, Daniel P.: Ownership of Historic Shipwrecks in United States Law. In: International Journal of Marine and Coastal Law [Fortsetzung von: International Journal of Estuarine and Coastal Law] 9 (1994) 31–56.

Lavialle, Christian: La loi du 1er décembre 1989 relative aux biens culturels maritimes. In: La semaine juridique (1991-I) 3489: 63–70.

Lawrence, Adam: State Antiquity Laws and Admiralty Salvage : Protecting Our Cultural Resources. In: University of Miami Law Review 32 (1977) 291–338.

Le Gurun, Gwenaëlle: France. In: Legal Protection of the Underwater Cultural Heritage, 1999: 43–63. [E2]

Legal Protection of the Underwater Cultural Heritage : National and International Perspectives / Sarah Dromgoole (Hrsg.). The Hague ; London ; Boston : Kluwer Law International, 1999. XX, 239 S.

Lequement, Robert: La législation en vigueur en France : (aspects techniques et scientifiques). In: La tutela del patrimonio archeologico subacqueo, 1995: 35–37. [E1]

Lorello, D. D.: The Abandoned Shipwreck Act of 1987 : Navigating through the Fog. In: Gonzaga Law Review 35 (1999) 75–98.

Lumb, R. D.: The Law of Wrecks in Australia : Robinson v. The Western Australian Museum. In: The Australian Law Journal 52 (1978) 198–207.

Lytle, M. L.: Treasure Salvage – Abandonment : The law of salvage applies to long-sunken cargo when the owner establishes its interest ; abandonment must be shown by convincing evidence. In: Journal of Maritime Law and Commerce 24 (1993) 403–412.

Mannheim-Ayache, A.: La protection pénale du patrimoine archéologique sous-marin. In : Revue juridique de l'environnement 2 (1991) 141–151.

Marsden, Peter: The Challenge of Nautical Archaeology. In: Museum <Paris> / Engl. Ausg. 35 (1983) 12–14.

Martin-Bueno, M.: El Patrimonio Cultural sumergido a la luz de los criterios internacionales de protección. In: Análisis e investigaciónes culturales 25 (1985) 49–57.

Martini, Gastone: Ritrovamenti in mare di relitti e di cose di interesse artistico o storico. In: Studi in onore di Giorgio Berlingieri (Il diritto Marittimo ; 1964, numero speciale) 284–319.

Marx, R.: Legislation in U.S.A. In: Papers from the First Southern Hemisphere Conference on Maritime Archaeology, 1978: 8–15. [E2]

Matysik, Stanislaw: Legal Problems of Recovery of Historical Treasures from the Sea-Bed. In: Scientific and Technological Revolution and the Law of the Sea / Maria Frankowska (Hrsg.). Wroclaw [u.a.] : Zaklad Narodowy Im. Ossolinskich, Wydawn. Polskiej Akad. Nauk, 1974: 141–153.

McDonald, Bruce: Admiralty – Salvage – The United States has not Asserted Sovereign Prerogative over Abandoned Property on Outer Continental Shelf ; Treasure Salvors, Inc. v. Abondoned Sailing Vessel Believed to be the Nuestra Señora De Atocha, 408 F. Supp. 907 (S.D.Fla.1976). In: Florida State University Law Review 4 (1976) 561–568.

McGrail, Sean ; Alexander Flinder: The United Kingdom Advisory Committee on Historic Wreck Sites. In: Marine Archaeology : The Global Perspectives, 1996: 495–499. [E1]

McKinlay, J. R.: The New Zealand Historic Places Trust and the Laws covering Marine Archaeology in New Zealand. In: Papers from the First Southern Hemisphere Conference on Maritime Archaeology, 1978: 20–23. [E2]

McLaughlin, Sabrina L.: Roots, Relics and Recovery : What Went Wrong with the Abandoned Shipwreck Act of 1987. In: Columbia-VLA Journal of Law and the Arts 19 (1995) 149–198.

McLaughlin-Neyland, K. ; Donald H. Keith ; Toni L. Carrell: State Responses to the Abandoned Shipwreck Act of 1987. In: Underwater archaeology : proceedings from the Society for Historical Archaeology Conference, Kingston, Jamaica, 1992 / Donald H. Keith ; Toni L. Carrell (Hrsg.). Pleasant Hill, Cal. : Society for Historical Archaeology, 1992: 159–171.

McLean, Craig N.: Law of Salvage Reclaimed : *Columbus-America Discovery v. Atlantic Mutual.* In: Bridgeport Law Review 13 (1993) 477–501.

McQuown, Terence P.: An Archaeological Argument for the Inapplicability of Admiralty Law in the Disposition of Historic Shipwrecks. In: William Mitchell Law Review 26 (2000) 289–326.

McWilliams, Douglas L.: Salvage of Ancient Treasure Ships : Subaqueous Exploration & Archeology Ltd., and Atlantic Ship Historical Society Inc. v. The Unidentified, Wrecked and Abondoned Vessel, etc., et al. In: Lloyd's Maritime and Commercial Law Quarterly (1986) 16–21.

Meazell, C. L.: Being and Embeddedness : The Abandoned Shipwreck Act's Historical Proxy is All at Sea. In: Georgia Law Review 34 (2000) 1743–1771.

Meenan, James Kevin: Cultural Resources Preservation and Underwater Archaeology : Some Notes on the Current Legal Framework and a Model Underwater Antiquities Statute. In: San Diego Law Review 15 (1978) 623–662.

Mesnard, André Hubert: L'application de la loi littoral et la protection du patrimoine naturel et culturel. In: Annuaire de droit maritime et aéro-spatial 11 (1991) 35–53.

Miller, Edward M.: A Time for Decision on Submerged Cultural Resources. In: Oceanus 31 (1988) 25–34.

Miller, Robert: Charting the Future of Historic Shipwreck Legislation in California : Application of the English Model in the Salvage of the *Brother Jonathan.* In: Hastings International and Comparative Law Review 17 (1994) 793–817.

Murphy, K.: Fragile vessels of history : new legislation expands protection for shipwrecks. In: National Trust Quarterly 67 (1993) 27–28.

Nayati, Pudak: Ownership rights over archaeological/historical objects found in Indonesian waters : Republic of Indonesia Act No 5 of 1992 on cultural heritage objects and its related regulations. In: Singapore Journal of International and Comparative Law (1998) 142–174.

Nurkin, G.H.: The Abandoned Shipwreck Act : Legislative Placebo or Cure. In: The Proceedings of the Sixteenth Conference on Underwater Archaeology, Boston, Massachusetts, 1985 / Paul Forsythe Johnston (Hrsg.). (Society for Historical Archaeology ; Special Publication Series 4). Glassboro, N.J. : Society for Historical Archaeology, 1985: 77–79.

O'Connor, Nessa: Ireland. In: Legal Protection of the Underwater Cultural Heritage, 1999: 87–99. [E2]

O'Keefe, Patrick J.: Maritime archaeology and salvage laws : Some comments following Robinson v. The Western Australian Museum. In: The International Journal of Nautical Archaeology and Underwater Exploration 7 (1978) 3–7.

O'Keefe, Patrick J. ; Lyndel V. Prott: Australian Protection of Historic Shipwrecks. In: Australian Yearbook of International Law 6 (1978) 119–138.

O'Keefe, Patrick J. ; Lyndel V. Prott: Australian Protection of Historic Shipwrecks. In: Marine Archaeology : The Global Perspectives, 1996: 463–484. [E1]

Olsen, Carol: Historic Shipwrecks : A Growing Concern of the National Trust for Historic Preservation. In: ICOMOS International Symposium <8, 1987, Washington, DC>: 8th General Assembly and International Symposium : “Old Cultures in New Worlds” ; Washington, District of Columbia, United States, October 10–15, 1987 ; Syposium Papers = $8^{\text{ème}}$ Assemblée générale et Colloque international : “Cultures anciennes dans les mondes nouveaux”. Vol. II. Washington, DC : US/ICOMOS, 1987: 985–992.

Owen, David R.: Some Legal Trouble with Treasure : Jurisdiction and Salvage. In: Journal of Maritime Law and Commerce 16 (1985) 139–179.

Owen, David R.: The Abandoned Shipwreck Act of 1987 : Good Bye to Salvage in the Territorial Sea. In: Journal of Maritime Law and Commerce 19 (1988) 499–516.

Pallas, William J.: The Doctrine of State Succession and the Law of Historic Shipwrecks, the Bell of the Alabama : *United States v. Steinmetz*. In: Tulane Maritime Law Journal 17 (1993) 343–352.

Papers from the First Southern Hemisphere Conference on Maritime Archaeology, Perth, Western Australia, 1977 / Jeremy Green (Hrsg.). Newport : Australian Sports Publications for Ocean's Society of Australia, 1978. 160 S.

Passalacqua, John L.A. de: Propriedad del patrimonio cultural sumergido bajo las aguas territoriales del Estado Libre Asociado de Puerto Rico. In: Revista Jurídica de la Universidad Interamericana de Puerto Rico 21 (1987) 597–604.

Pearson, Colin: Legislation for the Protection of Shipwrecks in Western Australia. In: The International Journal of Nautical Archaeology 5 (1976) 171–180.

Peltz, Robert D.: Salvaging Historic Wrecks. In: Tulane Maritime Law Journal 25 (2000) 1–116.

Price, Leah: The Canadian Law of Treasure and Wreck. In: Nautical Year Book (2000) 67–70.

Prisbe, John T.: Law Determining Ownership of Shipwreck in the United States : Klein v. Unidentified Wrecked and Abandoned Sailing Vessel. In: Lloyd's Maritime and Commercial Law Quarterly (1987) 24–28.

Prott, Lyndel V. ; Patrick J. O'Keefe: Analysis of legislation in individual countries. In: Report on the Underwater Cultural Heritage : Appendix III / Council of Europe, Parliamentary Assembly, Committee on Culture and Education. Document 4200 v. 18. Sept. 1978: 91–135.

Quinby, C. ; David R. Owen: Recent amendments to the US Wreck Removal Act. In: Lloyd's Maritime and Commercial Law Quarterly (1989) 15–20.

Read, Beth: Open Season on Ancient Shipwrecks : Implications of the Treasure Salvors Decisions in the Fields of Archaeology, History and Property Law. In: Nova Law Journal 4 (1980) 213–236.

Roach, Ashley A.: France concedes United States has title to CSS Alabama. In: American Journal of International Law 85 (1991) 381–383.

Roach, Ashley A.: Sunken Warships and Military Aircraft. In: Marine Policy 20 (1996) 351–354.

Rudner, J.: The Legal Protection of Historical Shipwrecks in South Africa. In: Southern African Museums Association Bulletin 14 (1981) 317–320.

Ruffman, A. ; I. Townsend Gault ; David L. VanderZwaag: Legal Jurisdiction over the Titanic. In: Lighthouse 37 (1988) 23–39.

Runyan, Timothy J.: Shipwreck Legislation and the Preservation of Submerged Artifacts. In: Case Western Reserve Journal of International Law 22 (1990) 31–45.

Ryan, P.: Legislation on Historic Wreck. In: Papers from the First Southern Hemisphere Conference on Maritime Archaeology, 1978: 23–27. [E2]

Sachs, P. ; G. Smith: Shipwrecks and Salvage on the Eastern Cape Coast. In: Southern African Museums Association Bulletin 14 (1981) 320–325.

Scheepers, G. P. J.: South African Law of Shipwrecks : Contemporary and International Law Perspectives. In: Sea Changes 10 (1989) 41–66.

Shallcross, Douglas B. ; Anne G. Giesecke: Recent Developments in Litigation Concerning the Recovery of Historic Shipwrecks. In: Syracuse Journal of International Law and Commerce 10 (1983) 371–404.

Shallcross, Douglas B. ; Anne G. Giesecke: The Status of Federal and State Regulation of Underwater Cultural Resources : Lessons of the Treasure Salvors and Cobb Coin Cases. In: Underwater Archaeology : The Proceedings of the Fourteenth Conference on Underwater Archaeology / C. R. Cummings (Hrsg.). (Fathom Eight Special Publication ; 7). San Marino, Cal. : Fathom Eight, 1986: 65–70.

Shapreau, Carla J.: Treasure Salvors Win a Victory in the Ninth Circuit. In: Art, Antiquity and Law 2 (1997) 51–54.
Auch in: IFAR Journal 1 (1998) 1: 19–23.

Shapreau, Carla J.: The Brother Jonathan Decision : Treasure Salvor's "Actual Possession" of Shipwreck Gives Rise to Federal Jurisdiction for Title Claim. In: International Journal of Cultural Property 7 (1998) 475–495.

Shapreau, Carla J.: U.S. Supreme Court Holds that Treasure Salvor's 'Actual Possession' of Shipwrecked Brother Jonathan Gives Federal Court Subject Matter Jurisdiction over Title Claim. In: Art, Antiquity and Law 3 (1998) 287–297.

Shapreau, Carla J.: Settlement Reached in *Deep Sea Research, Inc. v. The Brother Jonathan, et al.* In: International Journal of Cultural Property 8 (1999) 522–523.

Shapreau, Carla J.: Extension of Express Abandonment Standard for Sovereign Shipwrecks in Sea Hunt, Inc. et al., Raises Troublesome Issues Regarding Protection of Underwater Cultural Property. In: International Journal of Cultural Property 10 (2001) 276–314.

Sharpston, E.: Underwater Archaeology and Wreck Sites : A Legal Perspective. In: Underwater Archaeology: proceedings from the Society for Historical Archaeology Conference, Richmond, Virginia, 1991 / John D. Broadwater (Hrsg.). Pleasant Hill, Cal. : Society for Historical Archaeology 1991: 62–64.

Siegler, Todd B.: "Finders, Keepers" Revised for the High Seas : "Columbus-America Discovery Group v. Atlantic Mutual Insurance". In: Tulane Maritime Law Journal 17 (1993) 353–364.

Staniland, Hilton: South Africa. In: Legal Protection of the Underwater Cultural Heritage, 1999: 133–142. [E2]

Stevens, Timothy T.: The Abandoned Shipwreck Act of 1987 : Finding the Proper Ballast for the States. In: Villanova Law Review 37 (1992) 573–617.

Strati, Anastasia: Greece. In: Legal Protection of the Underwater Cultural Heritage, 1999: 65–85. [E2]

Sweeney, Joseph C.: An Overview of Commercial Salvage Principles in the Context of Marine Archaeology. In: Journal of Maritime Law and Commerce 30 (1999) 185–203.

Testa, Teodosio: In tema di ricupero eseguito fuori delle acque territoriali [Anmerkung zu Tribunale di Livorno 27 gennaio 1950]. In: Rivista del diritto della navigazione 12 (1951) 271–280.

Timpany, M.: Ownership Rights in the Titanic. In: Case Western Reserve Law Review 37 (1986) 72–102.

Tomlinson, Peter: "Full Fathom Five" : Legal Hurdles to Treasure. In: Emory Law Journal 42 (1993) 1099–1148.

Trenerry, W. N.: Some legal problems in the field of underwater archaeology. In: Diving into the past : theories, techniques and applications of underwater archaeology ; the proceedings of a conference on underwater archaeology sponsored by the Minnesota Historical Society, St. Paul, April 26–27, 1963 / June Drenning Holmquist ; Ardis Hillman Wheeler (Hrsg.). St. Paul : The Minnesota Historical Society and the Council of Underwater Archaeology, 1964: 37–43.

Turner, Malcolm: Shipwrecks and Salvage in South Africa : 1505 to Present. Cape Town : C. Struik, 1988. 224 S.

Varmer, Ole ; Caroline M. Blanco: United States of America. In: Legal Protection of the Underwater Cultural Heritage, 1999: 205–221. [E2]

Vitelli, Karen D.: To Remove the Double Standard : Historic Shipwreck Legislation. In: Journal of Field Archeaology 10 (1983) 105–113.

Walker, J. E.: A Contemporary Standard for Determining Title to Sunken Warships : A Tale of Two Vessels and Two Nations. In: University of San Francisco Maritime Law Journal 12 (1999–2000) 311–358.

Watts, G. P.: C.S.S. Alabama : Controversial as always, yet offering opportunities for international cooperation. In: Underwater Archaeology : The Proceedings from the Society for Historical Archaeology Conference, 1990, Tucson, Arizona / Toni L. Carrell ; R.L. Michael (Hrsg.). Pleasant Hill, Calif. : Society for Historical Archaeology, 75–80.

Werz, Bruno E. J. S.: A Preliminary Step to Protect South Africa's Undersea Heritage. In: The International Journal of Nautical Archaeology and Underwater Exploration 19 (1990) 335–337.

Werz, Bruno E. J. S.: South African Shipwrecks and Salvage : The Need for Improved Management. In: International Journal of Nautical Archaeology and Underwater Exploration 22 (1993) 237–244.

Williams, M. V.: A legal history of shipwreck in England. In: Annuaire de Droit Maritime et Océanique 15 (1997) 71–96.

Yormak, Steven R.: Canadian Treasure : Law and Lore. In: Journal of Maritime Law and Commerce 30 (1999) 229–234.

Zander, Caroline M.: The Antiquities Act : Regulating Salvage of Historic Shipwrecks. In: Cultural Resource Management 19 (1996) 7: 28–32.

Zhao, Hongye: Strengthening Legislation for Protection of Submerged Cultural Relics. In: Journal of Sea and Ocean 6 (1986) 32.

Zhao, Hongy: Recent Developments in the Legal Protection of Historic Shipwrecks in China. In: Ocean Development and International Law 23 (1992) 305–333.

E 3. Die Seerechtskonvention der Vereinten Nationen von 1982/The United Nations Convention on the Law of the Sea of 1982

Allain, Jean: Maritime Wrecks : Where the Lex Ferenda of Underwater Cultural Heritage Collides with the Lex Lata of the Law of the Sea Convention. In: Virginia Journal of International Law 38 (1998) 747–775.

Allen, Bruce Lewer: Coastal State Control over Historic Wrecks Situated on the Continental Shelf as Defined in Article 76 of the Law of the Sea Convention 1982. Cape Town : Institute of Marine Law, 1991. VII, 59 S. (Special Publication of the Institute of Marine Law, University of Cape Town ; 14)

Arend, Anthony Clark: Archaeological and Historical Objects : The International Legal Implications of UNCLOS III. In: Virginia Journal of International Law 22 (1981/82) 777–803.

Auburn, F. M.: Deep Sea Archaeology and the Law. In: The International Journal of Nautical Archaeology and Underwater Exploration 2 (1973) 159–162.

Barrowman, Elizabeth: The Recovery of Shipwrecks in International Waters : A Multilateral Solution. In: Michigan Yearbook of International Legal Studies 8 (1987) 231–246.

Brown, Edward D.: Protection of the underwater cultural heritage : Draft principles and guidelines for implementation of Article 303 of the United Nations Convention on the Law of the Sea, 1982. In: Marine Policy 20 (1996) 325–336.

Caflisch, Lucius: Submarine Antiquities and the International Law of the Sea. In: Netherlands Yearbook of International Law 13 (1982) 3–32.

Cottrell, Anne M.: The Law of the Sea and International Marine Archeology : Abandoning Admiralty Law to Protect Historic Shipwrecks. In: Fordham International Law Journal 17 (1994) 667–725.

Fletcher-Tomenius, Paul ; Craig J. S. Forrest: The Protection of the Underwater Cultural Heritage and the Challenge of UNCLOS. In: Art, Antiquity and Law 5 (2000) 125–158.

Giorgi, Maria Cristina: Underwater Archaeological and Historical Objects. In: A Handbook on the New Law of the Sea / René-Jean Dupuy ; Daniel Vignes (Hrsg.). (Les livres de droit de l'Académie / Académie de Droit International de La Haye). Vol. 1. Dordrecht ; Boston ; Lancaster : Martinus Nijhoff, 1991: 561–575.

Hayashi, Moritaka: Archaeological and Historical Objects under the United Nations Convention on the Law of the Sea. In: Marine Policy 20 (1996) 291–296.

Lund, Carsten: Protection of the Underwater Cultural Heritage. In: Il regime giuridico internazionale del Mare Mediterraneo, 1987: 351–353. [E1]

Migliorino, Luigi: Submarine Antiquities and the Law of the Sea. In: Marine Policy Reports 4 (1982) 1–5.

Newton, Cynthia Furrer: Finders Keepers? : The *Titanic* and the 1982 Law of the Sea Convention. In: Hastings International and Comparative Law Review 10 (1986) 159–197.

Oxman, Bernard H.: Marine Archaeology and the International Law of the Sea. In: Columbia-VLA Journal of Law and the Arts 12 (1988) 353–372.

Pecoraro, Maria Luisa: Nota sulla protezione del patrimonio culturale subacqueo. In: Il regime giuridico internazionale del Mare Mediterraneo, 1987: 367–376. [E1]

Strati, Anastasia: Deep Seabed Cultural Property and the Common Heritage of Mankind. In: International and Comparative Law Quarterly 40 (1991) 859–894.

Strati, Anastasia: The International Legal Protection of the Underwater Cultural Heritage. In: Marine Archaeology : The Global Perspectives, 1996: 521–550. [E1]

Vitzthum, Wolfgang Graf ; Stefan Talmon: Alles fließt : Kulturgüterschutz und innere Gewässer im neuen Seerecht. Baden-Baden : Nomos-Verl.-Ges., 1998. 203 S.

Watters, David R.: UNCLOS III : The "Archaeological Objects" Articles. In: Underwater Archaeology : The Proceedings of the Thirteenth Conference on Underwater Archaeology / D. H. Keith (Hrsg.). (Fathom Eight Special Publication ; 5). San Marino, Cal. : Fathom Eight, 1984: 55–58.

Watters, David R.: Law of the Sea Treaty and Underwater Cultural Resources. In: American Antiquity 48 (1993) 808–816.

E 4. Die UNESCO Konvention zum Schutz des Unterwasserkulturerbes von 2001 (mit ILA und UNESCO Entwürfen)/The UNESCO Convention on the Protection of the Underwater Cultural Heritage of 2001 (with ILA and UNESCO Drafts)

Archaeological Institute of America: Comments of the Archaeological Institute of America on the UNESCO Draft Convention on the Protection of the Underwater Cultural Heritage. In: International Journal of Cultural Property 7 (1998) 538–544.

Bederman, David J.: The UNESCO Draft Convention on Underwater Cultural Heritage : A Critique and Counter-Proposal. In: Journal of Maritime Law and Commerce 30 (1999) 331–354.

Blake, Janet: The Protection of the Underwater Cultural Heritage. In: International and Comparative Law Quarterly 45 (1996) 819–843.

Blatt, Lauren W.: SOS (Save our Ship)! : Can the UNESCO 1999 Draft Convention on the Treatment of Underwater Cultural Heritage Do Any Better? In: Emory International Law Review 14 (2000) 1581–1640.

Carducci, Guido: New developments in the law of the sea : the UNESCO Convention on the Protection of Underwater Cultural Heritage. In: The American Journal of International Law 96 (2002) 419–434.

Ciciriello, Maria Clelia: Il progetto di Convenzione UNESCO sul patrimonio culturale subacqueo : una nuova sfida al principio della libertà dei mari? In: La comunità internazionale 55 (2000) 611–630.

Clément, Étienne ; Lyndel V. Prott: UNESCO and the Protection of the Underwater Cultural Heritage. In: Museum International <Paris> / Engl. Ausg. 48 (1996) 4=192: 37–39.

Clément, Etienne: Current Developments at UNESCO Concerning the Protection of the Underwater Cultural Heritage. In: Marine Policy 20 (1996) 309–323.

Dromgoole, Sarah ; Nicholas Gaskell: Draft UNESCO Convention on the Protection of the Underwater Cultural Heritage 1998 with Appendix : Draft Convention on the Protection of the Underwater Cultural Heritage. In: International Journal of Marine and Coastal Law [Fortsetzung von: International Journal of Estuarine and Coastal Law] 14 (1999) 171–206.

Elia, Ricardo J.: US Protection of Underwater Cultural Heritage beyond the Territorial Sea : Problems and Prospects. In: The International Journal of Nautical Archaeology 29 (2000) 43–56.

Fletcher-Tomenius, Paul ; Craig J.S. Forrest: Historic Wreck in International Waters : Conflict or Consensus? In: Marine Policy 24 (2000) 1–10.

Fletcher-Tomenius, Paul ; Michael Williams: The Draft UNESCO/DOALOS Convention on the Protection of Underwater Cultural Heritage and Conflict with the European Convention on Human Rights. In: The International Journal of Nautical Archaeology 28 (1999) 145–153.

Forrest, Craig J. S.: A new international regime for the protection of underwater cultural heritage. In: The International and Comparative Law Quarterly 51 (2002) 511–554 .

He, Shuzhong: What Kind of Underwater Heritage Convention Do We Need? In: International Journal of Cultural Property 8 (1999) 575–577.

Johnson, Constance: For Keeping or for Keeps? : An Australian Perspective on Challenges Facing the Development of a Regime for the Protection of Underwater Cultural Heritage. In: Melbourne Journal of International Law 1 (2001) 19–31.

Nafziger, James A. R.: The Buenos Aires Draft Convention on the Protection of the Unterwater Cultural Heritage. In: International Journal of Cultural Property 6 (1997) 119–120.

O'Keefe, Patrick J.: The International Law Association : Draft Convention on the Protection of the Underwater Cultural Heritage. In: La tutela del patrimonio archeologico subacqueo, 1995: 39–48. [E1]

O'Keefe, Patrick J.: Protecting the Underwater Cultural Heritage : The International Law Association Draft Convention. In: Marine Policy 20 (1996) 297–307.

O'Keefe, Patrick J.: Protection of the underwater cultural heritage : developments at UNESCO. In: The International Journal of Nautical Archaeology 25 (1996) 169–176.

O'Keefe, Patrick J.: Negotiating the future of the underwater cultural heritage. In: Illicit Antiquities, 2002: 137–161. [D1]

O'Keefe, Patrick J.: Shipwrecked Heritage : A Commentary on the UNESCO Convention on Underwater Cultural Heritage. Leicester : Institute of Art and Law, 2002. 206 S.

O'Keefe, Patrick J. ; James A. R. Nafziger: Committee on Cultural Heritage Law : First Report. In: International Law Association : Report of the Sixty-Fourth Conference held at Broadbeach, Queensland, Australia, 20 to 25 August 1990. London : International Law Association, 1991: 208–220.

O'Keefe, Patrick J. ; James A. R. Nafziger: Report and Draft Convention for Consideration at the 1992 Conference. In: International Law Association : Report of the Sixty-Fifth Conference held at Cairo, Egypt, 21 to 26 April 1992. London : International Law Association, 1993: 338–358.

O'Keefe, Patrick J. ; James A. R. Nafziger: The Draft Convention on the Protection of the Underwater Cultural Heritage. In: Ocean Development and International Law 25 (1994) 391–481.

O'Keefe, Patrick J. ; James A. R. Nafziger: Buenos Aires Draft Convention on the Protection of the Underwater Cultural Heritage : Final Report. In: International Law Association : Report of the Sixty-Sixth Conference, held at Buenos Aires, Argentina, 14 to 20 August 1994. London : International Law Association, 1995: 432–447.

Prott, Lyndel V.: Safeguarding the underwater cultural heritage : UNESCO moves ahead. In: Museum International <Paris> / Engl. Ausg. 49 (1997) 1=193: 39.

Rau, Markus: Kulturgüterschutz im Meer : eine erste Analyse der neuen UNESCO-Konvention. In: Zeitschrift für ausländisches öffentliches Recht und Völkerrecht 61 (2001) 833–876.

Srong, Ieng: Current Status of the Draft UNESCO/DAOLOS Convention for the Protection of the Underwater Cultural Heritage. In: Conservation and Management of Archaeological Sites 3 (1999) 155–158.

Strati, Anastasia: Draft Convention on the Protection of Underwater Cultural Heritage : A Commentary prepared for UNESCO. UNESCO Doc. CLT-99/WS/8, April 1999.

E 5. Die Entwürfe einer Europäischen Konvention zum Schutze des Unterwasserkulturerbes/The Drafts of a European Convention on the Protection of the Underwater Cultural Heritage

Blake, Janet: The Protection of the Underwater Cultural Heritage. In: International and Comparative Law Quarterly 45 (1996) 819–843.

Dromgoole, Sarah: Underwater Cultural Property : UK Law and European Harmonization. In: Museums and Europe 1992, 1992: 66–86. [D7]

Leanza, Umberto: The Territorial Scope of the Draft European Convention on the Protection of the Underwater Cultural Heritage. In: International Legal Protection of Cultural Property, 1984: 127–130. [A2]

Leanza, Umberto: La sfera di applicazione spaziale della Convenzione europea sulla protezione del patrimonio culturale subacqueo e zona archeologica nell'ordinamento internazionale e nell'ordinamento interno. In: Nuovi saggi di diritto del mare / Umberto Leanza. Torino : Giappichelli, 1988: 35ff.

Lund, Carsten: Protection of the Underwater Cultural Heritage. In: Il regime giuridico internazionale del Mare Mediterraneo, 1987: 351–353. [E1]

Roper, John: Explanatory Memorandum. In: Report on the Underwater Cultural Heritage / Council of Europe, Parliamentary Assembly, Committee on Culture and Education. Doc. 4200 v. 18. Sept. 1978, Strasbourg: 1–31.

Vedovato, Giuseppe: La tutelle du patrimoine archéologique subaquatique dans une Convention du Conseil de l'Europe. In: La tutela del patrimonio archeologico subacqueo, 1995: 103–109. [E1]

F. Kulturgüter und Staatensukzession/ Cultural Objects and State Succession

F 1. Archive/Archives

Akbal, M.: Problématique générale du contentieux archivistique Algéro-Français. In: Revue d'Information Scientifique et Technique 2 (1992) 28–36.

Auer, Leopold: Staatennachfolge bei Archiven. In: Archives et bibliothèques de Belgique 57 (1986) 51–68.

Auer, Leopold: Disputed Archival Claims : Analysis of an International Survey ; A RAMP Study. (UNESCO Doc. CII-98/WS/9). Paris : Unesco, 1998. 29 S.

Auer, Leopold ; Christiane Thomas: The execution of the Austro-Yugoslavian Convention on Archives : a case study in state succession. In: Information Development 1 (1985) 169–175.

Bachulski, Alexis: Polnische Staatsarchive. In: Archivalische Zeitschrift 37 (1928) 241–261.

Bastien, Hervé: About Archival Claims. In: Interdependence of Archives, 1998: 62–68 (engl. Sektion). [A2]
Frz. Text u.d.T.: Contentieux archivistiques: 66–76 (frz. Sektion).

Biernat, Czesław: Spór archiwalny Polsko-Gdańsko-Niemiecki w okresie miedzywojennym, 1919–1939 = Archivstreit zwischen Polen, der Freien Stadt Danzig und Deutschland in der Zwischenkriegsperiode 1919–1939. Warschau : Naczelna Dyrekcja Archiwów Państwowych [u.a.], 1969. 220 S. [Deutsche Zus.fassung S. 217–220]

Bittner, Ludwig: Die zwischenstaatlichen Verhandlungen über das Schicksal der österreichischen Archive nach dem Zusammenbruch Österreich-Ungarns. In: Archiv für Politik und Geschichte 4 (1925) 58–96.

Bouaïta, Nabil: La restitution des archives nationales et biens culturels à leurs pays d'origine dans le cadre du nouvel ordre culturel. In: Revue de Droit International de Sciences Diplomatiques et Politiques = The International Law Review 61 (1983) 27–48.

Brandt, Ahasver von: Schicksalsfragen deutscher Archive. In: Der Archivar 1 (1948) 133–139.

Busch, Nikolaus: Der Verbleib des Rigaer Archivs der schwedischen Generalgouverneure. In: Archivalische Zeitschrift 37 (1928) 274–276.

Casanova, Eugenio: Gli archivi nei trattati internazionali. In: Gli Archivi Italiani 5 (1918) 179–201.

Casanova, Eugenio: Rivendicazioni archivistiche dall'Austria. In: Gli Archivi Italiani 8 (1921) 89–94.

Constitution et reconstitution des patrimoines archivistiques nationaux : actes de la dix-septième conférence internationale de la Table ronde des archives, Cagliari 1977. Paris : Conseil international des archives, Table ronde internationale des archives, 1980. 143 S.

Coombe, Rosemary J.: The Properties of Culture and the Possession of Identity : Postcolonial Struggle and the Legal Imagination. In: Borrowed Power : Essays on Cultural Appropriation / Bruce Ziff ; Pratima V. Rao. (Hrsg.). New Brunswick, N.J. : Rutgers U.P., 1997.

Diestelkamp: Die Lage der deutschen Ostarchive. In: Der Archivar 3 (1950) 78–94.

Eder, Paul: Über Archivfragen in den Friedensverträgen des 19. und 20. Jahrhunderts. In: Korrespondenzblatt des Vereins für siebenbürgische Landeskunde 47 (1924) 9–17.

Engel, Wilhelm: Territorialänderung und Archivalienfolge. In: Archivstudien : zum 70. Geburtstage von Woldemar Lippert / Hans Beschorner (Hrsg.). Dresden : Verl. d. Buchdr. der Wilhelm und Bertha v. Baensch Stiftung, 1931: 78–91.

Evans, Frank B.: The Action by UNESCO and ICA since 1976. In: Interdependence of Archives, 1998: 69–78 (engl. Sektion). [A2]
Frz. Text u.d.T.: La question des contentieux archivistiques : l'action des l'UNESCO et du CIA depuis 1976: 66–76 (frz. Sektion).
[Part II s. *Charles Kecskeméti* F1]

Fatouros, A. A ; George Karipsiadis: Displaced Archives in International Law. In: Interdependence of Archives, 1998: 53–61 (engl. Sektion). [A2]

Grimsted, Patricia Kennedy: Archival Rossica/Sovietica Abroad : Provenance or Pertinence, Bibliographic and Descriptive Needs. In: Cahiers du monde russe et soviétique 34 (1993) 431–479.

Gut, Christian: Rapport : [Constitution et reconstituton des patrimoines archivistiques]. In: Constitution et reconstitution des patrimoines archivistiques nationaux, 1980: 19–37. [F1]

Heckmann, Dieter: Die Gebietsveränderungen des Landes Preußen von 1937 und 1938. In: Archivalische Zeitschrift 83 (2000) 139–165.

Jacob, Louis: La clause de livraison des archives publiques dans les traités d'annexion. Paris : M. Girard & E. Brière, 1915. 118 S. Zugl. Diss. Paris.

Karwasińska, Hedvige: La remise des archives dans les traités de l'Est européen. In: VIIIe Congrès international des sciences historiques, Zürich 1938 : Communications présentées: 52–53.

Auch in: Bulletin of the International Committee of Historical Sciences 10 (1938) 196–197.

Kecskeméti, Charles: Archival Claims : Preliminary Study on the Principles and Criteria to be Applied in Negotiations = Les contentieux archivistiques : Etude préliminaire sur les principes et sur les critères à retenir lors des négociations. UNESCO Doc. PGI-77/WS/1, Paris 1977.

Kecskeméti, Charles: Les contentieux archivistiques : Étude préliminaire sur les principes et le critères à retenir lors des négociations. In: Constitution et reconstitution des patrimoines archivistiques nationaux, 1980: 113–130. [F1]

Kecskeméti, Charles: Displaced European Archives : Is it Time for a Post-War Settlement? In: The American Archivist 55 (1992) 132–140.

Kecskeméti, Charles: Activities of UNESCO and ICA since 1976 : Part two. In: Interdependence of Archives, 1998: 79–85 (engl. Sektion). [A2]
Frz. Text u.d.T.: L'action de l'UNESCO et du CIA depuis 1976 : 2ème partie: 77–83 (frz. Sektion).
[Part I s. *Evans* F1]

Kecskeméti, Charles ; Evert Van Laar: Model Bilateral and Multilateral Agreements and Conventions Concerning the Transfer of Archives, (Paris, 1981). UNESCO : Dokument PGI-81/ WS/ 3, 1981. 27 S. Appendix I 7 S., Appendix II 46 S.

Kraus, Herbert: Rechtsgutachtliche Äußerung über die Frage der Berechtigung des Verlangens der Polnischen Regierung auf Überlieferung von Beständen des früher in Königsberg aufbewahrten Deutsch-Ordensarchivs sowie des herzoglichen Archivs. In: Zwei Gutachten über die Archive des Deutschen Ordens sowie des altpreußischen Herzogtums / Akademie der Wissenschaften, Göttingen. Göttingen : Akademie der Wissenschaften, Göttingen, 1949: 5–12.
Auch u.d.T.: Um die Bestände des bisher in Königsberg/ Preußen aufbewahrten deutschen Ordensarchivs und des Herzoglichen Archivs. In: Internationale Gegenwartsfragen : Völkerrecht, Staatenethik, Internationalpolitik ; Ausgewählte kleine Schriften / Herbert Kraus. Würzburg : Holzner, 1963: 313–320.

Mahieu, Bernard: Tableau historique des accords portant sur des transferts d'archives. In: Constitution et reconstitution des patrimoines archivistiques nationaux, 1980: 39–69. [F1]

Manteuffel, Tadeusz: Archives de l'Etat en Pologne : Origines, organisation et état actuel. In: Archeion 9 (1931) Supplement. 35 S.

Mbaye, Saliou: The Archives of French West Africa (AOF) (1895–59). In: Interdependence of Archives, 1998: 87–91 (engl. Sektion). [A2]
Frz. Text u.d.T.: Le fonds de l'Afrique occidentale française (AOF, 1895–1959): 88–92 (frz. Sektion).

Meekings, Cecil Anthony Francis: Rückgabe von Archiven an Polen. In: Der Archivar 1 (1948) 71–74.

Mendoza Navarro, Aida Luz: The Archives of the Vice-Regality of Peru. In: Interdependence of Archives, 1998: 98–102 (engl. Sektion). [A2]
Frz. Text u.d.T.: Les archives de la Vice-royauté du Perou: 99–103 (frz. Sektion).

Menon, P. K.: Succession of States in Respect of State Archives with Particular Reference to the 1983 Vienna Convention. In: Revue de Droit International de Sciences Diplomatiques et Politiques = The International Law Review 65 (1987) 35–56.

Meyer-Landrut, Joachim: Die Behandlung von staatlichen Archiven und Registraturen nach Völkerrecht. In: Archivalische Zeitschrift 48 (1953) 45–120.

Moideen, P. S. M.: A Survey of Archives Relating to India and located in Major Repositories in France and Great Britain. (PGI-83/WS/91). Paris : Unesco, 1983. 69 S.

Murawski, Klaus-Eberhard: Rückführung von kriegsbedingt verlagertem Kulturgut : Zur Vereinbarung über den Archivalienaustausch mit der DDR vom 12. November 1986. In: Deutschland-Archiv 20 (1987) 1287–1294.

Neck, Rudolf: Zu den österreichisch-italienischen Archivverhandlungen nach dem Ersten Weltkrieg. In: Mitteilungen des Österreichischen Staatsarchivs 31 (1978) 434–441.

Oldenhage, Klaus: Richtlinien und archivische Grundsätze der UNESCO zur Beilegung von internationalen Konflikten um Archivalien. In: Der Archivar 36 (1983) 173–176.

Oldenhage, Klaus: Bilateral and Multilteral Cooperation for the Reconstitution of the Archival Heritage. In: Interdependence of Archives, 1998: 129–133 (engl. Sektion). [A2]
Frz. Text u.d.T.: Cooperation bilatérale et multilatérale pour la reconstitution du patrimoine archivistique: 127–132 (frz. Sektion).

Opocensky, Jan: La remise des archives à la Tchécoslovaquie par l'Autriche. In: Compte rendu du Ve Congrès international des sciences historiques, Bruxelles 1923 / Guillaume Des Marez ; François Louis Ganshof (Hrsg.). Bruxelles : Weissenbruch, 1923: 450–452.

Paczkowski, Joseph: Les principes de la remise des actes en connexion avec les changements de frontière entre les États. In: Compte rendu du Ve Congrès international des sciences historiques, Bruxelles 1923 / Guillaume Des Marez ; François Louis Ganshof (Hrsg.). Bruxelles : Weissenbruch, 1923: 457–460.

Posner, Ernst: Effects of Changes of Sovereignty on Archives. In: Archives and the Public Interest : Selected Essays by Ernst Posner / Ken Monden (Hrsg.). Washington, 1967: 168–181.

Rabut, Isabelle: Archives et décolonisation : archives de souveraineté française et archives locales. In: Le patrimoine en mouvement, 1997: 47–52. [A2]

Raillard, Rainer F.: Archivalienaustausch zwischen den Evangelischen Brüdergemeinden Neuwied und Dresden. In: Der Archivar 35 (1982) 343.

Reinitz, Max: Die Staatsarchive des Habsburgerreiches im Lichte der Gegenwart. In: Deutsche Rundschau 48 (1921) 189: 336–342.

Riedner: Archivwesen und Weltkrieg. In: Korrespondenzblatt des Gesamtvereins der deutschen Geschichts- und Altertumsvereine 73 (1925) 204–226.

Rill, Gerhard ; Elisabeth Springer ; Christiane Thomas: 60 Jahre österreichisch-jugoslawisches Archivübereinkommen : Eine Zwischenbilanz. In: Mitteilungen des österreichischen Staatsarchivs 35 (1982) 288–347.

Rousseau, Charles: Problème de la remise au gouvernement algérien des archives relatives à la présence française en Algérie du 5 juillet 1830 au 1er juillet 1962. In: Revue Générale de Droit International Public 86 (1982) 325–327.

Siemieński, Joseph: Respect des fonds : application internationale. In: VIIIe Congrès international des sciences historiques, Zürich 1938 : Communications présentées: 63–65.
Auch in: Bulletin of the International Committee of Historical Sciences 10 (1938) 207–209.

Silva, G. P. S. H. de: A Survey of Archives and Manuscripts Relating to Sri Lanka and Located in Major London Repositories. (PGI-81/WS/4). Paris : Unesco, 1981. 100 S.

Stephan, Walter: Das deutsch-dänische Abkommen über den Austausch historischer Archivalien. In: Archivalische Zeitschrift 9/10 (1934) 338–343.

Stępniak, Władysław: Misja Adama Stebelskiego : rewindykacja archiwaliów polskich z Niemiec w latach 1945–1949 (Mission von Adam Stebelski : Rückforderung von polnischen Archivalien aus Deutschland 1945–1949). Warszawa ; Łódź : Państwowe Wydawnictwo Naukowe, 1989. 78 S. [Deutsche Zus.fassung S. 76–78 ; Engl. Zus.fassung S. 73–75]

Stępniak, Władysław: Sukcesja państw dotycząca archiwaliów. Waszawa ; Łódź : Państwowe Wydawnictwo Naukowe, 1989. 83 S. [Deutsche Zus.fassung S. 81–83 ; Engl. Zus.fassung S. 76–78]

Vollmer, Bernhard: Archivalienaustausch zwischen dem Staatsarchiv Düsseldorf und den Niederlanden. In: Archivalische Zeitschrift 39 (1930) 308–313.

Wallot, Jean-Pierre: Les grands principes internationaux concernant les migrations des archives. In: Le patrimoine en mouvement, 1997: 106–123. [A2]

Weise, Erich: Die Erhaltung des Deutschordenarchivs und der übrigen geretteten Königsberger Bestände. In: Der Archivar 2 (1949) 49–54.

Zafar Sheikh, Atique: Archival Resources of India, Pakistan and Bangladesh. In: Interdependence of Archives, 1998: 92–97 (engl. Sektion). [A2]
Frz. Text u.d.T.: Les sources d'archives relatives à l'Inde, au Pakistan et au Bangladesh: 93–98 (frz. Sektion).

F 2. Sonstige Kulturgüter / Other Cultural Objects

Akulenko, Victor: A Bill which Faces the Past. In: Spoils of War : International Newsletter (1997) Aug.=4: 19–20.

Berman, Shoshana: Antiquities in Israel in a Maze of Controversy. In: Case Western Reserve Journal of International Law 19 (1987) 343–360.

Boguslavskij, Mark M.: Contemporary Legal Problems of Return of Cultural Property to its Country of Origin in Russia and the Confederation of Independent States. In: International Journal of Cultural Property 3 (1994) 243–256.

Bouaïta, Nabil: La restitution des archives nationales et biens culturels à leurs pays d'origine dans le cadre du nouvel ordre culturel. In: Revue de Droit International de Sciences Diplomatiques et Politiques = The International Law Review 61 (1983) 27–48.

Bühler, Albert: Die Flüchtung der Nürnberger Reichskleinodien 1796 und ihre Reklamierungen. In: Mitteilungen des Vereins für Geschichte der Stadt Nürnberg 46 (1955) 481–510.

Chrzaszczewska, J.: Un exemple de restitution : Le traité de Riga de 1921 et le patrimoine artistique de la Pologne. In: Mouseion <Paris> 17–18 (1932) 205–208.

Gornig, Gilbert-Hanno: Das rechtliche Schicksal der Danziger Kulturgüter seit 1939/45 am Beispiel der Naturforschenden Gesellschaft zu Danzig : Ein Rechtsgutachten im Auftrag des Bundesministeriums des Innern. Köln : Verl. Wiss. und Politik, 1999. 189 S. (Mittel- und Osteuropawissenschaften : Reihe Recht ; 1)

Habel, Susanne: Wie deutsches Kulturgut in Polen gerettet werden kann : Vortrag über Schlösser und Gutshäuser in Pommern und Schlesien. In: Kulturpolitische Korrespondenz : Berichte, Meinungen, Dokumente (1996) 962: 8–9.

Hartmann, Idis B.: Soll ostdeutsches Kulturgut Polen und Russen übergeben werden? : Das geistige Erbe der Flüchtlinge und Vertriebenen bedarf dringenden Schutzes. In: Kulturpolitische Korrespondenz : Berichte, Meinungen, Dokumente (1996) 965: 5–7.

Hatti, Vivek K.: India's Right to Reclaim Cultural and Art Treasures from Britain under International Law. In: The George Washington Journal of International Law and Economics 32 (2000) 465–495.

Hofmann, Peter: Vereinigung und Wiederaufbau : Die Entwicklung des Preußischen Kulturbesitzes 1987 bis 1996. In: Jahrbuch Preußischer Kulturbesitz 34 (1997) 77–152.

Karpatchev, Mikhail: The Evacuation of the Yuryev University and the Foundation of the Voronezh University. In: Estonian – Russian Co-operation in Museology, 2001: 124–129. [H5]

Kowalski, Wojciech: Internationaler Kulturgüterschutz in Europa : deutsch-polnische Fragen. In: Kritische Berichte 23 (1995) 52–57.

Kowalski, Wojciech: Repatriation of Cultural Property Following a Cession of Territory or Dissolution of Multinational States. In: Art, Antiquity and Law 6 (2001) 139–166.

Laansalu, Anu: A Lost Art Collection. In: Art, Antiquity and Law 3 (1998) 27–30.

Laansalu, Anu: The Legal Basis for Tartu University's Claim to the Morgenstern Collection and the Subsequent Restitution Activities. In: Estonian – Russian Co-operation in Museology, 2001: 150–160. [H5]

Lhotsky, Alphons: Die Verteidigung der Wiener Sammlungen kultur- und naturhistorischer Denkmäler durch die Erste Republik. In: Mitteilungen des Instituts für Österreichische Geschichtsforschung 63 (1955) 614–649.
Auch in: Aufsätze und Vorträge / ausgewählt und hrsg. von Hans Wagner und Heinrich Koller. Bd. 4 : Die Haupt- und Residenzstadt Wien : Sammelwesen und Ikonographie : der österreichische Mensch. Wien : Verlag für Geschichte und Politik ; München : Oldenbourg, 1974: 164–211.

Luzio, Alessandro: Gli Arazzi dei Gonzaga restituiti dall' Austria. Bergamo : Officine dell'Istituto Italiano d'Arti Grafiche, 1919. 60 S.

Maldzis, Adam: [Country Report] : Byelorussia. In: Spoils of War : International Newsletter (1997) Aug.=4: 74–75.

Mazur, Zbigniew: Wokól niemieckiego dziedzictwa kulturowego na Ziemiach Zachodnich i Polnocnych. (Ziemie zachodnie ; 18). Poznan : Inst. Zachodni, 1997. XXVI, 589 S. [Übers. d. Hauptsacht.: Zum deutschen Kulturerbe in den West- und Nordgebieten. Deutsche Zus.fassung S. 583–589]

Metzke, Hermann: [Zum Schicksal ostdeutscher Kirchenbücher] : Die Kirche im Dorf lassen. In: Kulturpolitische Korrespondenz : Berichte, Meinungen, Dokumente (2002) 1146: 6–7.

Murawski, Klaus-Eberhard: Die Verlagerung von Kulturgütern in Deutschland im Zweiten Weltkrieg und die damit zusammenhängenden aktuellen Fragen.

In: Königsteiner Kreis – Mitteilungsblatt der Vereinigung der Juristen, Volkswirte und Beamten aus der Sowjetischen Besatzungszone e.V. (1981) 1: 11–19.

Mußgnug, Reinhard: Wem gehört Nofretete? : Anmerkungen zu dem deutsch-deutschen Streit um den ehemals preußischen Kulturbesitz. Berlin ; New York : De Gruyter, 1977. 40 S. (Schriftenreihe der Juristischen Gesellschaft e.V. Berlin ; 52)

Mußgnug, Reinhard: Die Ansprüche der DDR auf den im Bundesgebiet und in Berlin (West) befindlichen vormals preußischen Kulturbesitz. In: Königsteiner Kreis : Mitteilungsblatt der Vereinigung der Juristen, Volkswirte und Beamten aus der Sowjetischen Besatzungszone e.V. (1981) 1: 9–20.

"O.": International Arbitration under the Treaty of St. Germain. In: The British Yearbook of International Law 4 (1923/24) 124–130.

Pallas, William J.: The Doctrine of State Succession and the Law of Historic Shipwrecks, the Bell of the Alabama : *United States v. Steinmetz*. In: Tulane Maritime Law Journal 17 (1993) 343–352.

Piirimäe, Helmut: The Removal of Property from Tartu University to Voronezh : Robbery or Evacuation ? In : Estonian – Russian Co-operation in Museology, 2001: 108–123. [H5]

Pillak, Peep: Estonian Cultural Heritage Lost in Wars and Occupations in the 20th Century. In: Estonian – Russian Co-operation in Museology, 2001: 86–96. [H5]

Pruszyński, Jan: Restitution and Revindication of Art Treasures Spoiled or Displaced During or in Result of War. In: The Polish Yearbook of International Law 21.1994 (1995) 105–120.

Pruszyński, Jan: Das Recht auf Kulturgüter in den westlichen und nördlichen Gebieten Polens. In: The Polish Yearbook of International Law 22.1995/96 (1997) 187–200.

Rainer, Johann: Die italienische Militärmission in Wien 1918–1920. In: Festschrift Hermann Wiesflecker zum 60. Geburtstag / Alexander Novotny ; Othmar Pickl (Hrsg.). Graz : Selbstverl. des Hist. Inst. d. Univ. Graz, 1973: 267–280.

Ramjoué, Fritz: Die Eigentumsverhältnisse an den drei Aachener Reichskleinodien. Stuttgart : Kohlhammer, 1968. 184 S. Zugl.: Köln, Univ., Diss., 1967.

Renger, Reinhard: Rechtsfragen bei der Rückführung verlagerten Kulturguts im geteilten Deutschland. In: Politik und Kultur 14 (1987) 5: 39–57.

Rolfes, Stefan: Die Forderung der Deutschen Demokratischen Republik auf Übertragung des ehemaligen preußischen Kunst- und Kulturbesitzes. Gelsenkirchen : Mannhold, 1986. VIII, 235 S.

Rousseau, Charles: Refus de la Grande-Bretagne de restituer le Koh-i-Noor au Pakistan. In: Revue Générale de Droit International Public 81 (1977) 545–547.

Schiedermair, Hartmut: Kunst im Völkerrecht : Das Eigentum am Krönungsschatz des Heiligen Römischen Reiches. In: Grundrechte, soziale Ordnung und Verfassungsgerichtsbarkeit : Festschrift für Ernst Benda zum 70. Geburtstag / Eckart Klein [u.a.] (Hrsg.). Heidelberg : C. F. Müller, 1995: 235–263.

Schroeder, Klaus-Peter: Die Nürnberger Reichskleinodien in Wien. In: Zeitschrift der Savigny-Stiftung für Rechtsgeschichte, Germanistische Abteilung 108 (1991) 323–346.

Sulć, Branka: Restitution and Succession of Cultural Property from Croatian Museums and Galleries. In: Informatica Museologica <Zagreb> 23 (1992) 12–17.

Tietze, Hans: Die Entführung von Wiener Kunstwerken nach Italien : eine Darlegung unseres Rechtsstandpunktes ; mit einem offenen Brief an die italienischen Fachgenossen von Max Dvorák. Wien : Schroll, 1919. 57 S.

Tietze, Hans: L'accord austro-hongrois sur la répartition des collections de la maison des Habsbourg. In: Mouseion <Paris> 23–24 (1933) 92–97.

Tomaszewski, Andrzej: Wspólne dziedzictwo kulturowe Polski i Niemiec w Europie : Gemeinsames Kulturerbe von Polen und Deutschen in Europa. In: Die Denkmalpflege 53 (1995) 137–141.

Turner, Stefan: Die Zuordnung beweglicher Kulturgüter im Völkerrecht : Das Recht der Kulturgüter in der Staatensukzession. In: Internationaler Kulturgüterschutz und deutsche Frage, 1991: 74–101. [A2]

Turner, Stefan: Das internationale Kulturgüterrecht und die Zerstreuung des deutschen Kulturbesitzes nach dem Zweiten Weltkrieg : Die Zuordnung der Kulturgüter vor dem Hintergrund der Rechtslage Deutschlands nach dem Zweiten Weltkrieg. In: Internationaler Kulturgüterschutz und deutsche Frage, 1991: 154–182. [A2]

Vogel, Klaus: Wem gehört die Nofretete? In: Finis Germaniae? : Zur Lage Deutschlands nach den Ostverträgen und Helsinki ; Symposium aus Anlaß des 70. Geburtstags von Herbert Krüger / Ingo von Münch [u.a.] (Hrsg.). Frankfurt a.M. : Metzner, 1977: 106–109.

Walter, Hannfried: Altisländische Handschriften vor dänischen Gerichten. In: Zeitschrift für ausländisches öffentliches Recht und Völkerrecht 27 (1967) 278–290.

G. Kulturgüterschutz im Krieg / The Protection of Cultural Objects during Armed Conflict

G 1. Allgemeines / General

Arcioni, Gino: Kulturgüterschutz : Bestandteil unserer Gesamtverteidigung. In: Der Monat in Wirtschaft und Finanz 9 (1981) 23–24.
Auch u.d.T.: Protezione dei beni culturali : uno degli scopi della nostra difesa generale. In: Rivista militare della Svizzera Italiana 5 (1984) 365–368.

Arnoux de Fleury de l'Hermite, Henry d': Objets et monuments d'art devant le droit des gens. Paris : L. Clercx, 1934. Zugl.: Paris, Jur. Diss., 1934. 189 S.

Bächtold, Kurt: Die Bedeutung des kulturellen Erbes und die Bestrebungen zur Erhaltung und zum Schutze der Kulturgüter auf nationaler und internationaler Ebene. In: Der Kulturgüterschutz bei bewaffneten Konflikten, 1967: 1–14. [G2]

Balkin, Rosalie: The Protection of Cultural Property in Times of Armed Conflict. In: Shelters from the Storm : Developments in International Humanitarian Law / William Maley (Hrsg.). Canberra : Australian Defence Studies Centre, 1995: 237–256.

Belhumeur, Jeanne ; Angelo Miatello ; Roberto Severino: Les atteintes aux biens culturels italiens pendant les conflits armés. In: Legal Aspects of International Trade in Art (International Sales of Works of Art ; 5), 1996: 185–208. [D3]

Bouffard, Pierre: Mesures à prendre pour la sauvegarde des biens culturels meubles. In: La protection des biens culturels en cas de conflit armé, 1968: 31–42. [G1]

Boylan, Patrick J.: The concept of cultural protection in times of armed conflict : from the crusade to the new millenium. In: Illicit Antiquities, 2002: 43–108. [D1]

Burr, Nelson Rollin: Safeguarding our Cultural Heritage : A Bibliography on the Protection of Museums, Works of Art, Monuments, Archives and Libraries in Time of War. Washington : Library of Congress, 1952. X, 117 S.

Calzada, Manuel de la: La protección jurídica internacional del patrimonio cultural en caso de guerra. In: Revista de estudios políticos <Madrid> (1952) 63: 141–182.

Chklaver, Georges: La protection des monuments historiques et des œuvres d'art en temps de guerre. In: Premier Congrès d'Études Internationales : Paris, 30 septembre – 7 octobre 1937. (Publications de l'Institut des Hautes Études Internationales de l'Université de Paris ; 1). Paris : Éd. Internationales, 1938: 66–67.

Da Antonio Canova alla Convenzione dell'Aja : la protezione delle opere d'arte in caso di conflitto armato / Stefano Rosso-Mazzinghi (Hrsg.). [Firenze] : Sansoni, 1975.118 S. (Quaderni di San Giorgio)

Delgado, Felipe Afin: La protección de las obras artísticas en la guerra moderna. In: L'aéronef militaire et le droit des gens, 1963: 142. [G1]

Der Schutz von Kulturgut in bewaffneten Konflikten. In: Zivilschutz <Bern> 25 (1978) 9: 277–281.

Driver, Mark C.: The Protection of Cultural Property During Wartime. In: Review of European Community & International Environmental Law 9 (2000) 1–12.

Ermacora, Felix: Der völkerrechtliche Schutz des Menschen und seiner Kultur in den bewaffneten Konflikten der Gegenwart. In: Das kulturelle Erbe im Risiko der Modernität, 1993: 35–40. [A2]

Ernst, Ulrich: Die finanziellen Probleme des Kulturgüterschutzes : (Kosten, Kostentragung und Bundesbeiträge). In: Der Kulturgüterschutz bei bewaffneten Konflikten, 1967: 95–104. [G2]

Fiedler, Wilfried: Zur Entwicklung des Völkergewohnheitsrechts im Bereich des internationalen Kulturgüterschutzes. In: Staat und Völkerrechtsordnung : Festschrift für Karl Doehring / Kay Hailbronner [u.a.] (Hrsg.). (Beiträge zum ausländischen öffentlichen Recht und Völkerrecht ; 98). Berlin ; New York : Springer, 1989: 199–218.

Fiedler, Wilfried: Vom territorialen zum humanitären Kulturgüterschutz : Zur Entwicklung des Kulturgüterschutzes nach kriegerischen Konflikten. In: Prinzipien des Kulturgüterschutzes, 1996: 159–173. [A2]

Fiedler, Wilfried: Notes on the Development of the Protection of Cultural Property Following Armed Conflicts. In: Law and State 56 (1997) 82–95.

Fischer, Hermann von: Die dokumentarische Sicherstellung von Kulturgütern : Sicherstellungsdokumente für unbewegliche Kulturgüter. In: Der Kulturgüterschutz bei bewaffneten Konflikten, 1967: 83–88. [G2]

Frigo, Manlio: Questioni in tema di rivendicazione e restituzione di beni culturali di proprietà privata al termine di conflitti armati. In: JUS : Rivista di Scienze Giuridiche 46 (1999) 1 [Studi in onore di Giovanni Maria Ubertazzi]: 327–356.
Auch in: Diritto del commercio internazionale 12 (1998) 355–384.

Gioia, Andrea: La protezione dei beni culturali nei conflitti armati. In: Protezione internazionale del patrimonio culturale, 2000: 71–99. [A2]

Greenfield, Jeanette: "The Spoils of War". In: The Spoils of War, 1997: 34–38. [H2]

Herdegen, Matthias: Der Kulturgüterschutz im Kriegsvölkerrecht. In: Rechtsfragen des Internationalen Kulturgüterschutzes, 1994: 161–173. [A2]

Kastenberg, Joshua E.: The Legal Regime for Protecting Cultural Property During Armed Conflict. In: The Air Force Law Review 42 (1997) 277–305.

Kaye, Lawrence M.: Cultural Property Theft during War : Application of the Statute of Limitations. In: Legal Aspects of International Trade in Art (International Sales of Works of Art ; 5), 1996: 217–228. [D3]

Kaye, Lawrence M.: Laws in Force at the Dawn of World War II : International Conventions and National Laws. In: The Spoils of War, 1997: 100–105. [H2]

Kilian, Michael: Kriegsvölkerrecht und Kulturgut : Die Bemühungen um den Schutz der Kulturgüter bei bewaffneten Auseinandersetzungen. In: Neue Zeitschrift für Wehrrecht 25 (1983) 41-57.

Körbs, Hartmut: Der internationale Schutz von Kulturgütern : Ein Rückblick. In: Humanitäres Völkerrecht 9 (1996) 138–148.

Kowalski, Wojciech: Introduction to the International Law on the Restitution of Works of Art Looted During Armed Conflicts.
Part I. In: Spoils of War : International Newsletter (1996) July=2: 6–8.
Part II. In: Spoils of War : International Newsletter (1996) Dec.=3: 10–12.
Part III. In: Spoils of War : International Newsletter (1997) Aug.=4: 39–41.
Part IV. In: Spoils of War : International Newsletter (1998) June=5: 7–9.

Kowalski, Wojciech: Art Treasures and War : A Study on the Restitution of Looted Cultural Property Pursuant to Public International Law. Leicester : Inst. of Art and Law, 1998. 242 S.

Kraus, Herbert: Der völkerrechtliche Schutz von Archivalien gegen Erbeutung im Landkrieg. Gutachten vom 15. 4. 1950, Göttingen. 31 S.

Kunstraub – ein Siegerrecht? : historische Fälle und juristische Einwände / Volker Michael Strocka (Hrsg.). Berlin : Arenhövel, 1999. 96 S.

L'aéronef militaire et le droit des gens : Subordination et coopération militaire internationale ; Deuxième Congrès International, Florence 17–20 mai 1961 / Société Internationale de Droit Pénal Militaire et de Droit de la Guerre. Strasbourg, 1963. 465 S. (Recueils de la Société Internationale de Droit Pénal Militaire et de Droit de la Guerre ; 2)

La protection des biens culturels en cas de conflit armé : 126e cours organisé en accord avec le Département fédéral de l'Intérieur et la Société suisse pour la protection des biens culturels par l'Institut suisse de cours administratifs à l'École des Hautes Études économiques de Saint-Gall, le 25 et 26 janvier 1968 à Montreux. Saint-Gall : Institut suisse de cours administratifs, 1968. IX, 111 S.

La Protection des monuments et œuvres d'art en temps de guerre : Manuel technique et juridique / [introd. par E. Foundoukidis] ; Office Internationale des Musées. Paris : Institut International de Coopération Intellectuelle, 1939. (Publications de l'Institut de Coopération Intellectuelle)

La protezione dei beni culturali nei conflitti armati e nelle calamità : [Atti del primo Congresso della Società Italiana per la Protezione dei Beni Culturali, Alessandria 11–13 aprile 1997] / Massimo Carcione ; Arturo Marcheggiano (Hrsg.). Milano : Fondazione europea Dragan, 1998. 294 S.

Lachs, Manfred: "The Defences of Culture". In: Museum <Paris> / Engl. Ausg. 37 (1985) 167–168.

Lang, Gordon: UNESCO and Israel. In: Harvard International Law Journal 16 (1975) 676–682.

Maggiore, R.: Jus in bello : il problema della protezione dei beni culturali nei conflitti armati. In: Rassegna dell'arma dei carabinieri (1975) 879–908.

Maniscalco, Fabio: La tutela dell'arte nei paesi in guerra. In: Nord e Sud 44 (1997) Jan./Febr.: 93–97.

Maniscalco, Fabio: Ius praedae : la tutela dei beni culturali in guerra. Napoli : Massa, 1999. 135 S.

Marcheggiano, Arturo: Diritto umanitario e sua introduzione nella regolamentazione dell'esercito italiano : Volume II (La protezione delle vittime della guerra). Roma : Stato Maggiore dell'Exercito, Ufficio Storico, 1991. [Kap. 8: La protezione dei beni culturali S. 517–556]

Mazza, Rita: La protezione internazionale dei beni culturali mobili in caso di conflitto armato : possibili sviluppi. In: La protezione internazionale e la circolazione comunitaria dei beni culturali mobili, 1998:119–138. [A2]

Meranghini, Umberto: La protezione dei beni culturali nella guerra moderna. In: Archivio di ricerche giuridiche 16 (1962) 35–52.

Meranghini, Umberto: La difesa dei beni culturali in caso di guerra. In: L'aéronef militaire et le droit des gens, 1963: 144–146. [G1]

Mirri, Maria Beatrice: La cultura del bello, le ragioni della tutela : studi di legislazione dei beni culturali. Roma : Bulzoni, 2000. 152 S.

Monumenten en oorlogstijd / Rijksdienst voor de Monumentenzorg, Zeist (Hrsg.). Zwolle : Waanders Uitgevers, 1995. 240 S. (Jaarboek Monumentenzorg ; 1995)

Nahlik, Stanisław Edward: Grabież dzieł sztuki: rodowód zbrodni międzynarodowej, Wrocław: Zakład narodowy im. Ossolińskich, 1958. 481 S. [Poln., mit frz. Inhaltsverzeichnis: Le pillage des œuvres d'art : Historique d'un crime international, und Résumé S. 449–452]

Nahlik, Stanisław Edward: La protection internationale des biens culturels en cas de conflit armé. In: Recueil des Cours / Académie de Droit International de le Haye 120 (1967) 1: 61–163.

Nahlik, Stanisław Edward: Protection des biens culturels. In: Les dimensions internationales du droit humanitaire / Institut Henry Dunant ; Unesco. Genève : Institut Henry Dunant ; Paris : Unesco, 1986: 237–249.
Engl. Übers. u.d.T.: Protection of Cultural Property. In: International Dimensions of Humanitarian Law / Henry Dunant Institute ; Unesco. Geneva : Institut Henry Dunant ; Paris : Unesco ; Dordrecht [u.a.] : Martinus Nijhoff, 1988: 203–215.

Niec, Halina: The "Human Dimension" of the Protection of Cultural Property in the Event of Armed Conflict. In: Humanitäres Völkerrecht 6 (1993) 204–212.

Nunez y Dominguez, José de J.: La protection des monuments historiques et artistiques en temps de guerre et le droit international. In: Congrès d'Études Internationales <1, 1937, Paris> : Premier Congrès d'Études Internationales : Paris, 30 septembre–7 octobre 1937. (Publications de l'Institut des Hautes Études Internationales de l'Université de Paris ; 1). Paris : Éd. Internationales, 1938: 68–83.

Panzera, Antonio Filippo: La tutela internazionale dei beni culturali in tempo di guerra. Torino : Giappichelli, 1993. 77 S.

Parks, H.: Protection of Cultural Property from the Effects of War. In: The Law of Cultural Property and Natural Heritage, 1998. 56 S. [A2]

Penna, Lakshmikanth Rao: Protection of Cultural Property During Armed Conflicts. In: Shelters from the Storm : Developments in International Humanitarian Law / William Maley (Hrsg.). Canberra : Australian Defence Studies Centre, 1995: 257–269.

Poulos, Anthi Helleni: The 1954 Hague Convention for the Protection of Cultural Property in the Event of Armed Conflict : An Historic Analysis. In: International Journal of Legal Information 28 (2000) 1–44.

Predome, Gaetano: Per una migliore protezione del patrimonio artistico monumentale in caso di guerra. In: Rivista di studi politici internazionali 17 (1950) 646–650.

Protection des biens culturels en cas de conflit armé : rapport d'une réunion d'experts, Genève, 5–6 octobre 2000 / María T. Dutli (Hrsg.). Genève : CICR, 2001. 223 S.

Prott, Lyndel V.: War, heritage and normative action. In: Museum International <Paris> / Engl. Ausg. 45 (1993)1=177: 45–48.

Rossier, Jean: Les mesures d'ordre militaire dans le domaine de la protection des biens culturels. In: La protection des biens culturels en cas de conflit armé, 1968: 97–99. [G1]

Rubinstein, J.: Looting of Art and Cultural Property – a War Crime? In: International Legal Practitioner 24 (1999) 83–86.

Sandoz, Yves: Des priorités à définir : traiter la protection des biens culturels comme un chapitre du droit international humanitaire. In: Protection des biens culturels en cas de conflit armé, 2000: 21–25. [G1]

Smirnoff, F.: Historische Baudenkmäler und deren Rechtsschutz in Kriegszeiten. Zürich : Fretz und Wasmuth, 1941. 14 S.

Solf, Waldemar A.: Cultural Property, Protection in Armed Conflict. In: Encyclopedia of Public International Law 1 (A–D). Amsterdam [u.a.] : North – Holland, 1992: 892–897.
Auch in: Instalment 9 (1986) International Relations and Legal Cooperation in General – Diplomacy and Consular Relations: 64–68.

Steiner, Peter ; Karl-Reinhart Trauner: „... Achtung vor der Kultur ...“ : Ein Kulturgüterschutzoffizier und ein Kirchenhistoriker über Kulturgüterschutz als Identitätsschutz. Wien : Österreichische Gesellschaft für Kulturgüterschutz, 2000. 97 S. (Schriften der Österreichischen Gesellschaft für Kulturgüterschutz ; 6).

Streiff, Sam: Kulturgüterschutz als nationale Aufgabe und völkerrechtliche Verpflichtung. In: Zivilschutz <Bern> 12 (1965) 44–49.

Streiff, Sam: Der Schutz der Kulturgüter im Kriegsvölkerrecht. In: Der Kulturgüterschutz bei bewaffneten Konflikten, 1967: 15–28. [G2]

Streiff, Sam: Das Personal des Kulturgüterschutzes. In: Der Kulturgüterschutz bei bewaffneten Konflikten, 1967: 105–110. [G2]

Talsky, Otto ; Hans Foramitti: Les intérêts communs de la conservation des monuments historiques et la défense passive. In: Monumentum 1 (1968) 73–78.

Toman, Jiri: La protection des biens culturels dans les conflits armés internationaux ; cadre juridique et institutionel. In: Etudes et essais sur le droit international humanitaire et sur les principes de la Croix-Rouge en l'honneur de Jean Pictet / Christophe Swinerski (Hrsg.). Genéve [u.a.] : Comité Internat. de la Croix-Rouge [u.a.], 1984: 559–580.

Turner, Stefan: Die Zuordnung beweglicher Kulturgüter im Völkerrecht : Das Recht der Kulturgüter im Krieg. In: Internationaler Kulturgüterschutz und deutsche Frage, 1991: 24–73. [A2]

Uno scudo blu per la salvaguardia del patrimonio mondiale : [Atti del III. Convegno Internazionale sulla Protezione dei Beni Culturali nei Conflitti Armati,

Padova 19–20 marzo 1999] / Massimo Carcione (Hrsg.). [Roma] : Fondazione europea Dragan, 2000. 211 S.

Unverhau, Kurt: Der Schutz von Kulturgütern bei bewaffneten Konflikten. Göttingen : Univ. Diss., 1955. 113 S.

Vedovato, G.: La protezione del patrimonio storico artistico e culturale nella guerra moderna. In: L'aéronef militaire et le droit des gens, 1963: 117–139. [Engl. u. frz. Zus.fassung G1]

Verri, Pietro: Le condizioni dei beni culturali nei conflitti armati d'all antichità alla vigilia della seconda guerra mondiale. In: La protezione internazionale dei beni culturali, 1986: 41–68. [A2]
Auch u.d.T.: Le destin des biens culturels dans les conflits armés : De l'Antiquité à la deuxième guerre mondiale. In : Revue Internationale de la Croix-Rouge 67 (1985) 67–89, 127–139.

Vetter, Ferdinand: Friede dem Kunstwerk! : Zwischenstaatliche Sicherung der Kunstdenkmäler im Kriege als Weg zum künftigen dauerhaften Frieden. Olten : W. Trosch, 1917. 64 S.

Visscher, Charles de: Les monuments historiques et les œuvres d'art en temps de guerrre et dans les traités de paix. In: La protection des monuments et œuvres d'art en temps de guerre, 1939: 129–164. [G1]
Auch in: Art et Archéologie : Recueil de législation comparée et de droit international 2 (1940) 9–44.

Vogel, Ulrich: Die Strafbestimmungen zum Kulturgüterschuz. In: Der Kulturgüterschutz bei bewaffneten Konflikten, 1967: 129–138. [G2]

Wahl, Rainer: Kunstraub als Ausdruck von Staatsideologie. In: Recht und Kunst : Symposium aus Anlaß des 80. Geburtstages von Wolfram Müller-Freienfels / Rainer Frank (Hrsg.). (Freiburger Rechts- und Staatswissenschaftliche Abhandlungen ; 61). Heidelberg : C.F. Müller, 1996: 105–136.

Wahl, Rainer: Kunstraub als Ausdruck von Staatsideologie. In: Kunstraub – ein Siegerrecht?, 1999: 27–39. [G1]

War and Cultural Property / Hector Feliciano [u.a.]. In: Who Owns Culture?, 2001: 58–71. [A2]

Wasmuth, Werner: Die Sicherung des Kulturguts : eine Aufgabe des Zivilen Bevölkerungsschutzes. In: Zivilschutz <Koblenz> 28 (1964) 225–229.

Zitelmann, Ernst: Der Krieg und die Denkmalpflege. In: Zeitschrift für Völkerrecht 10 (1917) 1–19.

G 2. Die Haager Konvention von 1954 und sonstige Regelungen und Regelungsversuche des Internationalen Kulturgüterschutzes im Krieg/ The Hague Convention for the Protection of Cultural Objects in the Event of Armed Conflict of 1954 and Other Regulations and Proposals for the Protection of Cultural Heritage during Armed Conflict

Alexandrov, Emil: The Roerich Pact and the International Protection of Cultural Institutions and Treasures. Sofia : Sofia-Press, 1978. 27 S.
Dt. Ausg. u.d.T.: Der Roerich-Pakt und der internationale Schutz der Kulturgüter und Kulturinstitutionen. Sofia : Sofia-Press, 1979. 27 S.

Andrade Abularach, Eduardo: Les critères d'identification et d'enregistrement des biens culturels protégés en Guatemala. In: Protection des biens culturels en cas de conflit armé, 2000: 93–95. [G1]

Bächtold, Kurt: Die Abgrenzung der Zuständigkeit von Bund und Kantonen auf dem Gebiete des Kulturgüterschutzes. In: Der Kulturgüterschutz bei bewaffneten Konflikten, 1967: 43–48. [G2]

Basile, Domenico: La protezione dei beni culturali : la convenzione de l'Aja del 1954. In: La gestione del patrimonio culturale II, 1998: 118–121. [A2]

Birov, Victoria A.: Prize or Plunder? : The Pillage of Works of Art and the International Law of War. In: New York University Journal of International Law and Politics 30 (1997–1998) 201–249.

Bolla, Gérard: Protection des biens culturels pendant les conflits armés = Protection of Cultural Property during Armed Conflicts. In: Résumé des cours : Cinquième session d'enseignement, Strasbourg, 1–26 juillet 1974 = Summary of Lectures : Fifth Study Session / Institut International des Droits de l'Homme = International Institute of Human Rights 5 (1974) 1–14.

Bosly, Henri: La responsabilité des Etats et des individus quant à l'application de la Convention de la Haye sur la protection des biens culturels en cas de conflit armé. In: La protezione internazionale dei beni culturali, 1986: 81–86. [A2]

Boylan, Patrick J.: Review of the Convention for the Protection of Cultural Property in the Event of Armed Conflict : (the Hague Convention of 1954). Paris : Unesco. 248 S.
Franz. Ausg. u.d.T.: Réexamen de la Convention pour la protection des biens culturels en cas de conflit armé : (Convention de la Haye de 1954). Paris : UNESCO, 1993. 179 S.

Boylan, Patrick: UNESCO reviews The Hague Convention. In: Museum International <Paris> / Engl. Ausg. 47 (1994)1=185: 59–60.

Breddels, Jan: The Dissemination of the Hague Convention : in Armed Forces, the Civilian Population and the Academic Circles. In: La protezione internazionale dei beni culturali, 1986: 101–105. [A2]

Breucker, Jean de: La réserve des nécessités militaires dans la Convention de La Haye du 14 mai 1954 sur la protection des biens culturels. In: Revue de Droit Pénal Militaire et de Droit de la Guerre 14 (1975) 255–269.

Breucker, Jean de: Pour les vingt ans de la Convention de la Haye du 14 Mai 1954 pour la protection des biens culturels. In: Revue belge de droit international 11 (1975) 525–547.

Brüderlin, Paul: Kulturgüterschutz in der Schweiz : gemäß internationalem Abkommen v. Den Haag 1954 über „Kulturgüterschutz bei bewaffneten Konflikten". Zürich : Brüderlin, 1978. 117 S.

Büchel, Rino: Mesures nationales de mise en œuvre des règles régissant la protection des biens culturels en cas de conflit armé en Suisse. In: Protection des biens culturels en cas de conflit armé, 2000: 79–84. [G1]

Buhse, Karl-Heinrich: Der Schutz von Kulturgut im Krieg : unter besonderer Berücksichtigung der Konvention zum Schutze des Kulturguts im Falle eines bewaffneten Konfliktes vom 14. Mai 1954. Hamburg : Hansischer Gildenverl. Heitmann, 1959. 150 S. (Veröffentlichungen des Instituts für Internationales Recht an der Universität Kiel ; 40)

Carducci, Guido: L'obligation de restitution des biens culturels et des objets d'art en cas de conflit armé : droit coutumier et droit conventionel avant et après la Convention de la Haye de 1954 : L'importance du facteur temporel dans les rapports entre les traités et la coutume. In: Revue Générale de Droit International Public 104 (2000) 289–367.

Cavalli, Fiorello: La Santa Sede e la Convenzione dell'Aja per la protezione dei beni culturali in caso di conflitto armato. In: Rivista di Studi Politici Internazionali 27 (1960) 126–137.
Auch in: La civiltà cattolica 1 (1960) 264–276.

Chklaver, Georges: Projet d'une Convention pour la protection des institutions et monuments consacrés aux arts et aux sciences. In: Revue de droit international 8 (1930) 589–592.

Clément, Etienne: Some Recent Practical Experience in the Implementation of the 1954 Hague Convention. In: International Journal of Cultural Property 3 (1994) 11–25.

Clément, Etienne: Le réexamen de la Convention de la Haye de 1954 pour la protection des biens culturels en cas de conflit armé. In: International Legal Issues Arising under the United Nations Decade of International Law : [Proceedings of the Qatar International Law Conference '94] / Najeeb Al-Nauimi ; Richard Meese (Hrsg.). The Hague [u.a.] : Martinus Nijhoff Publ., 1995: 133–150.

Clément, Etienne: Protection of Cultural Property. In: Shelters from the Storm : Developments in International Humanitarian Law / William Maley (Hrsg.). Canberra : Australian Defence Studies Centre, 1995: 271–279.

Clément, Etienne: Risk Preparedness and the 1954 Hague Convention for the Protection of Cultural Property in the Event of Armed Conflict. In: Risk Preparedness for Cultural Properties, 1999: 169–176. [B6]

Colloque d'experts européens sur la Convention de La Haye du 14 mai 1954 pour la protection des biens culturels en cas de conflit armé : Zürich, 29–31 oct. 1969 / org. par la Commission nationale suisse – UNESCO. Zürich, 1969. [getrennte Paginierung]

Colwell-Chanthaphon, Chip ; John Piper: War and Cultural Property : The 1954 Hague Convention and the Status of U.S. Ratification. In: International Journal of Cultural Property 10 (2001) 217–245.

Danse, M.: Communication relative à la formation culturelle dans l'armée aérienne au regard des dispositions de l'article 7, § 1er de la Convention du 14 mai 1954. In: L'aéronef militaire et le droit des gens, 1963: 147–151. [G1]

Der Kulturgüterschutz bei bewaffneten Konflikten : Vorträge des 122. Kurses der Schweizerischen Verwaltungskurse an der Hochschule St. Gallen für Wirtschafts- und Sozialwissenschaftten am 10. und 11. April 1967 in St. Gallen. St. Gallen : Schweizerisches Institut für Verwaltungskurse an der Hochschule St. Gallen, 1967. IX, 159 S.

Desch, Thomas: The Convention for the Protection of Cultural Property in the Event of Armed Conflict and Its Revision. In: Humanitäres Völkerrecht 11 (1998) 103–109.

Desch, Thomas: Revision der Haager Konvention zum Schutz von Kulturgut bei bewaffneten Konflikten 1954 – wozu? : Festvortrag anläßlich der Generalversammlung der Österreichischen Gesellschaft für Kulturgüterschutz am 22. Oktober 1998 = Revision of the 1954 Hague Convention for the Protection of Cultural Property in the Event of Armed Conflict – Wherefore? : Lecture Given at the Occasion of the General Assembly of the Austrian Society for the Protection of Cultural Property on 22 October 1998 in Vienna. Wien : Österr. Ges. für Kulturgüterschutz, 1999. 55 S. [Dt. Text S. 1–27 ; engl. Text S. 29–55] (Schriftenreihe der Österreichischen Gesellschaft für Kulturgüterschutz = Writings of the Austrian Society for the Protection of Cultural Property ; 5)

Desch, Thomas: The Second Protocol to the 1954 Hague Convention for the Protection of Cultural Property in the Event of Armed Conflict. In: Yearbook of International Humanitarian Law 2 (1999) 63–90.

Detling, Karen J.: Eternal Silence : The Destruction of the Cultural Property in Jugoslavia. In: Maryland Journal of International Law and Trade 17 (1993) 41–63.

Dörmann, Knut: The Protection of Cultural Property as Laid Down in the Roerich-Pact of 15 April 1935. In: Humanitäres Völkerrecht 6 (1993) 230–231.

Dutli, María Teresa: La mise en œuvre du droit humanitaire au niveau national, l'activité des Services consultatifs de CICR et la protection des biens culturels en cas de conflit armé, y compris les stratégies utilisées pour la ratification des instruments pertinents du droit humanitaire. In: Protection des biens culturels en cas de conflit armé, 2000: 69–77. [G1]

Eick, Christophe: Verstärkter Schutz von Kulturgut in bewaffneten Konflikten : Das zweite Protokoll zur Haager Konvention von 1954. In: Humanitäres Völkerrecht 12 (1999) 143–147.

Eirinberg, Keith W.: The United States Reconsiders the 1954 Hague Convention. In: International Journal of Cultural Property 3 (1994) 27–35.

Elbinger, L. K.: The neutrality of art : The Roerich Pact's quest to protect art from the ignorance of man. In: Foreign Service Journal <USA> (1992) April: 16–20.

Engstler, Ludwig: Die Sicherung des kulturellen Erbes als völkerrechtliche Verpflichtung nach der Haager Konvention vom 14. Mai 1954 zum Schutz von Kulturgut bei bewaffneten Konflikten. In: Deutsche Kunst und Denkmalpflege 26 (1968) 101–117.

Engstler, Ludwig: Die Kennzeichnung von Kulturgut nach der Haager Konvention von 1954 zum Schutz von Kulturgut bei bewaffneten Konflikten. In: Neue Juristische Wochenschrift 22 (1969) 1514–1518.

Eustathiades, Constantin Th.: La protection des biens culturels en cas de conflit armé et la Convention de La Haye du 14 mai 1954. In: Études de droit international : 1929–1959 ; tome III / Constantin Th. Eustathiades. Athènes : Klissiounis, 1959: 395–524.

Eustathiades, Constantin Th.: La réserve des nécessités militaires et la Convention de La Haye pour la protection des biens culturels en cas de conflit armé. In: Hommage d'une génération de juristes au Président Basdevant. Paris : Pedone, 1960: 183–209.

Fabjan, Klaus: Kulturgüterschutz in der Praxis : unter besonderer Berücksichtigung des Nahostkonfliktes. In: Jahrbuch der Diplomatischen Akademie Wien (1971/1972) 90–99.

Fernandez-Quintanilla, Rafael: Un nuevo convenio de El Haya. In: Cuadernos de política internacional 18 (1954) 63–65.

Fischer, Horst: The Protection of Cultural Property in Armed Conflicts : After the Hague Meeting. In: Humanitäres Völkerrecht 6 (1993) 188–190.

Fitschen, Thomas: Licit International Art Trade in Times of Armed Conflict? In: International Journal of Cultural Property 5 (1996) 127–132.

Foundoukidis, Euripide: L'office international des musées et la protection des monuments et œuvres d'art en temps de guerre. In: Mouseion <Paris> 35–36 (1936) 187–200.

Foundoukidis, Euripide: La protection des Monuments et Œuvres d'art au cours des conflits armés : Projet de Convention internationale et Exposé des motifs. In: Revue de droit international et de législation comparée 20 (1939) 608–624.

Foundoukidis, Euripide: Commentaire du projet [de Convention internationale pour la protection des monuments et œuvres d'art au cours des conflits armés élaboré par l'Office international des musées]. In: Art et Archéologie : Recueil de législation comparée et de droit international 2 (1940) 82–94.

Francioni, Francesco: World Cultural Heritage List and National Sovereignty. In: Humanitäres Völkerrecht 6 (1993) 195–198.

Francioni, Francesco: Patrimonio comune della cultura : Sovranità e conflitti armati. In: Studi in ricordo di Antonio Filippo Panzera / Antonio Filippo Panzera. Vol. 1 : Diritto internazionale. Bari : Cacucci, 1995: 381–393.

Francioni, Francesco: Patrimonio culturale, sovranità degli Stati e conflitti armati. In: Beni culturali di interesse religioso : Legislazione dello Stato ed esigenze di carattere confessionale / Giorgio Feliciani (Hrsg.). (Religione e società ; 21). Bologna : Il Mulino, 1995: 149–162.

Hanreich, Georg: Der Schutz von Kulturgut im Kriege. In: Bundeswehrverwaltung 5 (1961) 33–36.

Hanreich, Georg: Die österreichischen Maßnahmen zur Umsetzung der Konvention zum Schutz von Kulturgut bei bewaffneten Konflikten. In: Die grenzüberschreitende Verantwortung des Kulturgüterschutzes, 1996: 35–44. [A2]

Hartwig, Bernd: Welche militärisch bedeutsamen Änderungen bringt das Abkommen zum Schutz von Kulturgut bei bewaffneten Konflikten vom 14. Mai 1954? In: Revue de Droit Pénal Militaire et de Droit de la Guerre 1 (1962) 85–96.

Hartwig, Bernd: Die Konvention zum Schutz von Kulturgut bei bewaffneten Konflikten. In: Neue Zeitschrift für Wehrrecht 9 (1967) 97–102, 145–151.

Haunton, Marion: Peacekeeping, Occupation and Cultural Property. In: Humanitäres Völkerrecht 6 (1993) 199–203.
Auch in: University of British Columbia Law Review (Special Issue 1995) 217–228.

Henckaerts, Jean-Marie: New Rules for the Protection of Cultural Property in Armed Conflict : The Significance of the Second Protocol to the 1954 Hague Convention for the Protection of Cultural Property in the Event of Armed Conflict. In: International Review of the Red Cross = Revue Internationale de la Croix-Rouge 81 (1999) 593–620.
Auch in: Humanitäres Völkerrecht 12 (1999) 147–154.

Henckaerts, Jean-Marie: Nouvelles règles pour la protection des biens culturels en cas de conflit armé : la portée du Deuxième Protocole relatif à la Convention de la Haye de 1954 pour la protection des biens culturels en cas de conflit armé. In: Protection des biens culturels en cas de conflit armé, 2000: 27–56. [G1]

Herrera Nosthas, Claudia: Le rôle du Comité interinstitutionnel de droit international humanitaire dans la mise en œuvre de la protection des biens culturels en El Salvador. In: Protection des biens culturels en cas de conflit armé, 2000: 103–106. [G1]

Hladík, Jan: Aspects of Implementation of the 1954 Hague Convention. In: International Committee of the Red Cross: Report : Regional Seminar on the Impementation of International Humanitarian Law and Cultural Heritage Law ; Kathmandu (Nepal), 19–23 May 1997. Geneva : International Committee of the Red Cross, 1997: 41–45.

Hladík, Jan: The Review Process of the 1954 Hague Convention for the Protection of Cultural Property in the Event of Armed Conflict and its Impact on International Humanitarian Law. In: Yearbook of International Humanitarian Law 1 (1998) 313–322.

Hladík, Jan: The 1954 Hague Convention for the Protection of Cultural Property in the Event of Armed Conflict and the notion of military necessity : The review of the 1954 Convention and the adoption of the Second Protocol thereto (26 March 1999). In: International Review of the Red Cross = Revue Internationale de la Croix-Rouge 81 (1999) 621–635.

Hladík, Jan: Reporting System under the 1954 Convention for the Protection of Cultural Property in the Event of Armed Conflict. In: International Review of the Red Cross = Revue Internationale de la Croix-Rouge 82 (2000) 1001–1016.

Hladík, Jan: Activités de l'UNESCO en matière de mise en œuvre et de promotion de la Convention de la Haye de 1954 pour la protection des biens culturels en cas de conflit armé et de ses deux Protocoles. In: Protection des biens culturels en cas de conflit armé, 2000: 57–68. [G1]

Hönes, Ernst-Rainer: Zur Kennzeichnung des Kulturguts nach der Haager Konvention vom 14. Mai 1954 in Friedenszeiten. In: Die Öffentliche Verwaltung 41 (1988) 538–547.

Hönes, Ernst-Rainer: Zum Kulturgutbegriff der Haager Konventionen von 1899 bis heute. In: Die Öffentliche Verwaltung 51 (1998) 985–995.

Jarvinen, Markkü: Convention of the Hague of 1954 : Convention for the Protection of Cultural Property in the Event of Armed Conflict. In: Interdependence of Archives, 1998: 147–154. [A2]

Jogan, Savin: La procédure de signalisation des biens culturels en Slovénie. In: Protection des biens culturels en cas de conflit armé, 2000: 97–101. [G1]

Jouni, Hassan: L'identification et l'enregistrement des biens culturels au Liban. In: Protection des biens culturels en cas de conflit armé, 2000: 85–92. [G1]

Kraus, Herbert: Das Haager Abkommen zum Schutze von Kulturgütern im Falle bewaffneter Zusammenstöße vom 14. Mai 1954. In: Rechtsfragen der internationalen Organisation : Festschrift für Hans Wehberg zu seinem 70. Geburtstag / Walter Schätzel ; Hans-Jürgen Schlochauer (Hrsg.). Frankfurt a.M. : Vittorio Klostermann, 1956: 211–225.
Auch in: Internationale Gegenwartsfragen : Völkerrecht, Staatenethik, Internationalpolitik ; Ausgewählte kleine Schriften / Herbert Kraus. Würzburg : Holzner-Verlag, 1963: 445–456.

La protection des monuments et objets historiques et artistiques contre les destructions de la guerre. In: Mouseion <Paris> 39–40 (1937) 81–89.

La protezione internazionale dei beni culturali : atti del Convegno celebrativo del 30° anniversario della Convenzione dell'Aja sulla protezione dei beni culturali nei conflitti armati (Firenze, 22.–24. Nov. 1984) = The International Protection of Cultural Property = La Protection Internationale des Biens Culturels / Istituto Internazionale di Diritto Umanitario. Rom : Fondazione Europea Dragan, 1986. 246 S.

Lattmann, Eveline: Schutz der Kulturgüter bei bewaffneten Konflikten : Die schweizerische Gesetzgebung und Praxis aufgrund des Haager Abkommens vom 14. Mai 1954 für den Schutz von Kulturgut bei bewaffneten Konflikten. Zürich : Schulthess, 1974. 210 S. Zugl.: Zürich, Univ., Diss.,1973. (Züricher Studien zum internationalen Recht ; 54)

Le Pacte Roerich, Bannière de paix = The Roerich Pact, Banner of Peace. Paris : éditeurs R. Chiot, 1931. 205 S.

Lehman, Jennifer N.: The Continued Struggle with Stolen Cultural Property : The Hague Convention, the UNESCO Convention, and the UNIDROIT Draft Convention. In: Arizona Journal of International and Comparative Law 14 (1997) 527–550.

Lippman, Matthew: Art and ideology in the Third Reich : the protection of cultural property and the humanitarian law of war. In: Dickinson Journal of International Law 17 (1998) 1–97.

Makagiansar, Makaminan: The Thirteenth Anniversary of the Convention of Cultural Property in the Event of Armed Conflict (Den Haag 1954) : Results and Prospects. In: La protezione internazionale dei beni culturali, 1986: 27–40. [A2]

Malintoppi, Antonio: La protezione „speziale“ della Città del Vaticano in caso di conflitto armato. In: Rivista di Diritto Internazionale 43 (1960) 607–629.

Maniscalco, Fabio: L'articolo 7 della Convenzione de L'Aja del 1954 : il rilevamento dei beni culturali a Sarajevo ed in Albania. In: La gestione del patrimonio culturale II, 1998: 134–139. [A2]

Maniscalco, Fabio: La tutela dei beni culturali in caso di conflitto armato. In: Jus : Rivista di scienze giuridiche 47 (2000) 481–488.

Marcheggiano, Arturo: Le inadempienze italiane nei confronti degli impegni internazionali assunti con la ratifica della convenzione dell'Aja (1954) sulla protezione dei beni culturali nei confliti armati. In: La gestione del patrimonio culturale I, 1997: 26–29. [A2]

Marcheggiano, Arturo: La protezione dei beni culturali nei conflitti armati internazionali e non internazionali : la Lega Internazionale delle Società Nazionali PBC. In: La gestione del patrimonio culturale II, 1998: 122–125. [A2]

Matteucci, Mario: Su la convenzione per la protezione dei beni culturali in caso di conflitto armato. In: Rivista di Diritto Internazionale 41 (1958) 670–676.

Matteucci, Mario: La protection des biens culturels en cas de conflicts armés : une initiative italienne. In: Studia Juridica 7 (1985) 37–48.

Matyk, Stephan: The Restitution of Cultural Objects and the Question of Giving Direct Effect to the Protocol to the Hague Convention for the Protection of Cultural Property in the Event of Armed Conflict 1954. In: International Journal of Cultural Property 9 (2000) 341–346.

Mazza, Rita: La Convenzione de l'Aja del 1954 e la Convenzione di Parigi del 1972 : sistemi di protezione paralleli. In: La protezione del patrimonio mondiale culturale e naturale, 1997: 255–267. [C1]

McConney, Charles: The Preservation of Cultural Sites and Artistic Treasures in War Areas : Past Efforts and Needed New Initiatives. In: ICOMOS International Symposium <8, 1987, Washington, DC>: 8th General Assembly and International Symposium : "Old Cultures in New Worlds" ; Washington, District of Columbia, United States, October 10–15, 1987 ; Syposium Papers = 8ème Assemblée générale et Colloque international : "Cultures anciennes dans les mondes nouveaux". Vol. II. Washington, DC : US/ICOMOS, 1987: 954–960.

Meranghini, Umberto: Difesa dei beni culturali in caso di guerra. In: L'aéronef militaire et le droit des gens, 1963: 144–146. [G1]

Meranghini, Umberto: La difesa dei beni culturali dall'offesa bellica. In: Revue de Droit Pénal Militaire et de Droit de la Guerre 7 (1968) 133–146.

Meyer, Bruno: Die Aufgabe der Armee auf dem Gebiet des Kulturgüterschutzes. In: Der Kulturgüterschutz bei bewaffneten Konflikten, 1967: 115–128. [G2]

Meyer, Bruno: Die Organisation des Kulturgüterschutzes eines Kantons : Zusammenfassung eines Diskussionsvotums. In: Der Kulturgüterschutz bei bewaffneten Konflikten, 1967: 139–142. [G2]

Meyer, David A.: The 1954 Hague Cultural Property Convention and its Emergence into Customary International Law. In: Boston University International Law Journal 11 (1993) 349–389.

Mulinen, Frédéric de: A propos de l'application en Suisse de la Convention de La Haye pour la protection des biens culturels. In: Revue militaire suisse (1965) 181–188.

Mußgnung, Reinhard: Der kriegsrechtliche Kulturgüterschutz. In: Verfassung und Verwaltung : Festschrift für Kurt G. A. Jeserich zum 90. Geburtstag / Helmut Neuhaus (Hrsg.). Köln : Böhlau, 1994: 333–354.

Nahlik, Stanisław Edward: International Law and the Protection of Cultural Property in Armed Conflict. In: The Hastings Law Journal 27 (1976) 1069–1087.

Nahlik, Stanisław Edward: Des crimes contre les biens culturels. In: Annuaire de l'A.A.A. 29 (1959) 14–27.

Nahlik, Stanisław Edward: On Some Deficiencies of the Hague Convention of 1954 on the Protection of Cultural Property in the Event of Armed Conflict. In: Annuaire de l'A.A.A. 44 (1974) 100–108.

Nahlik, Stanisław Edward: Convention for the Protection of Cultural Property in the Event of Armed Conflict, The Hague 1954 : General and Special Protection. In: La protezione internazionale dei beni culturali, 1986: 87–100. [A2]

O'Keefe, Roger: The Meaning of "Cultural Property" under the 1954 Hague Convention. In: Netherlands International Law Review 46 (1999) 26–56.

Oyer, H. E.: The 1954 Hague Convention for the Protection of Cultural Property in the Event of Armed Conflict : Is It Working? ; The Persian Gulf War Experience. In: Columbia-VLA Journal of Law and the Arts 23 (1999) 49–66.

Partsch, Karl Josef: Schutz von Kulturgut. In: Handbuch des humanitären Völkerrechts im bewaffneten Konflikt / Dieter Fleck (Hrsg.). München : C. H. Beck, 1994: 306–326.

Penna, Lakshmikanth Rao: State and Individual Responsibility for Application of the Hague Convention. In: La protezione internazionale dei beni culturali, 1986: 77–80. [A2]

Pesenti, Roberto: The International Protection of the Immovable Historic and Artistic Heritage. In: Bollettino di informazioni : rassegna quadrimestrale della Commissione Nazionale Italiana per l'UNESCO (1992) 1–3: 17–47.

Preux, Jean de: La Convention de la Haye et le récent développement du droit des conflits armés. In: La protezione internazionale dei beni culturali, 1986: 107–117.

Prizzi, Leonardo: Formation et activités de diffusion au sein des forces armées italiennes. In: Protection des biens culturels en cas de conflit armé, 2000: 113–119. [G1]

Prott, Lyndel V.: The 1954 Hague Convention for the Protection of Cultural Property in the Event of Armed Conflict (with Final Protocol). In: The Law of Naval Warfare / N. Ronzitti (Hrsg.). Dordrecht : Martinus Nijhoff Publishers, 1988: 582–593.

Prott, Lyndel V.: Kulturgüterschutz : neue Aktionen der UNESCO. In: Das kulturelle Erbe im Risiko der Modernität, 1993: 105–120. [A2]

Prott, Lyndel V.: The Protocol to the Convention for the Protection of Cultural Property in the Event of Armed Conflict (The Hague Convention) 1954. In: Humanitäres Völkerrecht 6 (1993) 191–194.

Prott, Lyndel V.: Present Work at UNESCO to Reinforce the Convention for the Protection of Cultural Property in the Event of Armed Conflict (the Hague Convention) 1954. In: Information as an Instrument for Protection against War Damages to the Cultural Heritage, 1994: 55–63. [G3]

Prott, Lyndel V.: The Protocol to the Convention for the Protection of Cultural Property in the Event of Armed Conflict (The Hague Convention) 1954. In: Legal Aspects of International Trade in Art (International Sales of Works of Art ; 5), 1996: 163–173. [D3]

Roerich pact, banner of peace : Proceedings of the Third International Convention for the Roerich Pact and Banner of Peace, Washington, D.C., Nov. 17–18, 1933. New York : Roerich Museum, 1934. 189 S.

Sarholz, Hans: Der Schutz des Kulturguts im Kriege : eine völkerrechtliche und sittliche Verpflichtung im Frieden. In: Ziviler Luftschutz 23 (1959) 343–349.

Schneiders, Elisabeth: Die Konvention v. 14. Mai 1954 zum Schutz von Kulturgut bei bewaffneten Konflikten. In: Humanitäres Völkerrecht 2 (1989) 48–50.

Schuller, Franz: Der Kulturgüterschutz im Österreichischen Bundesheer. In: Kulturgüterschutz : Ein Aufruf zu transnationaler Aktion, 1995: 51–64. [A2]

Schuller, Franz: Formation et diffusion au sein de l'armée autrichienne. In: Protection des biens culturels en cas de conflit armé, 2000: 107–111. [G1]

Seršic, Maja: Protection of cultural property in time of armed conflict. In: Netherlands Yearbook of International Law 27 (1996) 3–38.

Spieker, Heike: The Protection of Cultural Property. In: Brücken bauen und begehen : Festschrift für Knut Ipsen zum 65. Geburtstag / Volker Epping [u.a.] (Hrsg.). München : Beck, 2000: 357–381.

Stavraki, Emmanuelle: La Convention pour la protection des biens culturels en cas de conflit armé. Athen : Ed. Ant. N. Sakkoulas, 1996. 306 S. Zugl.: Paris I, Univ., Diss., 1988.

Steinmetzer, G.: Kulturgüterschutz als taktische Aufgabe : Das 2. Zusatzprotokoll zur Haager Konvention von 1954 und die Folgen seiner militärischen Umsetzung. In: Österreichische Militärische Zeitung (2000) 161–172.

Stickler, Alfons M.: Vatikanische Bibliothek und Archiv : Modell eines umfassenden Kulturgüterschutzes im kirchlichen Bereich. In: Das kulturelle Erbe im Risiko der Modernität, 1993: 91–102. [A2]

Strebel, Helmut: Die Haager Konvention zum Schutze der Kulturgüter im Falle eines bewaffneten Konflikts vom 14. Mai 1954. In: Zeitschrift für ausländisches öffentliches Recht und Völkerrecht 16 (1955/56) 35–75.

Streiff, Sam: Der Kulturgüterschild, das internationale Schutzzeichen für Kulturgüter. In: Der Kulturgüterschutz bei bewaffneten Konflikten, 1967: 111–114. [G2]

Streiff, Sam: Das Bundesgesetz über den Schutz der Kulturgüter bei bewaffneten Konflikten und seine Vollziehungsverordnung (Ueberblick). In: Der Kulturgüterschutz bei bewaffneten Konflikten, 1967: 29–42. [G2]

Streiff, Sam: La protection des biens culturels en cas de conflit armé, sur le plan international et national. In: La protection des biens culturels en cas de conflit armé, 1968: 11–30. [G1]

Streiff, Sam: Der Kulturgüterschild : Das Kennzeichen des Haager Abkommens für den Schutz von Kulturgut bei bewaffneten Konflikten. In: Zivilschutz <Bern> 17 (1970) 161–164.

Symonides, Janusz: Towards the amelioration of the protection of cultural property in times of armed conflict : recent UNESCO initiatives concerning the 1954 Hague Convention. In: Héctor Gros Espiell, amicorum liber : Persona humana y derecho internacional = Personne humaine et droit international = Human person and international law. Bd. 2. Bruxelles : Bruylant, 1997: 1533–1547.

Tanja, Gerard J.: Recent developments concerning the law for the protection of cultural property in the event of armed conflict. In: Leiden Journal of International Law 7 (1994) 115–125.

The Roerich Pact and the Banner of Peace. New York : Roerich Pact and Banner of Peace Committee, 1947. 58 S.

Toman, Jiri: La protection des biens culturels en cas de conflit armé non international. In: Im Dienst an der Gemeinschaft : Festschrift für Dietrich Schindler zum 65. Geburtstag / Walter Haller (Hrsg.). Basel ; Frankfurt a.M. : Helbing u. Lichtenhahn, 1989: 311–339.

Toman, Jiri: The Protection of Cultural Property in the Event of Armed Conflict : Commentary on the Convention for the Protection of Cultural Property in the Event of Armed Conflict and its Protocol, signed on 14 May 1954 in The Hague, and on other instruments of international law concerning such protection. Aldershot : Dartmouth [u.a.], 1996. XVI, 525 S.
Franz. Ausg. u.d.T.: La protection des biens culturels en cas de conflit armé : Commentaire de la Convention et du Protocole de La Haye du 14 mai 1954 pour la protection des biens culturels en cas de conflit armé ainsi que d'autres instruments de droit international relatifs à cette protection. Paris : Éditions Unesco, 1994. 490 S.

Unverhau, Kurt: Der Schutz von Kulturgütern bei bewaffneten Konflikten. Göttingen : Univ. Diss., 1955. 113 S.

Vedovato, Giuseppe: La protezione internazionale dei monumenti storici contro le offese aeree. In: Rivista di studi politici internazionali 11 (1944) 39–54.

Vedovato, Giuseppe: La protezione internazionale dei monumenti storici contro le offese aeree. In: Diritto internazionale bellico : tre studi / Giuseppe Vedovato. Firenze : Sansoni, 1946: 173–217.

Verweij, M. S.: Het blauw-witte monumentenschildje is een internationaal kenteken! In: Jaarboek Monumentenzorg (1990) 36–47.

Visscher, Charles de: Rapport préliminaire [du projet de Convention internationale pour la protection des monuments et œuvres d'art au cours des conflits armés élaboré par l'Office international des musées] présenté au Comité de Direction. In: Art et Archéologie : Recueil de législation comparée et de droit international 2 (1940) 47–55.

Wehberg, Hans: Der Schutz der Kunstwerke im Kriege. In: Museumskunde 11 (1915) 49–68.

Wilhelm, René-Jean: La „Croix-Rouge des Monuments“. In: Revue Internationale de la Croix-Rouge (1954) 430: 793–815.

Winkelmayer, Heinrich: Der Soldat im Spannungsfeld von Rettung und Zerstörung von Kulturgütern : Kulturgüterschutz im Österreichischen Bundesheer als Beitrag zum Millenniumsjahr 1996. In: Die grenzüberschreitende Verantwortung des Kulturgüterschutzes, 1996: 45–54. [A2]

Wyss, Martin Philipp: Kulturgüter : Ziel und Opfer der Gewalt ; Kriegsrechtliche Schutzbestimmungen und neue Initiativen der UNESCO. In: Vereinte Nationen 42 (1994) 92–97.

Zargar, Akbar ; Younes Samadi: Experiences of the Islamic Republic of Iran in the Preservation of Cultural Property against War Damages (The Hague Convention, 1954). In: Humanitäres Völkerrecht 6 (1993) 213–216.

G 3. Zerstörung, Wegnahme und Restitution von Kulturgütern in der Staatenpraxis (außer dem Zweiten Weltkrieg)/ Destruction, Taking, and Restitution of Cultural Objects in State Practice (except the Second World War)

Abtahi, Hirad: The Protection of Cultural Property in Times of Armed Conflict : The Practice of the International Criminal Tribunal for the Former Yugoslavia. In: Harvard Human Rights Journal 14 (2001) 1–32.

Adams, Nicholas: Architecture as a Target. In: Journal of the Society of Architectural Historians 52 (1993) 389–390.

Alexandre, Arsène: Les monuments français détruits par l'Allemagne. Paris ; Nancy : Berger-Levrault, 1918. 219 S.

Al-Radi, Selma: In the Aftermath of Civil War : Cultural Heritage in Lebanon. In: Conservation : The Getty Conservation Institute Newsletter 11 (1996) 14–16.

al-Sabah, Sheika Hussab: Rescue in Kuwait : A United Nations Success Story. In: Museum International <Paris> / Engl. Ausg. 50 (1998) 1=197: 38–42.

Álvarez Lopera, José: La política de bienes culturales del gobierno republicano durante la guerra civil española. 2 Bände. [Madrid] : Ministerio de Cultura, 1982. 171 S., 243 S.

Antolović, Jadran: The Fragility of Laws in a War Zone. In: Legal and Financial Aspects of Architectural Conservation : The Smolenice Castle Conference, Central Europe / Denhez, Marc ; Stephen Neal Dennis (Hrsg.). Toronto ; Headington ; Buffalo, NY : Dundurn Press, 1997: 175–178.

Augustinos, Nicholas: The Protection of Cultural Heritage in the Event of Armed Conflict : the Cyprus Experience. In: The Recovery of Stolen Art, 1998: 217–260. [D3]

Baker, H. D. ; R. J. Matthews ; J. N. Postgate: Lost Heritage : Antiquities Stolen from Iraq's Regional Museums ; 2. London : British School of Archaeology in Iraq, 1993. VIII, 153 S.

Balić, Smail: Culture under fire. In: Why Bosnia? : Writings on the Balkan War / Rabia Ali ; Lawrence Lifschultz (Hrsg.). 1993: 75–83.

Berman, Shoshana: Antiquities in Israel in a Maze of Controversy. In: Case Western Reserve Journal of International Law 19 (1987) 343–360.

Berra, Luigi: Opere d'arte asportate dai Francesi da Roma e dallo Stato Pontifico e restituite nel 1815 dopo il Congresso di Vienna. In: Atti della Pontifica Accademia Romana di Archeologia 3. Ser. 27 (1953) 239–246.

Birov, Victoria A.: Prize or Plunder? : The Pillage of Works of Art and the International Law of War. In: New York University Journal of International Law and Politics 30 (1997–1998) 201–249.

Blumer, M.-L.: La commission pour la recherche des objets de sciences et arts en Italie (1796-1797). In: La Révolution Française 53 (1934) 87: 62–88, 124–150, 222–259.

Bologna, M.: Il bombardamento di Genova del 1684 : I danni all'archivio notarile ed il suo ricupero. In: International Council on Archives (ICA), 1996: 215–233. [G3]

Boyer, Ferdinand: Les responsabilités de Napoléon dans le transfert à Paris des œuvres d'art de l'étranger. In: Revue d'Histoire Moderne et Contemporaine 11 (1964) 241–262.

Boyer, Ferdinand: Les conquêtes scientifiques de la Convention en Belgique et dans les pays rhénans (1794–1795). In: Revue d'histoire moderne et contemporaine 18 (1971) 354–374.

Boyer, Ferdinand: L'organisation des conquêtes artistiques de la Convention en Belgique (1794). In: Revue belge de philologie et d'histoire 49 (1971) 490–500.

Boyer, Ferdinand: Le transfert à Paris des collections de Stathouder (1795). In: Annales historiques de la Révolution française 43 (1971) 389–404.

Braune, Heinz: Die Denkmalpflege im besetzten Gebiet von Rumänien. In: Kunstschutz im Kriege : Zweiter Band, 1919: 137–145. [G3]

Brower, Philip P.: The U.S. Army's Seizure and Administration of Enemy Records Up To World War II. In: The American Archivist 26 (1963) 191–207.

Buberl, Paul: Die Fürsorge für die Kunstsammlungen und Kunstdenkmäler in Serbien. In: Kunstschutz im Kriege : Zweiter Band, 1919: 146–154. [G3]

Burmeister, Karl Heinz: Zur historischen Entwicklung des Kulturgüterschutzes in der Bodenseeregion. In: Die grenzüberschreitende Verantwortung des Kulturgüterschutzes, 1996: 23–34. [A2]

Caron, Pierre: Les agences d'évacuation de l'an II. In: Revue d'histoire moderne et contemporaine 13 (1910) 153–169.

Castlereagh, Viscount: Note delivered in by Viscount Castlereagh to the Allied Ministers and placed upon their Protocol, Paris, Sept. 11, 1815. In: Nouveau Recueil de Traités d'alliance, de paix, de trêve, de neutralité, de commerce, de limites, d'échange etc. et de plusieurs autres actes depuis 1808 jusqu'à présent / Georg Friedrich von Martens (Hrsg.). Bd. 2 : 1814–1815. Göttingen : Dieterich, 1818 : 632–641.

Chambry, René: The Truth About Louvain. London [u.a.] : Hodder and Stoughton, 1915. 95 S.

Chapman, John: Destruction of a Common Heritage : The Archaeology of War in Croatia, Bosnia and Hercegovina. In: Antiquity <Oxford> 68 (1994) 120–126.

Chaslin, François: Une purification monumentale. In: Urbanisme : le magazine international de l'architecture et de la ville (1995) 281: 16–18.

Clemen, Paul: Der Zustand der Kunstdenkmäler auf dem westlichen Kriegsschauplatz. Leipzig : Seemann, 1916. 48 S.

Clemen, Paul: Die Baudenkmäler auf dem französischen Kriegsschauplatz. In: Kunstschutz im Kriege : Erster Band, 1919: 36–74. [G3]

Clemen, Paul: Der Krieg und die Kunstdenkmäler. In: Kunstschutz im Kriege : Erster Band, 1919: 1–10. [G3]

Clemen, Paul: Aufgaben und Arbeiten des Kunstschutzes im Weltkriege. In: Die Organisationen der Kriegführung : Die Organisationen für das geistige Leben im Heere / Max Schwarte (Hrsg.). Leipzig : Barth, 1923: 389–421. (Der große Krieg 1914–1918 ; 10)

Clemen, Paul ; Gerhard Bersu: Kunstdenkmäler und Kunstpflege in Belgien. In: Kunstschutz im Kriege : Erster Band, 1919: 16–35. [G3]

Clemen, Paul ; Helmuth Grisebach : Kunstdenkmäler und Denkmalschutz im Generalgouvernement Warschau. In: Kunstschutz im Kriege : Zweiter Band, 1919: 82–100. [G3]

Clément, Etienne: UNESCO : Some Specific Cases of Recovery of Cultural Property after an Armed Conflict. In: Legal Aspects of International Trade in Art (International Sales of Works of Art ; 5), 1996: 157–162. [D3]

Cuvelier, Josef: Les Archives de l'État en Belgique pendant la guerre, 1914–1918. [Bruxelles], [1921]. VII, 453 S.

Das Geschäft mit der Raubkunst : Fakten, Thesen, Hintergründe / Matthias Frehner (Hrsg.). Zürich : Verl. Neue Zürcher Zeitung, 1998. 152 S.

Degering, Hermann: Französischer Kunstraub in Deutschland 1794–1807. In: Internationale Monatsschrift für Wissenschaft, Kunst und Technik 11 (1917) 1–48.

Demmler, Theodor: Die Bergung des mobilen Kunstbesitzes in Nordfrankreich. In: Kunstschutz im Kriege : Erster Band, 1919: 75–110. [G3]

Dethlefsen, Richard: Die Baudenkmäler auf dem ostpreußischen Kriegsschauplatz. In: Kunstschutz im Kriege : Zweiter Band, 1919: 71–81. [G3]

Detling, Karen J.: Eternal Silence : The Destruction of the Cultural Property in Jugoslavia. In: Maryland Journal of International Law and Trade 17 (1993) 41–63.

Dirr, Pius: Die belgischen Staatsarchive im Weltkrieg. In: Archivalische Zeitschrift 35 (1925) 239–242.

Dirr, Pius: Die belgischen Staatsarchive im Weltkrieg : Eine zweite Lesung. In: Archivalische Zeitschrift 38 (1929) 289–291.

Dodds, Jerrilynn D.: Bridge over the Neretva. In: Archaeology <New York, N.Y.> 51 (1998) 1: 48–53.

Doehring, Karl: War die Universität Heidelberg verpflichtet, die Bibliotheca Palatina dem Vatikan zurückzugeben? In: Ruperto Carola : Heidelberger Universitätshefte 39 (1987) 138–142.

Dragendorff, Hans: Archäologische und kunstwissenschaftliche Arbeit während des Weltkrieges in Mazedonien. In: Kunstschutz im Kriege : Zweiter Band, 1919: 155–166. [G3]

Dupaigne, Bernard: Hérat, cité d'art dévastée. In: Urbanisme : le magazine international de l'architecture et de la ville (1995) 281: 25–27.

Dvořák, Max: Einrichtungen des Kunstschutzes in Österreich. In: Kunstschutz im Kriege : Zweiter Band, 1919: 1–10. [G3]

Einhorn, Talia: Restitution of Archeological Artifacts : The Arab-Israeli Aspect. In: International Journal of Cultural Property 5 (1996) 133–153.

Fabjan, Klaus: Kulturgüterschutz in der Praxis : unter besonderer Berücksichtigung des Nahostkonfliktes. In: Jahrbuch der Diplomatischen Akademie Wien (1971/1972) 90–99.

Falke, Otto von: Die Einrichtung des Kunstschutzes auf den deutschen Kriegsschauplätzen. In: Kunstschutz im Kriege : Erster Band, 1919: 11–15. [G3]

Feveile, Laurence: 35 villages à reconstruire. In: Urbanisme : le magazine international de l'architecture et de la ville (1995) 281: 21–22.

Flagellum Dei : The destruction of the cultural heritage in the Turkish occupied part of Cyprus. 4. Aufl., Nicosia : Press and Information Office, 1993. 80 S.

Fleming, Arlene Krimgold: Securing Sites in Time of War. In: Archaeological Ethics, 1996: 128–131. [A2]

Fujii, Hideo ; Kazumi Oguchi: Lost Heritage : Antiquities Stolen from Iraq's Regional Museums ; 3. Tokio : Institut for Cultural Studies of Ancient Iraq, Kokushikan University, 1996. XXI, 43 S.

Garner, James W.: Some Questions of International Law in the European War : Part IV: Destruction of Towns and of Institutions Devoted to Religion, Education, Science and Art, as a Punitive Measure. In: American Journal of International Law 9 (1915) 101–111.

Gibson, McGuire ; Augusta McMahon: Lost Heritage : Antiquities Stolen from Iraq's Regional Museums ; 1. Chicago : American Association for Research in Baghdad, 1992. XII, 54 S.

Glauning, Otto: Neveu und der Raub Nürnberger Kunst- und Bücherschätze im Jahre 1801. In: Mitteilungen des Vereins für Geschichte der Stadt Nürnberg 22 (1918) 174–243.

Glenn, Bess: Private Records Seized by the United States in Wartime : Their Legal Status. In: The American Archivist 25 (1962) 399–405.

Gnirs, Anton: Die Denkmalpflege an der österreichischen Isonzofront in der Zeit des italienischen Feldzuges 1915–1918. In: Kunstschutz im Kriege : Zweiter Band, 1919: 11–22. [G3]

Grautoff, Otto: Die Denkmalpflege im Urteil des Auslandes. In: Kunstschutz im Kriege : Erster Band, 1919: 111–140. [G3]

Hahn, Wilhelm ; Johann Kühl: Der Fall Löwen 1914 und was dort wirklich geschah : [eine kriegsgeschichtliche Antwort deutscher Soldaten auf die Beschuldigungen von Dr. Peter Schöller]. Plön am See/Holstein : Sönksen, 1963. 87 S.

Hobson, Anthony: Appropriations from Foreign Libraries during the French Revolution and Empire. In: Bulletin du bibliophile (1989) 255–272.

Hyvert, G.: Ex-Yugoslavia as an Example : Extent of Destruction of the Cultural Heritage. In: Information as an Instrument for Protection against War Damages to the Cultural Heritage, 1994: 19–27. [G3]

Information as an Instrument for Protection against War Damages to the Cultural Heritage : report from a seminar [in Stockholm], June 1994, [held on the invitation of] ICOMOS Sweden, The Central Board of National Antiquities, The Swedish National Commission for UNESCO. Stockholm : Svenska unescorådet, 1994. 119 S. (Svenska Unescoradets skriftserie ; 4/1994)

International Council on Archives (ICA): Memory of the World at Risk : Archives Destroyed, Archives Reconstituted. München [u.a.] : K. G. Saur, 1996. XI, 359 S. (Archivum <München> ; 42)

Israel / Ministry for Foreign Affairs / Information Division: Desecration : Twenty Years of Jordanian „Guardianschip" = Profanation : vingt ans de „protection" jordanienne = Profanación : veinte años de „protección" jordana. Jerusalem : Ministry for Foreign Affairs, Information Division, 1967. [56] S.

Jayme, Erik: Antonio Canova (1757–1822) als Künstler und Diplomat : Zur Rückkehr von Teilen der Bibliotheca Palatina nach Heidelberg in den Jahren 1815 und 1896. Heidelberg : Univ., 1994. 40 S. (Heidelberger Bibliotheksschriften ; 50)

Jerusalem, Franz W.: Die Kunstdenkmäler im Kriege und das Völkerrecht. In: Kunstschutz im Kriege : Erster Band, 1919: 141–148. [G3]

Kaiser, Gerhard: Schillers Einspruch gegen den Kunstraub der Weltmächte : Zur Bedeutung der Ästhetik für ein rechtliches Problem. In: Kunstraub – ein Siegerrecht?, 1999: 41–46. [G1]

Karo, Georg: Deutsche Denkmalpflege im westlichen Kleinasien, 1917/18. In: Kunstschutz im Kriege : Zweiter Band, 1919: 167–173. [G3]

Kittsteiner, Heinz Dieter: Die Geschichte der Quadriga auf dem Brandenburger Tor. In: Das Geschäft mit der Raubkunst, 1998: 33–39. [G3]

Knežević, Snješka: Das Kulturgut Kroatiens : Opfer eines bewaffneten Konfliktes. In: Das kulturelle Erbe im Risiko der Modernität, 1993: 41–60. [A2]

Kolanović, J.: Archives en temps de guerre: L'expérience de la Croatie. In: International Council on Archives (ICA), 1996: 173–180. [G3]

Kono, Toshiyuki: Return of cultural property displaced during occupation and/or armed conflict : a Japanese point of view. In: International Expert Meeting on the Return of Cultural Property and the Fight against its Illicit Trafficking, 2002: 55–77. [B2]

Kott, Christina: Die deutsche Kunst- und Museumpolitik im besetzten Nordfrankreich im Ersten Weltkrieg : zwischen Kunstraub, Kunstschutz, Propaganda und Wissenschaft. In: Kritische Berichte 25 (1997) 2: 5–24.

Kott, Christina: Kunstwerke als Faustpfänder im Ersten Weltkrieg. In: Das Geschäft mit der Raubkunst, 1998: 43–50. [G3]

Kovačević, J.: War Damage Suffered by the State Archives of Bosnia and Herzegovina. In: International Council on Archives (ICA), 1996: 181–186. [G3]

Kujundzic, Enes: Preservation and Revival of the Library and Documentary Heritage of Bosnia and Herzegovina. In: 25. ABDOS-Tagung : Kiel (13.–16. Mai 1996) ; Referate und Beiträge ; zusammengestellt von Walter Andreesen. (Staatsbibliothek zu Berlin – Preußischer Kulturbesitz, Veröffentlichungen der Osteuropaabteilung ; 20). Berlin : Staatsbibliothek zu Berlin – Preußischer Kulturbesitz, 1996: 74–78.

Kullrich, Friedrich: Die Baudenkmäler im Gebiet der Bugarmee. In: Kunstschutz im Kriege : Zweiter Band, 1919: 117–126. [G3]

Kunstschutz im Kriege : Berichte über den Zustand der Kunstdenkmäler auf den verschiedenen Kriegsschauplätzen und über die deutschen und österreichischen Massnahmen zu ihrer Erhaltung, Rettung, Erforschung / Paul Clemen (Hrsg.). Leipzig : Seemann.
Erster Band: Die Westfront. 1919. 148 S.
Zweiter Band: Die Kriegsschauplätze in Italien, im Osten und Südosten. 1919. 221 S.

Kunstverwaltung in Frankreich und Deutschland : im Urteil von A. Bartholomé [u.a.] sowie nach französischen Kammerberichten und deutschen Dokumenten / Otto Grautoff (Hrsg.). Bern : Drechsel, 1915. 215 S.

Laffitte, Marie-Pierre: La Bibliothèque nationale et les «conquêtes artistiques» de la Révolution et de l'Empire : les manuscrits d'Italie (1796–1815). In: Bulletin du bibliophile (1989) 2: 273–323.

Lagger, Stephan: Les aspects financiers de la protection des biens culturels (frais et subventions). In: La protection des biens culturels en cas de conflit armé, 1968: 85–95. [G1]

Lagrange, Claire: Dubrovnik panse ses plaies. In: Urbanisme : le magazine international de l'architecture et de la ville (1995) 281: 19–21.

Lakos, János: Die Zerstörung des Archivmaterials des Ungarischen Königlichen Justizministeriums während der Revolution von 1956. In: International Council on Archives (ICA), 1996: 255–265. [G3]

Landrieux, Maurice: La cathédrale de Reims : un crime Allemand. Paris : Renouard-Laurens, 1919. 236 S.
Engl. Ausgabe u.d.T.: The Cathedral of Reims : the story of a German crime. London : Kegan Paul, Trench, Trubner & Co., 1920. VIII, 197 S.

Lang, Gordon: UNESCO and Israel. In: Harvard International Law Journal 16 (1975) 676–682.

Le crime allemand contre l'Université de Louvain : les leçons de la guerre ; Discours à Louvain, 21 janvier, 1919 / Paulin Ladeuze ; Université catholique de Louvain (Hrsg.). Louvain : Nova et Vetera, 1919. 16 S.

Maier, Franz Georg: Von Cornelius Sulla zu J. Paul Getty : Antiken als Raubkunst. In: Das Geschäft mit der Raubkunst, 1998: 25–31. [G3]

Maniscalco, Fabio: Sarajevo : Itinerari artistici perduti. Napoli : Alfredo Guida, 1997. 140 S.

Maniscalco, Fabio: Forze Armate e Beni Culturali : l'esperienza italiana in Bosnia-Herzegovina. In: La protezione dei beni culturali nei conflitti armati e nelle calamità, 1998: 40–45. [G1]

Maniscalco, Fabio: L'articolo 7 della Convenzione de L'Aja del 1954 : il rilevamento dei beni culturali a Sarajevo ed in Albania. In: La gestione del patrimonio culturale II, 1998: 134–139. [A2]

Mannowsky, Walter: Deutscher Kunst- und Denkmalschutz im besetzten Gebiet Italiens 1917-1918. In: Kunstschutz im Kriege : Zweiter Band, 1919: 39–49. [G3]

Marcheggiano, Arturo: La Condizione dei beni culturali nei conflitti armati dall'Unità d'Italia agli anni Trenta. In: Esercito e città : dall'unità agli anni trenta : atti del convegno di studi, Perugia, 11–14 maggio 1988. (Pubblicazioni degli archivi di stato. Saggi ; 12). Roma : Ministero per i beni culturali e ambientali, 1989: 823–834.

Marguiller, Auguste: La destruction des monuments sur le front occidental : réponse aux plaidoyers allemands. Paris ; Brussels : Van Oest & Ciel, 1919. VII, 82 S.

Martin, Barbara: UNESCO-gestützte Aktivitäten zur Wiederherstellung der National- und Universitätsbibliothek Bosniens und der Herzegowina. In: Südosteuropa-Mitteilungen 35 (1995) 64–69.

May, Gaston: La saisie des archives du département de la Meurthe pendant la guerre de 1870–1871. In: Revue Générale de Droit International Public 18 (1911) 22–36.

Merryman, John Henry: The Marquis de Somerueles. In: International Journal of Cultural Property 5 (1996) 319–329.

Meyer-Landrut, Joachim: Die Behandlung von staatlichen Archiven und Registraturen nach Völkerrecht. In: Archivalische Zeitschrift 48 (1953) 45–120.

Mileusnić, Slobodan: Spiritual Genocide : A Survey of Destroyed, Damaged and Desecrated Churches, Monasteries and Other Church Building During the War 1991–1995 (1997). Beograd : Muzej Srpske Pravoslavne Crkve, 1997. 237 S. [Text serb. u. engl.]

Milkau, Fritz: Das Kriegsschicksal der belgischen Bibliotheken. In: Zentralblatt für Bibliothekswesen 33 (1916) 1–27.

Mittmann, Beate ; Peter Priskil: Kriegsverbrechen der Amerikaner und ihrer Vasallen gegen den Irak und 6000 Jahre Menschheitsgeschichte. Freiburg : Ahriman-Verl., 1992. 365 S. [2. Teil : Die Zerstörung der Kulturgüter Iraks: 219–349]

Moschetti, Andrea: I danni ai monumenti e alle opere d'arte delle Venezie nella guerra mondiale 1915–1918. Venedig : Officine grafiche C. Ferrari, 1928.

Mose, Gregory M.: The Destruction of Churches and Mosques in Bosnia-Herzegovina : Seeking a Right-based Approach to the Protection of Religious Cultural Property. In: Buffalo Journal of International Law 3 (1996) 180–208.

Müntz, Eugène: La bibliothèque du Vatican pendant la Révolution française. In: Mélanges Julien Havet : recueil de travaux d'érudition dédiés à la mémoire de Julien Havet (1853–1893). Paris : E. Leroux, 1895 ; Genève : Slatkine Reprints, 1972: 579–591.

Müntz, Eugène: Les annexions de collections d'art ou de bibliothèques et leur rôle dans les relations internationales, principalement pendant la Révolution française. In: Revue d'Histoire Diplomatique 8 (1894) 481–497 ; 9 (1895) 375–393 ; 10 (1896) 481–508.

Museum Documentation Centre <Zagreb> : The Destruction of Croatian Cultural Heritage in the 1991/92 War. In: Museums and Galleries of Croatia / Nikola Jakšić (Hrsg.). (Handbooks of cultural affairs ; 7). Zagreb : Museum Documentation Centre, 1993: 257–299.

Nafziger, James A. R.: UNESCO-Centered Management of International Conflict over Cultural Property. In: The Hastings Law Journal 27 (1976) 1051–1067.

Norman, Kirsty: The Invasion of Kuwait, and the Subsequent Recovery of Its National Museum : A Conservator's View. In: Museum Management and Curatorship 16 (1997) 180–191.

Oehler, R.: Drei Jahre bibliothekarische Kriegsarbeit in Belgien. In: Zentralblatt für Bibliothekswesen 35 (1918) 154–163.

Ojetti, Ugo: I Monumenti Italiani e la guerra. Milano : Alfieri et Lacroix, 1917. 29 S.

Oyediran, Joanna: Plunder, destruction and despoliation : an analysis of Israel's violations of the international law of cultural property in the occupied West Bank and Gaza Strip. Ramallah : Al-Haq, 1997. 97 S.

Oyer, H. E.: The 1954 Hague Convention for the Protection of Cultural Property in the Event of Armed Conflict : Is It Working? ; The Persian Gulf War Experience. In: Columbia-VLA Journal of Law and the Arts 23 (1999) 49–66.

Paik, Chung-Hyun: International Law and the Return of the Oe-Kyujanggak Books. In: The Oe-Kyujanggak Books : What are the problems?, 1999: 93–121. [G3]

Paik, Choong-hyun: Legal analysis on the Oe-Kyujanggak debates : the Oe-Kyujanggak manuscripts ; upholding their return to Korea. In: International Expert Meeting on the Return of Cultural Property and the Fight against its Illicit Trafficking, 2002: 125–134. [B2]

Pedone, Agostino: L'ambiente operativo dei rilevamenti dei danni ai beni culturali a Sarajevo. In: La gestione del patrimonio culturale II, 1998: 132–133. [A2]

Phillips, Geraldine N.: Duplication before Restitution : Costs and Benefits ; The US Experience. In: Interdependence of Archives, 1998: 167–171. [A2]

Pillak, Peep: Estonian Cultural Heritage Lost in Wars and Occupations in the 20th Century. In: Estonian – Russian Co-operation in Museology, 2001: 86–96. [H5]

Posner, Ernst: Public Records under Military Occupation. In: American Historical Review 49 (1944) 213–227.

Prott, Lyndel V.: Strengthening the Law. In: UNESCO Sources 43 (1992) Dec.: 11.

Quatremère de Quincy, Antoine Chrysostôme: Lettres sur le préjudice qu'occasionneraient aux arts et à la science le déplacement des monuments de l'art de l'Italie, le démembrement de ses Ecoles, et la spoliation de ses Collections, Galeries, Musées, etc. Nouvelle édition faite sur celle de Paris de 1796, Rome 1815.
Nachdruck u.d.T. : Lettres à Miranda sur le déplacement des monuments de l'art de l'Italie. Paris : Macula, 1989. 146 S. (Librairie de bicentenaire de la révolution française)
Sowie : Considérations morales sur la destination des ouvrages de l'art. Suivi de Lettres sur l'enlèvement des ouvrages de l'art antique à Athènes et à Rome. [Paris] : Fayard, 1989. 249 S. (Corpus des œuvres de philosophie en langue française)
Dt. Ausg. u.d.T. : Ueber den nachtheiligen Einfluß der Versetzung der Monumente aus Italien auf Künste und Wissenschaften (1796) / Winckelmann-Gesellschaft (Hrsg.). Mit einer Einf. von Edouard Pommier. Stendal : Winckelmann-Ges., 1998. 99 S. (Schriften der Winckelmann-Gesellschaft ; Bd. 16)

Quynn, Dorothy Mackay: The Art Confiscations of the Napoleonic Wars. In: The American Historical Review 50 (1945) 437–460.

Remarques sur le vol et la restitution des œuvres d'art et des livres précieux de Brunswick, 1806–1815 : avec divers témoignages sur les saisies d'art opérées en Allemagne par Vivant Denon / Johann Friederich Ferdinand Emperius, J.-W. Goethe, J.-G. Schadow, J.-G. Puhlmann, L. Völkel, M. Daru, V. Denon & W. Emperius / Bénédicte Savoy (Hrsg.). Paris : La Vouivre, 1999. VIII, 107 S. (Du Directoire à l'Empire ; 18)

Renau, José: L'organisation de la défense du patrimoine artistique et historique espagnol pendant la guerre civile. In: Mouseion <Paris> 39–40 (1937) 7–66.

Republic of Croatia / Ministry of Education & Culture / Institute for Protection of Cultural Monuments: War damages & destructions inflicted on the cultural monuments, sites & historical centers in Croatia : (preliminary report ; information collected by April 02th, 1992). Zagreb : Ministry of Education, Culture and Sports, 1992. 87 S.

Riedner: Archivwesen und Weltkrieg. In: Korrespondenzblatt des Gesamtvereins der deutschen Geschichts- und Altertumsvereine 73 (1925) 204–226.

Ritzler, Remigius: Die Verschleppung der päpstlichen Archive nach Paris unter Napoleon I. und deren Rückführung nach Rom in den Jahren 1815 bis 1817. In: Römische historische Mitteilungen 6/7 (1962/63 u. 1963/64) 144–190.

Roberts, B. O.: War Emergencies : Coordination and Preparedness Do Pay Off ; An International Perspective. In: Museum Management and Curatorship 16 (1997) 160–163.

Ronart, O.: Le danger aérien et la sauvegarde des objets d'art aux Pays Bas. In: La Protection de la population civile en temps de guerre : Organe trimestriel du Comité de Luxembourg 1 (1938) 239–245.

Ronart, O.: Le danger aérien et la sauvegarde des objets d'art aux Pays-Bas. In: Revue générale de droit aérien 8 (1939) 68–75.

Ronnen, Meir: Sinai : A Shared Heritage. In: Art News 93 (1994) Oct.: 147–148.

Saporetti, Claudio: Beni culturali e conflitti armati internazionali : la guerra del Golfo ed il restauro dei beni culturali in Siria e Iraq. In: La gestione del patrimonio culturale II, 1998: 126—131. [A2]

Sarre, Friedrich: Kunstwissenschaftliche Arbeit während des Weltkrieges in Mesopotamien, Ost-Anatolien, Persien und Afghanistan. In: Kunstschutz im Kriege : Zweiter Band, 1919: 191–202. [G3]

Sauer, Joseph : Die Zerstörung von Kirchen und Kunstdenkmälern an der Westfront. Freiburg i.Br. : Herder, 1917. 133 S.
Franz. Übers. u.d.T.: La destruction d'églises et de monuments d'art sur le front d'ouest. Freiburg i.Br. : Herder 1917. 133 S.

Saunier, Charles: Les conquêtes artistiques de la Révolution et de l'Empire : Reprises et abandons des alliés en 1815, leurs conséquences sur les musées d'Europe. Paris : Renouard-Laurens, 1902. VIII, 189 S.

Schivelbusch, Wolfgang: Eine Ruine im Krieg der Geister : die Bibliothek von Löwen, August 1914 bis Mai 1940. Durchges. Ausg. Frankfurt a.M. : Fischer-Taschenbuch-Verl, 1993. 243 S. (Fischer-Taschenbücher ; 10367 : Geschichte)

Schlitter, Hanns: Die Zurückstellung der von den Franzosen im Jahre 1809 aus Wien entführten Archive, Bibliotheken und Kunstsammlungen. In: Mitteilungen des Instituts für österreichische Geschichtsforschung 12 (1901) 108–122.

Schöller, Peter: Der Fall Löwen und das Weissbuch : Eine kritische Untersuchung der deutschen Dokumentation über die Vorgänge in Löwen vom 25. bis 28. August 1914. [Mit e. Erklärung dt. u. belg. Historiker zum Problem, u. e. Einf. v. Franz Petri]. Köln : Böhlau, 1958. 71 S.

Schubert-Soldern, Fortunat von: Kunstdenkmäler und Denkmalpflege im Generalgouvernement Lublin und Galizien. In: Kunstschutz im Kriege : Zweiter Band, 1919: 127–136. [G3]

Schubert-Soldern, Fortunat von: Metallbeschlagnahmung in Österreich. In: Kunstschutz im Kriege : Zweiter Band, 1919: 215–221. [G3]

Schweizer, Rainer J. ; Kay Hailbronner ; Karl Heinz Burmeister: Der Anspruch von St.Gallen auf Rückerstattung seiner Kulturgüter aus Zürich : Gutachten im Auftrag der Regierung und des Katholischen Kollegiums des Kantons St.Gallen. Zürich : Schulthess, 2002. 266 S.

Seidl-Hohenveldern, Ignaz: Kunstraub im Krieg. In: Lebendiges Recht : von den Sumerern bis zur Gegenwart ; Festschrift für Reinhold Trinkner zum 65. Geburtstag / Friedrich von Westphalen ; Otto Sandrock (Hrsg.). Heidelberg : Verl. Recht und Wirtschaft, 1995: 51–62.

Seršić, Maja: Destruction of Cultural Heritage in the War Against Croatia : Adequacy of International Rules on Protection of Cultural Property. In: Kemija u Industriji : casopis kemicara i tehnologa Jugoslavije 43 (1994) 106–108.

Silberman, Neil Asher: Operation Scroll. In: Archaeological Ethics, 1996: 132–136. [A2]

Stein, Henri: Les archives et la guerre. In: Le Bibliographe moderne 22 (1924/25) 193–202.

Steinmann, Ernst: Die Plünderungen Roms durch Bonaparte. In: Internationale Monatsschrift für Wissenschaft, Kunst und Technik 11 (1917) 641–676, 820–876.

Strocka, Volker Michael: Kunstraub in der Antike. In: Kunstraub – ein Siegerrecht?, 1999: 9–26. [G1]

Sulć, Branka: Restitution and Succession of Cultural Property from Croatian Museums and Galleries. In: Informatica Museologica <Zagreb> 23 (1992) 12–17.

Sulć, Branka: The Destruction and Restitution of Croatian Cultural Heritage in the War. In: Informatica Museologica <Zagreb> 23 (1992) 44–45.

Tabet, Jade: Beyrouth : destruction ou réhabilitation. In: Urbanisme : le magazine international de l'architecture et de la ville (1995) 281: 23–25.

The Oe-Kyujanggak Books : What are the problems? / Kyujanggak, Seoul National University. [Seoul] : 1999. 121 S. [Koreanisch und Englisch]

Tietze, Hans: Österreichischer Kunstschutz in Italien. In: Kunstschutz im Kriege : Zweiter Band, 1919: 50–70. [G3]

Trendelenburg, Friedrich: Metallbeschlagnahme und Denkmalpflege. In: Kunstschutz im Kriege : Zweiter Band, 1919: 203–214. [G3]

Trevor-Roper, Hugh: The Plunder of the Arts in the Seventeenth Century. London : Thames and Hudson, 1970. 64 S.

UNESCO sounds alarm concerning stolen Afghan cultural goods. In : Museum International <Paris> / Engl. Ausg. 47 (1995)3=185: 62.

van den Gheyn: Les tribulations de l'agneau mystique. In: Revue Belge d'Archéologie et d'Histoire de l'Art 15 (1945) 25–46.

van der Essen, Léon: A statement about the destruction of Louvain and neighbourhood. Chicago : Priv. print., 1915. 24 S.

Van Kham, Duong: Preservation and Conservation of Archival Material in Vietnam during Wartimes. In: Interdependence of Archives, 1998: 155–158. [A2]

Varry, Dominique: Destruction et spoliation de collections de bibliothèques en temps de guerre. In: Le patrimoine en mouvement, 1997: 32–46. [A2]

Varry, Dominique: Les confiscations révolutionnaires. In: Histoire des bibliothèques françaises : [3] ; Les bibliothèques de la Révolution et du XIXe siècle ; 1789–1914 / Dominique Varry (Hrsg.). Paris : Editions du Cercle de la Librairie, 1991: 9–28.

Vauthier, G.: Une mission artistique et scientifique en Bavière sous le Consulat : manuscrits de la Bibliothèque nationale, archives du Louvre, archives nationales, bibliothèque et archives royales de Munich, archives royales de Nuremberg, archives de Salzbourg. In: Bulletin de la Société de l'Histoire de l'Art Français (1910) 208–250.

Vogt, Harro: Die Kunstbeschlagnahmen im Zeitalter Napoleons und ihre Folgen. Göttingen : 1955. Göttingen, Univ., Diss., 1956. 216 Bl.

Wahl, Rainer: Kunstraub als Ausdruck von Staatsideologie. In: Recht und Kunst : Symposium aus Anlaß des 80. Geburtstages von Wolfram Müller-Freienfels / Rainer Frank (Hrsg.). (Freiburger Rechts- und Staatswissenschaftliche Abhandlungen ; 61). Heidelberg : C. F. Müller, 1996: 105–136.

Wahl, Rainer: Kunstraub als Ausdruck von Staatsideologie. In: Das Geschäft mit der Raubkunst, 1998: 17–24. [G3]

Wahl, Rainer: Kunstraub als Ausdruck von Staatsideologie. In: Kunstraub – ein Siegerrecht?, 1999: 27–39. [G1]

Wallenfels, Monica: A Current Case : The Destruction of the Last Mosques in Banja Luka on September 1993. In: Humanitäres Völkerrecht 6 (1993) 217.

Wallot, Jean-Pierre: Les grands principes internationaux concernant les migrations des archives. In: Le patrimoine en mouvement, 1997: 106–123. [A2]

War Damage Sustained by Orthodox Churches in Serbian Areas of Croatia in 1991 / Texts written by Dinko Davidov ; Radomir Stanić ; Miroslav Timotijević / Radomir Begenišić ; Nebojša Jerkowić (Hrsg.). Belgrade : Ministry of Information of the Republic of Serbia, 1992. 88 S.

War damage to museums and galleries in Croatia / Vladimira Pavić (Hrsg.). Zagreb : Museum Documentation Centre, 1997. 176 S.

Warschauer, A.: Die Kriegsschicksale der Posener Archive und Bibliotheken. In: Historisches Monatsblatt für die Provinz Posen 16 (1915) 1 ff.

Weber, Paul: Die Baudenkmäler in Litauen. In: Kunstschutz im Kriege : Zweiter Band, 1919: 101–116. [G3]

Weber, Peter Johannes: Die Verbringung der Kulturgüter aus dem Kirchenstaat und ihre Rückholung am Ende der Napoleonischen Ära. In: Römische Quartalschrift für christliche Altertumskunde und Kirchengeschichte 94 (1999) 275–310.

Wescher, Paul: Kunstraub unter Napoleon. 2. Aufl., Berlin : Mann, 1978. 183 S. (Text), Bildanhang. (Gebr.-Mann-Studio-Reihe)

Wiegand, Theodor: Denkmalschutz und kunstwissenschaftliche Arbeit während des Weltkrieges in Syrien, Palästina und Westarabien. In: Kunstschutz im Kriege : Zweiter Band, 1919: 174–190. [G3]

Wieser, Franz von: Maßnahmen zum Schutze der Kunstdenkmäler in Tirol gegen Kriegsgefahr. In: Kunstschutz im Kriege : Zweiter Band, 1919: 23–38. [G3]

Wiseman, James: Legacy of Medieval Serbia : Masterpieces of art and architecture in the wake of war. In: Archaeology <New York, N.Y.> 52 (1999) 10–13, 77.

Wolff Metternich, Franz: Die Denkmalpflege in Frankreich. Berlin : Deutscher Kunstverlag, 1944. 54 S.

Wounded Libraries in Croatia / Tatjana Aparac-Gazidova ; Dragutin Katalenac (Hrsg.). Zagreb : Croatian Library Association, 1993. 58 S. (Posebna izdanja / Hratsko bibliotekarsko drustvo ; 6)

Yi, Tae-jin: The Pillaging of the Oe-kyujanggak Manuscripts and Their Current Storage in the Paris National Library. In: The Oe-Kyujanggak Books : What are the problems?, 1999: 62–92. [G3]

Yi, Tae-jin: The history of the Oe-Kyujanggak archives (the off-site archives of the Kyujanggak National Archives), and the condition of the archival material prior to the looting and arson by the French navy in 1866. In: International Expert Meeting on the Return of Cultural Property and the Fight against its Illicit Trafficking, 2002: 101–108. [B2]

Zargar, Akbar ; Younes Samadi: Experiences of the Islamic Republic of Iran in the Preservation of Cultural Property against War Damages (The Hague Convention, 1954). In: Humanitäres Völkerrecht 6 (1993) 213–216.

Zerstörte Kunstdenkmäler an der Westfront : das schonungslose Vorgehen der Engländer und Franzosen. 2. Aufl., Weimar : Kiepenheuer, 1917. 34 S.

Zum Beispiel Irak und Jugoslawien : die Gefährdung des Weltkulturerbes im Fall von bewaffneten Konflikten ; deutsche Pressestimmen Januar bis Dezember 1991 / Hrsg. von der Deutschen UNESCO-Kommission. Red.: Traugott Schöfthaler. Bonn : Dt. UNESCO-Kommission, 1992. 69 S.

H. Der Zweite Weltkrieg und die Folgen/ The Second World War and Its Consequences

H 1. Zerstörung von Kulturgütern und Zerstörungsschutz/ Destruction of Cultural Objects and Efforts of Protection

Baard, Henricus Petrus: Kunst in Schuilkelders : de Odyssee der Nationale Kunstschatten gedurende de Oorlogsjaren, 1939–1945. s'-Gravenhage : D.A. Daamen, 1946. 70 S.

Batteli, Giulio: Per la tutela del patrimonio storico e archivisto. In: Ecclesia <Città del Vaticano> 4 (1945) 118–121.

Battistini, Mario: Les archives italiennes pendant la guerre. In: Archives et bibliothèques de Belgique 18 (1947) 51–54.

Belhumeur, Jeanne ; Angelo Miatello ; Roberto Severino: Les atteintes aux biens culturels italiens pendant les conflits armés. In: Legal Aspects of International Trade in Art (International Sales of Works of Art ; 5), 1996: 185–208. [D3]

Beseler, Hartwig ; Niels Gutschow: Kriegsschicksale deutscher Architektur : Verluste – Schäden – Wiederaufbau ; Eine Dokumentation für das Gebiet der Bundesrepublik Deutschland. Band 1: Nord. Band 2: Süd. Neumünster : Karl Wachholtz Verlag, 1988. 1524 S.

Bienkowska, Barbara: Losses of Polish Libraries during World War II / Ministry of Culture and Art, Bureau of the Government Plenipotentiary for the Polish Cultural Heritage Abroad (Hrsg.). Warsaw : Wójcicki [u.a.], 1994. 142 S. (Polish cultural heritage. Series A: Losses of Polish culture)

Biernat, A.: The Destruction and Reconstruction of Archives : The Case of Poland. In: International Council on Archives (ICA), 1996: 147–155. [G3]

Boi, Maria Marta: Guerra e beni culturali (1940–1945). Pisa : Giardini, 1986. 185 S.

Born, Lester K.: Archives and War. In: The Indian Archives 4 (1950) 150–159.

Born, Lester K.: The Archives and Libraries of Postwar Germany. In: The American Historical Review 56 (1950/51) 34–57.

Burr, Nelson Rollin: Safeguarding our Cultural Heritage : A Bibliography on the Protection of Museums, Works of Art, Monuments, Archives and Libraries in Time of War. Washington : Library of Congress, 1952. X, 117 S.

Ceschi, Carlo: Monumenti della Liguria e la guerra 1940–1945. Genova : Arte Grafiche Iro Stringa, 1949. 277 S.

Cinquanta monumenti italiani danneggiati dalla guerra / Associazione nazionale per il restauro dei monumenti italiani danneggiati dalla guerra ; testo di Emilio Lavagnino ; prefazioni di Benedetto Croce, C. R. Morey, R. Bianchi Bandinelli. Roma : Istituto poligrafico dello stato, 1947. XV, 132 S.

Damna scientiae Hungaricae : Devastationes in Bello Mundi Altero ortae / Editio Ministerii Cultuum et Instructionis Publicae. Budapestini : Imprimatur Litteris Typographiae Universitariae, 1947. 131 S.

Davies, Martin ; I. Rawlins: War-time storage in Wales of pictures from the National Gallery, London : the course of events, some technical problems. London : His Majesty's Stationery Office : 1946. 15 S.

Deshmukh, Marion: Recovering culture : the Berlin National Gallery and the U.S. occupation 1945–1949. In: Central European History 27 (1994) 411–439.

Eggen, J.B.: La commission américaine pour la protection et le sauvetage des monuments d'art et d'histoire dans les zones de guerre. In: Mouseion <Paris> 55–56 (1946) 61–66.

Farmer, Walter I.: The Safekeepers : A Memoir of the Arts at the End of World War II. Berlin ; New York : de Gruyter 2000. X, 242 S. (Schriften zum Kulturgüterschutz = Cultural Property Studies)
Dt. Ausg. u.d.T.: Die Bewahrer des Erbes : Das Schicksal deutscher Kulturgüter am Ende des Zweiten Weltkrieges. Berlin ; New York : de Gruyter 2002. XIII, 250 S. (Schriften zum Kulturgüterschutz = Cultural Property Studies)

Fasola, Cesare: Le Gallerie di Firenze e la guerra : storia e cronaca = The Florence galleries and the war : history and records, with a list of missing works of art, illustrated with 30 plates. Firenze : Casa editrice Monsalvato, [1945]. 122 S.

Forlati, Ferdinando ; Maria Luisa Gengaro: La chiesa degli Eremitani a Padova. [Firenze] : Electa Editrice, 1945. 55 S. (I monumenti italiani e la guerra ; 1)

Forsdyke, John: The Museum in War-Time. In: The British Museum Quarterly 15 (1952) 1–9.

Foundoukidis, Euripide: The work of the International Museums Office and associated organizations during the period June 1940–January 1945. Paris: International Museums Office, [1946?]. 16 S.

Galli, Edoardo ; Pasquale Rotondi ; Riccardo Pacini: Danni di guerra e provvidenze per la antichità, i monumenti e l'arte. Ancona-Urbino : Soprintendenza per le antichità delle Marche e dell'Umbria, 1946. 118 S.

Giannella, Salvatore ; Pier Damiano Mandelli: L'arca dell'arte. Milano : Cassina de'Pecchi, 1999. 180 S.

Giovannoni, Gustavo: L'Abbazia di Montecassino. [Firenze] : Electa editrice, 1947. 54 S. (I Monumenti italiani e la guerra ; 3)

Goldmann, Klaus: Unternehmen „Sonnenuntergang" : Berliner Museen zwischen 1937 und 1987 = operation „sunrise". In: Museumsjournal <Berlin> 1 (1987) Aug.: 2–5.

Goldmann, Klaus: Alteuropas Altertümer : „Unersetzliches – Wertvollstes – Übriges" ; Sicherung und Auslagerung. In: Schliemanns Gold und die Schätze Alteuropas aus dem Museum für Vor- und Frühgeschichte : Eine Dokumentation / Staatliche Museen zu Berlin – Preußischer Kulturbesitz (Hrsg.). Mainz : Philipp von Zabern, 1993: 18–34.

Great Britain / Committee on the preservation and restitution of works of art, archives, and other material in enemy hands: Works of Art in Italy : Losses and Survivals in the War. Part I – South of Bologna. London : His Majesty's Stationery Office, 1945. 80 S.

Great Britain / Committee on the preservation and restitution of works of art, archives, and other material in enemy hands: Works of Art in Italy : Losses and Survivals in the War. Part II – North of Bologna. London : His Majesty's Stationery Office, 1946. 209 S.

Great Britain / Committee on the preservation and restitution of works of art, archives, and other material in enemy hands: Works of Art in Malta : Losses and Survivals in the War. London : His Majesty's Stationery Office, 1946. 48 S.

Great Britain / Committee on the preservation and restitution of works of art, archives, and other material in enemy hands: Works of Art in Germany : Losses and Survivals in the War (British Zone of Occupation). London : His Majesty's Stationery Office, 1946. 66 S.

Great Britain / Committee on the preservation and restitution of works of art, archives, and other material in enemy hands: Works of Art in Greece, the Greek Islands and the Dodecanese : Losses and Survivals in the War. London : His Majesty's Stationery Office, 1946. 64 S.

Great Britain / Committee on the preservation and restitution of works of art, archives, and other material in enemy hands: Works of Art in Austria : Losses and Survivals in the War. London : His Majesty's Stationery Office, 1946. 61 S.

Grenzer, Andreas: Die Reaktion : Sowjetische Evakuierungen und Sicherheitsmaßnahmen. In: „Betr.: Sicherstellung", 1998: 124–140. [H3]

Griffo, Pietro: La difesa del patrimonio archeologico agrigentino contro i pericoli della recente Guerra. Agrigento : Soprintendenza alle antichità di Agrigento, 1946. 28 S.

Guiotto, Mario: I monumenti della Sicilia occidentale danneggiatti dalla guerra : Protezioni, danni, opere di pronto intervento. Palermo : Soprintendenza ai monumenti di Palermo, 1946. 128 S.

Günther-Hornig, Margot: Kunstschutz in den von Deutschland besetzten Gebieten : 1939–1945. Tübingen : Institut für Besatzungsfragen, 1958. 137 S. (Studien des Instituts für Besatzungsfragen in Tübingen zu den deutschen Besetzungen im 2. Weltkrieg ; 13)

Haase, Günther: Kunstraub und Kunstschutz. Hildesheim : Georg Olms Verlag, 1991. 267 S.

Hammet, Ralph W.: Comzone and the Protection of Monuments in North-West Europe. In: College Art Journal 5 (1946) 205–218.

Hancock, Walker: Experiences of a Monuments Officer in Germany. In: College Art Journal 5 (1946) 271–311.

Hartt, Frederick: Florentine Art under Fire. Princeton, New Jersey : Princeton Univ. Press, 1949. IX, 140 S.

Hemmeter, Karlheinz: Bayerische Baudenkmäler im Zweiten Weltkrieg : Verluste – Schäden – Wiederaufbau. München : Lipp, 1995. XXII, 290 S. (Arbeitshefte des Bayerischen Landesamtes für Denkmalpflege ; 77)

Holmes, Oliver W.: The National Archives and the Protection of Records in War Areas. In: The American Archivist 9 (1946) 110–127.

Jenkinson, Charles Hilary ; Henry Esmond Bell: Italian Archives during the War and at its Close. London : His Majesty's Stationary Office, 1947. IV, 55 S.

Jonge, C.H. de: De beveiliging van het nederlandsche kunstbezit in de jaren 1939–1945. In: Historia <Utrecht> 11 (1946) 121–127.

Kent, William: The lost treasures of London / With an introduction by Norman Brett-James. London : Phoenix House, 1947. X, 150 S.

Ketelaar, Eric: Archivists in War. In: Interdependence of Archives, 1998: 159–163. [A2]

Kittsteiner, Heinz Dieter: Die Geschichte der Quadriga auf dem Brandenburger Tor. In: Das Geschäft mit der Raubkunst, 1998: 33–39. [G3]

Klinkhammer, Lutz: Die Abteilung „Kunstschutz" der deutschen Militärverwaltung in Italien 1943–1945. In: Quellen und Forschungen aus italienischen Archiven und Bibliotheken 72 (1992) 483–549.

Krawehl, Otto-Ernst: Verlagert – verschollen – zum Teil restituiert : Das Schicksal der im 2. Weltkrieg ausgelagerten Bestände der Staats- und Universitätsbibliothek Hamburg. In: Zeitschrift des Vereins für Hamburgische Geschichte 83 (1997) 237–277.

Kubin, Ernst: Raub oder Schutz? : Der deutsche militärische Kunstschutz in Italien. Graz ; Stuttgart : Stocker, 1994. 235 S.

Kühnel-Kunze, Irene: Bergung, Evakuierung, Rückführung : Die Berliner Museen in den Jahren 1939–1959 ; ein Bericht mit 43 Anlagen. 2. unveränd. Aufl., Berlin : Mann, 1984. 533 S. (Jahrbuch Preußischer Kulturbesitz / Sonderband ; 2)

Kuhnke, Monika: [Country Report] : Poland ; Part II: Problems Related to the Recording of the War Losses in the Area of Works of Art. In: Spoils of War : International Newsletter (1995) Dec.=1: 25–29. [Part I s. *Kowalski* H3]
Fortsetzung in: Spoils of War : International Newsletter (1998) June=5: 68–69.

Kunzelman, Charles J.: Some Trials, Tribulations, and Successes of the Monuments, Fine Arts and Archives Teams in the European Theater during WW II. In: Military Affairs 52 (1988) Apr.: 56–60.

La Farge, Henry: Lost Treasures of Europe. New York : Pantheon Books, 1946 ; London : Batsford, 1946. 39 S. : 427 Ill.
Dt. Ausg. u.d.T.: Verwundetes Europa : photographische Übersicht der zerstörten Kunstdenkmäler . Köln [u.a.] : Kiepenheuer 1946. 30 S., [circa 350] S. : überwiegend Ill.
Schweiz. Ausg.: Basel : Amerbach-Verl., 1948.

Lambourne, Nicola: War Damage in Western Europe : The Destruction of Historic Monuments during the Second World War. Edinburgh : Edinburgh Univ. Press, 2001. IX, 228 S.

Lammerts van Bueren, A.: De verwoesting van een oude keizersstad : oorlogsrampen over Nijmegen 1940–1945. Nijmegen : De Koepel, [1946]. 145 S.

Leonard, Émile-G.: Archives, bibliothèques et œuvres d'art en Italie durant la guerre. In: Revue historique <Paris> 73 (1949) 202: 24–51.

Les mesures de protection prises dans différents pays contre les dangers de guerre. In: Mouseion / Supplément mensuel (1939) sept.–oct.: 13–22.

Lill, Georg: Zerstörte Kunst in Bayern. München ; Zürich : Schnell & Steiner, 1948. 21 S., 164 Abb.

Lorentz, Stanislaw: Destruction of the Royal Castle in Warsaw. Warschau : Ministry of Culture and Art, Office of Recoveries and Reparations, 1947. (Publications of the Reparations Sections ; 4)

Molaioli, Bruno ; Amerigo Calvanese ; Roberto Siano: Per i monumenti d'arte danneggiati dalla guerra nella Campania. Napoli, 1944. 33 S.

Molaioli, Bruno: Musei ed opere d'arte di Napoli attraverso la guerra. Napoli : Soprintendenza alle Gallerie, 1948. 141 S.

Monumenten en oorlogstijd / Rijksdienst voor de Monumentenzorg, Zeist (Hrsg.). Zwolle : Waanders Uitgevers, 1995. 240 S. (Jaarboek Monumentenzorg ; 1995)

Morey, Charles R.: What we are actually doing to save Europe's art. In: Art News 43 (1944) May: 9–10, 24–25.

Morey, Charles R.: The War and Mediaeval Art. In: College Art Journal 4 (1945) 2: 75-80.

Muraro, Michelangelo: Mostra del restauro di monumenti e oper d'arte danneggiati dalla guerra nelle tre Venezie. [Venezia] : Soprintendenza ai Monumenti, 1949. 205 S.

Norris, Christopher: The Disaster at Flakturm Friedrichshain : a Chronicle and List of Paintings. In: The Burlington Magazine 94 (1952) 337–347.

Office International des Musées / Direction générale des Antiquités et Beaux-Arts: Le patrimoine artistique italien pendant la guerre. In: Mouseion <Paris> 55–56 (1946) 83–91.

Office International des Musées: L'appauvrissement monumental et artistique au cours de la seconde guerre mondiale : inventaire préliminaire. Paris : Office International des Musées, 1946. 110 S.

Palmieri, S.: L'Archivio di Stato di Napoli : distruzioni durante la seconda guerra mondiale et successiva ricostruzione. In: International Council on Archives (ICA), 1996: 239–253. [G3]

Plenderleith, Harold: Das unterirdische Museum : Wie die Kunstschätze des Britischen Museums gerettet wurden. In: Unesco-Kurier (1985) 10–11.

Pöchmüller, Erich: Weltkunstschätze in Gefahr. Salzburg : Pallas, 1948. 87 S.

Posey, Robert K.: Protection of Cultural Materials during Combat. In: College Art Journal 5 (1946) 127–131.

Posner, Ernst: Memorandum concerning the protection and salvage of cultural objects and records in war areas. Washington : American Council of Learned Societies, 1944. 10 S.

Poste, Leslie Irlyn: The development of United States protection of libraries and archives in Europe during the World War II. Chicago : University of Chicago, 1958. VI, 427 S. Zugl.: Chicago, Univ., Diss.

Reggiori, Ferdinando: La basilica di Sant'Ambrogio a Milano. [Firenze] : Electa Editrice, 1945. 48 S. (I monumenti italiani e la guerra ; 2)

Rensselaer, Lee W.: The Effect of the War on Renaissance and Baroque Art in Italy. In: College Art Journal 4 (1945) 81–91.

Robertson, M.: Monuments in Wartime : Conservation Policy in Practice, 1939–45. In: Conservation Bulletin 37 (2000) 16–19.

Rorimer, James J.: Survival : The Salvage and Protection of Art in War / in collaboration with *Gilbert Rabin.* New York : Abelard Pr., 1950. XI, 291 S.

Ross, Marvin C.: SHAEF and the Protection of Monuments in Northwest Europe. In: College Art Journal 5 (1946) 119–122.

Ross, Marvin C.: The Kunstschutz in Occupied France. In: College Art Journal 5 (1946) 336–352.

Ross, Marvin C.: War Damage in Chartres. In: College Art Journal 5 (1946) 229–231.

Rothnie, Niall: The Baedeker Blitz : Hitler's Attack on Britain's Historic Cities. London : Ian Allen Publ., 1992. 144 S.

Royaume de Belgique / Ministère de la Justice / Commission des Crimes de Guerre: Les crimes de guerre commis lors de l'invasion du territoire national Mai 1940 : La destruction de la Bibliothèque de l'Université de Louvain. 1946. 29 S.

Ruppert, Karl: Heeresarchiv Potsdam : 1936–1945. In: Der Archivar 3 (1950) 177–180

Russell, John R.: Libraries under Fire. In: ALA Bulletin <Chicago> 35 (1941) 277–281.

Russian Federation / Ministry of Culture: Summary Catalogue of the Cultural Valuables Stolen and Lost during the Second World War. Moscow ; St. Petersburg : Ministry of Culture of Russian Federation, Department of Cultural Heritage.
1.1: The Tsarskoye Selo State Museum Zone : The Catherine Palace ; Book 1. 1999. 319 S.
1.2: The Tsarskoye Selo State Museum Zone : The Catherine Palace ; Book 2. 2000. 287 S.
3: The State Tretyakov Gallery [and] The State Russian Museum. 1999. 87 S.
4.1: State Archives of the Russian Federation : Lost Archives Funds ; Book 1. 1999. 335 S.

Ryswick, A. van: De verwoeste kerken van Limburg. Roermond : Romen 1946.

Samaran, Charles: Les principales destructions d'archives en France causées par faits de guerre. In: Bulletin of the Institute of Historical Research (1946) 1–8.

Schicksale deutscher Baudenkmale im Zweiten Weltkrieg : Eine Dokumentation der Schäden und Totalverluste auf dem Gebiet der Deutschen Demokratischen Republik / Hrsg. und redaktionell bearbeitet von Götz Eckhardt. 2 Bände.
Band 1: Berlin – Hauptstadt der DDR, Bezirke Rostock, Schwerin, Neubrandenburg, Potsdam, Frankfurt/Oder, Cottbus, Magdeburg. 296 S.
Band 2: Bezirke Halle, Leipzig, Dresden, Karl-Marx-Stadt, Erfurt, Gera, Suhl. S. 297–544.
Berlin : Henschelverlag ; München : C. H. Beck, 1978.

Schivelbusch, Wolfgang: Eine Ruine im Krieg der Geister : die Bibliothek von Löwen, August 1914 bis Mai 1940. Durchges. Ausg. Frankfurt a.M. : Fischer-Taschenbuch-Verl, 1993. 243 S. (Fischer-Taschenbücher ; 10367 : Geschichte)

Schmid, Gerhard: Die Verluste in den Beständen des ehemaligen Reichsarchivs im Zweiten Weltkrieg. In: Archivar und Historiker : Studien zur Archiv- und Geschichtswissenschaft ; zum 65. Geburtstag von Heinrich Otto Meisner / Staatliche Archivverwaltung im Staatssekretariat für Innere Angelegenheiten (Hrsg.). (Schriftenreihe der staatlichen Archivverwaltung ; 7). Berlin : Rütten & Loening, 1956: 126–207.

Schmidt, Werner: Die Verlagerung der Bestände im zweiten Weltkrieg und ihre Rückführung. In: Deutsche Staatsbibliothek 1661–1961 / Horst Kunze (Hrsg.). (Geschichte und Gegenwart ; 1). Leipzig : Verlag für Buch- und Bibliothekswesen, 1961: 77–86.

Schochow, Werner: Zur Bücherverlagerung der Preußischen Staatsbibliothek im Zweiten Weltkrieg. In: Mitteilungen der Staatsbibliothek zu Berlin – Preußischer Kulturbesitz N. F. 7 (1998) 165–230.

Service des Monuments historiques de l'Autriche: Le Patrimoine artistique Autrichien pendant la guerre. In: Mouseion <Paris> 55–56 (1946) 77–81.

Skilton, John D.: Défense de l'art européen : Souvenirs d'un officier américain «Spécialiste des Monuments». Paris : Les Editions Internationales, 1948. 100 S.

Smyth, Craig Hugh: A First-Hand Account of the MFA&A. In: IFAR Journal 3 (2000) 3–4: 40–41.

Staatsbibliothek zu Berlin – Preußischer Kulturbesitz: Verlagert, Verschollen, Vernichtet : Das Schicksal der im 2. Weltkrieg ausgelagerten Bestände der Preußischen Staatsbibliothek / Staatsbibliothek zu Berlin – Preußischer Kulturbesitz. [Red. und Gestaltung: Ralf Breslau]. Berlin : Staatsbibliothek zu Berlin, 1995. 50 S.

Streiff, Sam: Experiences de guerre : (La protection et le sort des biens culturels pendant la Deuxième Guerre mondiale) ; Projections présentées et commentées. In: La protection des biens culturels en cas de conflit armé, 1968: 55–57. [G1]

Stubbings, Hilda Urén: Blitzkrieg and books : British and European libraries as casualties of Wold War II. Bloomington, Ind. : Rubena Press, 1993. XIII, 471 S.

Thomas, Alois: Kunstschutz und Kunstentfremdung im Krieg 1939 bis 1945 in Frankreich. In: Festschrift für Franz Graf Wolff Metternich. (Rheinischer Verein für Denkmalpflege und Landschaftsschutz : Jahrbuch ; 1974). Neuss : Verlag Gesellschaft für Buchdruckerei, 1973. 239 S.

Thomas, Alois: Die Rettung der Kulturdenkmäler der Stadt Trier nach dem Kriege. In: Trierisches Jahrbuch (1951) 9–20.

Ullrich, Hermann: Das Schicksal der Bau- und Kunstdenkmäler in den Ostgebieten des Deutschen Reiches und im Gebiet von Danzig. Bonn : Deutscher Bundesverlag, 1963. 128 S. (Bonner Berichte aus Mittel- und Ostdeutschland)

United States / National Resources Planning Board / Committee on Conservation of Cultural Resources: Report on measures taken by agencies of the federal government to protect records, library holdings, museum collections, and works of art against enemy air attack and other hazards of war. Washington : Committee on Conservation of Cultural Resources, April 12, 1943. 12 S.

United States / The American Commission for the protection and salvage of artistic and historic monuments in war areas: Report of the American Commission for the protection and salvage of artistic and historic monuments in war areas. Washington : U.S. Gov. Printing Office, 1946. V, 238 S. (U.S. Gov. historical reports on war administration)

Varshavsky, Sergei ; Boris Rest: The Ordeal of the Hermitage : The Siege of Leningrad ; 1941–1944. Leningrad : Aurora Art Publishers ; New York : Harry N. Abrams, 1985. 304 S.
Dt. Ausg. u.d.T.: Gerettet für die Menschheit : die Ermitage in den Jahren der Blockade Leningrads 1941–1944. Leningrad : Aurora-Kunstverl., 1985. 273 S.

Voigt, Gudrun: Die kriegsbedingte Auslagerung von Beständen der Preußischen Staatsbibliothek und ihre Rückführung : eine historische Skizze auf der Grundlage von Archivmaterialien. Hannover : Laurentius, 1995. 161 S.

Vollmer, Bernhard: Die Lage des deutschen Archivwesens nach dem Kriege. In: Europa-Archiv 3 (1948) 1623–1628.

Woolley, Charles Leonard: A Record of the Work Done by the Military Authorities for the Protection of the Treasures of Art & History in War Areas. London : His Majesty's Stationery Office, 1947. 71 S., Ill.

H 2. Wegnahme von Kulturgütern und Restitution: Allgemeines / Taking of Cultural Objects and Restitution: General

Auer, Leopold: Restitution of Removed Records Following War. In: Interdependence of Archives, 1998: 172–178. [A2]

Bradsher, Greg: Looted Art Research at the National Archives. In: IFAR Journal 3 (2000) 3–4: 16–18.

Conference on Neutrality, Morality, and the Holocaust : Panel Discussion / Michael Bradfield [u.a.]. In: American University International Law Review 14 (1998) 249–256.

Das Geschäft mit der Raubkunst : Fakten, Thesen, Hintergründe / Matthias Frehner (Hrsg.). Zürich : Verl. Neue Zürcher Zeitung, 1998. 152 S.

Decker, Andrew: A Worldwide Treasure Hunt. In: Art News 90 (1991) Summer: 130–138.

Dehnel, Regine: The Coordination Office of the Federal States for the Return of Cultural Property and the Lost Art Internet Database. In: Estonian – Russian Co-operation in Museology, 2001: 62–74. [H5]

Escedy, István: Leitlinien zum Schutz des staatlichen Kulturerbes in den öffentlichen Sammlungen der Republik Ungarn. In: Gesten des guten Willens und Gesetzgebung, 2001: 48–51. [H2]

Fedoruk, Alexander: [Country Report] : Ukraine. In: Spoils of War : International Newsletter (1995) Dec.=1: 29–31.
Fortsetzung in: Spoils of War : International Newsletter (1996) July=2: 35–37.

Fiedler, Wilfried: Kulturgüterschutz nach 1945. In: Kunst und Antiquitäten 7/8 (1991) 8–9.

Fiedler, Wilfried: Internationaler Kulturgüterschutz : völkerrechtlich betrachtet. In: Spektrum der Wissenschaft (1996) 106–114.

Fiedler, Wilfried: Safeguarding of Cultural Property during Occupation : Modifications of the Hague Convention of 1907 by World War II? In: Legal Aspects of International Trade in Art (International Sales of Works of Art ; 5), 1996: 175–183.

Fiedler, Wilfried: Kulturgüter als Kriegsbeute : Völkerrechtliche Probleme seit dem Ende des Zweiten Weltkrieges. In: Das Geschäft mit der Raubkunst, 1998: 87–96. [G3]

Franz, Michael Markus: Datenbanken abhanden gekommener Kulturgüter am Beispiel der Koordinierungsstelle der Länder für die Rückführung von Kulturgütern. In: Kunstrecht und Urheberrecht 1 (1999) 345–351.

Franz, Michael Markus: www.LostArt.de – a new initiative. In: Spoils of War : International Newsletter (2000) Aug.=7: 13–15.

Gesten des guten Willens und Gesetzgebung : Dokumentation der internationalen Konferenz zur Problematik kriegsbedingt verlagerter Kulturgüter, Moskau, 24. und 25. April 2001 / Ekaterina Ju. Genieva ; Claus Michaletz ; Olaf Werner (Hrsg.). Berlin : Berlin Verlag Arno Spitz, 2001. 429 S. [Russisch und deutsch]

Goldmann, Klaus ; Günter Wermusch: Vernichtet, verschollen, vermarktet : Kunstschätze im Visier von Politik und Geschäft. Asendorf : MUT-Verlag, 1992. 216 S.

Gorokhova, Svetlana: International Program of the Library for Foreign Literature on the Preservation and Making Accessible of Captured and Rare Book Collections. In: Spoils of War : International Newsletter (1998) June=5: 22–25.

Grenzer, Andreas: Report on the Archive Situation in Russia as Relates to Researching the Losses of Cultural Property. In: *Opper, Dieter ; Doris Lemmermeier:* Cultural Treasures Moved because of the War, 1995: 142–145. [H2]

Grimsted, Patricia Kennedy: Displaced Archives on the Eastern Front : Restitution Problems from World War II and its Aftermath. Amsterdam : International Institute for Social History, 1995. 36 S. (IISH Research Papers)
Auch u.d.T.: Displaced Archives and Restitution Problems on the Eastern Front in the Aftermath of the Second World War. In: Contemporary European History 6 (1997) 27–74.
So auch in: Janus : Revue Archivistique / Archival Review <Paris> (1996) 2: 44–76.
Dt. Übers. u.d.T.: Verschleppte Archive im Bereich der Ostfront : Aus dem Zweiten Weltkrieg und seinen Folgen resultierende Rückgabeprobleme. In: Quatuor Coronati Jahrbuch 33 (1996) 23–60.

Harclerode, Peter ; Brendan Pittaway: The Lost Masters : The Looting of Europe's Treasurehouses. London : Gollancz, 1999. XIV, 402 S.

Heuss, Anja: Archives in the Federal Republic of Germany on Art Theft : An Overall View. In: *Opper, Dieter ; Doris Lemmermeier:* Cultural Treasures Moved because of the War, 1995: 135–141. [H2]

Hiller, Marlene P.: Sowjetische und deutsche Bibliotheksverluste im 2. Weltkrieg : Zum gegenwärtigen Kenntnisstand. In: Restitution von Bibliotheksgut, 1993: 60–69. [H4]

Hiller, Marlene P.: Bücher als Beute : Das Schicksal sowjetischer und deutscher Bibliotheken als Folge des Zweiten Weltkrieges. In: Nordost-Archiv N.F. 4 (1995) 9–27.

Hoffman, Barbara: The Spoils of War : How the Law Interprets Ownership of Plundered Artifacts. In: Archaeology <New York, N.Y.> 46 (1993) Nov./Dec.: 37–41.

Jackson, Sarah: Looted Art : A Practical Response. In: Spoils of War : International Newsletter (1999) Feb.=6: 16–19.

Jackson, Sarah: Provenance Research : Looking for Looted Art. In: IFAR Journal 3 (2000) 3–4: 19–22.

Jirásek, Pavel: Losses of Cultural Property from the Territory of the Czech Republic due to World War II. In: The Spoils of War, 1997: 232–233. [H2]

Kaye, Lawrence M.: Cultural Property Theft during War : Application of the Statute of Limitations. In: Legal Aspects of International Trade in Art (International Sales of Works of Art ; 5), 1996: 217–228. [D3]

Kaye, Lawrence M.: Looted art : what can and should be done. In: Cardozo Law Review 20 (1998) 657–670.

Kaye, Lawrence M.: The Recovery of Stolen Cultural Property : A Practitioner's View ; War Stories and Morality Tales. In: Villanova Sports & Entertainment Law Journal 5 (1998) 5–17.

Kecskeméti, Charles: Displaced European Archives : Is it Time for a Post-War Settlement? In: The American Archivist 55 (1992) 132–140.

Kennon, Hans: Take A Picture, It May Last Longer if Guggenheim Becomes the Law of the Land : The Repatriation of Fine Art. In: St Thomas Law Review 8 (1995) 373–422.

Kline, Thomas: The Recovery of Stolen Art Sold in the United States from a "Neutral" Country. In: American University International Law Review 14 (1998) 243–248.

Korte, Willi: Trans-Art. In: Spoils of War : International Newsletter (1995) July=0: 5–7.

Kowalski, Wojciech: Art treasures and war : A study on the restitution of looted cultural property, pursuant to Public International Law. Leicester : Inst. of Art and Law, 1998. 242 S.

Kowalski, Wojciech: Die Position der UNESCO zur Beilegung von Kontroversen, die aus der Restitution von während des Zweiten Weltkrieges verlagerten Kulturgütern resultieren. In: Gesten des guten Willens und Gesetzgebung, 2001: 35–42. [H2]

Kuhnke, Monika: [Country Report] : Poland ; Part II: Problems Related to the Recording of the War Losses in the Area of Works of Art. In: Spoils of War : International Newsletter (1995) Dec.=1: 25–29. [Part I s. *Kowalski* H3]
Fortsetzung in: Spoils of War : International Newsletter (1998) June=5: 68–69.

Kuhnke, Monika: Database of the Government Plenipotentiary for Polish Cultural Heritage. In: Spoils of War : International Newsletter (1998) June=5: 77–80.

Kunst als Beute : zur symbolischen Zirkulation von Kulturobjekten / Sigrid Schade ; Gottfried Fliedl ; Martin Sturm (Hrsg.). Wien : Turia + Kant, 2000. 254 S. (Museum zum Quadrat ; 8)

Lemmermeier, Doris: Die Koordinierungsstelle der Länder für die Rückführung von Kulturgütern in Bremen. In: Nordost Archiv N.F. 4 (1995) 274–276.

Lemmermeier, Doris ; Jost Hansen: Database of the Coordination Office of the Federal States for the Return of Cultural Property. In: Spoils of War : International Newsletter (1998) June=5: 71–77.

Liechtenhan, Francine-Dominique: Le grand pillage : du butin des nazis aux trophées des Soviétiques. Rennes : Éd. Ouest-France, 1998. 216 S.

Lowenthal, Constance: The Role of IFAR and the Art Loss Register in the Repatriation of Cultural Property Displaced in World War II. In: Spoils of War : International Newsletter (1995) Dec.=1: 13–16.

Maurer, Ely: The Role of the State Department Regarding National and Private Claims for the Restitution of Stolen Cultural Property. In: The Spoils of War, 1997: 142–144. [H2]

Meyer, Karl E.: Who Owns the Spoils of War? In: Archaeological Ethics, 1996: 137–149. [A2]

Mravik, Lászlö: The Computer Database of the Hungarian National Gallery. In: Spoils of War : International Newsletter (1997) Aug.=4: 84–87.

Müller-Katzenburg, Astrid: Possession and Ownership of Stolen or Otherwise Lost Works of Art. In: Art, Antiquity and Law 5 (2000) 105–123.

Opper, Dieter ; Doris Lemmermeier: Cultural Treasures Moved Because of the War – A Cultural Legacy of the Second World War : Documentation and Research on Losses ; Documentation of the International Meeting in Bremen (30. 11.–2. 12. 1994) / Jost Hansen ; Doris Lemmermeier (Hrsg.). Bremen : Koordinierungsstelle der Länder für die Rückführung von Kulturgütern, 1995. 189 S.

Pell, Owen C.: The Potential For A Mediation/Arbitration Commission to Resolve Disputes Relating to Artworks Stolen or Looted During World War II. In: DePaul-LCA Journal of Art & Entertainment Law 10 (1999) 27–66.

Piguet, Cyrille: Les spoliations d'œuvres d'art pendant la deuxième guerre mondiale : revendication et restitution : Etat de la situationa à la lumière d'affaires récentes. In: Aktuelle juristische Praxis / Pratique Juridique Actuelle 9 (2000) 1526–1535.

Poulos, Anthi Helleni: The 1954 Hague Convention for the Protection of Cultural Property in the Event of Armed Conflict : An Historic Analysis. In: International Journal of Legal Information 28 (2000) 1–44.

Prott, Lyndel V.: The View of UNESCO on Cultural Objects Displaced During World War II. In: Spoils of War : International Newsletter (1995) Dec.=1: 5–6.

Prott, Lyndel V.: Principles for the Resolution of Disputes Concerning Cultural Heritage Displaced During the Second World War. In: Spoils of War : International Newsletter (1995) Dec.=1: 6–9.
Auch in: The Spoils of War, 1997: 225–230. [H2]

Prott, Lyndel V. ; Jan Hladik: The Role of UNESCO "Intergovernmental Committee for Promoting the Return of Cultural Property" in the Resolution of Disputes Concerning Cultural Property Removed in Consequence of the Second World War. In: Spoils of War : International Newsletter (1997) Aug.=4: 59–61.

Reist, Inge: Provenance Research Tools. In: IFAR Journal 3 (2000) 3–4: 23–31.

Soltes, Ori Z.: Spoliated and Restitutable Art and Their Databases. In: Washington Conference on Holocaust-Era Assets, [1999]: 547–551. [H3]

Tchernik, Vasilii M.: [Country Report] : Belorussia. In: Spoils of War : International Newsletter (1996) Dec.=3: 38.

The Spoils of War : World War II and Its Aftermath ; The Loss, Reappearance, and Recovery of Cultural Property ; [Papers of a symposium sponsored by the Bard Graduate Center for Studies in the Decorative Arts, Jan. 1995, in New York] / Elizabeth Simpson (Hrsg.). New York : Abrams, 1997. 336 S.

Turner, Stefan: Restitution of cultural property displaced during the Second World War : the case of Germany. In: International Expert Meeting on the Return of Cultural Property and the Fight against its Illicit Trafficking, 2002: 87–93. [B2]

Varry, Dominique: Destruction et spoliation de collections de bibliothèques en temps de guerre. In: Le patrimoine en mouvement, 1997: 32–46. [A2]

Wahl, Rainer: Kunstraub als Ausdruck von Staatsideologie. In: Das Geschäft mit der Raubkunst, 1998: 17–24. [G3]

Yeide, Nancy H. ; Konstantin Akinsha ; Amy L. Walsh: The AAM Guide to Provenance Research. Washington, D.C. : American Association of Museums, 2001. VII, 304 S.

Zubkov, Nikolai: Foreign Book Signs in the Rare Book Collections of the M.I.Rudomino All-Russia State Library for Foreign Literature : Database and Catalogue. In: Spoils of War : International Newsletter (2000) Aug.=7: 20–21.

H 3. Wegnahme von Kulturgütern durch Nazideutschland und deren Restitution / Cultural Objects Taken by Nazi-Germany and Their Restitution

Aalders, Gerard: By Diplomatic Pouch : Art Smuggling by the Nazis. In: Spoils of War : International Newsletter (1996) Dec.=3: 29–32.

Aalders, Gerard: Plundering of Jewish Assets During the Second World War. In: Spoils of War : International Newsletter (1996) Dec.=3: 47–49.

Aalders, Gerard: Roof : de ontvreemding van joods bezit tijdens de Tweede Wereldoorlog. S'Gravenhage : Sdu Uitgevers, 1999. 331 S.
Dt. Ausg. u.d.T.: Geraubt! : Die Enteignung jüdischen Besitzes im Zweiten Weltkrieg. Köln : Dittrich, 2000. 435 S.

Adams, E. E.: Looted art treasures go back to France. In: The Quartermaster Review 26 (1946) September–October: 16–23, 77–80, 83–84, 87.

Adunka, Evelyn: Der Raub der Bücher : Über das Verschwinden und Vernichten von Bibliotheken in der NS-Zeit und ihre Restitution nach 1945. Wien : Czernin. 2002. 312 S. (Bibliothek des Raubes ; 9)

Akinsha, Konstantin: [Presenter Statement, Break-out Session on Nazi-Confiscated Art Issues: Identification of Art, Archives and Databases]. In: Washington Conference on Holocaust-Era Assets, [1999]: 543–546. [H3]

American Association of Museums: American Association of Museums Guidelines Concerning the Unlawful Appropriation of Objects During the Nazi Era. In: International Journal of Cultural Property 9 (2000) 151–157.

Amigues, Louis: Restitutions et récupération artistique depuis 1950. In: Pillages et Restitutions, 1997: 125–162. [H3]

Amigues, Louis: [Presenter Statement, Break-out Session on Nazi-Confiscated Art Issues: Principles to Address Nazi-Confiscated Art]. In: Washington Conference on Holocaust-Era Assets, [1999]: 565–567. [H3]

Anglade, Leila: Art, Law and the Holocaust : The French Situation. In: Art, Antiquity and Law 4 (1999) 301–311.

Arndt, Adolf: Restitution und Rechtsmängelhaftung : Eine Stellungnahme zum Aufsatz von Dr. Dabelstein. In: Der Betriebs-Berater 4 (1949) 284.

Association of Art Museum Directors: Report of the AAMD Task Force on the Spoliation of Art During the Nazi/World War II Era (1933-1945). In: International Journal of Cultural Property 7 (1998) 545–548

Augereau, François: L'action de Rose Valland. In: Pillages et Restitutions, 1997: 65–71. [H3]

Bacher, Ernst: Restitution of Works of Art in Austria : State of the Provenance Research November 1998. In: Washington Conference on Holocaust-Era Assets, [1999]: 453–457. [H3]

Baker, Zachary M.: Judaica Librarians Visit Vilnius. In: Spoils of War : International Newsletter (1997) Aug.=4: 61–65.

Banghard, Karl ; Gunter Schöbel: Rückgabe ukrainischer Bücher : Die hohe Kunst des Loslassens. In: Archäologisches Nachrichtenblatt 1 (1996) 225–227.

Barta-Fliedl, Ilsebill ; Herbert Posch: Inventarisiert : Enteignung von Möbeln aus jüdischem Besitz / Mit Fotografien von Arno Gisinger; und einem Beitrag von Monika Schwärzler [anlässlich der Ausstellung „Inventarisiert" im „Museum Kaiserliches Hofmobiliendepot" in Wien, 7. September bis 19. November 2000]. Wien : Turia+Kant, 2000. 159 S. (Museen des Mobiliendepots ; 7)

Bazin, Germain: Souvenirs de l'exode du Louvre 1940–1945. Paris : Somogy, 1992. 142 S.

Bazyler, Michael J.: Nuremberg in America : Litigating the Holocaust in United States Courts. In: University of Richmond Law Review 34 (2000) 1–283. [Kulturgüter insb.: 28–30, 161–189]

Belgium / Ministère des affaires économiques: Missing art works of Belgium. Bruxelles : Ministère des affaires économiques, 1994. Vol. 1: Public domain. Vol. 2: Belgian State.

Belhumeur, Jeanne ; Angelo Miatello ; Roberto Severino: Les atteintes aux biens culturels italiens pendant les conflits armés. In: Legal Aspects of International Trade in Art (International Sales of Works of Art ; 5), 1996: 185–208. [D3]

Bender, Daniel J.: Case Commentary : *In Re* Application to Quash Grand Jury Subpoena Duces Tecum Served on the Museum of Modern Art. In: New York University Journal of International Law and Politics 31 (1998) 109–123.

Bennet, Gill: British and Allied Restitution Policy during and after the Second World War. In: Washington Conference on Holocaust-Era Assets, [1999]: 721–727. [H3]

„Betr.: Sicherstellung" : NS-Kunstraub in der Sowjetunion / Wolfgang Eichwede ; Ulrike Hartung (Hrsg.). Bremen : Ed. Temmen, 1998. 263 S.

Bevins, Richard: Britain and the Restitution of Art Looted from Occupied Countries during the Second World War. In: Washington Conference on Holocaust-Era Assets, [1999]: 503–511. [H3]

Bienkowska, Barbara: Losses of Polish Libraries during World War II / Ministry of Culture and Art, Bureau of the Government Plenipotentiary for the Polish Cultural Heritage Abroad (Hrsg.). Warsaw : Wójcicki [u.a.], 1994. 142 S. (Polish cultural heritage. Series A: Losses of Polish culture)

Billig, Joseph: Alfred Rosenberg dans l'action idéologique, politique et administrative du Reich hitlérien : inventaire commenté de la collection de documents conservés au C.D.J.C. provenant des archives du Reichsleiter et ministre A. Rosenberg. Paris : Éditions du Centre, 1963. 350 S. (Les inventaires des archives du Centre de Documentation Juive Contemporaine, Paris ; 1)

Bindenagel, J. D.: [Country Report] : USA. In: Spoils of War : International Newsletter (2000) Aug.=7: 66–69.

Bindenagel, J. D.: Washington Conference Principles on Nazi-Confiscated Art. In: Spoils of War : International Newsletter (2000) Aug.=7: 66–69.

Blum, Yehuda Z.: Restitution of Jewish Cultural Property Looted in World War II : To Whom? In: Leiden Journal of International Law 11 (1998) 257–264.

Boijen, Richard: Archives Concerning the Belgian Military Justice Restituted by the „Bundesarchiv" to Belgium. In: Spoils of War : International Newsletter (1996) Dec.=3: 58–59.

Bondioli-Osio, Mario: [Country Report] : Italy. In: Spoils of War : International Newsletter (1995) July=2: 27–29.
Fortsetzungen in: Spoils of War : International Newsletter (1997) Aug.=4: 79–81; (1998) June=5: 58–60.

Borin, Jacqueline: Embers of the Soul : The Destruction of Jewish Books and Libraries in Poland during World War II. In: Libraries & Culture 28 (1993) 445–460.

Borowy, Wacław: General Observations on the Problem of Reparation with Regard to Art and Culture. Warsaw : Ministry of Culture and Art, 1945. 21 S. (Publications of the Reparations Sections ; 2)

Bouresh, Bettina: „Sammeln Sie also kräftig!" : „Kunstrückführung" ins Reich – im Auftrag der rheinischen Provinzialverwaltung 1940–1945. In: Kunst auf Befehl? : dreiunddreißig bis fünfundvierzig / Bazon Brock, ; Achim Preiß (Hrsg.). (Zeitzeuge Kunst). München : Klinkhardt & Biermann, 1990: 59–75.

Bramson-Alpernienė, Esfir: Das Schicksal der Dokumente des YIVO in Wilna. In: The return of looted collections, 1997: 45–51. [H3]

Brückler, Theodor: Kunstwerke zwischen Kunstraub und Kunstbergung : 1938–1945. In: Kunstraub, Kunstbergung und Restitution in Österreich 1938 bis heute, 1999: 13–30. [H3]

Bruhn, Peter: Internationale Bibliographie des Schrifttums über die Suche nach dem Bernsteinzimmer. Berlin ; Fürstenwalde : Bock & Kübler, 1999. 128 S. (Literaturnachweise zu aktuellen Russland-Themen ; 2)

Bruzzese, Pamela: Distributing the Past : Jewish Cultural Property in Lithuania. In: New York University Journal of International Law and Politics 31 (1998) 145–176.

Bulas, K.: Collection of Greek Vases in Gołuchów and the Suitable Method of Compensation for its Pillageing. Warsaw : Ministry of Culture and Art, Office of Recoveries and Reparations, 1948.

Buomberger, Thomas: Raubkunst – Kunstraub : Die Schweiz und der Handel mit gestohlenen Kulturgütern zur Zeit des Zweiten Weltkriegs. Zürich : Orell Füssli, 1998. XX, 496 S.

Büttner, Siegfried: The Treatment of Enemy Archives in the Third Reich. In: Washington Conference on Holocaust-Era Assets, [1999]: 739–743. [H3]

Cacan de Bissy, Adeline: La Commission de Récupération Artistique. In: Pillages et Restitutions, 1997: 101–105. [H3]

Cachin, Françoise: Issues of Unclear Provenance and Principles to Address Nazi-Confiscated Art. In: Washington Conference on Holocaust-Era Assets, [1999]: 559–563. [H3]

Cassou, Jean: Le pillage par les Allemands des œuvres d'art et des bibliothèques appartenant à des Juifs en France : Recueil de documents. Paris : Éditions du centre, 1947. 267 S.

Catalogue of Paintings removed from Poland by the German Occupation Authorities during the Years 1939–1945 : II. Polish Paintings. Warsaw : Ministry of Culture and Art, Office of Recoveries and Reparations, 1953. 70 S. (Publications of the Reparations Sections ; 11)

Čepička, Ladislav: [Country Report] : Czech Republik. In: Spoils of War : International Newsletter (1998) June=5: 44–56.

Chesnoff, Richard Z.: Pack of Thieves : How Hitler and Europe Plundered the Jews and Committed the Greatest Theft in History. New York : Doubleday 1999 ; London : Phoenix, 2001. 325 S.

Collins, Donald E. ; Herbert P. Rothfeder: The Einsatzstab Reichsleiter Rosenberg and the Looting of Jewish and Masonic Libraries during World War II. In: Journal of Library History 18 (1983) 1: 21–36.

Commission on European Jewish Cultural Reconstruction: Tentative List of Jewish Cultural Treasures in Axis-Occupied Countries. In: Jewish Social Studies / Supplement 8 (1946). 103 S.
Addenda and Corrigenda to Tentative List of Jewish Cultural Treasures in Axis-Occupied Countries. In: Jewish Social Studies / Supplement 10 (1948). 16 S.

Conrad, Jürgen: Spurensuche Lingelbach : Beutekunst in Gifhorn. Gifhorn : Museums- und Heimatverein Gifhorn, 1999. 52 S.

Conte, Luigi: Restitution : Italy ; Some are Found – But Many are Still Lost ; Can You Help? In: The Art Newspaper 6 (1995) Okt.=52: 24–25, 45.

Cuba, Stephanie: Stop the Clock : The Case to Suspend the Statute of Limitations on Claims for Nazi-Looted Art. In: Cardozo Arts & Entertainment Law Journal 17 (1999) 447–489.

Czernin, Hubertus: The Austrian Evasion. In: Art News 97 (1998) June: 112–119.

Czernin, Hubertus: Die Fälschung. Wien : Czernin. (Bibliothek des Raubes ; 3)
Bd. 1: Der Fall Bloch-Bauer. 1999. 240 S.
Bd. 2: Der Fall Bloch-Bauer und das Werk Gustav Klimts. 1999. S. 246–511.

Czernin, Hubertus: Dame mit Boa : Die Geschichte der Alice. Wien : Czernin, 2001. 96 S. (Bibliothek des Raubes ; 6)

Czernin, Hubertus: Vermeer oder die Kunst des Müßiggangs. Wien : Czernin, 2001. 160 S. (Bibliothek des Raubes ; 7)

Dabelstein, Hans: Restitution und Rechtsmangelhaftung [mit Stellungnahme von *Arndt* und Gegenstellungnahme von *Dabelstein*]. In: Der Betriebs-Berater 4 (1949): 22–23, 284.

Danilewicz, Maria: Polish Libraries under German Occupation. In: Library Association Record 45 (1943) 4: 61–64.

Davis, Angela Joy: Beyond Repatriation : A Proposal for the Equitable Restitution of Cultural Property. In: UCLA Law Review 33 (1985) 642–663.

De Jaeger, Charles: The Linz File : Hitler's Plunder of Europe's Art. Exeter : Webb&Bower, 1981. 192 S.
Dt. Ausg. u.d.T.: Das Führermuseum : Sonderauftrag Linz. Esslingen : Bechtle, 1988. 280 S.

De Montebello, Philippe: [Presenter Statement, Break-out Session on Nazi-Confiscated Art Issues: Principles to Address Nazi-Confiscated Art]. In: Washington Conference on Holocaust-Era Assets, [1999]: 553–557. [H3]

Decker, Andrew: A Legacy of Shame. In: Art News 83 (1984) Dec.: 55–76.

Decker, Andrew: Moving toward Restitution. In: Art News 98 (1999) Jan.: 60.

Displaced Books : Bücherrückgabe aus zweierlei Sicht ; Beiträge und Materialien zur Bestandsgeschichte deutscher Bibliotheken im Zusammenhang von NS-Zeit und Krieg / Maria Kühn-Ludewig (Hrsg.). 2., durchges. und erw. Aufl., Hannover : Laurentius-Verl., 1999. 134 S. (Laurentius : Sonderheft)

Dorléac, Laurence Bertrand: Le marché de l'art à Paris sous l'occupation. In: Pillages et Restitutions, 1997: 89–96. [H3]

Dornberg, John: The Mounting Embarrassment of Germany's Nazi Treasures. In: Art News 87 (1988) Sept.: 130–141.

Dornberg, John: Germany's Last Ghosts. In: Art & Auction 22 (2000) 94–101.

Dostert, Paul: [Country Report] : Luxembourg. In: Spoils of War : International Newsletter (1995) Dec.=1, 21.
Fortsetzungen in: Spoils of War : International Newsletter (1996) July=2: 29–30; (1996) Dec.=3: 43–44; (1997) Aug.=4: 81; (1998) June=5: 62.

Dostert, Paul: Art Recovery in Luxemburg. In: *Opper, Dieter ; Doris Lemmermeier:* Cultural Treasures Moved because of the War, 1995: 103–108. [H2]

Dunin, Janusz: Die Verlagerung polnischer Bibliotheksbestände nach 1939. In: Die Beziehungen der Berliner Staatsbibliothek nach Polen, 1997: 39–46. [F2]

Eakin, Hugh: Unfinished Business. In: Art News 98 (1999) Sept.: 56, 58, 60.

Edelson, Gilbert S.: [Presenter Statement, Break-out Session on Nazi-Confiscated Art Issues: Identification of Art, Archives and Databases]. In: Washington Conference on Holocaust-Era Assets, [1999]: 539–541. [H3]

Eichwede, Wolfgang ; Ulrike Hartung: Sowjetische Kulturgutverluste im Zweiten Weltkrieg : Zahlen, Odysseen und Rätsel. In: Osteuropa : Zeitschrift für Gegenwartsfragen des Ostens 48 (1998) 225–238.

Eitel, Tono: „Nazi-Gold" und andere „Holocaust-Vermögenswerte" : Zu den beiden Konsultations-Konferenzen von London (2. bis 4. 12. 1997) und

Washington (30. 11. bis 3. 12. 1998). In: Brücken bauen und begehen : Festschrift für Knut Ipsen zum 65. Geburtstag / Volker Epping [u.a.] (Hrsg.). München : Beck, 2000: 57–75.

Elen, Albert J.: Missing Old Master Drawings from the Franz Koenigs Collection : Claimed by the State of the Netherlands. Den Haag : SDU Publ., 1989. IV, 36 S.

Enke, Paul: Bernsteinzimmer-Report : Raub, Verschleppung und Suche eines weltbekannten Kunstwerkes. 2. Aufl., Berlin : Verl. Die Wirtschaft, 1987. 240 S.

Estreicher, Karol: Cultural losses of Poland. London, 1944. XVII, 497 S.

Falconer, Kelly Ann: When Honor Will Not Suffice : The Need for a Legally Binding International Agreement regarding Ownership of Nazi-Looted Art. In: Journal of International Economic Law 21 (2000) 383–426.

Fedoruk, Alexander: Ukraine : The Lost Cultural Treasures and the Problem of Their Return. In: The Spoils of War, 1997: 72–76. [H2]

Feldman, Franklin: New York's Statute of Limitations with Respect to Stolen Art and Holocaust Claims. In: IFAR Journal 1 (1998) 2: 16–17.

Feliciano, Hector: Le musée disparu : enquête sur le pillage des œuvres d'art en France par les nazis. Paris : Austral, 1995. 250 S.
Engl. Ausg. u.d.T.: The Lost Museum : The Nazi Conspiracy to Steal the World's Greatest Works of Art. New York : Basic Books, 1997. IX, 278 S.
Dt. Ausg. u.d.T.: Das verlorene Museum : Vom Kunstraub der Nazis. Berlin : Aufbau-Verl., 1998. 272 S.

Feliciano, Hector: "Le Musée Disparu" = The Lost Museum. In: Spoils of War : International Newsletter (1996) July=2: 16–18.

Feliciano, Hector: The Mauerbach-Case : Part II: An Equivocal Sale. In: Spoils of War : International Newsletter (1996) Dec.=3: 24–27. [Part I s. *Leistra* H3]

Feliciano, Hector: The Great Culture Robbery : The Plunder of Jewish-Owned Art. Jerusalem : Institute of the World Jewish Congress, 1998. 19 S. (Policy Forum ; 16)

Feliciano, Hector: The Aftermath of Nazi Art Looting in the United States and Europe : The Quest to Recover Stolen Collections. In: DePaul-LCA Journal of Art & Entertainment Law 10 (1999) 1–10.

Fiedler, Wilfried: Die Alliierte (Londoner) Erklärung vom 5. 1. 1943 : Inhalt, Auslegung und Rechtsnatur in der Diskussion der Nachkriegsjahre. In: Private Law in the International Arena : From National Conflict Rules Towards Harmonization and Unification ; Liber Amicorum Kurt Siehr / Jürgen Basedow [u.a.] (Hrsg.). The Hague : T.M.C. Asser Press, 2000: 197–218.

Finkenauer, Thomas: Gutgläubiger Erbe des bösgläubigen Erblassers : Das Bernsteinzimmer-Mosaik. In: Neue Juristische Wochenschrift 51 (1998) 960–961.

Fishman, David E.: Dem Feuer entrissen : die Rettung jüdischer Kulturschätze in Wilna. Hannover : Laurentius Verl., 1998. IV, 50 S.

Flanner, Janet: Men and Monuments. London : Hamish Hamilton, 1957. 316 S. [The Beautiful Spoils: 220–290] ; New York : Harper [1957]. 297 S.
Reprints: Freeport, N.Y. : Books for Libraries Press, 1970. XXI, 297 S. ; New York, N.Y. : Da Capo Press, 1990. XXI, 297 S.

Florisoone, Michel: La commission française de récuperation artistique. In: Mouseion <Paris> 55–56 (1946) 67–73.

Focarelli, Carlo: On the Restitution to Italy of Cultural Property Removed to Germany during the Second World War under the Terms of the 1947 Treaty of Peace. In: Spoils of War : International Newsletter (1997) Aug.=4: 41–45.

Fodor, István: The Restitution of Works of Art in Hungary. In: *Opper, Dieter ; Doris Lemmermeier:* Cultural Treasures Moved because of the War, 1995: 79–84. [H2]

Fodor, István: Hungarian Publications on the Spoils of War. In: Spoils of War : International Newsletter (1997) Aug.=4: 53–54.

Fodor, István: [Country Report] : Hungary. In: Spoils of War : International Newsletter (1995) July=0: 12.
Fortsetzungen in: Spoils of War : International Newsletter (1995) Dec.=1: 20; (1996) Dec.=3: 43; (1997) Aug.=4: 78–79; (1998) June=5: 57–58; (2000) Aug.=7: 48–49.

Fohr, Robert: [Country Report] : France. In: Spoils of War : International Newsletter (1996) Dec.=3: 38–41.

Fohr, Robert ; Guillaume de LaBroise: [Country Report] : France. In: Spoils of War : International Newsletter (1997) Aug.=4: 75–77.

France / Ministère de la culture et de la communication / Direction des musées de France: [Country Report] : France. In: Spoils of War : International Newsletter (1996) July=2: 24–25.

Francese, Pier Benedetto: Art Treasures Moved Because of the War : A Cultural Legacy of the Second World War ; The Italian Experience. In: *Opper, Dieter ; Doris Lemmermeier:* Cultural Treasures Moved because of the War, 1995: 85–90. [H2]

Francini, Esther Tisa ; Anja Heuss ; Georg Kreis: Fluchtgut – Raubgut : Der Transfer von Kulturgütern in und über die Schweiz 1933–1945 und die Frage der Restitution. Zürich : Chronos, 2001. 595 S. (Veröffentlichungen der Unabhängigen Expertenkommission Schweiz-Zweiter Weltkrieg ; 1)

Frehner, Matthias: „Das wird toll und immer toller“ – Der grösste Kunstraub der Geschichte. In: Das Geschäft mit der Raubkunst, 1998: 79–86. [G3]

Frehner, Matthias: Deutsche Raubkunst in der Schweiz : Täter, Verführte, Aufarbeitung. In: Das Geschäft mit der Raubkunst, 1998: 135–145. [G3]

Frehner, Matthias: Raubkunst – unvergangene Vergangenheit : Versuch einer vorläufigen Bilanz. In: Das Geschäft mit der Raubkunst, 1998: 147–151. [G3]

Freitag, Gabriele: Die Restitution von NS-Beutegut nach dem zweiten Weltkrieg. In: „Betr.: Sicherstellung", 1998: 170–208. [H3]

Freitag, Gabriele: Archival Material on National Socialist Art Plundering During the Second World War. In: Spoils of War : International Newsletter (1995) Dec.=1: 34–36.

Freitag, Gabriele ; Andreas Grenzer: Der deutsche Umgang mit sowjetischem Kulturgut während des Zweiten Weltkrieges : Ein Aspekt nationalsozialistischer Besatzungspolitik. In: Jahrbücher für Geschichte Osteuropas 45 (1997) 237–272.

Freitag, Gabriele ; Andreas Grenzer: Der nationalsozialistische Kunstraub in der Sowjetunion. In: „Betr.: Sicherstellung", 1998: 20–66. [H3]

Friedman, Philip: The Fate of the Jewish Book During the Nazi Era. In: Jewish Book Annual 13 (1957–1958) 3–13.

Friemuth, Cay: Die geraubte Kunst : Der dramatische Wettlauf um die Rettung der Kulturschätze nach dem Zweiten Weltkrieg ; (Entführung, Bergung und Restitution europäischen Kulturgutes 1939–1948). Braunschweig : Westermann, 1989. 351 S.

Garrett, Rebecca: Time for a Change? : Restoring Nazi Looted Artwork to its Rightful Owners. In: Pace International Law Review 12 (1999) 367–395.

Gates, Lynn: [Country Report] : United Kingdom. In: Spoils of War : International Newsletter (2000) Aug.=7: 65–66.

Gattini, Andrea: The Fate of the Koenigs Collection : Public and Private International Law Aspects. In: International Journal of Cultural Property 6 (1997) 81–108.

Geismeier, Irene: Gemäldegalerie – Dokumentation des Fremdbesitzes : Verzeichnis der in der Galerie eingelagerten Bilder unbekannter Herkunft / Staatliche Museen zu Berlin – Preußischer Kulturbesitz. [Hrsg. Gemäldegalerie Berlin]. Berlin : Gemäldegalerie, 1999. 98 S.

Giles, Robert S.: Archival and library restitution in the United States Zone of Germany : a preliminary study. Washington : American School of Social Sciences, 1947.

Glenny, Michael: The Amber Room : what happened to the tsars' greatest jewel? : The story of a riddle wrapped in a mystery inside an enigma. In: Art & Antiques (1989) March: 108–111, 143–144, 146, 149.

Goldmann, Klaus: Restitution by the Museum of Pre- and Early History in Berlin : Two Examples. In: Spoils of War : International Newsletter (1996) July=2: 44.

Graswinckel, D. P. M.: Enige mededelingen over de restitutie van naar Duitsland gevoerde bibliotheken en archieven. In: Bibliotheekleven 32 (1947) 163–173.

Grenzer, Andreas: Research Project "Fate of the Treasures of Art Removed from the Soviet Union During World War II". In: *Opper, Dieter ; Doris Lemmermeier:* Cultural Treasures Moved because of the War, 1995: 124–132. [H2]

Grenzer, Andreas: The Russian Archives and their Files : Researching the Soviet Losses of Property. In: Spoils of War : International Newsletter (1995) Dec.=1: 33–34.

Grimsted, Patricia Kennedy: The Fate of Ukrainian Cultural Treasures During World War II : The Plunder of Archives, Libraries and Museums under the Third Reich. In: Jahrbücher für Geschichte Osteuropas 39 (1991) 53–80.

Grimsted, Patricia Kennedy: The Odyssey of the Smolensk Archive : Plundered Communist Records for the Service of Anti-Communism. Pittsburgh, PA : REES, The Center for Russian & East European Studies, University of Pittsburgh, 1995. II, 132 S. (The Carl Beck Papers in Russian and East European Studies ; 1201)

Grimsted, Patricia Kennedy: New Clues in the Records of Archival and Library Plunder : The ERR Ratibor Center and the RSHA VII Amt Operations in Silesia. In: The return of looted collections, 1997: 53–68. [H3]

Grimsted, Patricia Kennedy: The Odyssey of the Smolensk Archive : Plundered Communist Records.
Part I. In: Zeitschrift für Sozialgeschichte des 20. und 21. Jahrhunderts 12 (1997) 71–97.
Part II. In: Zeitschrift für Sozialgeschichte des 20. und 21. Jahrhunderts 13 (1998) 190–201.
Part III. In: Zeitschrift für Sozialgeschichte des 20. und 21. Jahrhunderts 14 (1999) 134–151.

Grimsted, Patricia Kennedy : The Odyssey of the Petliura Library from Paris and Records of the Ukrainian People's Republic during World War II : [Part 1]. In: Cultures and Nations of Central and Eastern Europe : Essays in Honor of Roman Szporluk / Zvi Gitelman [u.a.] (Hrsg.). Cambridge, Mass. : Ukrainian Research Institute, Harvard University, 2000. Ersch. zugl. als: Harvard Ukrainian Studies 22 (1998) 181–208.
Part 2 u.d.T.: The Postwar Fate of the Petliura Library and the Records of the Ukrainian National Republic. In: Harvard Ukrainian Studies 21 (1997 [2001]) 393–461.

Grimsted, Patricia Kennedy: Trophies of War and Empire : The Archival Heritage of Ukraine, World War II, and the International Politics of Restitution. [Cambridge, Mass.] : Harvard Ukrainian Research Inst., 2001. XLVII, 749 S. (Harvard Papers in Ukrainian Studies)

Gubenko, Nikolai: [Presenter Statement, Break-out Session on Nazi-Confiscated Art Issues: Government Restitution Policies: Postwar to Present]. In: Washington Conference on Holocaust-Era Assets, [1999]: 513–518. [H3]

Guggenheim, Paul: Kriegsrecht. In: Annuaire Suisse de Droit International (1949) 139–148.

Günther-Hornig, Margot: Kunstschutz in den von Deutschland besetzten Gebieten : 1939–1945. Tübingen : Institut für Besatzungsfragen, 1958. 137 S. (Studien des Instituts für Besatzungsfragen in Tübingen zu den deutschen Besetzungen im 2. Weltkrieg ; 13)

Haase, Günther: Kunstraub und Kunstschutz. Hildesheim : Georg Olms Verlag, 1991. 267 S.

Haase, Günther: Die Kunstsammlung des Reichsmarschalls Hermann Göring : eine Dokumentation ; mit Faksimiles sowie einem Dokumentenanhang. Berlin : Edition q, 2000. 311 S.

Hall, Ardelia R.: The Recovery of Cultural Objects Dispersed during World War II. In: Department of State Bulletin 25 (1951) 337–344.

Hall, Ardelia R.: The Transfer of Residual Works of Art from Munich to Austria. In: College Art Journal 11 (1952) 192–194.

Hall, Ardelia R.: U.S. Program for Return of Historic Objects to Countries of Origin, 1944 – 1954. In: The Department of State Bulletin 31 (July 5–December 27, 1954) 493–498.

Hamlin, Gladys E.: European Art Collections and the War. In: College Art Journal 4 (1946) March: 155–163 [Part I] ; College Art Journal 4 (1946) May: 219–228. [Part II].

Hamlin, Gladys E.: European Art Collections and the War. In: College Art Journal 5 (1946) 219–228.

Hammer, Katharina: Glanz im Dunkel : Die Bergung von Kunstschätzen im Salzkammergut am Ende des 2. Weltkrieges. 3. Aufl., Altaussee : Burgverein Pflindsberg, 1996. 304 S.

Hamon, Marie: [Country Report] : France. In: Spoils of War : International Newsletter (1995) Dec.=1: 18–19.
Fortsetzung in: Spoils of War : International Newsletter (1999) Feb.=6: 41–43.

Hamon, Marie: The Working Group on Cultural Property. In: *Opper, Dieter ; Doris Lemmermeier:* Cultural Treasures Moved because of the War, 1995: 43–63. [H2]

Hamon, Marie: Spoliation and Recovery of Cultural Property in France, 1940–94. In: The Spoils of War, 1997: 63–66. [H2]

Hamon-Jugnet, Marie: Collection Schloss : œuvres spoliées pendant la deuxième guerre mondiale non restituées ; (1943–1998). Paris : Ministère des Affaires Etrangères, Direction des Archives et de la Documentation, 1998. 186 S.

Hartt, Frederick: Florentine Art under Fire. Princeton, New Jersey : Princeton Univ. Press, 1949. IX, 140 S.

Hartung, Ulrike: The "Sonderkommando Künsberg" : Looting of Cultural Treasures in the USSR. In: Spoils of War : International Newsletter (1996) July=2: 14–16.

Hartung, Ulrike: Raubzüge in der Sowjetunion : Das Sonderkommando Künsberg 1941–1943. Bremen : Edition Temmen, 1997. 135 S.

Hartung, Ulrike: Der Weg zurück : Russische Akten bestätigen die Rückführung eigener Kulturgüter aus Deutschland nach dem Zweiten Weltkrieg ; Probleme ihrer Erfassung. In: „Betr.: Sicherstellung", 1998: 209–221. [H3]

Hartung, Ulrike: Der deutsche Umgang mit sowjetischen Archiven und Bibliotheken. In: Displaced Books : Bücherrückgabe aus zweierlei Sicht, 1999: 42–52. [H3]

Hartung, Ulrike: Verschleppt und Verschollen : Eine Dokumentation deutscher, sowjetischer und amerikanischer Akten zum NS-Kunstraub in der Sowjetunion ; (1941–1948). Bremen : Ed. Temmen, 2000. 359 S.

Haslinger, Kurt: Mauerbach und der lange Weg bis zur Auktion. In: Kunstraub, Kunstbergung und Restitution in Österreich 1938 bis heute, 1999: 39–52. [H3]

Hatt, Henry: Ignorierte Geheimobjekte Hitlers : Kunstraubspuren in Bergwerken ; Ein Buch zur Aufarbeitung der Geschehnisse in Thüringens Schieferbergwerken während des II. Weltkrieges. Ludwigsstadt : Hattenhauer, 1995. 200 S.

Haupt, Herbert: Die Rolle des Kunsthistorischen Museums bei der Beschlagnahme, Bergung und Rückführung von Kunstgut in den Jahren 1938–1945. In: Kunstraub, Kunstbergung und Restitution in Österreich 1938 bis heute, 1999: 53–75. [H3]

Heimann-Jelinek, Felicitas: Von Arisierungen und Restituierungen : Zum Schicksal der rothschildschen Kunst- und sonstigen Besitztümer in Wien. In: Kunstraub, Kunstbergung und Restitution in Österreich 1938 bis heute, 1999: 76–90. [H3]

Henry, M.: Owning Up. In: Art News 98 (1999) May: 68–76.

Herkomst gezocht : rapport van het proefonderzoek naar de herkomst van de onder beheer van het Rijk gebleven uit Duitsland gerecupereerde kunstwerken / Begeleidingscommissie: Rudolf Erik ; Otto Ekkart. Den Haag : Sdu-Servicecentrum, 1998. 87 S.

Heuer, Carl-Heinz: Die Kunstraubzüge der Nationalsozialisten und ihre Rückabwicklung. In: Weltkunst 69 (1999) 477–479.

Heuer, Carl-Heinz: Die Kunstraubzüge der Nationalsozialisten und ihre Rückabwicklung. In: Neue Juristische Wochenschrift 52 (1999) 2558–2564.

Heuss, Anja: Der Klosterschatz Petschur. In: Kritische Berichte 23 (1995) 2: 44–51.

Heuss, Anja: Der Kunstraub der Nationalsozialisten : Eine Typologie. In: Kritische Berichte 23 (1995) 2: 32–57.

Heuss, Anja: Die „Beuteorganisation" des Auswärtigen Amtes : das Sonderkommando Künsberg und der Kulturraub in der Sowjetunion. In: Vierteljahreshefte für Zeitgeschichte (1997) 535–556.

Heuss, Anja: Der „Mauerbach-Schatz". In: Kritische Berichte 25 (1997) 2: 25–28.

Heuss, Anja: Der Fall Goudstikker : Die Niederlande und die Raubkunst. In: Das Geschäft mit der Raubkunst, 1998: 105–110. [G3]

Heuss, Anja: Die Vernichtung jüdischer Sammlungen in Berlin. In: Das Geschäft mit der Raubkunst, 1998: 97–103. [G3]

Heuss, Anja: Kunst- und Kulturgutraub : eine vergleichende Studie zur Besatzungspolitik der Nationalsozialisten in Frankreich und der Sowjetunion. Heidelberg : Winter, 2000. 385 S. Zugl.: Frankfurt a.M. Univ., Diss., 1999.

Hilbrand, Rainer: Die Kunstgüter im Altausseer Salzberg 1943–1945. Altaussee : Burgverein Pflindsberg, [ca. 1985]. 31 S. (Schriftenreihe des Literatur- und Heimatmuseums Altaussee ; 2)

Hiller, Marlene: The Documentation of War Losses in the Former Soviet Republics. In: The Spoils of War, 1997: 81–83. [H2]

Hoogewoud, Frits J.: The Nazi Looting of Books and its American 'Antithesis' : Selected Pictures from the Offenbach Archival Depot's Photographic History and its Supplement. In: Studia Rosenthaliana 26 (1992) 156–192.

Hoogewoud, Frits J.: The Reopening of the Bibliotheca Rosenthaliana in 1946. In: The return of looted collections, 1997: 105–106. [H3]

Howe, Thomas Carr: Salt Mines and Castles : The Discovery and Restitution of Looted European Art. Indianapolis ; New York : Bobbs-Merill Company, 1946. 334 S.

Hufen, Christian: Gotenforschung und Denkmalpflege : Herbert Jankuhn und die Kommandounternehmen des „Ahnenerbe“ der SS. In: „Betr.: Sicherstellung“, 1998: 75–95. [H3]

Jeltsch, Karin: Der Raub des Neptunbrunnens aus Schloß Peterhof. In: „Betr.: Sicherstellung“, 1998: 67–74. [H3]

Jirásek, Pavel: [Country Report] : Czech Republic. In: Spoils of War : International Newsletter (1995) Dec.=1: 16–17.

Kallir, Jane: Schiele and Looted Art : A Gallery Director's First-Hand Experiences. In: IFAR Journal 1 (1998) 2: 10–12.

Kamer, Waldemar: Kunst als oorlogsbuit : Na Rusland en Duitsland nu een politiek thema in Frankrijk. In: Tableau : Fine Arts Magazine 19 (1997) 5: 50–60.

Kaye, Lawrence M.: A Quick Glance at the Schiele Paintings. In: DePaul-LCA Journal of Art & Entertainment Law 10 (1999) 11–26.

Kerschbaumer, Gert: Meister des Verwirrens : Die Geschäfte des Kunsthändlers Friedrich Welz. Wien : Czernin, 2000. 207 S. (Bibliothek des Raubes ; 5)

Kißmehl, Horst: „Kriegswichtige Zielobjekte – Akten, Archive, Bibliotheken“ : Zur Bedeutung, Organisation und Praxis faschistischer deutscher Kriegsbeute-Raubaktionen im Zweiten Weltkrieg. In: Wissenschaft unter dem NS-Regime / Burchard Brentjes (Hrsg.). Berlin [u.a.] : Lang, 1992: 132–155.

Klinkhammer, Lutz: Die Abteilung „Kunstschutz“ der deutschen Militärverwaltung in Italien 1943–1945. In: Quellen und Forschungen aus italienischen Archiven und Bibliotheken 72 (1992) 483–549.

Koenigs, Christine F.: Under Duress : The Sale of the Franz Koenigs Collection. In: The Spoils of War, 1997: 237–240. [H2]

Komorowski, Manfred: Deutsche Bibliothekspolitik in der Sowjetunion (1941–1944). In: Bibliotheken während des Nationalsozialismus : Teil 1 ; [Vorträge der 5. Jahrestagung des Wolfenbütteler Arbeitskreises für Bibliotheksgeschichte vom 11. bis 14. April 1988 in der Herzog August Bibliothek] / Peter Vodosek ; Manfred Komorowski (Hrsg.). (Wolfenbütteler Schriften zur Geschichte des Buchwesens ; 16). Wiesbaden : Harrassowitz, 1989: 475–484.

Konijnenburg, Emile van: Organised robbery : Prepared on the instructions of the Netherlands Ministry of Economic Affairs. The Hague : Netherlands Government Print. and Pub. Office, 1949. VII, 242 S.

Koslow, Grigorij: Wie und mit welchem Ziel Stalin seine Kulturverluste im Krieg zählte. In: „Betr.: Sicherstellung“, 1998: 141–168. [H3]

Kot, Sergei ; Valentina Vrublevskaya: Cultural Property of the Ukraine Lost as a Result of World War II : Problems of Research and Restitution. In: *Opper, Dieter ; Doris Lemmermeier:* Cultural Treasures Moved because of the War, 1995: 109–123. [H2]

Kot, Sergei: Ancient Ukrainian Mosaics and Frescos Lost During the War and Now Located in Russian Museums. In: Spoils of War : International Newsletter (1998) June=5: 37–41.

Kowalczyk, Ronald B.: Section 12.03 of the New York Arts and Cultural Affairs Law : Civil by Association. In: International Journal of Cultural Property 10 (2001) 95–121.

Kowalski, Wojciech: Liquidation of the Effects of World War II in the Area of Culture. Warsaw : Institute of Culture, 1994. 115 S.

Kowalski, Wojciech: [Country Report] : Poland ; Part I: Historical Overview. In: Spoils of War : International Newsletter (1995) Dec.=1: 22–25. [Part II s. *Kuhnke* H2]

Kowalski, Wojciech: Internationaler Kulturgüterschutz in Europa : deutsch-polnische Fragen. In: Kritische Berichte 23 (1995) 52–57.

Kowalski, Wojciech: Current Problems of Restitution and Repatriation of Works of Art : the Polish Experience. In: Legal Aspects of International Trade in Art (International Sales of Works of Art ; 5), 1996: 209–212. [D3]

Kowalski, Wojciech: World War II Cultural Losses of Poland : A Historical Issue or Still a “Hot” Political and Legal Topic? In: The Spoils of War, 1997: 235–236. [H2]

Kowalski, Wojciech: Restitution Policy of the Polish Government : Post-War to Present. In: Washington Conference on Holocaust-Era Assets, [1999]: 473–484. [H3]

Kowalski, Wojciech: The Machinery of Nazi Art Looting : The Nazi Confiscation of Cultural Property in Poland ; A Case Study. In: Art, Antiquity and Law 5 (2000) 217–232.

Krämer, Gerd: Bernsteinzimmer-Mosaik : Ersitzung durch den gutgläubigen Erben des bösgläubigen Besitzers? In: Neue Juristische Wochenschrift 50 (1997) 2580–2581.

Krause, Friedhilde: Zur Verschleppung jüdischer Kulturgüter durch deutsche Okkupanten aus dem damaligen Wilna. In: Laurentius 11 (1994) 2: 79–88.

Kreis, Georg: Die Schweiz und der Kunsthandel 1939–1945. In: Das Geschäft mit der Raubkunst, 1998: 125–134. [G3]

Kreis, Georg: [Country Report] : Switzerland. In: Spoils of War : International Newsletter (2000) Aug.=7: 50–52.

Krois, Isabella: Die Restitution von Kunst- und Kulturgütern am Fall der Familie Rothschild aus zeithistorischer und rechtlicher Sicht. Wien : Verl. Österreich, 2000. 154 S. (Juristische Schriftenreihe ; 173). Zugl.: Graz, Univ., Dipl.-Arb., 2000.

Kubin, Ernst: Sonderauftrag Linz : Die Kunstsammlung Adolf Hitler ; Aufbau, Vernichtungsplan, Rettung ; Ein Thriller der Kulturgeschichte. Wien: Orac, 1989. 319 S.

Kubin, Ernst: Raub oder Schutz? : Der deutsche militärische Kunstschutz in Italien. Graz ; Stuttgart : Stocker, 1994. 235 S.

Kuhnke, Monika: Problems Related to the Recording of the War Losses in the Area of Works of Art. In: Spoils of War : International Newsletter (1995) Dec.=1: 25–29.

Kuhnke, Monika: [Country Report] : Poland. In: Spoils of War : International Newsletter (1996) July=2: 33–35.
Fortsetzungen in: Spoils of War : International Newsletter (1996) Dec.=3: 44–46; (1998) June=5: 68–69.

Kulishov, Valeriy: [Presenter Statement Translated from the Original Russian, Plenary Session on Nazi-Confiscated Art Issues]. In: Washington Conference on Holocaust-Era Assets, [1999]: 459–463. [H3]

Kunstraub, Kunstbergung und Restitution in Österreich 1938 bis heute : mit Quellendokumentation, Bildteil, Gesetzestexten und Archivindex / Theodor Brückler (Hrsg.). Wien [u.a.] : Böhlau, 1999. 478 S. (Studien zu Denkmalschutz und Denkmalpflege ; 19)

Kurtz, Michael J.: Nazi Contraband : American Policy on the Return of European Cultural Treasures, 1945–55. (Modern American history : a Garland series). New York ; London : Garland Publishing, 1985. VII., 309 S.
Revidierte Fassung von: American cultural restitution policy in Germany during the occupation, 1945–1949. Ann Arbor, MI : Univ. Microfilms Internat., 1982. IV, 224 S. Zugl.: Georgetown Univ., Diss.

Kurtz, Michael J.: The End of the War and the Occupation of Germany, 1944–52 : Laws and Conventions Enacted to Counter German Appropriations ; The Allied Control Council. In: The Spoils of War, 1997: 112–116. [H2]

Kurtz, Michael J.: Resolving a Dilemma : The Inheritance of Jewish Property. In: Cardozo Law Review 20 (1998) 625–655.

Kurz, Jakob: Kunstraub in Europa : 1938–1945. Hamburg : Facta Oblita, 1989. 444 S.

Kwaadgras, E. P.: The fate of a Special Collection : Library, Archives and Museum of the Netherlands Freemasons. In: The return of looted collections, 1997: 123–124. [H3]

L'opera da ritrovare : Repertorio del patrimonio artistico Italiano disperso all'epoca della Seconda Guerra Mondiale / Luisa Morozzi ; Rita Paris (Hrsg.). Rom : Istituto Poligrafico e Zecca Dello Stato, 1995. 339 S.

Dt. Ausg. u.d.T.: Verschollene Werke : Aufstellung des italienischen Kunsterbes, das während des zweiten Weltkrieges abhanden gekommen ist. Rom : Istituto Poligrafico e Zecca dello Stato, 1996. 339 S.
Engl. Ausg. u.d.T.: Treasures Untraced : An Inventory of the Italian Art Treasures Lost During the Second World War. Rom : Istituto Poligrafico e Zecca dello Stato, 1996. 339 S.

L'opera ritrovata : Omaggio a Rodolfo Siviero : Firenze, Palazzo Vecchio, dal 29 giugno 1984 / Comune di Firenze, Centro mostre = Recovered Works of Art : Dedicated to Rodolfo Siviero. Firenze : Cantini Ed. d'Arte, 1984. 223 S.

Lakos, János: On the Archive Situation in Hungary in the Context of the Restitution of Cultural Treasures. In: *Opper, Dieter ; Doris Lemmermeier:* Cultural Treasures Moved because of the War, 1995: 146–149. [H2]

Lamberigts, Roger-Alexander: Het „Deutsches Archivamt in den Niederlanden" en het Koninklijk Huisarchief. In: Nederlands Archievenblad 99 (1995) 79–89.

Langen, Eugen: Die Restitution geraubter Kunstwerke. In: Die Weltkunst (1951) 15: 2, 12–13.

LaRegina, Adriano: Götterwanderung 1928–1944. In: Convegno internazionale sul tema : Eredità contestata?, 1992: 107–116. [D1]

Lauder, Ronald S.: [Presenter Statement, Plenary Sesssion on Nazi-Confiscated Art Issues]. In: Washington Conference on Holocaust-Era Assets, [1999]: 465–468. [H3]

Le Masne de Chermont, Isabelle ; Didier Schulmann: Le pillage de l'art en France pendant l'Occupation et la situation des 2000 œuvres confiées aux musées nationaux : Contribution de la direction des Musées de France et du Centre Georges-Pompidou aux travaux de la Mission d'Étude sur la Spoliation des Juifs de France. Paris : Documentation Française, 2000. 133 S.

Leipzig, Curt von: Gutachten : Verkäuferhaftung bei Restitution. In: Der Betriebs-Berater 3 (1948) 97.

Leistra, Josephine: [Country Report] : The Netherlands. In: Spoils of War : International Newsletter (1995) July=0: 13–14.
Fortsetzungen in: Spoils of War : International Newsletter (1995) Dec.=1: 21–22; (1996) July=2: 30–33; (1996) Dec.=3: 46; (1998) June=5: 69–70; (1999) Feb.=6: 42–49.

Leistra, Josephine: Art Recovery in the Netherlands. In: *Opper, Dieter ; Doris Lemmermeier:* Cultural Treasures Moved because of the War, 1995: 28–42. [H2]

Leistra, Josephine: The Mauerbach-Case. Part I. In: Spoils of War : International Newsletter (1996) Dec.=3: 22–24. [Part II s. *Feliciano* H3]

Leistra, Josefine: A Short History of Art Loss and Art Recovery in the Netherlands. In: The Spoils of War, 1997: 53–57. [H2]

Leistra, Josefine: On the Recovery of Art : Recent Developments. In: The return of looted collections, 1997: 97–103. [H3]

Leistra, Josefine: Dutch Results and Methods of Various Projects in the Field of Restitution. In: Estonian – Russian Co-operation in Museology, 2001: 50–61. [H5]

Leistra, Josephin ; Christiaan J. Rupper ; Nout van Woudenberg: [Country Report] : The Netherlands. In: Spoils of War : International Newsletter (2000) Aug.=7: 53–65.

Lemaître, Henri: Les bibliothèques françaises pendant l'occupation. In: Mélanges de la Bibliothèque de la Sorbonne 10 (1990) 191–203.

Lenz, Wilhelm: Die Verlagerung des Revaler Stadtarchivs im Rahmen des „Archivschutzes" während des Zweiten Weltkriegs. In: Reval : Handel und Wandel vom 13. bis zum 20. Jahrhundert / Norbert Angermann ; Wilhelm Lenz (Hrsg.). (Schriften der Baltischen Historischen Kommission ; 8). Lüneburg : Nordostdeutsches Kulturwerk, 1997: 397–443.

Lerner, Ralph E.: The Nazi Art Theft Problem and the Role of the Museum : A Proposed Solution to Disputes over Title. In: New York University Journal of International Law and Politics 31 (1998) 15–41.

Les chefs-d'œuvre des collections privées françaises retrouvés en Allemagne par la Commission de récupération artistique et les services alliés : [Orangerie des Tuileries, juin–août 1946]. Paris : Imp. Frazier-Soye, [1946]. VI, 91 S.

Levin, Itamar: The Fate of Stolen Jewish Properties : The Cases of Austria and the Netherlands. Jerusalem : Institute of the World Jewish Congress, 1997. 30 S. (Policy Study ; 8)

Levy, Alan: Italy's Supersleuth for Art. In: Art News 82 (1982) Feb.: 104–108.

Lillie, Sophie: Was einmal war : Handbuch der enteigneten Sammlungen Wiens. Wien : Czernin, 2001. 160 S. (Bibliothek des Raubes ; 8)

Lippman, Matthew: Art and ideology in the Third Reich : the protection of cultural property and the humanitarian law of war. In: Dickinson Journal of International Law 17 (1998) 1–97.

Locke, Ian ; Stephen Ward: Nazi Looted Art : Britain and Post-War Restitution. London : Holocaust Educational Trust, 1998.

Lowenthal, Constance: [Presenter Statement, Break-out Session on Nazi-Confiscated Art Issues: Identification of Art, Archives and Databases]. In: Washington Conference on Holocaust-Era Assets, [1999]: 529–533. [H3]

Lowenthal, Constance: The Commission for Art Recovery of the World Jewish Congress. In: Spoils of War : International Newsletter (1999) Feb.=6: 20–22.

Lufkin, Martha: Caught Holding the Bag : When Stolen Art Claims Hit Museums Hosting Loan Shows. In: Art, Antiquity and Law 4 (1999) 63–64.

Lufkin, Martha: The Subpoena Heard Around the World : The Schiele Case and Other Legal Immunities for Art Loaned Into the US. In: Art, Antiquity and Law 4 (1999) 363–372.

Lufkin, Martha: Why Nazi Loot Ceased being "Stolen" when US Forces Seized it in Austria : The Federal "Schiele" Case. In: Art, Antiquity and Law 5 (2000) 305–317

Lussy, Florence de: Vicissitudes des archives maçonniques françaises sous le régime de Vichy (1940–1944). In: The return of looted collections, 1997: 33–44. [H3]

Lust, Jacques: [Country Report] : Belgium. In: Spoils of War : International Newsletter (1995) July=0: 9–10.
Fortsetzungen in: Spoils of War : International Newsletter (1995) Dec.=1: 16; (1996) July=2: 20–21; (1996) Dec.=3: 37–38.

Lust, Jacques: Recovery of Belgian Artworks and Libraries Lost During the Second World War. In: *Opper, Dieter ; Doris Lemmermeier:* Cultural Treasures Moved because of the War, 1995: 13–22. [H2]

Lust, Jacques: The Spoils of War Removed from Belgium during World War II. In: The Spoils of War, 1997: 58–62. [H2]

Lust, Jacques ; Nicolas Vanhove: [Country Report] : Belgium. In: Spoils of War : International Newsletter (1997) Aug.=4: 73.

Makaraityte, I.: A Thread That Runs Through Europe. In: Lithuania in the World 8 (2000) 4: 10–13.

Maldis, Adam: The Tragic Fate of Belarusan Museum and Library Collections During the Second World War. In: The Spoils of War, 1997: 77–80. [H2]

Manasse, Peter M.: Verschleppte Archive und Bibliotheken : Die Tätigkeit des Einsatzstabes Rosenberg während des zweiten Weltkrieges. St. Ingbert : Röhrig, 1997. 158 S.
Niederländische Originalausgabe: Verdwenen archieven en bibliotheken : de verrichtingen van de Einsatzstab Rosenberg geduurende de Tweede Wereldoorlog. Den Haag : NBLC Uitgeverij 1995. 108 S.

Manasse, Peter: Preservation of Historical Records and a Pro-Active Approach to Collections. In: The return of looted collections, 1997: 119–121. [H3]

Mann, Vivian B.: Jewish Ceremonial Art and Private Property. In: The Spoils of War, 1997: 84–87. [H2]

Mann, Vivian B.: Special Issues Affecting Jewish Museums and Libraries. In: New York University Journal of International Law and Politics 31 (1998) 43–46.

Martin, Dirk: Recovery of Belgian Archives Lost During the Second World War. In: *Opper, Dieter ; Doris Lemmermeier:* Cultural Treasures Moved because of the War, 1995: 23–27. [H2]

Martin, Dirk: Something New : Archives From the Einsatzstab Reichsleiter Rosenberg from Kiev have been brought to the Center "War and Society" (SOMA/CEGES) in Brussels. In: Spoils of War : International Newsletter (2000) Aug.=7: 71–75.

Mazurizkij, A.M.: Some Problems of Searching for Data About the Book Losses of Russia. In: Spoils of War : International Newsletter (2000) Aug.=7: 21–22.

Meekings, Cecil Anthony Francis: Rückgabe von Archiven an Polen. In: Der Archivar 1 (1948) 71–74.

Mellout, Itzhak: La spoliation des œuvres d'art. In: L'arche : Le mensuel du judaïsme français (1997) Mars= 471: 63–67.

Merryman, John Henry: Due Diligence? In: IFAR Journal 3 (2000) 3–4: 41–45.

Mevis, Annette: International Archives for the Women's Movement (IAV). In: Spoils of War : International Newsletter (1996) Dec.=3: 51–53.

Mevis, Annette: Women's Archives Recovered. In: The return of looted collections, 1997: 115–118. [H3]

Mężyński, Andrzej: Kommando Paulsen : Oktober–December 1939. In: Spoils of War : International Newsletter (1996) Dec.=3: 49–51.

Mężyński, Andrzej: Wissenschaftliche Bibliotheken im Generalgouvernement : Fakten und Mythen. In: Die Beziehungen der Berliner Staatsbibliothek nach Polen, 1997: 47–80. [F2]

Mężyński, Andrzej: Die Verluste der polnischen Bibliotheken während des Zweiten Weltkriegs im Lichte neuerer Archivforschungen. In: Displaced Books : Bücherrückgabe aus zweierlei Sicht, 1999: 34–40. [H3]

Mężyński, Andrzej: Kommando Paulsen : organisierter Kunstraub in Polen ; 1942–45. Köln : Dittrich, 2000. 186 S.

Mihan, George: Looted treasure : Germany's raid on art. London : Alliance Press, 1944. 93 S.

Miller, David L. Carey ; Nancy Leidinger: Natural Law in the Ascendancy : Forced Auction Title Defect ; A German Law Case Study. In: Art, Antiquity and Law 4 (1999) 251–255.

Milton, Sybil H.: Lost, Stolen, and Strayed : The Archival Heritage of Modern German-Jewish History. In: The Jewish Response to German Culture : From the Enlightenment to the Second World War ; [Essays Based on Papers Delivered at the International Conference on German Jews, Held at Clark University, Worcester, Massachusetts, October 8–11, 1983] / Jehuda Reinharz ; Walter Schatzberg (Hrsg.). Hanover, N. H. ; London : University Press of New England, 1985: 317–335.

Mravik, László: The "Sacco di Budapest" and depredation of Hungary 1938–1949 : works of art missing from Hungary as a result of the Second World War ; looted, smuggled, captured, lost and destroyed art works, books and archival documents ; preliminary and provisional catalogue. Budapest : Hungarian National Gallery ; Hungarian Ministry of Culture and Education, 1998. 468 S.

Muller, Eelke: Rapport Museale Verwervingen 1940–1948. Amsterdam : Nederlandse Museumvereniging, Commissie Museale Verwervingen, 2000. 224 S.

Nicholas, Lynn H.: [Presenter Statement, Plenary Session on Nazi-Confiscated Art Issues]. In: Washington Conference on Holocaust-Era Assets, [1999]: 449–452. [H3]

Nicholas, Lynn H.: The Rape of Europa : the Fate of Europe's Treasures in the Third Reich and the Second World War. London : Macmillan, 1994. X, 498 S. Dt. Ausg. u.d.T.: Der Raub der Europa : Das Schicksal europäischer Kunstwerke im Dritten Reich. München : Kindler, 1995. 640 S. Vollst. Taschenbuchausg.: München : Droemer Knaur, 1997. 640 S. (Knaur ; 77260)

Nicholas, Lynn H: World War II and the Displacement of Art and Cultural Property. In: The Spoils of War, 1997: 39–45. [H2]

Nicholas, Lynn H.: The Rape of European Art. In: American University International Law Review 14 (1998) 237–242.

Nierop, T.: De Rijksarchieven in de Tweede Wereldoorlog : Twee soorten bedreiging. In: Nederlands Archievenblad 99 (1995) 59–78.

Nikandrov, Nikolay: [Country Report] : Russia. In: Spoils of War : International Newsletter (1999) Feb.=6: 50–52.

Nikandrov, Nikolaj: Archivmaterialien zur Rückführung von Kulturgütern aus Deutschland in die UdSSR seit 1945. In: Gesten des guten Willens und Gesetzgebung, 2001: 299–304. [H2]

Novikova, Elena: Catalog of Archival Collections Lost in the Territory of the Russian Federation During World War II. In: Spoils of War : International Newsletter (2000) Aug.=7: 70–71.

Nowlan, Jacqueline: Cultural Property and the Nuremberg War Crimes Trial. In: Humanitäres Völkerrecht 6 (1993) 221–223.

O'Keefe, Patrick J.: The Draft Resolution on Looted Jewish Cultural Property Produced by the Parliamentary Assembly of the Council of Europe. In: Art, Antiquity and Law 4 (1999) 313–322.

O'Keefe, Patrick J.: Current developments in Europe concerning cultural heritage looted during the Nazi period and the Second World War. In: International Expert Meeting on the Return of Cultural Property and the Fight against its Illicit Trafficking, 2002: 95–100. [B2]

Ovsjanov, Avenir P.: Königsberg-Kaliningrad im Kontext verlagerter Kulturgüter. In: Gesten des guten Willens und Gesetzgebung, 2001: 322–327. [H2]

Page, Sharon: UK Museums and Galleries Statement. In: Washington Conference on Holocaust-Era Assets, [1999]: 569–572. [H3]

Palmer, Norman E.: Museums and the Holocaust : Law, Principles, and Practice. Leicester : Institute of Art and Law, 2000. XVII, 327 S.

Palmer, Norman E.: Museums and the Holocaust : The Futility of Litigation. In: Art, Antiquity and Law 5 (2000) 233–250.

Parisot, Véronique: La Joconde a le sourire : Récentes restitutions françaises de biens culturels spoliés pendant la Seconde Guerre mondiale. In: Rivista della cooperazione giuridica internazionale 2 (2000) 6: 36–55.

Parisot, Véronique: The Gentili di Giuseppe Case. In: International Journal of Cultural Property 10 (2001) 264–275.

Partsch, Karl Josef: Die Regelung der „äußeren Restitution" im Bonner Vertragswerk : Gutachten. In: Betriebs-Berater 24 (1952) 678–679.

Paterson, Robert K.: Hitler and Picasso : Searching for „The Degenerate". In: University of British Columbia Law Review 33 (1999) 91–102.

Perkins, Courtney S.: The Seattle Art Museum : A Good Faith Donee Injured in the Restoration of Art Stolen during World War II. In: The John Marshall Law Review 34 (2001) 613–635.

Perry, Victor: Stolen Art. Jerusalem [u.a.] : Gefen Publ. House, 2000. VII, 239 S.

Petropoulos, Jonathan: Not a Case of „Art for Art's Sake" : The Collecting Practices of the Nazi Elite. In: German Politics and Society (1994) 32: 107–124.

Petropoulos, Jonathan: The Importance of the Second Rank : The Case of the Art Plunderer Kajetan Mühlmann. In: Austro-Corporatism : Past, Present, Future / Günter Bischof ; Anton Pelinka (Hrsg.). (Contemporary Austrian Studies ; 4). New Brunswick, NJ : Transaction Publishers, 1996: 177–221.

Petropoulos, Jonathan: Art as Politics in the Third Reich. Chapel Hill ; London : The University of North Carolina Press, 1996. XVIII, 439 S.
Dt. Ausg.: Kunstraub und Sammelwahn : Kunst und Politik im Dritten Reich. Berlin : Propyläen, 1999. 510 S.

Petropoulos, Jonathan: For Germany and Themselves : The Motivation behind Nazi Leaders Plundering.
Part I. In: Spoils of War : International Newsletter (1997) Aug.=4: 66–70.
Part II. In: Spoils of War : International Newsletter (1998) June=5: 28–35.
Part III. In: Spoils of War : International Newsletter (1999) Feb.=6: 29–37.

Petropoulos, Jonathan: German Laws and Directives Bearing on the Appropriation of Cultural Property in the Third Reich. In: The Spoils of War, 1997: 106–111. [H2]

Petropoulos, Jonathan: Art Looting during the Third Reich : An Overview with Recommendations for Further Research. In: Washington Conference on Holocaust-Era Assets, [1999]: 441–448. [H3]

Petropoulos, Jonathan: The Faustian Bargain : The Art World in Nazi Germany. London [u.a.] : Allen Lane The Penguin Press, 2000. XVII, 395 S.

Piketty, Caroline ; Christophe Dubois ; Fabrice Launay: Guide des recherches dans les archives des spoliations et des restitutions. Paris : La Documentation Française, 2000. 316 S.

Pillages et Restitutions : Le destin des œuvres d'art sorties de France pendant la Seconde Guerre Mondiale ; actes du colloque organisé par la Direction des Musées de France, le 17 novembre 1996 à l'amphithéatre Rohan de l'Ecole du Louvre sous la présidence de Françoise Cachin / [les actes du colloque ont été préparés pour l'éd. par Robert Fohr ; Guillaume de La Broise]. Paris : Biro, 1997. 191 S.

Pirożyński, Jan ; Kristyna Ruszajowa: Die nationalsozialistische Bibliothekspolitik in Polen während des Zweiten Weltkrieges. In: Bibliotheken während des Nationalsozialismus : Teil 1 ; [Vorträge der 5. Jahrestagung des Wolfenbütteler Arbeitskreises für Bibliotheksgeschichte vom 11. bis 14. April 1988 in der Herzog August Bibliothek] / Peter Vodosek ; Manfred Komorowski (Hrsg.). (Wolfenbütteler Schriften zur Geschichte des Buchwesens ; 16). Wiesbaden : Harrassowitz, 1989: 199–232.

Plaut, James S.: Loot for the master race. In: Atlantic Monthly 178 (1946) 9: 57–63.

Plaut, James S.: Investigation of the Major Nazi Art-Confiscation Agencies. In: The Spoils of War, 1997: 124–125. [H2]

Pocock, Emily: Spoliation of Works of Art During the Holocaust and World War II Period : A Commentary on the National Museum Directors' Conference First Progress Report on Provenance Research for the Period 1933–1945. In: Art, Antiquity and Law 5 (2000) 81–96.

Pomrenze, Seymour J.: Offenbach Reminiscences : The Netherlands' Experiences. In: Spoils of War : International Newsletter (1996) July=2: 18–20.

Pomrenze, Seymour J.: Offenbach Reminiscences and the Restitutions to the Netherlands. In: The return of looted collections, 1997: 11–18. [H3]

Pomrenze, Seymour J.: Personal reminiscences of the Offenbach Archival Depot, 1946–49 : fulfilling international and moral obligations. Washington : U.S. Holocaust Museum, 1998. 6 S.
Auch in: Washington Conference on Holocaust-Era Assets, [1999]: 523–528. [H3]

Poste, Leslie Irlyn: Books Go Home From the Wars. In: Library Journal 73 (1948) 1699–1704.

Powell, Earl A.: [Presenter Statement, Plenary Session on Nazi-Confiscated Art Issues]. In: Washington Conference on Holocaust-Era Assets, [1999]: 469–471. [H3]

Présentation des œuvres récupérées après la Seconde guerre mondiale et confiées à la garde du musée national d'Art moderne : catalogue de l'exposition organisée au MNAM du 9 au 21 avril 1997. Paris : Centre Georges-Pompidou, 1997.

Pretzell, Lothar: Das Kunstgutlager Schloß Celle 1945–1958. Celle : Pohl, 1959. 121 S.

Pruszyńki, Jan: Cultural Losses of Poland and their Restitution. In: *Opper, Dieter ; Doris Lemmermeier:* Cultural Treasures Moved because of the War, 1995: 64–78. [H2]

Pruszyński, Jan: Poland : The War Losses, Cultural Heritage, and Cultural Legitimacy. In: The Spoils of War, 1997: 49–52. [H2]

Puloy, Monika Ginskey: High Art and National Socialism.
Part I: The Linz Museum as Ideological Arena. In: Journal of the History of Collections 8 (1996) 201–216.
Part II: Hitler's Linz Collection : Acquisition, Predation and Restitution. In: Journal of the History of Collections 10 (1998) 207–224.

Rappard-Boon, Charlotte E. van: The Fate of Works of Art in the Netherlands during and after World War II. In: Washington Conference on Holocaust-Era Assets, [1999]: 519–522. [H3]

Raschèr, Andrea F. G.: Richtlinien im Umgang mit Raubkunst : Die Washingtoner Konferenz über Vermögenswerte aus der Zeit des Holocaust (30. November bis 3. Dezember 1998). In: Aktuelle juristische Praxis = Pratique juridique actuelle 8 (1999) 155–160.

Raschèr, Andrea F. G.: Neue Lösungsmodelle für ein lange verdrängtes Problem : Die Washingtoner Richtlinien im Umgang mit Raubkunst. In: Gesten des guten Willens und Gesetzgebung, 2001: 100–106. [H2]

Rathkolb, Oliver: From "Legacy of Shame" to New Debates over Nazi Looted Art. In: Washington Conference on Holocaust-Era Assets, [1999]: 485–501. [H3]

Reisel, Berit ; Bjarte Bruland: [Country Report] : Norway. In: Spoils of War : International Newsletter (1998) June=5: 63–68.

Resnicoff, Steven H.: The Jewish Perspective on the Theft of Artworks Stolen During World War II. In: DePaul-LCA Journal of Art & Entertainment Law 10 (1999) 67–76.

Reuth, Ralf Georg: Auf der Spur des Bernsteinzimmers : Puschkin – Königsberg – Weimar – Coburg. Berlin : Propyläen, 1998. 304 S.

Ritchie, Andrew C.: Return of Art Loot from and to Austria. In: College Art Journal 5 (1946) 353–357.

Ritchie, Andrew C.: The restitution of art loot. In: Gallery Notes (Albright Art Gallery) 11 (1946) July: 3–10.

Rorimer, James J.: Survival : The Salvage and Protection of Art in War / in collaboration with *Gilbert Rabin*. New York : Abelard Pr., 1950. XI, 291 S.

Rosenberg, A. W.: Ets Haim–Livraria Montezinos. In: The return of looted collections, 1997: 107–110. [H3]

Ross, Marvin C.: The Kunstschutz in Occupied France. In: College Art Journal 5 (1946) 336–352.

Roth, Cecil: The Restoration of Jewish Libraries, Archives and Museums. In: Contemporary Jewish Record 8 (1944) June: 253–257.

Roth, Karl Heinz: Searching for Lost Archives : The Role of the Deutsche Arbeitsfront in the Pillage of Western European Trade-Union Archives. In: International Review of Social History 34 (1989) 272–286.

Roth, Karl Heinz: The International Institute of Social History as a Pawn of Nazi Social Research : New Documents on the History of IISH during German Occupation Rule from 1940 to 1944. In: International Review of Social History 34 (1989) Supplement: 1–88.

Roth, Karl Heinz: Klios rabiate Hilfstruppen : Archivare und Archivpolitik im deutschen Faschismus. In: Archivmitteilungen 41 (1991) 1–10.

Roth, Karl Heinz ; Karsten Linne: Searching for lost archives : New documentation on the pillage of trade union archives and libraries by the Deutsche Arbeitsfront (1939–1941) and on the fate of trade union documents in the postwar era. In: International Review of Social History 38 (1993) 163–207.

Rothstein, Susan H.: All's not fair for art in war : Proposal for the equitable exchange of Soviet and German art pillaged in World War II. In: DePaul-LCA Journal of Art & Entertainment Law 4 (1993) 35–48.

Roxan, David ; Ken Wanstall: The Jackdaw of Linz : The Story of Hitler's Art Thefts. London : Cassell, 1964. XII, 194 S. 2. Aufl., London [u.a.] : White Lion Publishers, 1976. XIV, 197 S.
Amerikan. Ausg. u.d.T.: The Rape of Art : The Story of Hitler's Plunder of the Great Masterpieces of Europe. New York : Coward-McCann, 1965. 195 S.
Franz. Ausg. u.d.T.: Butin de guerre. Paris : Presses de la Cité (Évreux, impr. Hérissey), 1965. 253 S.
Dt. Ausg. u.d.T.: Der Kunstraub : Ein Kapitel aus den Tagen des Dritten Reiches. München : List, 1966. 236 S.

Rückerstattung (Restitution). In: Die Deutsche Wirtschaft seit Potsdam : Ein Arbeitsbericht der Wirtschaftsabteilung der amerikanischen Militärregierung / Arthur Settel (Hrsg.). Oberursel : Europa Archiv, 1947: 53–58. (Dokumente des Europa-Archivs ; 1)

Sailer, Gerhard: [Country Report] : Austria. In: Spoils of War : International Newsletter (1996) Dec.=3: 35–38.

Sailer, Gerhard: Rückbringung und Rückgabe. In: Kunstraub, Kunstbergung und Restitution in Österreich 1938 bis heute, 1999: 31–38. [H3]

Schidorsky, Dov: Das Schicksal jüdischer Bibliotheken im Dritten Reich. In: Bibliotheken während des Nationalsozialismus : Teil 2 ; [Vorträge eines bibliothekshistorischen Seminars des Wolfenbütteler Arbeitskreises für Bibliotheksgeschichte vom 25. bis 27. September 1989 in der Herzog August Bibliothek] / Peter Vodosek ; Manfred Komorowski (Hrsg.). (Wolfenbütteler Schriften zur Geschichte des Buchwesens ; 16). Wiesbaden : Harrassowitz, 1992: 189–222.

Schlegelmilch, Stephan J.: Ghosts of the Holocaust : Holocaust Victim Fine Arts Litigation and a Statutory Application of the Discovery Rule. In: Case Western Reserve Law Review 50 (1999) 87–126.

Schneider, Wolfgang: Die neue Spur des Bernsteinzimmers : Tagebuch einer Kunstfahndung. Leipzig : Gustav Kiepenheuer, 1994. 203 S.

Schrenk, Christhard: Schatzkammer Salzbergwerk : Kulturgüter überdauern in Heilbronn und Kochendorf den Zweiten Weltkrieg. Heilbronn : Stadtarchiv Heilbronn, 1997. 405 S. (Quellen und Forschungen zur Geschichte der Stadt Heilbronn ; 8)

Schulz-Hoffmann, Carla: [Presenter Statement, Break-out Session on Nazi-Confiscated Art Issues: Principles to Address Nazi-Confiscated Art]. In: Washington Conference on Holocaust-Era Assets, [1999]: 573–575. [H3]

Schwartz, Robert: The Limits of the Law : A Call for a New Attitude Toward Artwork Stolen During World War II. In: Columbia Journal of Law and Social Problems 32 (1998) 1–33.

Schweiz / Bundesamt für Kultur / Arbeitsgruppe: Kulturgüter im Eigentum der Eidgenossenschaft : Untersuchung zum Zeitraum 1933 bis 1945. Bern : Eidg. Drucksachen- und Materialzentrale, 1998. VII, 30 S.

Schwemmer, Wilhelm: Die Reichskleinodien in Nürnberg : 1938–1945. In: Mitteilungen des Vereins für Geschichte der Stadt Nürnberg 65 (1978) 397–413.

Seidl-Hohenveldern, Ignaz: Kunstraub im Krieg. In: Lebendiges Recht : von den Sumerern bis zur Gegenwart ; Festschrift für Reinhold Trinkner zum 65. Geburtstag / Friedrich von Westphalen ; Otto Sandrock (Hrsg.). Heidelberg : Verl. Recht und Wirtschaft, 1995: 51–62.

Seidl-Hohenveldern, Ignaz: The Auction of the "Mauerbach Treasure". In: International Journal of Cultural Property 6 (1997) 247–265.

Seydewitz, Ruth ; Max Seydewitz: Die Dame mit dem Hermelin : Der größte Kunstraub aller Zeiten. Berlin : Henschel, 1963. 188 S.

Shavit, David: Jewish Libraries in the Polish Ghettos during the Nazi Era. In: Library Quarterly 52 (1982) 103–121.

Shvidkoi, Mikhail: Russian Cultural Losses during World War II. In: The Spoils of War, 1997: 67–71. [H2]

Siehr, Kurt: Rechtsfragen zum Handel mit geraubten Kulturgütern in den Jahren 1933-1950. In: Unabhängige Expertenkommission Schweiz – Zweiter Weltkrieg: Die Schweiz, der Nationalsozialismus und das Recht : Band II: Privatrecht = La Suisse, le national-socialisme et le droit : Volume II: Droit privé / Konzeption und Redaktion: Daniel Thürer ; Frank Haldemann. (Veröffentlichungen der Unabhängigen Expertenkommission Schweiz – Zweiter Weltkrieg ; 19). Zürich : Chronos-Verl., 2001: 125–203.

Simon, Matila: The Battle of the Louvre : The Struggle to Save French Art in World War II. New York : Hawthorn Books, 1971. X, 214 S.

Siviero, Rodolfo: Sulle opere d'arte italiane recuperate in Germania. In: Atti della Accademia Nazionale dei Lincei : Classe di scienze morali, storiche e filologiche ; Rendiconti. 8. Ser., Bd. 3 (1948) 30–40.

Siviero, Rodolfo: Second National Exhibition of the Works of Art Recovered in Germany. Florenz : Sansoni, 1950. XIV, 38 S.

Siviero, Rodolfo: Sul recupero dei dipinti del Pollaiuolo della Galleria degli Uffizi. In: Atti della Accademia Nazionale dei Lincei: Classe di Scienze morali, storiche e filologiche ; Rendiconti. 8. Ser., Bd. 18, fasc. 5–6 (1963) 426–438.

Siviero, Rodolfo: Esodo e ritorno delle opere d'arte italiane asportate durante la Seconda Guerra Mondiale = The Exodus and Return of Italian Works of Art Taken Away during the Second World War. In: L'opera ritrovata, 1984: 15–26 [it.]. [Englische Übersetzung: Annex: 7–19]

Siviero, Rodolfo: L'arte e il nazismo : Esodo e ritorno delle opere d'arte italiane 1938–1963. Firenze : Cantini, 1984. 215 S.

Smith, Abby: Recovering the Past : How Books and Archives Matter. In: Washington Conference on Holocaust-Era Assets, [1999]: 775–779. [H3]

Smyth, Craig Hugh: Repatriation of Art from the Collecting Point in Munich after World War II : Background and Beginnings ; With Reference especially to the Netherlands. Maarssen [u.a.] : Schwartz, 1988. 126 S. (Gerson lecture ; 3)

Smyth, Craig Hugh: The Establishment of the Munich Collecting Point. In: The Spoils of War, 1997: 126–130. [H2]

Smyth, Craig Hugh: A First-Hand Account of the MFA&A. In: IFAR Journal 3 (2000) 3–4: 40–41.

Soltes, Ori Z.: Spoliated and Restitutable Art and Their Databases. In: Washington Conference on Holocaust-Era Assets, [1999]: 547–551. [H3]

Sprang, Philippe: Archival Situation in France. In: *Opper, Dieter ; Doris Lemmermeier:* Cultural Treasures Moved because of the War, 1995: 150–151. [H2]

Starr, Joshua: Jewish Cultural Property under Nazi Control. In: Jewish Social Studies 12 (1950) 27–48.

Steenhaut, Wouter ; Michel Vermote: The Fate of the Archives and Books of the Belgian Socialist Movement. In: The return of looted collections, 1997: 75–86. [H3]

Stępniak, Władysław: Misja Adama Stebelskiego : rewindykacja archiwaliów polskich z Niemiec w latach 1945–1949 (Mission von Adam Stebelski : Rückforderung von polnischen Archivalien aus Deutschland 1945-1949). Warszawa ; Łódź : Państwowe Wydawnictwo Naukowe, 1989. 78 S. [Deutsche Zus.fassung S. 76–78 ; Engl. Zus.fassung S. 73–75]

Stubenvoll, Karl: „Unbekanten Ortes verschickt?" : Der Raub der Wiener Arbeiterkammerbibliothek 1938/39. In: Biblos <Wien> 39 (1990) 109–115.

Summary of the Roundtable Discussion on Nazi-Confiscated Libraries and Archives, September 11, 1998, Washington, DC. In: Washington Conference on Holocaust-Era Assets, [1999]: 925–928. [H3]

Talley, M. Kirby: Lost Treasures. In: Art News 89 (1990) Febr.: 138–147.

Taper, Bernard: Investigating Art Looting for the MFA&A. In: The Spoils of War, 1997: 135–138. [H2]

Tatarkiewicz, Władysław: Ethical Bases of Reparations. Warsaw : Ministry of Culture and Art, 1945. 24 S. (Publications of the Reparations Sections ; 3)

Tauber, Ronald S.: Restitution of Looted Art : A Practical Approach. In: Washington Conference on Holocaust-Era Assets, [1999]: 535–538. [H3]

Tchernik, Vasilii M.: [Country Report] : Belorussia. In: Spoils of War : International Newsletter (1996) Dec.=3: 38.

The return of looted collections (1946–1996) : an unfinished chapter ; proceedings of an International Symposium to Mark the 50th Anniversary of the Return of Dutch Book Collections from Germany in 1946 ; Amsterdam, 15 and 16 April 1996 / Frits J. Hoogewoud ; Josefine E.P. Leistra (Hrsg.). Amsterdam : Stichting beheer IISG, 1997. 126 S.

Thilo, Emile: La revendication de biens se trouvant en Suisse, dérobés en pays occupés pendant la guerre. In: Journal des Tribunaux / Partie 1 <Lausanne> 94 (1946) 25–30.

Thilo, Emile: La restitution des rapines de guerre : note de jurisprudence. In: Journal des tribunaux / Partie 1 <Lausanne> 96 (1948) 418–424.

Thilo, Emile: La restitution des rapines de guerre. In: Journal des tribunaux / Partie 1 <Lausanne> 100 (1952) 386–391.

Thomas, Alois: Kunstschutz und Kunstentfremdung im Krieg 1939 bis 1945 in Frankreich. In: Festschrift für Franz Graf Wolff Metternich. (Rheinischer Verein für Denkmalpflege und Landschaftsschutz : Jahrbuch ; 1974). Neuss : Verlag Gesellschaft für Buchdruckerei, 1973: 17–44.

Tomas, Charles: Masonic Losses During the Second World War in Belgium. In: Spoils of War : International Newsletter (1996) Dec.=3: 21–22.

Tomkiewicz, Władisław: Catalogue of Paintings removed from Poland by the German Occupation Authorities during the Years 1939–1945 : I. Foreign Paintings. Warsaw : Ministry of Culture and Art, 1950. 86 S. (Publications of the Reparations Sections ; 9)

Trenkler, Thomas: Der Fall Rothschild : Chronik einer Enteignung. Wien : Molden, 1999. 149 S.

Treue, Wilhelm: Zum nationalsozialistischen Kunstraub in Frankreich : der „Bargatzky-Bericht". In: Vierteljahreshefte für Zeitgeschichte 13 (1965) 285–337.

Trienens, Howard J.: Landscape with Smokestacks : The Case of the Allegedly Plundered Degas. Evanston, Ill. : Northwestern Univ. Press, 2000. XIV, 122 S.

Tully, Judd: Vanished Art, Vivid Memories. In: Art News 97 (1998) Jan.: 96–99.

Turner, Michelle I.: The Innocent Buyer of Art Looted During World War II. In: Vanderbilt Journal of Transnational Law 32 (1999) 1511–1548.

Turner, Stefan: Bemerkungen zur Restitutionspraxis nach dem 2. Weltkrieg, insbesondere zur Restitution von Kulturgütern. In: Liber discipulorum et amicorum : Festschrift für Prof. Dr. Kurt Siehr zum 65. Geburtstag / Peter Johannes Weber [u.a.] (Hrsg.). (Schweizer Schriften zum Vermögensrecht : Schriftenreihe von KPMG private ; 2). Zürich : Schulthess, 2001: 215–224.

Tyczyńska, Anna ; Krystyna Znojewska: Straty wojenne : malarstwo polskie ; obrazy olejne, pastele, akwarele utracone w latach 1939–1945 w granicach Polski po 1945 = Wartime losses : Polish Painting ; Oil Paintings, Pastels, Watercolours, Lost between 1939–1945 within Post-1945 Borders of Poland. Poznán : Ministerstwo Kultury i Sztuki, Biuro Pełnomocnika Rządu do Spraw Polskiego Dziedzictwa Kulturalnego za Granicą, 1998. 320 S.

Tyler, Barbara J.: The stolen museum : have United States art museums become inadvertent fences for stolen art works looted by the Nazis in World War II? In: Rutgers Law Journal 30 (1999) 441–471.

United States / Advisory Commission on Holocaust Assets in the United States: Plunder and Restitution : The U.S. and the Holocaust Victims' Assets ; Findings and Recommendations and Staff Report. Washington D.C. : U.S. Government Printing Office. 2000. 324 S.

United States / Office of Chief of Counsel for Prosecution of Axis Criminality: Nazi Conspiracy and Aggression. Washington, DC : United States Government Printing Office. Bd. 1 (1946) 1097–1116 [Kap. 14: The Plunder of Art Treasures].

Valland, Rose: Le front de l'art : Défense des collections françaises 1939–1945. Paris : Plon, 1961 [Neudruck: Paris : Réunion des Musées Nationaux, 1997]. 263 S.

Van Santen, Danielle: Les vols de tableaux durant la seconde guerre mondiale = The Theft of Pictures during the Second World War. In: Annuaire International des Œuvres et Objets d'Art Volés = International Yearbook of Stolen Works of Art 1992/1993 (1991) 1139–1156.

Vanhove, Nicolas: [Country Report] : Belgium. In: Spoils of War : International Newsletter (1998) June=5: 44.
Fortsetzung in: Spoils of War : International Newsletter (1999) Feb.=6: 38.

Vanhove, Nicolas: The Belgian Study Commission on the Destiny of Jewish Goods. In: Spoils of War : International Newsletter (2000) Aug.=7: 10–12.

Vlessing, O.: Recovering Looted Archives in Amsterdam. In: The return of looted collections, 1997: 113–114. [H3]

Vogt, David B.: U.S. District Court Decision Allows Lawsuit Claiming Looted Artworks in Austria to Proceed. In: International Journal of Cultural Property 11 (2002) 80–106.

Volkert, Natalia: Kunst- und Kulturraub im Zweiten Weltkrieg : Versuch eines Vergleichs zwischen den Zielsetzungen und Praktiken der deutschen und der sowjetischen Beuteorganisationen unter Berücksichtigung der Restitutionsfragen. Frankfurt a.M. [u.a.] : P. Lang, 2000. 252 S. (Europäische Hochschulschriften. Reihe 3, Geschichte und ihre Hilfswissenschaften ; 885)

Voolen, Edward van: The Jewish Historical Museum : A Partial Return of Looted Collections. In: The return of looted collections, 1997: 111–112. [H3]

Vries, Hans de: Exploring Western Archives in Russia. In: The return of looted collections, 1997: 87–90. [H3]

Vries, Willem de: The “Sonderstab Musik” of the “Einsatzstab Reichsleiter Rosenberg” 1940–1945. In: Spoils of War : International Newsletter (1995) Dec.=1: 9–12.

Vries, Willem de: Rosenberg's Music Theft Apparatus. In: The return of looted collections, 1997: 27–32. [H3]

Vries, Willem de: Sonderstab Musik : Music Confiscations by the Einsatzstab Reichsleiter Rosenberg under the Nazi Occupation of Western Europe. Amsterdam : Amsterdam University Press, 1996. 271 S.
Dt. Ausg. u.d.T.: Sonderstab Musik : organisierte Plünderungen in Westeuropa 1940–1945. Köln : Dittrich, 1998. 380 S.
2. Aufl. u.d.T.: Kunstraub im Westen 1940–1945 : Alfred Rosenberg und der „Sonderstab Musik“. Frankfurt a.M. : Fischer-Taschenbuch-Verl., 2000. 380 S. (Fischer-Taschenbücher ; 14768)

Walton, Kelly Diane: Leave No Stone Unturned : The Search for Art Stolen by the Nazis and the Legal Rules Governing Restitution of Stolen Art. In: Fordham Intellectual Property, Media and Entertainment Law Journal 9 (1999) 549–622.

Washington Conference on Holocaust-Era Assets, November 30-December 3, 1998 : Proceedings / J. D. Bindenagel (Hrsg.). Washington, DC : U.S. Government Printing Office, [1999]. XIX, 1146 S. (Department of State Publication ; 10603). [Nazi-Confiscated Art-Issues: 441–575; Archives, Books and the Role of Historical Commissions: 721–799]

Waxman, Sharon: Austria : Ending the Legacy of Shame. In: Art News 94 (1995) Sept.: 122–125.

Waxman, Sharon: Justice in Austria ... Finally? In: Art News 94 (1995) Jan.: 154–156.

Weber, Franz Konrad: Die Rückführung der in den Jahren 1938–1945 verschleppten österreichischen Buchbestände. In: Biblos <Wien> 28 (1979) 26–32.

Wechsler, Helen J. ; Teri Coate-Saal ; John Lukavic: Museum policy and procedures for Nazi-era issues. Washington, D.C. : American Association of Museums, 2001. XXI, 109 S. (Professional practice series)

Weil, Stephen. E.: The American Legal Response to the Problem of Holocaust Art. In: Art, Antiquity and Law 4 (1999) 285–300.

Weiß, Gottfried: Beutegüter aus besetzten Ländern : Die privatrechtliche Stellung des schweizerischen Erwerbers. In: Schweizerische Juristenzeitung 42 (1946) 265–274.

Wermusch, Günter: Die Bernstein-Zimmer-Saga. Berlin : Ch. Links Verlag ; München : Goldmann, 1991. 156 S.

Witte, Wilhelm: Tonbandgespräch mit Wilhelm Witte. In: Die Beziehungen der Berliner Staatsbibliothek nach Polen, 1997: 81–109. [F2]

Wohnout, Helmut: Schatten der Vergangenheit : Vermögensentzug, Rückstellung, Raubkunst und Währungsgold. In: Österreichisches Jahrbuch für Politik 1998 (1999) 345–363.

Yanitskaya, Maya M.: [Country Report] : Belorussia. In: Spoils of War : International Newsletter (1996) July=2: 21–23.

Yeide, Nancy H.: Behind the Lines : Lessons in Nazi-Era Provenance Research. In: Museum News 79 (2000) 6: 50–53, 56–59.

Zinich, Margarita S.: Location of Cultural Values Removed from Odtrogozhsk Museum is Unknown. In: Spoils of War : International Newsletter (2000) Aug.=7: 16–17.

Zinitch, Margarita S.: Das Schicksal der aus Deutschland zurückgekehrten Kulturgüter am Beispiel der Zentralen Aufbewahrungsstelle der Museumsfonds. In: Gesten des guten Willens und Gesetzgebung, 2001: 333–338. [H2]

H 4. Wegnahme von deutschen Kulturgütern durch die Alliierten und deren Restitution / German Cultural Objects Taken by the Allies and Their Restitution

505 Geheimnisse… Der Preußenschatz in Krakau : Drehbuch eines polnischen Dokumentarfilms. In: Die Beziehungen der Berliner Staatsbibliothek nach Polen, 1997: 140–158. [F2]

Afanasjew, Michail: Das deutsche Buch in den Bibliotheken Rußlands : Kulturelle Zusammenhänge und Fragen der Nutzung. In: Restitution von Bibliotheksgut, 1993: 32–43. [H4]

Akimova, Lyudmila: Moscow exhibits „The Treasures of Troy". In: Museum International <Paris> / Engl. Ausg. 49 (1997) 4=196: 42–48.

Akinsha, Konstantin: The Turmoil over Soviet War Treasures. In: Art News 90 (1991) Dec.: 110–115.

Akinsha, Konstantin: A Soviet-German Exchange of War Treasures? In: Art News 90 (1991) May: 134–139.

Akinsha, Konstantin: The Secret Depositories Slowly Open. In: Art News 91 (1992) Apr.: 48–50.

Akinsha, Konstantin ; Grigorii Kozlov: Spoils of War : The Soviet Union's Hidden Art Treasures. In: Art News 90 (1991) Apr.: 130–141.

Akinsha, Konstantin ; Grigorii Kozlov: The Soviets' War Treasures : A Growing Controversy. In: Art News 90 (1991) Sept.: 112–119.

Akinscha, Konstantin ; Grigori Koslow: Neue Spuren Alter Meister. In: Wostok : Informationen aus dem Osten für den Westen 38 (1993) 1: 84–86.
Stellungnahme dazu: *Falin, Valentin:* „Ich möchte die Ehre von Felix Wischnewski verteidigen". In: Wostok : Informationen aus dem Osten für den Westen 38 (1993) 3: 86–87.

Akinsha, Konstantin ; Grigorii Kozlov: To Return or Not to Return. In: Art News 93 (1994) Oct.: 154–159.

Akinsha, Konstantin ; Grigorii Koslov: The Discovery of the Secret Repositories. In: The Spoils of War, 1997: 162–165. [H2]

Akinscha, Konstantin ; Grigori Koslow ; Clemens Toussaint: Operation Beutekunst : Die Verlagerung deutscher Kulturgüter in die Sowjetunion nach 1945 ; zusammengestellt nach bisher unveröffentlichten Dokumenten aus Archiven der russischen Föderation. Nürnberg : Verlag des Germanischen Nationalmuseums, 1995. 96 S. (Wissenschaftliche Beibände zum Anzeiger des Germanischen Nationalmuseums ; 12)

Akinscha, Konstantin ; Grigori Koslow ; Clemens Toussaint: Russische Dokumente zur Beutekunst : Bemerkungen zum Aktenfonds Akinscha/Koslow im Archiv des Germanischen Nationalmuseums. In: Anzeiger des Germanischen Nationalmuseums (1997) 137–154.

Akinsha, Konstantin ; Kozlov, Grigorii ; Sylvia Hochfield: Beautiful Loot : The Soviet Plunder of Europe's Art Treasures. New York, N.Y. : Random House, 1995. XIII, 301 S.
Engl. Ausg. u.d.T.: Stolen Treasure : The Hunt for the World's Lost Masterpieces. London : Weidenfeld & Nicolson, 1995. XXIII, 289 S.
Dt. Ausg.: Beutekunst : auf Schatzsuche in russischen Geheimdepots. München : Dt. Taschenbuch-Verl., 1995. 337 S. (dtv ; 30526)

Alford, Kenneth D.: The Spoils of World War II : The American Military's Role in the Stealing of Europe's Treasures. New York : Birch Lane Press, 1994. XII, 292 S.

Aly, Götz ; Susanne Heim: Das Zentrale Staatsarchiv in Moskau („Sonderarchiv") : Rekonstruktion und Bestandsverzeichnis verschollen geglaubten Schriftguts aus der NS-Zeit. Düsseldorf : Hans-Böckler-Stiftung, 1993. 58 S.

Antonova, Irina: A Saga of Protection : Dresden's Old Masters at the A.S. Pushkin State Museum of Fine Arts, Moscow. In: Museum <Paris> / Engl. Ausg. 37 (1985) 175–180.

Antonowa, Irina: Kunstschätze als Opfer des Krieges. In: Berlin – Moskau 1900–1950 : [anlässlich der Ausstellung „Berlin – Moskau / Moskau – Berlin 1900–1950"; 3. September 1995–7. Januar 1996 im Martin-Gropius-Bau, Berlin ; 1. März 1996–1. Juli 1996 im Staatlichen Puschkin-Museum, Moskau] / Irina Antonowa ; Jörn Merkert (Hrsg.). München ; New York : Prestel, 1995: 469–473.

Argent, Pierre d': The Russian Law on Removed Cultural Property : Some International Law Remarks. In: Spoils of War : International Newsletter (1997) Aug.=4: 20–27.

Argent, Pierre d': La loi russe sur les biens culturels transférés : Beutekunst, aggression, réparations et contre-mesures. In: Annuaire Français de Droit International 44 (1998) 114–143.

Auer, Leopold: Captured Archives in Russia : The Issue of Restitution. In: Interdependence of Archives, 1998: 259–262. [A2]

Barkhausen, Hans: Deutsche Filme in den USA : Rückführung im Austausch. In: Der Archivar 19 (1966) 260–264.

Bauer, Hans-Joachim: Eilverfahren und einstweilige Verfügung zur Sicherung von Rechten an reportierten Kulturgegenständen. In: Gesten des guten Willens und Gesetzgebung, 2001: 221–233. [H2]

Beddie, James S.: The Berlin Document Center. In: Captured German and Related Records, 1974: 131–142. [H4]

Bender, Peter: Deutsche und Polen. In: Die Beziehungen der Berliner Staatsbibliothek nach Polen, 1997: 7–9. [F2]

Benninghoven, Friedrich: Verbleib, Vernichtung und Ersatz Reichs- und preußischer Behördenüberlieferungen. In: Der Archivar 31 (1978) 35–38.

Berg, Christoph von: Das Verhalten der Kunstmärkte beim Auftauchen von Beutekunst. In: Gesten des guten Willens und Gesetzgebung, 2001: 339–245. [H2]

Berger, Henning: Die Rückgabe von Beutekunst aus der Russischen Föderation : Zum Beutekunst-Urteil des Russischen Verfassungsgerichts vom 20. Juli 1999. In: IPRax : Praxis des Internationalen Privat- und Verfahrensrechts 20 (2000) 318–321.

Bernhardt, Marianne ; Klaus-Peter Rogner: Verlorene Werke der Malerei : In Deutschland in der Zeit von 1939 bis 1945 zerstörte und verschollene Gemälde aus Museen und Galerien. Berlin : Henschelverlag ; München : Ackermanns Kunstverlag, 1965.

Bingen, Dieter ; Kazimierz Wóycicki: Überlegungen der Kopernikus-Gruppe zu einer Lösung der Probleme um kriegsbedingt verbrachte Kulturgüter in Deutschland und Polen : Mitteilung über die zweite Sitzung der Kopernikus-Gruppe. In: Gesten des guten Willens und Gesetzgebung, 2001: 66–82. [H2]

Birkmeyer, Karl M.: Observations on the Tour of Berlin Masterpieces. In: College Art Journal 9 (1949/50) 19–24.

Blankenagel, Alexander: Eyes Wide Shut : Displaced Cultural Objects in Russian Law and Adjudication. In: East European Constitutional Review 8 (1999) 75–80.

Bleiker, Roland: The Politics and Ethics of Relocated Art. In: Australian Journal of International Affairs 53 (1999) 311–326.

Bljum, Arlen: Bücher als sowjetische Kriegstrophäen : Neue Dokumente zum Verbleib deutscher Bibliotheksbestände. In: Deutschland-Archiv 29 (1996) 248–252.

Blom, Joost: Laying Claim to Long-Lost Art : The Hoge Raad of the Netherlands and the Question of Limitation Periods. In: International Journal of Cultural Property 9 (2000) 138–150.

Boberach, Heinz: Das Schriftgut der staatlichen Verwaltung, der Wehrmacht und der NSDAP aus der Zeit von 1933–1945. In: Der Archivar 22 (1969) 137–152.

Boberach, Heinz: Die schriftliche Überlieferung der Behörden des Deutschen Reiches 1871–1945 : Sicherung, Rückführung, Ersatzdokumentation. In: Aus der Arbeit des Bundesarchivs : Beiträge zum Archivwesen, zur Quellenkunde und Zeitgeschichte / Heinz Boberach ; Hans Booms (Hrsg.). (Bundesarchiv <Koblenz>: Schriften ; 25). Boppard am Rhein : Boldt, 1977: 50–61.

Boberach, Heinz: Das deutsche Schriftgut in der Manuscript Division der Library of Congress in Washington. In: Der Archivar 36 (1983) 165–170.

Boguslavskij, Mark M.: Probleme der Rückführung von Kulturgütern (Bücher und Archivalien). In: 25. ABDOS-Tagung in Kiel (13.–16. Mai 1996) : Referate und Beiträge ; zusammengestellt von Walter Andreesen. (Staatsbibliothek zu Berlin – Preußischer Kulturbesitz, Veröffentlichungen der Osteuropa-abteilung ; 20). Berlin : Staatsbibliothek zu Berlin – Preußischer Kulturbesitz, 1996: 50–56.

Boguslavskij, Mark M.: About the Basic Legal Principles of the Russian Law. In: Spoils of War : International Newsletter (1997) Aug.=4: 27–29.

Boguslavsky, Mark M.: Legal Aspects of the Russian Position in Regard to the Return of Cultural Property. In: The Spoils of War, 1997: 186–190. [H2]

Booms, Hans: Rückgabe der sogenannten „Speer-Collection“ an das Bundesarchiv. In: Der Archivar 25 (1972) 292.

Booms, Hans: Die Rückführung der letzten deutschen Marineakten. In: Marine Rundschau 74 (1977) 612–614.

Born, Lester K.: The Ministerial Collecting Center near Kassel, Germany. In: The American Archivist 8 (1950) 237–258.

Brandt, Ahasver von: Schicksalsfragen deutscher Archive. In: Der Archivar 1 (1948) 133–139.

Breitenbach, Edgar: Historical Survey of the Activities of the Intelligence Department, MFA & A Section, OMGB, 1946-1949. In: College Art Journal 9 (1949/50) 192–198.

Bremen – Moskau – Bremen : 101 Blätter von Dürer bis Toulouse-Lautrec ; 1943 ausgelagert – zurückgekehrt 2000 / [Kunsthalle Bremen, Kupferstichkabinett]. Bremen, 2000.

Briggs, A.: Title to Tangible Movables in Times of Political Trouble. In: British Yearbook of International Law 69 (1998) 352–355.

Browder, George C.: Captured German and other Nations' Documents in the Osoby (Special) Archive, Moscow. In: Central European History 24 (1991) 424–445.

Bruhn, Peter: „Beutekunst" : Bibliographie des internationalen Schrifttums über das Schicksal des im Zweiten Weltkrieg von der Roten Armee in Deutschland erbeuteten Kulturgutes (Museums-, Archiv- und Bibliotheksbestände). Berlin : Staatsbibliothek zu Berlin – Preußischer Kulturbesitz, 2000. 366 S. (Literaturnachweise zu aktuellen Russland-Themen ; 1). (Veröffentlichungen der Osteuropa-Abteilung / Staatsbibliothek zu Berlin – Preussischer Kulturbesitz ; 26)

Burchardi, Kristiane: Der deutsch-russische Streit um die kriegsbedingt verlagerten Kulturgüter. Baden-Baden : Nomos-Verl.-Ges., 2000. 38 S. (Schriftenreihe der Juristischen Studiengesellschaft Hannover ; 31)

Burchardi, Kristiane ; Christof Kalb: Noch einmal zur „Beutekunst" : Eine Replik auf Wilfried Fiedlers kritische Einwände. In: Deutschland-Archiv 30 (1997) 791–795.

Burchardi, Kristiane ; Christof Kalb: Unterwegs nach Europa : Russland, Deutschland und der Streit um die „Beutekunst". In: Deutschland-Archiv 30 (1997) 939–945.

Burchardi, Kristiane ; Christof Kalb: The Russo-German Dispute on "Trophy Art" : A Counterpart to the Discussion on „Nazi-Looted Art". In: International Foundation for Art Research Journal 2 (1999) 19–23.

Burchardi, Kristiane ; Christof Kalb: „Beutekunst" als Chance : Perspektiven der deutsch-russischen Verständigung. München : Osteuropa-Institut, 1998. 39 S. (Mitteilungen Osteuropa-Institut München ; 38)

Burgemeister, Burghard: Zu praktischen Fragen der Rückführung des deutschen Bibliotheksgutes. In: Restitution von Bibliotheksgut, 1993: 86–104. [H4]

Burks, Sylvia K.: Kunstsammlungen zu Weimar v. Elicofon : Theft of Priceless Art Treasures Gives Raise to Protracted International Legal Battle. In: Texas International Law Journal 19 (1984) 189–212.

Burlackij, Fedor M.: Die offene Kultur und die Probleme der Restitution. In: Gesten des guten Willens und Gesetzgebung, 2001: 388–390. [H2]

Büttner, H.: Die Bestände des Meydenbauerschen Denkmälerarchivs und ihr Schicksal im und nach dem Zweiten Weltkrieg. In: Vermessungstechnik 20 (1972) 3: 87–90.

Captured German and Related Records : A National Archives Conference / Robert Wolfe (Hrsg.). Athens [Ohio] : Ohio University Press 1974. XIX, 279 S.

Carl, Michael H.: Beutekunst vor den Zivilgerichten : Auswirkungen des Londoner Urteils über das Bild von Joachim Wtewael aus Gotha. In: Gesten des guten Willens und Gesetzgebung, 2001: 249–256. [H2]

Costello, Steven: Must Russia Return the Artworks Stolen from Germany During World War II? In: ILSA Journal of International & Comparative Law [N.F.] 4 (1997) 139–148.

Däberitz, Ute: Verlustdokumentation der Gothaer Kunstsammlungen. Bd. 1: Die kunsthandwerklichen Sammlungen : Gold- und Silberschmiedeobjekte, Arbeiten aus Edel- und Halbedelsteinen, Elfenbein, Bernstein, Holz sowie Glas, Keramik und Varia / Bearb.: Ute Däberitz unter Mitarb. von Ilona Bajorat und Rüdiger Wilfroth. Wechmar : Kunstverl. Gotha, 1997. 160 S.

Decker, Andrew: Nazi Art Returns to Germany. In: Art News 83 (1984) Nov.: 143–144.

Decker, Andrew: "My Argument Was Not with the German People". In: Art News 91 (1992) Sept.: 36–37.

Decker, Andrew ; Ginger Henry Künzel: Never Look a Gift Horse in the Mouth. In: Art News 93 (1994) Apr.: 51–52.

Depta, Sylvia L.: Twice Saved or Twice Stolen? : The Trophy Art Tug-of-War between Russia and Germany. In: Temple International and Comparative Law Journal 10 (1996) 371–394.

Der Menschheit bewahrt : Schätze der Weltkultur, vom Altertum bis zur Gegenwart, von der Sowjetunion vor Kriegsschäden bewahrt, vor Verderb und Zerstörung gerettet und der Deutschen Demokratischen Republik übergeben. Dresden : Staatl. Kunstsammlungen, 1959. 145 S.

Der Quedlinburger Schatz / Dietrich Kötzsche (Hrsg.). 2., korrigierte Aufl., Berlin : Kulturstiftung der Länder, 1994. XX., 140 S. (Patrimonia ; 30)
Parallelausgabe: Der Quedlinburger Schatz wieder vereint : Katalog zur Ausstellung im Kunstgewerbemuseum, Staatliche Museen zu Berlin, Preußischer Kulturbesitz, vom 31. 10. 1992 bis zum 30. 5. 1993. Berlin : Ars Nicolai, 1992.

Deshmukh, Marion: Recovering culture : the Berlin National Gallery and the U.S. occupation 1945–1949. In: Central European History 27 (1994) 411–439.

Deutschland <Bundesrepublik> / Bundesministerium für gesamtdeutsche Fragen: Die Verluste der öffentlichen Kunstsammlungen in Mittel- und Ostdeutschland 1943–1946. Bonn : Deutscher Bundes-Verlag, 1954. 69 S. (Bonner Berichte aus Mittel- und Ostdeutschland)

Die Beziehungen der Berliner Staatsbibliothek nach Polen : Reflexionen zur Zeit- und Bestandsgeschichte / Antonius Jammers (Hrsg.). Wiesbaden : Reichert, 1997. 186 S. (Beiträge aus der Staatsbibliothek zu Berlin – Preußischer Kulturbesitz ; 5)

Die Trophäenkommissionen der Roten Armee : Eine Dokumentensammlung zur Verschleppung von Büchern aus deutschen Bibliotheken / Klaus-Dieter Lehmann ; Ingo Kolasa (Hrsg.). Frankfurt a.M. : Klostermann, 1996. 251 S. (Zeitschrift für Bibliothekswesen und Bibliographie : Sonderheft ; 64)

Diebstahl von Gemälden. Frankfurt a.M. : Information Control Branch O.M.G., [1946?]. [50] S.
[A list of paintings stolen from the Städel'sches Kunstinstitut and the Städtische Galerie, Frankfort on the Main, and from private collections which were stored by these museums. With reproductions.]
Diebstahl von Gemälden. (Nachtrag.) [Frankfurt a.M.], [1946?].

Diestelkamp: Die Lage der deutschen Ostarchive. In: Der Archivar 3 (1950) 78–94.

Dmitrieva, Karina : Displaced Book Collections and the All Russian Library for Foreign Literature. In: Estonian – Russian Co-operation in Museology, 2001: 47–49. [H5]

Dokumentation der durch Auslagerung im 2. Weltkrieg vermißten Kunstwerke der Kunsthalle Bremen / Der Kunstverein in Bremen ; Kunsthalle Bremen ; Siegfried Salzmann (Hrsg.). Bremen : Der Kunstverein in Bremen ; Kunsthalle Bremen, 1991. 279 S.
2. Aufl. u.d.T.: A Catalogue of the Works of Art from the Collection of the Kunsthalle Bremen Lost during Evacuation in the Second World War / Andreas Kreul ; Anne Röver-Kann (Hrsg.). [2nd, rev. and completed ed. in engl.], Bremen : Kunstverein : Kunsthalle, 1997. 279 S.

Dolzer, Rudolf: „Kompensatorische Restitution“? In: Neue Juristische Wochenschrift 53 (2000) 560–562.

Domagala, Rosemarie: Die Rüstkammer der Wartburg. Eisenach : Wartburg-Stiftung, 1990. 112 S. (Kleine Schriftenreihe der Wartburgstiftung ; 3)

Drimmer, Jonathan: Hate Property : A Substantive Limitation for America's Cultural Property Laws. In: Tennessee Law Review 65 (1998) 691–760.

Drobnig, Ulrich: Amerikanische Gerichte zum internationalen Sachenrecht auf dem Hintergrund der Teilung Deutschlands. In: IPRax : Praxis des Internationalen Privat- und Verfahrensrechts 4 (1984) 61–65.

Easton, Donald F.: Priam's Gold : The Full Story. In: Anatolian Studies 44 (1994) 221–243.

Easton, Donald F.: The Troy Treasures in Russia. In: Antiquity <Oxford> 69 (1995) 11–14.

Ebert, Hans: Über das Schicksal vermißter Werke der Dresdener Galerie 1935–1980. In: Sächsische Heimatblätter 26 (1980) 97–123.

Eckstein, John A.: Recent Decisions : Recognition – Standing to Sue – Arm and Agency of Unrecognized Government not Entitled to Sue or Intervene in United States Courts ; Kunstsammlungen zu Weimar v. Elicofon. In: Virginia Journal of International Law 14 (1974) 329–337.

Ehrmann, Howard, M.: The German Naval Archives (Tambach). In: Captured German and Related Records, 1974: 157–162. [H4]

Eichwede, Wolfgang: Restitutions between Ukraine and Germany. In: Spoils of War : International Newsletter (1995) Dec.=1: 42–43.

Eichwede, Wolfgang: Deutsch-russische Irritationen : Kunst als Beute zwischen Recht und Geschichte. In: Deutschland-Archiv 29 (1996) 86–92.

Eichwede, Wolfgang: Models of Restitution (Germany, Russia, Ukraine). In: The Spoils of War, 1997: 216–220. [H2]

Eller, Ernest M.: United States Navy Microfilm of the German Naval Archives. In: Captured German and Related Records, 1974: 163–172. [H4]

Elmer, Trey G.: A Question of Dignity : An Equitable Solution to the Trophy Art Debate. In: New York Law School Journal of International and Comparative Law 20 (2000) 117–135.

Elsner, Tobias von: Alles verbrannt? : Die verlorene Gemäldegalerie des Kaiser Friedrich Museums Magdeburg ; Sammlungsverluste durch Kriegseinwirkungen und Folgeschäden. Magdeburg : Magdeburger Museen, 1995. 126 S. (Magdeburger Museumshefte ; 5)

Elsner, Tobias von: The Return of the Luther Manuscript "Wider Hans Worst" ("Against Hans Worst") to Germany. In: Spoils of War : International Newsletter (1996) July=2: 41–44.

Enders, Gerhart: Die ehemaligen deutschen Militärarchive und das Schicksal der deutschen Militärakten nach 1945. In: Zeitschrift für Militärgeschichte 8 (1969) 599–608.

Faison, S. Lane: Transfer of Custody to the Germans. In: The Spoils of War, 1997: 139–141. [H2]

Falin, Valentin: „Ich möchte die Ehre von Felix Wischnewski verteidigen". In: Wostok : Informationen aus dem Osten für den Westen 38 (1993) 3: 86–87. Stellungnahme zu: *Akinscha, Konstantin ; Grigori Koslow:* Neue Spuren Alter Meister. In: Wostok : Informationen aus dem Osten für den Westen 38 (1993) 1: 84–86.

Farmer, Walter I.: Custody and Controversy at the Wiesbaden Collecting Point. In: The Spoils of War, 1997: 131–134. [H2]

Fiedler, Wilfried: Kunstraub und internationaler Kulturgüterschutz : Wann endet die Odyssee des „Schatzes des Priamos"? In: Magazin Forschung / Universität des Saarlandes 2 (1991) 2–5.

Fiedler, Wilfried: Kulturgüter als Kriegsbeute? : Rechtliche Probleme der Rückführung deutscher Kulturgüter aus Rußland. Heidelberg : C. F. Müller, 1995. VIII, 49 S.

Fiedler, Wilfried: Why Has the War Loot Question Still Not Been Resolved? In: The Art Newspaper 6 (1995) Jan.=44: 18–20.

Fiedler, Wilfried: Zwischen Kriegsbeute und internationaler Verantwortung : Kulturgüter im Internationalen Recht der Gegenwart : Plädoyer für eine zeitgemäße Praxis des Internationalen Rechts. In: Neues Recht zum Schutz von Kulturgut, 1997: 147–159. [A2]

Fiedler, Wilfried: Legal Issues Bearing on the Restitution of German Cultural Property in Russia. In: The Spoils of War, 1997: 175–178. [H2]

Fiedler, Wilfried: Unterwegs zu einem europäischen Beutemuseum? : Zum Vorschlag der Errichtung einer deutsch-russischen Kulturstiftung. In: Deutschland-Archiv 31 (1998) 258–270.

Fiedler, Wilfried: Russian Federal Law of 13 May 1997 on Cultural Values that have been Displaced to the U.S.S.R. as a Result of World War II and are to be Found in the Russian Federation Territory. In: International Journal of Cultural Property 7 (1998) 512–525.

Fiedler, Wilfried: Warum wird um die Kriegsbeute noch immer gestritten? In: 50 Jahre sowjetische und russische Deutschlandpolitik sowie ihre Auswirkungen auf das gegenseitige Verhältnis / Boris Meissner ; Alfred Eisfeld (Hrsg.). (Studien zur Deutschlandfrage ; 14). (Veröffentlichung / Göttinger Arbeitskreis ; 467). Berlin : Duncker und Humblot, 1999: 263–269.

Fiedler, Wilfried: „Kriegsbeute“ im internationalen Recht. In: Kunstraub – ein Siegerrecht?, 1999: 47–61. [G1]

Fiedler, Wilfried: The Experience of the Special Russo-German Commission for the Restitution of Cultural Property. In: Resolution Methods for Art-Related Disputes, 1999: 199–215. [D4]

Finke, Dietmar H.: The Use of Captured German and Related Records in Official Military Histories. In: Captured German and Related Records, 1974: 65–72. [H4]

Finkenauer, Thomas: Zum Begriff der Rechtsnachfolge in § 221 BGB. In: Juristen-Zeitung (2000) 241–247.

Flescher, Sharon: Update : A Resolution to a WW II German University Mystery. In: IFAR Journal 1 (1998) 2: 14–16.

Fletcher, Harry R.: The Use of Captured German and Related Records by the United States Air Force. In: Captured German and Related Records, 1974: 73–91. [H4]

Frankfurter, Alfred: Return of the Dresden Paintings. In: Art News 55 (1956) Febr.: 21–25.

Franz, Michael M.: Beutekunst-Musterprozess entschieden : Wtewael-Gemälde zurück in Deutschland. In: Kunstrecht und Urheberrecht 1 (1999) 298–301.

Franz, Michael Markus: Test Case on Looted Art Decided : Painting by Wtewael Returned to Germany. In: Spoils of War : International Newsletter (1999) Feb.=6: 7–10.

Gambrell, Jamey: Displaced Art. In: Art in America 83 (1995) 88–95, 120.

Garber, Klaus: Erbeutete Kultur hat im werdenden Europa keinen Platz! In: Zeitschrift für Bibliothekswesen und Bibliographie 47 (2000) 143–154.

Gattini, Andrea: Restitution by Russia of Works of Art Removed from German Territory at the End of the Second World War. In: European Journal of International Law = Journal Européen de Droit International 7 (1996) 67–88.

Genieva, Ekaterina: Library Losses, Pilot Projects of Libraries in Russia. In: Spoils of War : International Newsletter (1996) Dec.=3: 15–16.

Genieva, Ekaterina: German Book Collections in Russian Libraries. In: The Spoils of War, 1997: 221–224. [H2]

Genieva, Ekaterina: German Literary Treasures in the Russian State Library for Foreign Literature. In: The return of looted collections, 1997: 91–96. [H3]

Goldbeck, Herman G.: The German Military Documents Section and the Captured Records Section. In: Captured German and Related Records, 1974: 31–61. [H4]

Goldmann, Klaus: Der Schatz des Priamos : Zum Schicksal von Heinrich Schliemanns „Sammlung Trojanischer Altertümer". In: Antike Welt 22 (1991) 195–206.

Goldmann, Klaus: … das Schliemann-Gold vor Augen : Protokoll einer Dienstreise nach Moskau. In: Antike Welt 25 (1994) 4: 1–2.

Goldmann, Klaus: L'art et les prises de guerre. In: Archäologisches Nachrichtenblatt 1 (1996) 219–224.

Goldmann, Klaus: Restitution by the Museum of Pre- and Early History in Berlin : Two Examples. In: Spoils of War : International Newsletter (1996) July=2: 44.

Goldmann, Klaus: The Treasure of Troy : Hidden History. In: Spoils of War : International Newsletter (1996) July=2: 12–14.

Goldmann, Klaus: The Trojan Treasures in Berlin : The Disappearance and Search for the Objects after Wold War II. In: The Spoils of War, 1997: 200–203. [H2]

Goldmann, Klaus: The Treasure of the Berlin State Museums and Its Allied Capture : Remarks and Questions. In: International Journal of Cultural Property 7 (1998) 308–341.

Goldmann, Klaus ; Wolfgang Schneider: Das Gold des Priamos : Geschichte einer Odysee. Leipzig : Gustav Kiepenheuer Verlag, 1995. 189 S.

Gosslau, Friedemann: Verloren, gefunden, heimgeholt : Die Wiedervereinigung des Quedlinburger Domschatzes. Quedlinburg : Quedlinburg Druck, 1996. 72 S.

Grahn, Gerlinde ; Helmut Lötzke ; Johanna Weiser: Die Hilfe und Unterstützung der UdSSR für den Schutz und die Sicherung des Staatlichen Archivfonds der DDR. In: Archivmitteilungen 25 (1975) 47–52.

Grimsted, Patricia Kennedy: Captured Archives and Restitution Problems on the Eastern Front : Beyond the Bard Graduate Center Symposium. In: The Spoils of War, 1997: 244–251. [H2]

Grimsted, Patricia Kennedy: "Trophy" Archives and Non-Restitution. In: Archives of Russia Five Years After : "Purveyors of Sensations" or "Shadows Cast to the Past"? / Patricia Kennedy Grimsted. (IISH Research Papers ; 26). Amsterdam : International Institute of Social History, 1997: 60–89.

Grimsted, Patricia Kennedy: Bach Scores in Kyiv : The Long-lost Music of the Berlin Sing-Akademie Surfaces in Ukraine. In: Spoils of War : International Newsletter (2000) Aug.=7: 23–35.

Grimsted, Patricia Kennedy: Twice Plundered or "Twice Saved"? : Identifying Russia's "Trophy" Archives and the Loot of the Reichssicherheitshauptamt. In: Holocaust and Genocide Studies <Oxford> 15 (2001) 191–244.

Grohn, Hans-Werner: Report on the Return of Works of Art from the Soviet Union to Germany. In: The Burlington Magazine 101 (1959) 56–62.

Guggenheim, Jack Achiezer: Art & Atrocity : Cultural Depravity Justifies Cultural Deprivation. In: Fordham Intellectual Property, Media and Entertainment Law Journal 8 (1998) 699–731.

Gujer, Eric: Moskau und die harte Haltung zur Beutekunst. In: Das Geschäft mit der Raubkunst, 1998: 115–122. [G3]

Hall, Ardelia R.: German Libraries in Italy Returned to the Federal Republic of Germany. In: College Art Journal 12 (1953) 342–345.

Hamann, Olaf: Auf Büchersuche. In: Mitteilungen der Staatsbibliothek zu Berlin – Preußischer Kulturbesitz N.F. 10 (2001) 130–149.

Hamann, Olaf ; Daniela Lülfing ; Andreas Mälck: Glückliches Ende einer Odyssee : Die Rückkehr von 70000 kriegsbedingt verlagerten Büchern aus Georgien nach Deutschland. In: Zeitschrift für Bibliothekswesen und Bibliographie 44 (1997) 599–616.

Hamlin, Gladys E.: German Paintings in the National Gallery : Official Statement. In: College Art Journal 5 (1946) 75–77.

Hammond, Mason: The War and Art Treasures in Germany. In: College Art Journal 5 (1946) 205–218.

Hansen, Jost: Restitution in the GDR : Files in the Archives of the Ministry for Foreign Affairs ("Auswärtiges Amt"). In: Spoils of War : International Newsletter (1995) Dec.=1: 37–39.

Hartwig, Matthias: Moskau locuta – causa non finita : Das Beutekunst-Gesetz vor dem Verfassungsgericht der Russischen Föderation. In: Europäische Grundrechte Zeitschrift 25 (1998) 369–373.

Hartwig, Matthias: Vae victis : Völkerrechtliche Fragwürdigkeiten in der Argumentation des Russischen Verfassungsgerichts zum Beutekunst-Gesetz. In: Europäische Grundrechte Zeitschrift 26 (1999) 553–563.

Heinsius, Paul: Der Verbleib des Aktenmaterials der deutschen Kriegsmarine. In: Der Archivar 8 (1955) 75–86.

Henke, Josef: Das amerikanisch-deutsche OMGUS-Projekt : Erschließung und Verfilmung der Akten der amerikanischen Militärregierung in Deutschland 1945–1949. In: Der Archivar 35 (1982) 149–158.

Henke, Josef: Das Schicksal deutscher zeitgeschichtlicher Quellen in Kriegs- und Nachkriegszeit : Beschlagnahme – Rückführung – Verbleib. In: Vierteljahreshefte für Zeitgeschichte 30 (1982) 557–620.

Henrich, Dieter: Beethoven, Hegel und Mozart auf der Reise nach Krakau. In: Neue Rundschau 88 (1977) 165–199.

Hering, Jürgen: Restitution kriegsbedingt verlagerter Kulturgüter : Ein neues Kapitel zur Rückführung deutscher Bücher aus Rußland. In: Bücher für die Wissenschaft : Bibliotheken zwischen Tradition und Fortschritt ; Festschrift für Günter Gattermann zum 65. Geburtstag / Gert Kaiser (Hrsg.). München [u.a.] : K. G. Saur, 1994: 293–303.

Hering, Jürgen: Trophäenbücher und Beutekunst : Muß Deutschland seine Kriegsverluste abschreiben? In: Wissenschaftliche Bibliotheken nach der Wiedervereinigung Deutschlands : Entwicklung und Perspektive ; Kolloquium aus Anlaß des 300jährigen Bestehens der Universitäts- und Landesbibliothek Sachsen-Anhalt, am 6. März 1996 in Halle (Saale) / Joachim Dietze ; Brigitte Scheschonk (Hrsg.). Halle (Saale) : Martin-Luther Universität Halle-Wittenberg, Universitäts- und Landesbibliothek Sachsen-Anhalt, 1996: 33–47.

Heydenreuter, Reinhard: Kunstraub : Die Geschichte des Quedlinburger Stiftsschatzes. Esslingen : Bechtle, 1993. 240 S.

Hill, Richard S.: The former Prussian state library. In: Notes, 2nd series 3 (1946) 327–350.

Hiller, Armin: The German-Russian Negotiations over the Contents of the Russian Repositories. In: The Spoils of War, 1997: 179–185. [H2]

Hochfield, Sylvia: Under a Russian Sofa : 101 Looted Treasures. In: Art News 92 (1993) Apr.: 120–125.

Hoffman, Barbara: The Spoils of War : How the law interprets ownership of plundered artifacts. In: Archaeology 46 (1993) Nov./ Dec.: 37–41.

Höhn, Christine: Die Verlagerung deutscher Kulturgüter nach dem Zweiten Weltkrieg aus völkerrechtlicher Sicht. In: Humanitäres Völkerrecht 8 (1995) 26–32.

Holler, Wolfgang: Return of Three Albums from the Ukraine to the Department of Prints and Drawings Dresden. In: Spoils of War : International Newsletter (1996) Dec.=3: 62–63.

Honan, William H.: Journalist on the Chase. In: The Spoils of War, 1997: 153–155. [H2]

Honan, William H.: Treasure Hunt : A New York Times Reporter Tracks the Quedlinburg Hoard. New York : Fromm. 1997. VIII, 289 S.

Höpfner, Gerd: Die Rückführung der „Leningrad-Sammlung“ des Museums für Völkerkunde. In: Jahrbuch Preußischer Kulturbesitz 29 (1992) 157–171.

Horna, Dagmar: Microfilming of German Records in the National Archives. In: The American Archivist 22 (1959) 433–443.

Ilatovskaya, Tatiana: Master Drawings Rediscovered : Treasures from Prewar German Collections. Moskau : The Ministry of Culture of the Russian Federation ; St. Petersburg : The State Hermitage Museum ; New York : Abrams, 1996. 224 S.

Jähne, Armin: Geheimsache Troja : der Streit um Schliemanns Gold. Leipzig : Militzke Verl., 1998. 224 S.

Jayme, Erik: Kunstwerke als Kriegsbeute : Restitution und Internationales Privatrecht im deutsch-französischen Rechtsverkehr. In: IPRax : Praxis des Internationalen Privat- und Verfahrensrechts 15 (1995) 260–261.

Jena, Kai von: Target-Lists and German Cultural Material : Findings of a Research Trip to the National Archives Washington. In: Spoils of War : International Newsletter (1998) June=5: 80–85.

Jena, Kai von ; Wilhelm Lenz: Die deutschen Bestände im Sonderarchiv in Moskau. In: Der Archivar 45 (1992) 457–467.

Johannes, Eva: Die Rückführung der Bestände aus Polen in die Deutsche Staatsbibliothek, ein Beitrag zur Geschichte der Deutschen Staatsbibliothek. Fachabschlußarbeit. Fachschule für wissenschaftliche Information und wissenschaftliches Bibliothekswesen / Fachrichtung wissenschaftliche Allgemein- und Fachbibliotheken. Berlin 6. 6. 1990. 31 S.

Kahlenberg, Friedrich P.: Deutsche Archive in West und Ost : Zur Entwicklung des staatlichen Archivwesens seit 1945. (Mannheimer Schriften zur Politik und Zeitgeschichte ; 4). Düsseldorf : Droste, 1972. 153 S.

Kaiser, Stephan: Eine lange Verlagerungsgeschichte : Berliner Bibliotheksschätze in Krakau. In: Kulturpolitische Korrespondenz : Berichte, Meinungen, Dokumente (1994) 897: 18–20.

Kent, George O.: The German Foreign Ministry Archives. In: Captured German and Related Records, 1974: 119–130. [H4]

Kienle, Christiane: The Return of Ivory Sculptures to Germany. In: Spoils of War : International Newsletter (1996) Dec.=3: 59–61.

Kienle, Christiane: Return to Dresden after Decades : An Exhibition of the State Galleries Dresden. In: Spoils of War : International Newsletter (1998) June=5: 35–37.

Killellea, Kent L.: Property Law : International Stolen Art ; Kunstsammlungen zu Weimar v. Elicofon. In: Harvard International Law Journal 23 (1982) 466–472.

Kittel, Peter ; Jan Pirożyński: Bestände aus der früheren Preußischen Staatsbibliothek in Polen. In: Jahrbuch Preußischer Kulturbesitz 29 (1992) 113–126.

Klausewitz, Wolfgang: Beutekunst : Versuch einer Dokumentation. In: Museumskunde 57 (1992) 130–136.

Kline, Thomas: Recovering Wartime Losses and Other Stolen Art and Cultural Property Found in the United States. In: Spoils of War : International Newsletter (1996) Dec.=3: 6–9.

Kline, Thomas: The Russian Bill to Nationalize Trophy Art : An American Perspective. In: Spoils of War : International Newsletter (1997) Aug.=4: 31–36.

Kline, Thomas: Legal Issues Relating to the Recovery of the Quedlinburg Treasures. In: The Spoils of War, 1997: 156–158. [H2]

Kline, Thomas: Recent Developments in the Recovery of Old Master Drawings from Bremen. In: Spoils of War : International Newsletter (1998) June=5: 15–18.

Klugmann, Claudia: Kriegsverluste der Gemälde- und Plastiksammlung des Museums der bildenden Künste. In: Jahresheft / Museum der bildenden Künste <Leipzig> 1.1994 (1995) 7–40.
Fortsetzung u.d.T.: Ergänzungen und Korrekturen zum Verzeichnis der Kriegsverluste im Jahresheft 1994 / Renate Hartleb. In: Jahresheft / Museum der bildenden Künste <Leipzig> 2.1995 (1996) 39–43.

Knyschewskij, Pawel Nikolaewitsch: Moskaus Beute : Wie Vermögen, Kulturgüter und Intelligenz nach 1945 aus Deutschland geraubt wurden. München ; Landsberg am Lech : Olzog, 1995. 240 S.

Kogelfranz, Siegfried ; Willi A. Korte: Quedlinburg-Texas und zurück : Schwarzhandel mit geraubter Kunst. München : Droemer Knaur, 1994. 511 S.

Kolasa, Ingo: Sag mir wo die Bücher sind... : Ein Beitrag zu „Beutekulturgütern" und „Trophäenkommissionen". In: Zeitschrift für Bibliothekswesen und Bibliographie 42 (1995) 339–364.

Kolasa, Ingo: A Splendid Gesture : Chronology of a Restitution. Part I. In: Spoils of War : International Newsletter (1996) Dec.=3: 53–57. [Part II s. *Mosidse* H4]

Kolasa, Ingo: Where Have All the Volumes Gone? : A Contribution to the Discussion of "Captured Cultural Property" and "Trophy Commissions". In: College and Research Libraries 57 (1996) 501–513.

Korkmasova, Evgenia: Review of the Russian Press for 1997 on the Question of the Restitution of Cultural Values. In: Spoils of War : International Newsletter (1997) Aug.=4: 48–52.
Fortsetzungen in: Spoils of War : International Newsletter (1998) June=5: 41–43; (1999) Feb.=6: 22–25; (2000) Aug.=7: 36–38.

Korte, Willi: Search for the Treasures. In: The Spoils of War, 1997: 150–152. [H2]

Korte, Willi ; Thomas Kline: U.S. Court Orders Return of Drawings Stolen After World War II to Kunsthalle Bremen. In: Spoils of War : International Newsletter (1995) Dec.=1: 40–41.

Koslow, Grigorij: Wie und mit welchem Ziel Stalin seine Kulturverluste im Krieg zählte. In: „Betr.: Sicherstellung", 1998: 141–168. [H3]

Kostenevic, Albert: Hidden treasures revealed : Impressionist masterpieces and other important French paintings preserved by The State Hermitage Museum, St. Petersburg. New York, N.Y. : Abrams, 1995. 292 S.
Dt. Ausg. u.d.T.: Aus der Eremitage : Verschollene Meisterwerke deutscher Privatsammlungen / Albert Kostenewitsch. München : Kindler, 1995. 291 S.

Koulichov, Valery: The History of the Soviet Repositories and Their Contents. In: The Spoils of War, 1997: 171–174. [H2]

Krause, Friedhilde: Margarita Ivanovna Rudomino als Vorsitzende des Kulturkomitees der Sowjetunion bei der SMAD in Berlin : Einige persönliche Bemerkungen zum Thema „Restitution von Bibliotheksgut". In: Bibliothek und Wissenschaft 28 (1995) 1–26.

Krause, Friedhilde: Aktivitäten der Deutschen Staatsbibliothek zur Rückführung von Beständen aus Polen. In: Die Beziehungen der Berliner Staatsbibliothek nach Polen, 1997: 159–179.

Krause, Friedhilde: Aus einem anderen Blickwinkel : Zu Briefen von Margarita Ivanovna Rudomino 1945/46 aus Berlin. In: Laurentius 16 (1999) 172–176.

Krawehl, Otto-Ernst: Verlagert – verschollen – zum Teil restituiert : Das Schicksal der im 2. Weltkrieg ausgelagerten Bestände der Staats- und Universitätsbibliothek Hamburg. In: Zeitschrift des Vereins für Hamburgische Geschichte 83 (1997) 237–277.

Kretschmann, Georg: Das Silber der Wettiner : Eine Schatzsuche zwischen Moskau und New York. 1. Aufl., Berlin : Ch. Links Verlag, 1995. 173 S.

Kuhn, Charles L.: German Paintings in the National Gallery : A Protest. In: College Art Journal 5 (1946) 78–82.

Kuhn, Petra: Comment on the Soviet Returns of Cultural Treasures Moved because of the War to the GDR. In: Spoils of War : International Newsletter (1996) July=2: 45–47.

Kuhn, Petra ; Doris Lemmermeier: Documentation and Research of Cultural Losses Related With World War II in the Federal Republic of Germany. In: *Opper, Dieter ; Doris Lemmermeier:* Cultural Treasures Moved because of the War, 1995: 91–102. [H2]

Kühnel-Kunze, Irene: Bergung, Evakuierung, Rückführung : Die Berliner Museen in den Jahren 1939–1959 ; ein Bericht mit 43 Anlagen. 2. unveränd. Aufl., Berlin : Mann, 1984. 533 S. (Jahrbuch Preußischer Kulturbesitz / Sonderbd. ; 2)

Kulischov, Valerij D.: Probleme und Chancen : Die neue Redaktion des Duma-Gesetzes über Kulturgüter, die nach dem Zweiten Weltkrieg in die Sowjetunion verlagert wurden und sich auf dem Gebiet der Russischen Föderation befinden. In: Gesten des guten Willens und Gesetzgebung, 2001: 208–220. [H2]

Kunstdiebstahl vor Gericht : City of Gotha v. Sotheby's / Cobert Finance S.A / Michael H. Carl ; Herbert Güttler ; Kurt Siehr (Hrsg.). Berlin ; New York : de Gruyter, 2001. XIV, 246 S. (Schriften zum Kulturgüterschutz = Cultural Property Studies)

Kurtz, Michael J.: Nazi Contraband : American Policy on the Return of European Cultural Treasures, 1945–55. (Modern American history : a Garland series). New York ; London : Garland Publishing, 1985. VII, 309 S.

Kuzmin, Jevgenij: Das Geheimnis der Kirche von Uskoje. In: Bibliotheksdienst 25 (1991) 353–361.

Kusmin, Evgenij: Das Schicksal deutscher, kriegsbedingt verlagerter Sammlungen und Bibliotheken auf dem Territorium der Russischen Föderation. In: Restitution von Bibliotheksgut, 1993: 70–81. [H4]

Lambsdorff, Hagen Graf: Die Rückführung deutscher Kulturgüter : Ein Prüfstein deutscher Beziehungen zu Rußland. In: Zu Kunst und Kunstpolitik : Beiträge aus Berlin / Günther Braun ; Waldtraut Braun (Hrsg.). 2. Aufl., Berlin : Gebr. Mann Verlag, 1995 [erschienen 1996]: 85–120.

Lambsdorff, Hagen Graf: Return of Cultural Property : Hostages of War or Harbingers of Peace? ; Historical Facts, Political Positions, and an Assessment from the German Point of View. In: The Spoils of War, 1997: 241–243. [H2]

Landwehrmeyer, Richard: Kulturgut im Widerstreit von Geschichte, Bibliothekspraxis und natürlichen Empfindungen. In: Restitution von Bibliotheksgut, 1993: 44–57.

Långström, Tarja: "War Trophies" from World War II in Russia : Robbery or Restitution? In: The Finnish Yearbook of International Law 9 (1998) 249–296.

Lehmann, Klaus-Dieter: Bibliotheken als kulturelles Bindeglied zwischen Rußland und Deutschland. In: Restitution von Bibliotheksgut, 1993: 21–31. [H4]

Lehmann, Klaus-Dieter: Library Losses : A New Proposal for Negotiations by the German-Russian Expert Group Concerning the Repatriation of the Spoils of War. In: Spoils of War : International Newsletter (1996) Dec.=3: 12–13.

Lemmermeier, Doris: [Country Report] : Germany. In: Spoils of War : International Newsletter (1995) July=0: 11–12.
Fortsetzungen in: International Newsletter (1995) Dec.=1: 19–20; (1996), July=2: 25–26; (1996) Dec.=3: 41–42; (1997) Aug.=4: 77–78; (1998) June=5: 56–57.

Lewis, Nigel: Paperchase : Mozart, Beethoven, Bach ... The Search for their lost Music. London : Hamish Hamilton Ltd., 1981. X, 246 S.

Lindsay, Kenneth: Official Art Seizure Under the Military Cloak. In: Art, Antiquity and Law 3 (1998) 119–136.

Lisizyn-Svetlanov, Andrej G.: Die Perspektive der Gerichtspraxis : Zur Umsetzung des Gesetzes der Russischen Föderation über Kulturgüter, die nach dem Zweiten Weltkrieg in die Sowjetunion verlagert wurden und sich auf dem Gebiet der Russischen Föderation befinden. In: Gesten des guten Willens und Gesetzgebung, 2001: 272–277. [H2]

Löbel, Uwe: Neue Forschungsmöglichkeiten zur preußisch-deutschen Heeresgechichte : Zur Rückgabe von Akten des Potsdamer Heeresarchivs durch die Sowjetunion. In: Militärgeschichtliche Mitteilungen 51 (1992) 143–149.

Lomas, Paul ; Simon Orton: Potential Repercussions from the City of Gotha Decision. In: Art, Antiquity and Law 4 (1999) 159–165.

Lötzke, Helmut: Die Bedeutung der von der Sowjetunion übergebenen deutschen Archivbestände für die deutsche Geschichtsforschung. In: Zeitschrift für Geschichtswissenschaft 3 (1955) 775–779.

Lötzke, Helmut: Die Übergabe deutscher Archivbestände durch die Sowjetunion an die Deutsche Demokratische Republik. In: Der Archivar 9 (1956) 31–34.

Lowenthal, Constance ; Stephen E. Weil: A Dialogue on Provenance and Due Diligence. In: IFAR Journal 3 (2000) 3–4: 10–15.

Lülfing, Daniela: Die Republik Georgien setzt ein Zeichen : Rückkehr von 70000 kriegsbedingt verlagerten Büchern nach Deutschland. In: Mitteilungen der Staatsbibliothek zu Berlin – Preußischer Kulturbesitz N.F. 6 (1997) 139–147.

Mair, Antony: Misappropriation and Skulduggery in Germany and Russia : The Case of Wtewael's 'The Holy Family'. In: Art, Antiquity and Law 3 (1998) 413–415.

Maksimytchev, Igor F.: Auswege aus einer ausweglosen Situation In: Gesten des guten Willens und Gesetzgebung, 2001: 284–290. [H2]

Marin, Anaïs: Un litige russo-allemand : La restitution des biens culturels. In: Le Courrier des Pays de l'Est (2000) 1008: 64–79.

Martin, Dirk: German Archives in Moscow Concerning Belgium During the Second World War. In: Spoils of War : International Newsletter (1995) Dec.=1: 31–33.

Maschke, Hermann M.: Die Deutschen Akten und das Kriegsrecht. In: Der Archivar 3 (1950) 27–34.

Mastroberardino, Margret: The Last Prisoners of World War II. In: Pace International Law Review 9 (1997) 315–356.

Meessen, Karl M.: Deutsche und russische Kulturgüter : Vom Streit über völkerrechtliche Rückführungsansprüche zu einem Vorschlag gemeinsamer Nutzung. In: Gesten des guten Willens und Gesetzgebung, 2001: 141–149. [H2]

Menghin, Wilfried: Das Museum für Vor- und Frühgeschichte : Der Zweite Weltkrieg und seine Folgen. In: Schliemanns Gold und die Schätze Alteuropas aus dem Museum für Vor- und Frühgeschichte : Eine Dokumentation / Staatliche Museen zu Berlin – Preußischer Kulturbesitz (Hrsg.). Mainz : Philipp von Zabern, 1993: 9–12.

Menghin, Wilfried: Geleitwort zur deutschen Ausgabe. In: Der Schatz aus Troja : Schliemann und der Mythos des Priamos-Goldes ; Katalogbuch ; Ausstellung in Moskau, 1996/97. Stuttgart ; Zürich : Belser, 1996. Supplement zur deutschen Ausgabe: 3–5.

Meyer, Karl E.: The Hunt for Priam's Treasure. In: Archaeology 46 (1993) Nov./Dec.: 27–32.

Mommsen, Wolfgang: Deutsche Archivalien im Ausland. In: Der Archivar 3 (1950) 33–38.

Mommsen, Wolfgang: The Odyssey of German Records since 1945 : A View from Bundesarchiv. In: Captured German and Related Records, 1974: 215–222. [H4]

Mosidse, Juri: A Splendid Gesture : Chronology of a Restitution. Part II. In: Spoils of War : International Newsletter (1996) Dec.=3: 57–58. [Part I s. *Kolasa* H4]

Murawski, Erich: Das Bundesarchiv-Militärarchiv. In: Der Archivar 13 (1960) 187–198.

Murawski, Klaus-Eberhard: Die Verlagerung von Kulturgütern in Deutschland im Zweiten Weltkrieg und die damit zusammenhängenden aktuellen Fragen. In: Königsteiner Kreis – Mitteilungsblatt der Vereinigung der Juristen, Volkswirte und Beamten aus der Sowjetischen Besatzungszone e.V. (1981) 1: 11–9.

Myerowitz, Elissa S.: Protecting Cultural Property During a Time of War : Why Russia Should Return Nazi-looted Art. In: Fordham International Law Journal 20 (1997) 1961–2002.
Erweiterte Fassung in: Art, Antiquity and Law 3 (1998) 137–164.

Neu, Heinrich: Die Verluste an Kulturgut in Deutschland durch den Zweiten Weltkrieg. In: Deutschland <Bundesrepublik> / Bundesminister für Vertriebene, Flüchtlinge und Kriegsgeschädigte: Dokumente deutscher Kriegsschäden. Bd. 1. Bonn [ohne Verlag], 1958: 373–480.

Nevelev, Boris V.: The Soviet Union's Seizure and Removal of "objets d'arts" from Germany in 1945–1948 : Evaluating the Conflicting Claims to Legal Authority over Occupied Territory. In: German Yearbook of International Law 42 (1999) 337–399.

Nikandrov, Nikolai: The Transfer of the Contents of German Repositories into the Custody of the USSR. In: The Spoils of War, 1997: 117–120. [H2]

Nissen, Walter: Das Schicksal der ausgelagerten Bestände des Preußischen Geheimen Staatsarchivs und des Brandenburg-Preußischen Hausarchivs und ihr heutiger Zustand. In: Archivalische Zeitschrift 49 (1949) 139–150.

Oldenhage, Klaus: Rückführung deutscher Akten aus dem Rijksinstituut voor Oorlogsdocumentatie in Amsterdam. In: Der Archivar 28 (1975) 331.

Oldenhage, Klaus: Das Schicksal deutscher zeitgeschichtlicher Quellen nach dem Zweiten Weltkrieg. In: International Council on Archives: Proceedings of the 10th International Congress on Archives (Bonn, 17–21 September, 1984) = Actes du 10e Congrès international des archives. (Archivum <München> ; 32). München [u.a.] : K. G. Saur, 1986: 303–309.

Ostenberg, Helen L.: International Law in Domestic Forums : The State of the Art ; Kunstsammlungen zu Weimar v. Elicofon. In: Brooklyn Journal of International Law 9 (1983) 179–198.

Ovsjanov, Avenir P.: Königsberg-Kaliningrad im Kontext verlagerter Kulturgüter. In: Gesten des guten Willens und Gesetzgebung, 2001: 322–327. [H2]

Petsch, Peter: Verschollene Bücher der Stadtbibliothek Magdeburg. In: Mitteilungsblatt der Bibliotheken in Niedersachsen und Sachsen-Anhalt (1993) 88/89: 49–51.

Philippi, Hans: Das Politische Archiv des Auswärtigen Amtes : Rückführung und Übersicht über die Bestände. In: Der Archivar 11 (1958) 199–218.

Pikhoya, Rudolf: The Discovery of Archives in Russia. In: Janus (1993) 8–10.

Pomrenze, Seymour J.: Policies and Procedures for the Protection, Use and Return of Captured German Records. In: Captured German and Related Records, 1974: 5–30. [H4]

Pruszyński, Jan: Restitution and Revindication of Art Treasures Spoiled or Displaced During or in Result of War. In: The Polish Yearbook of International Law 21.1994 (1995) 105–120.

Pruszyński, Jan: Das Recht auf Kulturgüter in den westlichen und nördlichen Gebieten Polens. In: The Polish Yearbook of International Law 22.1995/96 (1997) 187–200.

Rastorgouev, Alexei: Displaced Art in Private Hands. In: The Spoils of War, 1997: 166–170. [H2]

Restitution von Bibliotheksgut : Runder Tisch Deutscher und Russischer Bibliothekare in Moskau am 11. und 12. Dezember 1992 / Klaus-Dieter Lehmann ; Ingo Kolasa (Hrsg.). Frankfurt a.M. : Klostermann. 154 S. (Zeitschrift für Bibliothekswesen und Bibliographie : Sonderheft ; 56)

Richard, Dagmar ; Abbo Junker: Hans und Felicitas Tucher in New York : Deutsches Sachenrecht vor amerikanischen Gerichten. In: Jura 7 (1985) 415–424.

Rigby, Douglas: Cultural Reparations and a New Western Tradition. In: The American Scholar 13 (1944) 273–284.

Ritchie, Andrew C.: Return of Art Loot from and to Austria. In: College Art Journal 5 (1946) 353–357.

Ritter, Gerhard: Ergebnis meiner Archivreise nach Berlin : 11.-18. 10. 1950. In: Der Archivar 4 (1951) 49–55.

Ritter, Waldemar: Zum Schicksal deutscher Kulturgüter in Rußland : Deutsch-russische Verhandlungen über die Rückführung kriegsbedingt verbrachter Kulturgüter. Deutschland-Archiv 27 (1994) 1190–1194.

Ritter, Waldemar: Die sowjetischen Trophäenkommissionen : Zur Verschleppung von Kunstschätzen aus deutschen Museen und Sammlungen. In: Museumsjournal <Berlin> 10 (1996) 6–8.

Ritter, Waldemar: Die Rückführung kriegsbedingt verbrachter Kulturgüter : Eine gemeinsame deutsch-russische Verantwortung vor der Geschichte. In: Museumsjournal <Berlin> 11 (1997) 4–9.

Ritter, Waldemar: Kulturerbe als Beute? : Die Rückführung kriegsbedingt aus Deutschland verbrachter Kulturgüter ; Notwendigkeit und Chancen für die Lösung eines historischen Problems. Nürnberg : Verl. des Germanischen Nationalmuseums, 1997. 96 S. (Wissenschaftliche Beibände zum Anzeiger des Germanischen Nationalmuseums ; 13)

Ritter, Waldemar: The Soviet Spoils Commissions : On the Removal of Works of Art from German Museums and Collections. In: International Journal of Cultural Property 7 (1998) 446–455.

Rohr, Alheidis von: Kunstwerke : kriegsbedingt verlagert, aber immer noch nicht öffentlich zugänglich. In: Museumskunde 58 (1993) 1: 11–16.

Rohr, Wilhelm: Schicksal und Verbleib des Schriftguts der Obersten Reichsbehörden. In: Der Archivar 8 (1955) 161–174.

Rohr, Wilhelm: Mikroverfilmung und Verzeichnung deutscher Akten in Alexandria, USA. In: Der Archivar 19 (1966) 251–260.

Rossi, Matthias ; Elena Syssoeva: Kulturgüter zwischen russischem Verfassungsrecht und Völkerrecht : Anmerkung zur Entscheidung des russischen Verfassungsgerichts v. 20. Juli 1999. In: Archiv des Völkerrechts 38 (2000) 63–71.

Rothstein, Susan H.: All's not fair for art in war : Proposal for the equitable exchange of Soviet and German art pillaged in World War II. In: DePaul-LCA Journal of Art & Entertainment Law 4 (1993) 35–48.

Ruppert, Karl: Heeresarchiv Potsdam : 1936–1945. In: Der Archivar 3 (1950) 177–180.

Sandhofer, Gert: Rückführung deutscher Archivalien an das Bundesarchiv. In: Der Archivar 32 (1979) 88.

Schade, Günter: Kulturbeute und Friedensordnung : Aspekte eines Problems ; Die kriegsbedingt verbrachten Kulturgüter der Staatlichen Museen zu Berlin und ihr Schicksal. In: Kunstraub – ein Siegerrecht?, 1999: 63–87. [G1]

Schätze der Weltkultur von der Sowjetunion gerettet : [Ausstellungskat.]. 2. Aufl., Berlin : Staatl. Museen <Berlin, Ost>, 1958. ca. 200 S.

Schauerte, Günther: Restitution von Kulturgut als Problem bei europäischen Kooperationen. In: Museumskunde 62 (1997) 123–130.

Schieche, Emil: Nachrichten über Archivalien in der Tschechoslowakei. In: Der Archivar 3 (1950) 191–193.

Schillinger, Klaus: Vermißte Instrumente und Uhren des Mathematisch-Physikalischen Salons Dresden / [Hrsg.: Staatlicher Mathematisch-Physikalischer Salon Dresden, Zwinger]. Leipzig : E. A. Seemann, 1992. 44 S.

Schmid, Irene: Vergleich oder kompromißlose Rückforderung : Der Quedlinburger Schatz als Gegenstand rechtlicher Auseinandersetzung. In: Der Quedlinburger Schatz, 1994: XV–XVIII. Parallelausgabe 1993: XVII–XX. [H4]

Schmidt, Werner: Die Verluste an deutschem Kulturgut im Zusammenhang mit dem Zweiten Weltkrieg. In: Dresdener Kunstblätter 39 (1995) 34–41.
Engl. Fassung u.d.T.: The Loss of German Artistic Property as a Result of World War II. In: The Spoils of War, 1997: 95–98. [H2]

Schmidt, Wolfram: Übernahme von Archivgut aus der UdSSR. In: Archivmitteilungen 39 (1989) 179–180.

Schochow, Werner: Von Kriegs- und Nachkriegsschicksalen der Bestände der Preußischen Staatsbibliothek. In: Mitteilungen der Staatsbibliothek zu Berlin – Preußischer Kulturbesitz N.F. 3 (1994) 1–9.

Schochow, Werner: Die Preußische Staatsbibliothek in Polen. In: Zeitschrift für Bibliothekswesen und Bibliographie 41 (1994) 682–688.

Schochow, Werner: Die Preußische Staatsbibliothek in Polen. In: Mitteilungen der Staatsbibliothek zu Berlin – Preußischer Kulturbesitz N.F. 3 (1994) 85–90.

Schochow, Werner: Der „Prozeß" und seine Irrfahrt : Franz Kafka in der Preußischen Staatsbibliothek. In: Jahrbuch Preußischer Kulturbesitz 31 (1994) 215–224.

Schochow, Werner: Polnische Nachlese : Auf Spurensuche in Warschau. In: Mitteilungen der Staatsbibliothek zu Berlin – Preußischer Kulturbesitz N.F. 4 (1995) 100–103.

Schochow, Werner: Die Preußische Staatsbibliothek und Polen : Eine Bücherreise ohne Wiederkehr? In: Die Beziehungen der Berliner Staatsbibliothek nach Polen, 1997: 110–139. [F2]

Schochow, Werner: Von den Bücherschicksalen der Preußischen Staatsbibliothek seit dem 2. Weltkrieg. In: Mitteilungen der Staatsbibliothek zu Berlin – Preußischer Kulturbesitz N.F. 6 (1997) 51–66.

Schochow, Werner: Zur Bücherverlagerung der Preußischen Staatsbiblithek im Zweiten Weltkrieg. In: Mitteilungen der Staatsbibliothek zu Berlin – Preußischer Kulturbesitz N.F. 7 (1998) 165–230.

Schoen, Susanne: Kulturgüterschutz bei – illegaler – Rückkehr kriegsbedingt verbrachter Kulturgüter aus Rußland nach Deutschland. In: Neue Juristische Wochenschrift 54 (2001) 537–543.

Schorlemer, Sabine von: Stolen Art. In: GYIL 41 (1998) 317–343.

Schreiber, Rudolf: Nachrichten über Archivalien in der Tschechoslowakei : Vom Archivwesen der neuen Tschechoslowakei. In: Der Archivar 3 (1959) 193–196.

Schröder, Tim: Anmerkung zum Beschluß des Verfassungsgerichts der Russischen Föderation vom 6. April 1998. In: Osteuropa-Recht 45 (1999) 44–48.

Schröder, Tim: The Russian Constitutional Court's Decisions on the Restitution of Cultural Values. In: Spoils of War : International Newsletter (2000) Aug.=7: 6–9.

Schröder, Tim: Wem gehört die Beutekunst? : Zum zweiten Beutekunsturteil des russischen Verfassungsgerichts. In: Osteuropa-Recht 46 (2000) 29–35.

Seydewitz, Ruth: Die Rettung der Dresdener Kunstschätze : Die große Freundschaftstat des Sowjetvolkes. Berlin : Gesellschaft für Deutsch-Sowjetische Freundschaft Zentralvorstand / Abt. Kulturelle Massenarbeit, 1958. 17 S.

Seydewitz, Ruth: Wenn die Madonna reden könnte : Schätze der Weltkultur, der Menschheit bewahrt. 10., überarb. Aufl., Leipzig ; Jena ; Berlin : Urania-Verlag, 1988. 192 S.

Siehr, Kurt: Manuscript of the Quedlinburg Cathedral back in Germany. In: International Journal of Culture and Property 1 (1992) 215–217.

Siehr, Kurt: Comment on the Russian Federal Law of 1997 on Cultural Values. In: Spoils of War : International Newsletter (1997) Aug.= 4: 38–39.

Siehr, Kurt: Verjährung der Vindikationsklage? In: Zeitschrift für Rechtspolitik (2001) 346–347.

Smith, Carleton: Music Manuscripts Lost During World War II. In: The Book Collector 19 (1968) 26–36.

Smith, Carleton: Tracking Down Original Scores Missing in the War. In: Smithsonian 6 (1975) 87–93.

Staatliche Museen zu Berlin – Preußischer Kulturbesitz: Dokumentation der Verluste.
Band I: Gemäldegalerie : [Verzeichnis der verschollenen und zerstörten Bestände des Gemäldegalerie] / [bearb. von Rainer Michaelis]. Berlin : Staatliche Museen zu Berlin – Preussischer Kulturbesitz, 1995. 110 S.
Band II: Skulpturensammlung : [Verzeichnis seit 1945 vermißter Bestände der Skulpturensammlung und des vormaligen Kaiser-Friedrich-Museums] / [bearb. von Lothar Lambacher]. Berlin : Staatliche Museen zu Berlin – Preussischer Kulturbesitz, 1996. 248 S.
Band III: Nationalgalerie : [Verzeichnis seit 1945 vermißter Bestände der Nationalgalerie] / [bearb. von Lothar Brauner, Bernhard Maaz und Ruth Strohschein]. Berlin : Staatliche Museen zu Berlin – Preussischer Kulturbesitz, 2001. 156 S.
Band IV: Museum für Vor- und Frühgeschichte : [Verzeichnis der seit 1945 vermissten Bestände des Museums für Vor- und Frühgeschichte] / [bearb. von Klaus Goldmann und Christine Reich]. Berlin : Staatliche Museen zu Berlin – Preussischer Kulturbesitz, 1996. 200 S.

Staatsbibliothek zu Berlin – Preußischer Kulturbesitz: Verlagert, Verschollen, Vernichtet : Das Schicksal der im 2. Weltkrieg ausgelagerten Bestände der Preußischen Staatsbibliothek / Staatsbibliothek zu Berlin – Preußischer Kulturbesitz. [Red. und Gestaltung: Ralf Breslau]. Berlin : Staatsbibliothek zu Berlin, 1995. 50 S.

Stark, Werner: Zum Verbleib der Königsberger Kant-Handschriften : Funde und Desiderate. In: Deutsche Zeitschrift für Philosophie 39 (1991) 285–293.

Stephens, Shawn: The Hermitage and Pushkin Exhibits : An Analysis of the Ownership Rights to Cultural Properties Removed from Occupied Germany. In: Houston Journal of International Law 18 (1995) 59–112.

Steszewski, Jan: Zur „Entdeckung" von Beständen der ehemaligen Berliner Preußischen Staatsbibliothek in Polen. In: Die Beziehungen der Berliner Staatsbibliothek nach Polen, 1997: 180–185. [F2]

Suchodolski, Witold: Rebuilding Culture : The Meaning of the Reparations for Poland. Warsaw : Ministry of Culture and Art, 1945. (Publications of the Reparations Sections ; 1)

Tatarkiewicz, Władysław: Ethical Bases of Reparations. Warsaw : Ministry of Culture and Art, 1945. 24 S. (Publications of the Reparations Sections ; 3)

Telford, Taylor: The Use of Captured German and Related Records in the Nürnberg War Crimes Trial. In: Captured German and Related Records, 1974: 92–100. [H4]

Titov, Jurij: Über die Arbeit des Russischen Kulturministeriums in Angelegenheit verlagerter Kulturgüter angesichts der jüngsten Rechtsakte der russischen Regierung. In: Gesten des guten Willens und Gesetzgebung, 2001: 178–194. [H2]

Titov, Yuri: Russian Federation Law and Practice of the Ministry of Culture in the Area of the Removed Cultural Property. In: Estonian – Russian Co-operation in Museology, 2001: 34–46. [H5]

Turner, Stefan: Das internationale Kulturgüterrecht und die Zerstreuung des deutschen Kulturbesitzes nach dem Zweiten Weltkrieg : Der Zugriff der Besatzungsmächte auf deutsche Kulturgüter. In: Internationaler Kulturgüterschutz und deutsche Frage, 1991: 109–153. [A2]

Ullrich, Hermann: Das Schicksal der Bau- und Kunstdenkmäler in den Ostgebieten des Deutschen Reiches und im Gebiet von Danzig. Bonn : Deutscher Bundesverlag, 1963. 128 S. (Bonner Berichte aus Mittel- und Ostdeutschland)

Urice, Stephen K.: Claims to Ownership of the Trojan Treasures. In: The Spoils of War, 1997: 204–206. [H2]

Uschakow, Alexander: Relikte von Potsdam im Verhältnis zu Polen und Rußland. In: Das Potsdamer Abkommen : III. Teil ; Rückblick nach 50 Jahren / Boris Meissner ; Dieter Blumenwitz ; Gilbert Gornig (Hrsg.). (Völkerrechtliche Abhandlungen ; 4/III.Teil). Wien : Wilhelm Braumüller Universitätsbuchhandlung, 1996: 155–179.

Vermißte Kunstwerke des Historischen Museums Dresden / Dieter Schaal [u.a.] (Hrsg.). Dresden : Staatliche Kunstsammlungen Dresden, 1990. 123 S.

Vermißte Zeichnungen des Kupferstich-Kabinettes Dresden / Christian Dittrich (Hrsg.). Dresden : Staatliche Kunstsammlungen, 1987. 143 S.

Voigt, Gudrun: Die kriegsbedingte Auslagerung von Beständen der Preußischen Staatsbibliothek und ihre Rückführung : eine historische Skizze auf der Grundlage von Archivmaterialien. Hannover : Laurentius, 1995. 161 S.

Wagner, Alfred: Rückgabe von Quellen zur jüngsten deutschen Geschichte aus Großbritannien und den Vereinigten Staaten. In: Der Archivar 15 (1962) 343–346.

Weber, Hermann: Wem gehört der Schatz des Priamos? : Die deutsch-russische Kontroverse über die Rückgabe der sogenannten Beutekunst. In: Humanitäres Völkerrecht 12 (1999) 36–51.

Weber, John Paul: The German War Artists / With Introduction by Robert Mills. Columbia, South Carolina : The Cerberus Book Company, 1979. 151 S.

Wegner, Bernd: Deutsche Aktenbestände im Moskauer Zentralen Staatsarchiv : Ein Erfahrungsbericht. In: Vierteljahreshefte für Zeitgeschichte 40 (1992) 311–319.

Weinberg, Gerhard L.: Zu den deutschen Akten in den Vereinigten Staaten. In: Historische Zeitschrift 194 (1962) 519–526.

Weinberg, Gerhard L.: German Records Microfilmed at Alexandria, Virginia, in Collaboration with the American Historical Association. In: Captured German and Related Records, 1974: 199–210. [H4]

Wermusch, Günter: Tatumstände (un)bekannt : Kunstraub unter den Augen der Alliierten. Braunschweig : Westermann, 1991. 348 S.

Werner, Olaf: Konfliktlösungsmodelle zur Förderung und Erhaltung verschleppter Kulturgüter : Das Stiftungsmodell. In: Gesten des guten Willens und Gesetzgebung, 2001: 357–369. [H2]

Whitehead, Peter J. P.: The Lost Berlin Manuscripts. In: Notes : The Quarterly of the Music Library Association 33 (1976) 7–14.

Whitehead, Peter J. P.: The Original Drawings for the "Historia naturalis Brasiliae" of Piso and Marcgrave (1648). In: Journal of the Society for the Bibliography of Natural History 7 (1976) 409–422.

Wilske, Stephan: International Law and the Spoils of War : To the Victor the Right of Spoils? ; The Claims for Repatriation of Art Removed from Germany by the Soviet Army During or as a Result of World War II. In: UCLA Journal of International Law and Foreign Affairs 3 (1998) 223–282.

Wolfe, Robert: The National Archives : Center for Captured German and Related Records. In: Captured German and Related Records, 1974: 223–246. [H4]

Wolfe, Robert: Sharing Records of Mutual Archival Concern to the Federal Republic of Germany and the United States of America. In: International Council on Archives: Proceedings of the 10th International Congress on Archives (Bonn, 17–21 September, 1984) = Actes du 10e Congrès international des archives. (Archivum <München> ; 32). München [u.a.] : K. G. Saur, 1986: 292–302.

Wolfgang, Ulrich: Freemasonry Losses : The Material Losses of the German Freemasons. In: Spoils of War : International Newsletter (1996) Dec.=3: 18–21.

Zimmermann, Gerhard: Das Hauptarchiv (ehemal. Preuß. Geh. Staatsarchiv) in den ersten Nachkriegsjahren. In: Der Archivar 8 (1955) 173–180.

H 5. Wegnahme und Restitution von Kulturgütern im Verhältnis anderer Staaten zueinander / Taking and Restitution of Cultural Property with Regard to Other States

Akinsha, Konstantin ; Kozlov, Grigorii ; Sylvia Hochfield: Beautiful Loot : The Soviet Plunder of Europe's Art Treasures. New York, N.Y. : Random House, 1995. XIII, 301 S.
Engl. Ausg. u.d.T.: Stolen Treasure : The Hunt for the World's Lost Masterpieces. London : Weidenfeld & Nicolson, 1995. XXIII, 289 S.
Dt. Ausg.: Beutekunst : auf Schatzsuche in russischen Geheimdepots. München : Dt. Taschenbuch-Verl., 1995. 337 S. (dtv ; 30526)

Auer, Leopold: Captured Archives in Russia : The Issue of Restitution. In: Interdependence of Archives, 1998: 259–262. [A2]

Bahurinská, Jana: The Recovery of Cultural Property in Slovakia. In: The Spoils of War, 1997: 234. [H2]

Beck, Ernest: Hungary Asks Russia for Missing Art Treasures. In: Art News 91 (1992) Apr.: 45–48.

Bondioli-Osio, Mario: Restitution of the "Targa Ovata". In: Spoils of War : International Newsletter (1996) Dec.=3: 61–62.

Browder, George C.: Captured German and Other Nations' Documents in the Osoby (Special) Archive, Moscow. In: Central European History 24 (1991) 424–445.

Cede, Franz: Das Thema Beutekunst in Österreich. In: Gesten des guten Willens und Gesetzgebung, 2001: 120–122. [H2]

Decker, Andrew: A Worldwide Treasure Hunt. In: Art News 90 (1991) Summer: 130–138.

Dmitrieva, Karina: History of One Collection. In: Spoils of War : International Newsletter (2000) Aug.=7: 17–20.

Dmitrieva, Karina: Displaced Book Collections and the All Russian Library for Foreign Literature. In: Estonian – Russian Co-operation in Museology, 2001: 47–49. [H5]

Doehring, Karl: Völkerrechtswidrige Konfiskation eines Gemäldes des Fürsten von Liechtenstein als „deutsches Eigentum" : Ein unrühmlicher Schlußpunkt. In: IPrax : Praxis des Internationalen Privat- und Verfahrensrechts 18 (1998) 465–467.

Dostert, Paul: [Country Report] : Luxembourg. In: Spoils of War : International Newsletter (1995) Dec.=1, 21.
Fortsetzungen in: Spoils of War : International Newsletter (1996) July=2: 29–30; (1996) Dec.=3: 43–44; (1997) Aug.=4: 81; (1998) June=5: 62.

Elen, Albert J.: Missing Old Master Drawings from the Franz Koenigs Collection : Claimed by the State of the Netherlands. Den Haag : SDU Publ., 1989. IV, 36 S.

Estonian – Russian Co-operation in Museology : The History and the Disposition of an Art Collection Established by Professor Morgenstern at Tartu University in 1803 ; International Restitution Conference 15 and 16 September 2000, Tartu, Estonia / Compiled, [partly] translated and edited by Anu Laansalu; English language editing by Roger Joseph Hemesath. Tartu : Tartu University Press, 2001. 167 S.

Fassbender, Bardo: Klageausschluß bei Enteignungen zu Reparationszwecken : Das Gemälde des Fürsten von Liechtenstein. In: Neue Juristische Wochenschrift 52 (1999) 1445–1448.

Fassbender, Bardo: Der Fürst, ein Bild und die deutsche Geschichte : Anmerkung zur Entscheidung des Europäischen Gerichtshofs für Menschenrechte im Fall Fürst Hans-Adam II. von und zu Liechtenstein gegen Deutschland. In: Europäische Grundrechte Zeitschrift 28 (2001) 459–466.

Fodor, István: The Restitution of Works of Art in Hungary. In: *Opper, Dieter ; Doris Lemmermeier:* Cultural Treasures Moved because of the War, 1995: 79–84. [H2]

Fodor, István: [Country Report] : Hungary. In: Spoils of War : International Newsletter (1995) July=0: 12.
Fortsetzungen in: Spoils of War : International Newsletter (1995) Dec.=1: 20; (1996) Dec.=3: 43; (1997) Aug.=4: 78–79; (1998) June=5: 57–58; (2000) Aug.=7: 48–49.

Fodor, István: Hungarian Publications on the Spoils of War. In: Spoils of War : International Newsletter (1997) Aug.=4: 53–54.

Fodor, István: The Restitution of Works of Art in Hungary. In: The Spoils of War, 1997: 92–94. [H2]

Gattini, Andrea: The Fate of the Koenigs Collection : Public and Private International Law Aspects. In: International Journal of Cultural Property 6 (1997) 81–108.

Gehér, József: Hungarian Considerations Regarding the Russian Law on Cultural Property. In: Spoils of War : International Newsletter (1997) Aug.=4: 29–31.

Genieva, Ekaterina: Library Losses : Report on the Library of Nizhny Novgorod. In: Spoils of War : International Newsletter (1996) Dec.=3: 13–14.

Gor, Anna M.: Verlagerte Kulturgüter in Nizhnij-Novgorod : Professionell-ethische Aspekte. In: Gesten des guten Willens und Gesetzgebung, 2001: 310–315. [H2]

Grimsted, Patricia Kennedy : The Odyssey of the Petliura Library from Paris and Records of the Ukrainian People's Republic during World War II : [Part 1]. In: Cultures and Nations of Central and Eastern Europe : Essays in Honor of Roman Szporluk / Zvi Gitelman[u.a.] (Hrsg.). Cambridge, Mass. : Ukranian Research Institute, Harvard University, 2000. Ersch. zugl. als: Harvard Ukrainian Studies 22 (1998) 181–208.
Part 2 u.d.T.: The Postwar Fate of the Petliura Library and the Records of the Ukrainian National Republic. In: Harvard Ukrainian Studies 21 (1997 [2001]) 393–461.

Grimsted, Patricia Kennedy: The Odyssey of the Smolensk Archive : Plundered Communist Records.
Part I. In: Zeitschrift für Sozialgeschichte des 20. und 21. Jahrhunderts 12 (1997) 71–97.

Part II. In: Zeitschrift für Sozialgeschichte des 20. und 21. Jahrhunderts 13 (1998) 190–201.
Part III. In: Zeitschrift für Sozialgeschichte des 20. und 21. Jahrhunderts 14 (1999) 134–151.

Grimsted, Patricia Kennedy: Die Gesten des guten Willens und die unbeendete Sache der Nachkriegsrestitution. In: Gesten des guten Willens und Gesetzgebung, 2001: 133–137. [H2]

Grimsted, Patricia Kennedy: Trophies of War and Empire : The Archival Heritage of Ukraine, World War II, and the International Politics of Restitution. [Cambridge, Mass.] : Harvard Ukrainian Research Inst., 2001. XLVII, 749 S. (Harvard Papers in Ukrainian Studies)

Hartung, Ulrike: American Restitutions to the Soviet Union after World War II. In: Spoils of War : International Newsletter (1997) Aug.=4: 87–88.

Heuss, Anja: Es ist nicht alles deutsch, was glänzt. In: Das Geschäft mit der Raubkunst, 1998: 115–122. [G3]

Hochfield, Sylvia: The Russian Surprise : Moscow Invites Victims of the Nazis to Reclaim Their Looted Art ; But Who Exactly Is a Victim? In: Art News 98 (1999) Jan.: 56–58.

Hoogewoud, Frits: Russia's Only Restitution of Books to the West : Dutch Books from Moscow (1992). In: The return of looted collections, 1997: 69–74. [H3]

Hoogewoud, Fritz ; Jacques Lust: Restitution of Books of Dutch, Belgian and French Origin : Symbol of a Symbol. In: Spoils of War : International Newsletter (1996) Dec.=3: 60–61.

Jagschitz, Gerhard ; Stefan Karner: Beuteakten aus Österreich : Der Österreichbestand im russischen „Sonderarchiv" Moskau. Graz [u.a.] : Selbstverl. des Ludwig Boltzmann-Inst. für Kriegsfolgen-Forschung, 1996. LV, 268 S. (Veröffentlichungen des Ludwig Boltzmann-Instituts für Kriegsfolgen-Forschung, Graz-Wien ; 2)

Kim, Jongsok: [Country Report] : Korea. In: Spoils of War : International Newsletter (1998) June=5: 60–62.

Kislovskaya, Galina: Catalogue of the Books from the Sárospatak Collection in the Nizhny Novgorod Library : Further Developments. In: Spoils of War : International Newsletter (1997) Aug.=4: 45–46.

Kono, Toshiyuki: Return of cultural property displaced during occupation and/or armed conflict : a Japanese point of view. In: International Expert Meeting on the Return of Cultural Property and the Fight against its Illicit Trafficking, 2002: 55–77. [B2]

Kot, Sergei: [Country Report] : Ukraine. In: Spoils of War : International Newsletter (1998) June=5: 70–71.

Kot, Sergei: The Ukraine and the Russian Law on Removed Cultural Values. In: Spoils of War : International Newsletter (1998) June=5: 9–15.

Kowalski, Wojciech: [Country Report] : Poland ; Part I: Historical Overview. In: Spoils of War : International Newsletter (1995) Dec.=1: 22–25. [Part II s. *Kuhnke* H2]

Kowalski, Wojciech: Current Problems of Restitution and Repatriation of Works of Art : the Polish Experience. In: Legal Aspects of International Trade in Art (International Sales of Works of Art ; 5), 1996: 209–212. [D3]

Kowalski, Wojciech: Russian Law : The Polish Perspective. Spoils of War. In: International Newsletter (1997) Aug.=4: 36–38.

Kowalski, Wojciech: World War II Cultural Losses of Poland : A Historical Issue or Still a "Hot" Political and Legal Topic? In: The Spoils of War, 1997: 235–236. [H2]

Krushelnytska, Larysa: The Case of the Ossolineum Collection. In: Spoils of War : International Newsletter (1998) June=5: 25–27.

Kuhnke, Monika: [Country Report] : Poland. In: Spoils of War : International Newsletter (1996) July=2: 33-35.
Fortsetzungen in: Spoils of War : International Newsletter (1996) Dec.=3: 44–46; (1998) June=5: 68–69.

Kuhnke, Monika: Restitution of a Battoni Painting to Poland. In: Spoils of War : International Newsletter (1998) June=5: 88–90.

Laansalu, Anu: [Country Report] : Estonia. In: Spoils of War : International Newsletter (1999) Feb.=6: 38–41.
Fortsetzung in: Spoils of War : International Newsletter (2000) Aug.=7: 47–48.

Lakos, János: On the Archive Situation in Hungary in the Context of the Restitution of Cultural Treasures. In: *Opper, Dieter ; Doris Lemmermeier:* Cultural Treasures Moved because of the War, 1995: 146–149. [H2]

Lakos, János: The Return of Hungarian Archival Material Taken to the U.S.A. after World War II. In: Spoils of War : International Newsletter (1998) June=5: 86–88.

Leistra, Josephine: [Country Report] : The Netherlands. In: Spoils of War : International Newsletter (1995) July=0: 13–14.
Fortsetzungen in: Spoils of War : International Newsletter (1995) Dec.=1: 21–22; (1996) July=2: 30–33; (1996) Dec.=3: 46; (1998) June=5: 69–70; (1999) Feb.=6: 42–49.

Leistra, Josephine: Art Recovery in the Netherlands. In: *Opper, Dieter ; Doris Lemmermeier*: Cultural Treasures Moved because of the War, 1995: 28–42. [H2]

Lust, Jacques: [Country Report] : Belgium. In: Spoils of War : International Newsletter (1995) July=0: 9–10.
Fortsetzungen in: Spoils of War : International Newsletter (1995) Dec.=1: 16; (1996) July=2: 20–21; (1996) Dec.=3: 37–38.

Makarov, Vladimir: Involuntary Journey of Books from Paris to Minsk. In: Spoils of War : International Newsletter (1999) Feb.= 6: 25–27.

Maldis, Adam: The Tragic Fate of Belarusan Museum and Library Collections During the Second World War. In: The Spoils of War, 1997: 77–80. [H2]

Maldzis, Adam: [Country Report] : Byelorussia. In: Spoils of War : International Newsletter (1997) Aug.=4: 74–75.

Martin, Dirk: Something New : Archives From the Einsatzstab Reichsleiter Rosenberg from Kiev have been brought to the Center "War and Society" (SOMA/CEGES) in Brussels. In: Spoils of War : International Newsletter (2000) Aug.=7: 71–75.

Matwijow, Maciej: Ossolineum : The Case of the Dispersed Library. In: Spoils of War : International Newsletter (1996) Dec.=3: 14–15.

Mevis, Annette: International Archives for the Women's Movement (IAV). In: Spoils of War : International Newsletter (1996) Dec.=3: 51–53.

Mihály, Mária: [Country Report] : Hungary. In: Spoils of War : International Newsletter (1996) July=2: 26–27.

Mravik, László: The "Sacco di Budapest" and depredation of Hungary 1938 – 1949 : works of art missing from Hungary as a result of the Second World War ; looted, smuggled, captured, lost and destroyed art works, books and archival documents ; preliminary and provisional catalogue. Budapest : Hungarian National Gallery ; Hungarian Minstry of Culture and Education, 1998. 468 S.

Nagy, Lászlo: Valuable Books from Hungary in Nizhny Novgorod. In: Spoils of War : International Newsletter (1997) Aug.=4: 46–47.

Pikhoya, Rudolf: The discovery of Archives in Russia. In: Janus (1993) 8–10.

Pillak, Peep: Estonian Cultural Heritage Lost in Wars and Occupations in the 20th Century. In: Estonian – Russian Co-operation in Museology, 2001: 86–96. [H5]

Sailer, Gerhard: [Country Report] : Austria. In: Spoils of War : International Newsletter (1996) Dec.=3: 35–38.

Sailer, Gerhard: Austria. In: The Spoils of War, 1997: 88–91. [H2]

Seidl-Hohenveldern, Ignaz: Völkerrechtswidrigkeit der Konfiskation eines Gemäldes aus der Sammlung des Fürsten von Liechtenstein als angeblich „deutsches" Eigentum : Zu LG Köln 10. 10. 95, 5 O 182/9. In: IPRax : Praxis des Internationalen Privat- und Verfahrensrechts 16 (1996) 410–412, 419–422.

Seidl-Hohenveldern, Ignaz: Schafft Plünderung Eigentum? : (zu OGH, 14. 4. 1999 – 7 Ob 68/99 x). In: IPRax : Praxis des Internationalen Privat- und Verfahrensrechts 20 (2000) 321–323.

Seidl-Hohenveldern, Ignaz: Ausfuhrverbot und dessen Sicherung zu Lasten „erbeuteten" Eigentums. In: IPrax : Praxis des internationalen Privat- und Verfahrensrechts 21 (2001) 590–591.

Smyth, Howard McGaw: Italian Civil and Military Records on Microfilm. In: Captured German and Related Records, 1974: 173–189. [H4]

Steenhaut, Wouter ; Michel Vermote: Microfilming in Moscow. In: Spoils of War : International Newsletter (1996) July=2: 37–38.

Szabó, Daniel: Das Kolleg und die Bibliothek in Sárospatak : Ihre Gründung und Bedeutung für die ungarische Nation und die Reformierte Kirche. In: Gesten des guten Willens und Gesetzgebung, 2001: 59–65. [H2]

Tarasov, Vladimir: The Return of Archival Documents, Moved to the USSR as a Result of World War II. In: Spoils of War : International Newsletter (1999) Feb.= 6: 53–55.

Vysotskaya, Nadezhda: President of the Ukraine Returns Icon to Belorussia. In: Spoils of War : International Newsletter (1995) Dec.=1: 41.

Woudenberg, A. van: Restitutie-aangelegenheden en de Russische Federatie : beheerst door internationaal- of nationaalrechtelijke bepalingen? In: Nederlands juristenblad 74 (1999) 1806–1811.

Yanitskaya, Maya M.: [Country Report] : Belorussia. In: Spoils of War : International Newsletter (1996) July=2: 21–23.

H 6. Rückgabe von in Obhut gegebenen Objekten / Return of Cultural Objects Given in Custody

Balawyder, Aloysius: The Odyssey of the Polish Treasures. Antigonish, Nova-Scotia : St. Francis Xavier University Press, 1978. VI, 107 S.

Castel, J.-G.: Polish Art Treasures in Canada 1940 – 1960 : A Case History. In: Proceedings of the Annual Meeting of the American Society of International Law 68 (1974) 121–127.

Karpatchev, Mikhail : The Evacuation of the Yuryev University and the Foundation of the Voronezh University. In : Estonian – Russian Co-operation in Museology, 2001: 124–129. [H5]

Laansalu, Anu: A Lost Art Collection. In: Art, Antiquity and Law 3 (1998) 27–30.

Laansalu, Anu: The Legal Basis for Tartu University's Claim to the Morgenstern Collection and the Subsequent Restitution Activities. In: Estonian – Russian Co-operation in Museology, 2001: 150–160. [H5]

Lorentz, Stanislas: Le Canada refuse de rendre à la Pologne ses richesses culturelles. Varsovie : Le Musée National de Varsovie, [1949?]. 85 S.
Engl. Fassung u.d.T.: Canada Refuses to Return Polish Cultural Treasures. Warsaw : National Museum, [1950?]. 85 S.

Nahlik, Stanisław Edward: Le cas des collections Polonaises au Canada : considérations juridiques. In: Annuaire Polonais des Affaires Internationales (1959–1960) 172–190.

Nahlik, Stanisław Edward: The Case of the Displaced Art Treasures : History and Appreciation of a Polish – Canadian Strife. In: German Yearbook of International Law 23 (1980) 255–295.

Piirimäe, Helmut: The Removal of Property from Tartu University to Voronezh : Robbery or Evacuation ? In : Estonian – Russian Co-operation in Museology, 2001: 108–123. [H5]

Rousseau, Charles: Remise de la couronne de Saint Etienne à la Hongrie par les Etats-Unis. In: Revue Générale de Droit International Public 82 (1978) 883–885.

Williams, Sharon A.: The Polish Art Treasures in Canada, 1940–60. In: Canadian Yearbook of International Law 15 (1977) 146–172.

Personenverzeichnis/Index of Persons

Sachregister/Index of Subjects

FSC
www.fsc.org
MIX
Papier | Fördert gute Waldnutzung
FSC® C083411

Kolibri 360 GmbH
Ferdinand-Jühlke-Straße 7
99095 Erfurt, Deutschland
produktsicherheit@kolibri360.de